PROGRAMMATION PYTHON AVANCÉE

Chez le même éditeur

Python 3
2e édition
Bob Cordeau, Laurent Pointal
304 pages
Dunod, 2025

Python pour le data scientist
3e édition
Emmanuel Jakobowicz
336 pages
Dunod, 2024

Python précis et concis
5e édition
Mark Lutz
272 pages
Dunod, 2019

XAVIER OLIVE

PROGRAMMATION PYTHON AVANCÉE

GUIDE POUR UNE PRATIQUE ÉLÉGANTE ET EFFICACE

DUNOD

LES + EN LIGNE

Le code source des exemples avancés présentés au cours des chapitres ainsi que des ressources complémentaires sont librement accessibles en ligne sur le site de l'auteur : https://www.xoolive.org/python/

11 rue Paul Bert, 92240 Malakoff
www.dunod.com
ISBN 978-2-10-086329-7

Préface à la première édition

Lorsque Xavier Olive m'a contacté pour me proposer de relire ce livre que vous tenez actuellement entre les mains, ma première réaction a été « Oh non, encore un livre sur Python ! » Un certain nombre de livres sur Python trônent déjà sur les étagères de mon bureau, même s'il est vrai que la plupart sont en anglais. Mais lors de ce premier échange par mail, Xavier a glissé subrepticement le fait qu'il avait pour but d'*écrire le livre qu'il aurait voulu lire*. Cela a eu pour effet immédiat d'attiser ma curiosité et j'ai donc accepté de relire cet ouvrage sans trop savoir où je mettais les pieds. Après avoir relu les quelque 350 pages qui composent ce livre, je réalise que c'était une très bonne décision de ma part tant le livre est agréable à lire, tant sur la forme que sur le fond.

Sur la forme d'abord, car Xavier a véritablement soigné le style du livre qui tranche avec un certain nombre d'ouvrages que j'ai pu lire par le passé. Ayant une solide expérience quant à la typographie et à la mise en page, je suis admiratif du soin et du souci du détail qui ont été apportés à l'ouvrage. Trop souvent les auteurs négligent cet aspect en se disant que seul le fond importe pour un ouvrage technique alors que la forme peut véritablement jouer un rôle essentiel pour la compréhension de concepts parfois ardus. La relecture et les échanges avec Xavier sur ces aspects ont été d'autant plus agréables qu'il en a une parfaite maîtrise.

Mais la prouesse du livre se trouve bien évidemment sur le fond. Ayant moi-même une assez grande expérience de Python, notamment sur ses versants scientifiques, je reste admiratif de cet ouvrage qui est à la fois bien écrit, bien structuré, bien documenté et surtout extrêmement pédagogique dans son approche. Lors de ma relecture du premier chapitre, je me suis d'abord fait la réflexion qu'il allait un peu vite en besogne en présentant les bases du langage Python, avant de me rappeler qu'il s'agissait d'un ouvrage avancé venant compléter celui de Bob Cordeau et Laurent Pointal qui s'adresse, lui, aux débutants. Or, présenter les bases du langage Python à des utilisateurs avancés est un vrai numéro d'équilibriste. Mais je crois que Xavier a su justement trouver le bon équilibre en choisissant méticuleusement les aspects peut-être moins connus du langage et en les illustrant à l'aide d'exemples pertinents (et pour certains passionnants au niveau théorique, comme les L-systèmes).

Le livre est structuré autour de cinq grandes parties (Les bases du langage Python, L'écosystème Python, Écrire un Python naturel et efficace, Python, couteau suisse du quotidien, Développer un projet en Python) et de trois interludes (Calcul du rayon de la Terre, Reconstruire une carte d'Europe, La démodulation de signaux FM) qui viennent agréablement aérer la technicité de certains chapitres. Étant avant tout un livre pour des utilisateurs avancés, il est évident que Xavier ne pouvait éviter d'être technique sur certains des aspects les plus avancés de Python. J'avoue ne pas être un grand fan des dernières possibilités offertes par le langage Python car je crois que cela alourdit inutilement le langage mais Xavier a su malgré tout me convaincre de l'utilité de la majorité d'entre elles, notamment lorsque l'on se retrouve à gérer de gros projets collaboratifs.

Je suis donc à la fois très honoré et très heureux d'écrire aujourd'hui cette préface pour un livre qui, je le crois, deviendra un classique. Évidemment, ce n'est que la première édition et, au vu de la rapidité d'évolution du langage Python, je crois aussi que Xavier s'est engagé, sans peut-être le savoir, à écrire une nouvelle édition tous les deux ou trois ans. C'est tout le mal que je lui souhaite. D'ailleurs, à l'heure où j'écris ces lignes (février 2021), le PEP 636 concernant l'identification structurelle de motifs (*Structural Pattern Matching* en anglais) vient d'être accepté, validant ainsi encore un peu plus la 10e règle de Greenspun [1].

Nicolas P. Rougier

Docteur en informatique et chercheur
à l'Inria en neurosciences computationnelles

Février 2021

1. https://en.wikipedia.org/wiki/Greenspun's_tenth_rule

Table des matières

Avant-propos

Python est un langage généraliste et multi-plateforme, développé suivant un modèle open source depuis le début des années 1990 : sa première version vient de fêter ses 30 ans ! C'est un langage interprété, populaire pour sa facilité d'utilisation, pour sa polyvalence, et pour les apports de sa communauté. Python est apprécié parmi les scientifiques et les ingénieurs d'horizons divers.

Dans certaines spécialités, d'autres langages peuvent être plus rapides, plus sûrs ou plus complets, mais Python se démarque par sa polyvalence, par la concision et la lisibilité de sa syntaxe, par la facilité avec laquelle on peut écrire un prototype en quelques heures, construire une chaîne de traitements à partir de briques logicielles écrites par d'autres, parfois dans d'autres langages. Enfin, il reste une solution de choix pour outiller ces tâches informatiques simples de notre quotidien.

À qui s'adresse ce livre ?

Ce livre s'adresse à un public qui a déjà une bonne expérience de la programmation, que celle-ci soit avec Python ou non. L'ouvrage propose différentes grilles de lecture, avec un contenu théorique de base et des chapitres complémentaires, adaptés à une deuxième lecture. Ceux-ci seront une opportunité de mettre en pratique les concepts et les outils sur des exemples engageants. L'objectif est de présenter au lecteur un ouvrage qui rappelle les concepts-clés pour une utilisation idiomatique du langage et qui les illustre dans des cadres d'utilisation variés.

Si vous débutez en programmation et souhaitez apprendre Python, ce livre sera difficile à suivre. Les structures de données sont reprises en détail, mais la syntaxe du langage et les fondements de la programmation ne sont pas traités. L'ouvrage *Python 3*, de Bob Cordeau et Laurent Pointal aux éditions Dunod, est plus adapté pour s'initier au langage, apprendre des notions élémentaires (boucles, valeurs, expressions, variables, etc.) et découvrir la syntaxe.

Comment est construit ce livre ?

Le contenu ne se limite pas aux seuls aspects proposés par le langage avec ses apports les plus récents mais expose une approche de l'écosystème Python dans son ensemble, avec une présentation des principales bibliothèques tierces développées par la communauté, devenues aujourd'hui incontournables. Nous abordons aussi les pratiques recommandées de gestion de projet logiciel en Python.

Ce livre s'appuie sur les bases de l'algorithmique et de la programmation, il présente comment des concepts génériques de programmation non spécifiques au langage sont déclinés en Python. Il aide à appréhender le vocabulaire et les mots-clés propres au langage pour rechercher en ligne de manière autonome et efficace les réponses aux problématiques fréquemment rencontrées lors de l'écriture de code.

Les exemples d'application présentés dans cet ouvrage s'appuient sur des rudiments de culture générale relatifs à des domaines variés tels le calcul numérique, le traitement du signal ou l'intelligence artificielle pour les illustrer et les mettre en évidence de manière naturelle et élégante à l'aide du langage Python.

Ce livre se décompose en cinq grandes parties :

— **Les bases du langage Python.** Cette partie reprend les bases du langage en se concentrant sur les structures de données, avec leurs atouts et leurs limitations. De nombreuses structures avancées sont fournies par le langage ; elles permettent de s'attaquer efficacement à des problèmes difficiles.

— **L'écosystème Python.** Python ne se limite pas à ses fonctionnalités et à ses bibliothèques intégrées déjà bien fournies. C'est également une communauté : certaines bibliothèques écrites par des développeurs indépendants et des laboratoires scientifiques sont devenues incontournables.

— **Écrire un Python naturel et efficace.** Un bon programme Python n'est pas seulement un programme qui fonctionne. C'est un code qui suit les conventions de la communauté et qui utilise le langage comme il a été pensé. Cette partie présente comment exploiter les caractéristiques du langage pour écrire un code qui est clair, concis et facile à maintenir.

— **Python, couteau suisse du quotidien.** Python est un langage adapté pour outiller des tâches du quotidien. Cette partie guide le lecteur pour une utilisation du langage orientée vers la manipulation des fichiers standard (images, CSV, Excel, XML, PDF, JSON et plus) et l'interaction avec des services web ouverts. La production d'outils graphiques et en ligne de commande est également abordée.

— **Développer un projet en Python.** Le développement d'un projet Python qui prend de l'ampleur se prépare et se sécurise à l'aide d'un certain nombre de pratiques standard : intégration continue, environnements virtuels, suivi de la performance et de la non-régression. Cette partie reprend les différents aspects de la gestion logicielle et présente des outils standards, couramment utilisés dans la plupart des projets logiciels.

Les exemples de code

Tous les chapitres de cet ouvrage contiennent du code source. Les commandes à entrer dans un terminal (bash, zsh, etc.), un PowerShell Windows ou une invite de commande Anaconda sont préfixées par `$` :

```
$ uv pip install .
```

Les exemples courts démarrent par >>> pour refléter l'invite de l'interpréteur Python. Les retours sont alors affichés à la ligne.

```
>>> import math
>>> math.pi
3.141592653589793
```

Les exemples plus longs ne sont pas exécutables tels quels.

```
import numpy as np  # ①

...
```

Tout fichier ou toute partie d'un fichier Python est imprimé dans le livre et annoté à l'aide de balises numérotées ①, ②, etc. Les fichiers complets sont disponibles sur le site `https://www.xoolive.org/python/`. Tous les exemples ont été testés pour Python 3.12.

La première partie du livre sur les bases du langage ne nécessite pas de bibliothèques particulières : n'importe quel interpréteur Python fera l'affaire.

Dans les parties suivantes, il est recommandé de cloner le dépôt du livre depuis le lien `https://github.com/xoolive/python` ①, d'installer l'outil pixi (☞ p. 348, § **24.6**), puis de créer un environnement dédié. Lors de la première exécution de la commande pixi ②, l'environnement Python et ses dépendances seront installées.

```
$ git clone https://github.com/xoolive/python # ①
$ pixi run python  # ②
Python 3.12.5 | packaged by conda-forge | (main, Aug  8 2024, 18:32:50) [Clang 16.0.6 ] on darwin
Type "help", "copyright", "credits" or "license" for more information
>>>
```

Conventions utilisées dans l'ouvrage

Les conventions suivantes sont utilisées au long de l'ouvrage :

- le texte *en italique* retranscrit les termes anglais équivalents au vocabulaire utilisé en français, par exemple « bibliothèque (*library* en anglais) » ;
- le texte à `chasse fixe` retranscrit notamment des noms de variables, de modules et des scripts Python.

Attention !

Cet encart met en valeur les erreurs et pièges courants dans lesquels le programmeur, même averti, peut tomber.

Bonnes pratiques

Cet encart met en valeur les bonnes pratiques, couramment admises, qui améliorent la qualité et la lisibilité du code.

Cas d'application. Cet encart met en valeur un exemple appliqué au milieu d'un chapitre théorique.

En quelques mots...

Cet encart conclut un chapitre en rappelant les éléments essentiels à retenir pour comprendre les chapitres suivants.

Page web du livre

Le code source et les illustrations du livre, qui ont été générées avec Python, sont disponibles sur la page web du livre, avec un erratum qui recense les coquilles relevées après l'impression de l'ouvrage : `https://www.xoolive.org/python/`. Il est possible depuis le site de poser des questions, d'ouvrir des discussions et de proposer des corrections aux éventuelles coquilles qui se seraient glissées dans ces lignes.

Remerciements

Ce projet n'aurait pas vu le jour si Bob Cordeau ne m'avait pas présenté Jean-Luc Blanc des éditions Dunod, juste après la soumission du manuscrit de la deuxième édition de son ouvrage *Python 3. Apprendre à programmer dans l'écosystème Python*. Je tiens à les remercier tous les deux, notamment M. Blanc pour la confiance qu'il m'a accordée pour la définition de ce nouveau projet et pour la souplesse avec laquelle il m'a accompagné.

La rédaction d'un tel ouvrage est un moment intense, un marathon dans lequel sont embarqués malgré eux épouse, enfants, proches et collègues. Tous ont participé d'une manière ou d'une autre à ce travail, en faisant face à une indisponibilité qu'ils n'avaient pas choisie, en apportant leur soutien, leur point de vue critique après relectures, leur réponse pendant les moments de doute et leurs encouragements. Cet ouvrage leur est dédié.

Je remercie notamment Luis Basora et Thomas Dubot, fidèles soutiens et relecteurs de la première heure, ainsi que Judicaël Bedouet pour sa gentillesse et ses métacommentaires avisés. Junzi Sun et Enrico Spinielli ont également contribué à cet ouvrage sans vraiment le savoir, le fruit de nos riches échanges transparaît dans de nombreux exemples.

Nicolas Rougier, auteur de nombreuses références Python de qualité, a répondu à mon invitation, a accepté de relire l'intégralité de l'ouvrage puis m'a fait l'honneur de le préfacer. Brice Martin, des éditions Dunod, a également été d'une grande aide pour la préparation du manuscrit. Leurs commentaires ont contribué à améliorer la lisibilité de l'ensemble.

Il faut enfin saluer tous les étudiants qui, par leurs progrès, leurs doutes, leurs interrogations et reformulations, ont contribué à améliorer les ressources pédagogiques préliminaires sur lesquelles sont construites les fondations de ce livre.

Introduction à la deuxième édition

L'apprentissage d'un langage de programmation est un processus progressif. Comme pour une langue vivante, il est tout à fait possible, et même recommandé, de pratiquer un langage même sans en connaître toutes les subtilités. C'est par la pratique qu'on découvre de nouvelles problématiques, des solutions pour y répondre ; puis vient la réflexion pour généraliser ces solutions à des classes générales de problèmes. Un langage vivant est capable de faire vivre de telles réflexions pour proposer des améliorations de celui-ci.

Ce rôle est joué en Python par les PEP, les *Python Enhancement Proposals*, ces discussions levées par la communauté avec des propositions d'améliorations du langage. Certaines améliorations sont controversées, mais les décisions sont toujours prises après échanges d'arguments. Ces améliorations font évoluer le langage et les pratiques mois après mois. Le Python de 1989 n'est pas le même que le Python de 2003, qui n'est pas le même que le Python de 2020

Ces pages ont pour vocation d'explorer cet environnement changeant du langage, de son écosystème, construit autour des structures de données efficaces de la bibliothèque NumPy (☞ p. 69, § **5**) et des technologies du web vers lesquelles la communauté se tourne progressivement (☞ p. 107, § **8** ; ☞ p. 137, § **10**), ainsi que des fondements théoriques sur lesquels il s'est construit. Elles guident le lecteur dans le monde des bibliothèques tierces de référence conçues pour faciliter la réalisation de tâches élémentaires : télécharger des données (☞ p. 309, § **21**), extraire des informations d'un document (☞ p. 299, § **20**), les structurer, les transformer ou les visualiser, le tout dans l'objectif d'y apporter une valeur ajoutée.

Le livre se termine sur la conception d'un projet Python (☞ p. 349, § **25**). Les outils évoluent de jour en jour, il n'a jamais été aussi facile qu'en 2020 de partager du code tout en s'assurant qu'il pourra être exécuté sur une nouvelle plateforme, sur un nouveau système d'exploitation, en embarquant les bibliothèques nécessaires à son bon fonctionnement.

La première version de cet ouvrage était basée sur Python 3.9, qui avait déjà vu l'introduction de plusieurs innovations majeures :

- les mots-clés pour la programmation asynchrone,
- l'opérateur de multiplication matricielle,
- les annotations de types (PEP 526),
- les chaînes de caractères formatées, ou *f-strings*, (PEP 498, ☞ p. 9, § **1.3**)),
- le séparateur de milliers avec le souligné dans les entiers,
- les dataclasses (PEP 557 , ☞ p. 50, § **4.2**),

- le *walrus operator* := du PEP 572 au terme duquel le créateur du langage Guido van Rossum a quitté son poste de *Benevolent Dictator For Life* (BDFL) ;
- les types standards génériques (PEP 585, ☞ p. 367, § **27**).

Cet ouvrage doit évoluer avec l'écosystème Python. Le manuscrit de cette nouvelle édition a été finalisé juste avant la sortie de Python 3.13. Les principaux ajouts de cette deuxième édition incluent :

- La mise à jour vers NumPy 2.0 (☞ p. 80, § **5.7**) ;
- La mise à jour vers Pandas 2.0 (☞ p. 133, § **9.6**), ainsi qu'un aperçu sur la bibliothèque Polars (☞ p. 133, § **9.7**) ;
- Une présentation de la bibliothèque Xarray (☞ p. 155, § **11**) ;
- Le *structural pattern matching* (☞ p. 166, § **12.1**), un principe qui vient de la programmation fonctionnelle (☞ p. 165, § **12**).
- Les nouveautés concernant la gestion de la concurrence (☞ p. 269, § **18**).
- Un chapitre dédié à la programmation asynchrone (☞ p. 279, § **19**), et l'introduction de nouvelles bibliothèques Python adaptées à ce paradigme :
  - Requests est remplacé par HTTPX (☞ p. 309, § **21.1**) ;
  - Flask est remplacé par FastAPI (☞ p. 312, § **21.2**) ;
  - la gestion des bases de données (y compris DuckDB ☞ p. 317, § **21.3.1**) est présentée avec SQLAlchemy (☞ p. 317, § **21.3.2**) ;
  - Dans le terminal on présente désormais les bibliothèques Rich (☞ p. 321, § **22.1**) et Textual (☞ p. 325, § **22.3**).
- La possibilité d'exécuter Python directement dans un navigateur web (☞ p. 333, § **23**) ;
- La gestion d'un projet Python mise à jour avec les outils Ruff (☞ p. 349, § **25**) et uv (☞ p. 345, § **24.4**) ;
- Les dernières évolutions de la syntaxe de typage statique (☞ p. 367, § **27**) ;
- L'intégration de Rust dans le développement Python (☞ p. 389, § **28.3**) ;
- Quelques remarques sur les bonnes pratiques de code en fin d'ouvrage.

Python reste un outil, pas une fin en soi. Comme le dit A. Maslow, *I suppose it is tempting, if the only tool you have is a hammer, to treat everything as if it were a nail,* « J'imagine qu'il est tentant, si le seul outil dont vous disposez est un marteau, de tout considérer comme un clou. »

Ces lignes visitent parfois des contrées atypiques, des manières de programmer qui peuvent sembler déroutantes. L'objectif de cet ouvrage est d'apporter des éléments qui permettent de clarifier des éléments de syntaxe et de conception couramment utilisés dans des grosses bases logicielles. Attention cependant par la suite à bien distinguer « bonne pratique » d'« usage inutilement complexe ».

Keep it simple.

I

Les bases du langage Python

1

Types et arithmétique de base

L'objectif de ce chapitre est de redécouvrir les types de base de Python : nombres (entiers, flottants, complexes), chaînes de caractères, structures conteneurs (tuples, listes, ensembles, dictionnaires), fonctions et exceptions. Nous nous concentrons ici sur les particularités du langage et les singularités de chacune des structures présentées. La documentation officielle[1] reste la référence pour une description exhaustive des possibilités des structures conteneurs de base.

1.1. Les entiers

Les entiers (type `int` en Python) sont munis des quatre opérations arithmétiques habituelles : l'addition `+`, la soustraction `-` et la multiplication `*`. On fait une distinction entre la division flottante `/` et la division entière `//` :

```
>>> 7 / 3  # division flottante
2.3333333333333335
```

```
>>> 7 // 3  # division entière
2
```

On peut manipuler les entiers à partir de leur représentation binaire (préfixe `0b`), octale (préfixe `0o`), décimale ou hexadécimale (préfixe `0x`), mais la représentation par défaut est en base 10. Des opérateurs renvoient une représentation en base 2, 8 ou 16 sous forme de chaîne de caractères. À l'inverse, on peut lire un entier dans n'importe quelle base à partir d'une chaîne de caractères : il suffit de la préciser en paramètre.

```
>>> 0b1111111
127
>>> 0o177
127
>>> 0x7f
127
```

```
>>> bin(127)
'0b1111111'
>>> oct(127)
'0o177'
>>> hex(127)
'0x7f'
```

```
>>> int("0b1111111", 2)
127
>>> int("0o177", 8)
127
>>> int("0x7f", 16)
127
```

Suivant le modulo (le reste de la division entière) à calculer, il peut être plus efficace de faire appel à une opération bit à bit qui s'opère sur la représentation binaire des entiers : par exemple, l'entier 3 s'écrit 11 en binaire, l'opération `& 3`, en bit à bit, filtre les deux derniers bits

1. `https://docs.python.org/fr/3/tutorial/datastructures.html`

de la représentation de chaque entier et correspond au modulo 4 (100 en binaire). L'opérateur modulo « `%` » implique de calculer une division flottante, une partie entière, une multiplication et une soustraction (4 opérations), alors que le `&` bit à bit ne nécessite qu'une seule opération. Cette astuce est valide pour tous les modulos par une puissance de 2.

```
>>> 7 % 4  # modulo
3
```

```
>>> 7 & 3  # opération "et bit-à-bit"
3
```

De la même manière, les opérations de décalage de bit (*bitshift*) vers la gauche << ou vers la droite >> peuvent être plus efficaces que des calculs de puissance de 2. Le passage à la puissance implique un grand nombre de multiplications alors que le décalage de bit est une opération unitaire du point de vue du processeur.

```
>>> 2 ** 8  # puissance
256
```

```
>>> 1 << 8  # décalage de bits
256
```

Les entiers en Python ont une amplitude illimitée. C'est un atout de taille par rapport à d'autres langages de programmation classiques (basés sur le langage C) qui s'appuient sur les spécificités du processeur et du système d'exploitation pour représenter les entiers sur un nombre défini d'octets, sans qu'aucun standard ne permette d'inférer quoi que ce soit. En pratique, Python propose les opérations classiques sur les longs entiers en mobilisant autant d'espace mémoire que nécessaire pour les représenter. [2]

Il n'y a pas de standard pour la taille ou la représentation des entiers dans les langages habituels, qui peuvent suivant les architectures occuper 32, 64 ou 128 bits. Les nombres de l'exemple suivant ne pourraient pas être manipulés par le langage C par exemple :

```
>>> 2 ** 128  # le plus grand entier non signé sur 128 bits + 1
340282366920938463463374607431768211456
>>> 123 ** 24  # cet entier s'écrit sur 167 bits (pas de représentation en C)
143788010446775248848237875203163336494653562343841
>>> 123 ** 24 * 134 ** 45  # l'opération est très rapide!
754116773913301291674484428969148011550171822575090416487017684057230784745923
8005135254398017764947741857984531989127003441743945035088101008998
```

1.2. Les flottants

Les flottants (type `float`) sont notés en Python avec un point (`1.` sans décimale, `2.0` avec une décimale explicite, `.3` sans partie entière ou `3.14` pour des flottants classiques) ou en utilisant la notation scientifique (`3e8` par exemple). Les flottants sont représentés en mémoire suivant le standard IEEE 754, avec un bit de signe, 11 bits d'information pour les exposants et 52 bits d'information pour la mantisse (pour les flottants 64 bits). Les opérations sur les flottants sont soumis aux mêmes effets qu'avec les autres langages de programmation.

Le standard définit quelques flottants particuliers : l'infini, appelé `inf`, (aucun flottant n'est supérieur à l'infini, pas même l'infini) et le résultat d'une opération invalide, appelé `nan` pour *not a number* (pas un nombre). Aucun nombre n'est égal à `nan`, pas même `nan` : pour tester si un nombre vaut la valeur `nan`, il est courant de tester s'il est égal à lui-même.

2. La version 2.3 de Python a introduit pour la première fois la multiplication de Karatsuba pour les grands entiers. D'autres méthodes rapides basées sur la transformée de Fourier rapide (FFT, pour *Fast Fourier Transform*), de l'algorithme de Schönhage-Strassen (SSA) ou celui de De, Kurur, Saha and Saptharishi (DKSS) sont accessibles pour la multiplication des nombres décimaux (☞ p. 27, § 2.2).

```
>>> float('inf') > float('inf')
False
>>> float('inf') == float('inf')
True
>>> float('inf') - float('inf')
nan
```

```
>>> float('nan') == float('nan')
False
>>> a = float('nan')
>>> if a != a:  # math.isnan(a)
...     print("a is NaN")
a is NaN
```

> ### ✧ Bonnes pratiques
>
> Ne pas faire de test d'égalité entre deux flottants : préférer un test d'inégalité sur leur différence :
>
> ```
> >>> 0.1 + 0.2 == 0.3
> False
> ```
>
> ```
> >>> abs(0.3 - (0.1 + 0.2)) < 1e-12
> True
> ```

L'artefact ci-dessus s'explique par le fait que le résultat de l'addition `0.1 + 0.2` sur les flottants n'a pas la même représentation binaire que la valeur `0.3`. Il est possible d'accéder en Python à la représentation binaire (ou hexadécimale) des flottants *via* le module `float` : `0.1` `0.2` et `0.3` sont représentés sous forme de série hexadécimale infinie et le résultat de l'addition est alors soumis à une erreur d'arrondi qui biaise le test d'égalité.

```
>>> 0.1 + 0.2
0.30000000000000004
>>> float.hex(0.1)  # 0.0999999...
'0x1.999999999999ap-4'
>>> float.hex(0.2)  # 0.1999999...
'0x1.999999999999ap-3'
```

```
>>> float.hex(0.1 + 0.2)
'0x1.3333333333334p-2'
# arrondi supérieur: finit par un 4
>>> float.hex(0.3)
'0x1.3333333333333p-2'
# arrondi inférieur: finit par un 3
```

Python permet par ailleurs d'afficher une chaîne de caractères (☞ p. 8, § **1.3**) représentant la valeur des flottants manipulés avec une précision suffisante pour voir l'effet de ces artefacts :

```
>>> print("{0:.32f}".format(0.1))
0.10000000000000000555111512312578
>>> print("{0:.32f}".format(0.2))
0.20000000000000001110223024625157
```

```
>>> print("{0:.32f}".format(0.3))
0.29999999999999998889776975374843
```

Pour pallier ces problèmes potentiels, les modules `fractions` et `decimal` (☞ p. 27, § **2.2**) en Python permettent de manipuler des nombres décimaux avec une précision potentiellement infinie sans subir les effets d'arrondi sur la représentation des nombres flottants. En revanche, ces modules coupent la portabilité avec les autres langages de programmation.

Enfin l'arithmétique des nombres complexes (type `complex`) est accessible : la partie imaginaire d'un complexe s'exprime à l'aide du suffixe `j` :

```
>>> 1j
1j
>>> 1j * 1j
(-1+0j)
>>> cmath.sqrt(-1)
1j
```

```
>>> a = 3 + 4j
>>> a.real, a.imag
(3.0, 4.0)
>>> a * a.conjugate()
(25+0j)
```

Attention !

Ne pas confondre le symbole j, qui peut représenter une variable, du suffixe j qui s'adjoint à la fin d'une valeur numérique entière ou flottante :

```
>>> j
Traceback (most recent call last):
  File "<stdin>", line 1, in <module>
NameError: name 'j' is not defined
```

Historique. La question du choix de la lettre j, couramment utilisée en électronique, pour dénoter la partie imaginaire des complexes à la place de la lettre i a fait l'objet de discussions sur la plateforme de suivi https://bugs.python.org/issue10562 : Guido van Rossum ferme la discussion : i et I ressemblent trop à des chiffres.

1.3. Les chaînes de caractères

En Python, le type str représente une suite de caractères Unicode. Tous les caractères (ceux utilisés dans la plupart des langues connues, y compris les accentués) peuvent être concaténés dans une chaîne de caractères valide. Seul le caractère *antislash* \ (*backslash* en anglais) doit être doublé car il donne une signification spéciale à certaines séquences de caractères. Le préfixe r"" (pour *raw*) désactive l'interprétation de l'*antislash*.

On peut utiliser indifféremment les guillemets simples ou doubles pour délimiter une chaîne de caractères. Les triples guillemets délimitent une chaîne de caractères multi-lignes ; ils sont couramment utilisés pour documenter les fonctions (☞ p. 16, § **1.8**).

```
>>> "Bonjour les amis"
'Bonjour les amis'
>>> "Bonjour les amis\n"
'Bonjour les amis\n'
>>> r"Bonjour les amis\n"
'Bonjour les amis\\n'
```

```
>>> print("Bonjour les amis\n")
Bonjour les amis

>>> print(r"Bonjour les amis\n")
Bonjour les amis\n
```

Chaque chaîne de caractères a une longueur. On peut concaténer deux chaînes de caractères (opérateur +), les répéter (opérateur *) et les indexer (opérateur []). L'indexation peut être faite à l'aide d'un entier positif (le premier élément est indexé [0]), négatif (« en partant de la fin ») ou à l'aide d'un intervalle (type slice ☞ p. 13, § **1.5**) : la syntaxe [2:4] signifie « de 2 à 4 (exclus) » ; [-4:] signifie « les quatre derniers » ; [:] reprend l'intégralité du conteneur.

```
>>> "bon" + 'jour'
'bonjour'
>>> a = """Bonjour
... à tous"""
>>> a
'Bonjour\nà tous'
>>> (a + ' ') * 2
'bonjour bonjour '
```

```
>>> a[0]
'B'
>>> a[2:4]
'nj'
>>> a[-4:]
'tous'
>>> a[:]
'Bonjour\nà tous'
```

De nombreuses méthodes permettent de tester (.isupper(), .startswith(), etc.) ou de modifier une chaîne de caractères (.lower(), .split(), .replace()) :

```
>>> a = "bonjour"
>>> len(a)
6
>>> a.startswith("bon")
True
>>> a.contains("jour")
True
```

```
>>> "  bonjour ".strip()
'bonjour'
>>> "bonjour à tous".split()
['bonjour', 'à', 'tous']
>>> 'bonjour les amis'.title()
'Bonjour Les Amis'
```

Attention !

On ne peut pas éditer une variable de type `str` sans en créer une nouvelle. On dit que le type `str` est *immutable*.

```
>>> a[2] = "b"
Traceback (most recent call last):
  File "<stdin>", line 1, in <module>
TypeError: 'str' object does not support item assignment
```

Tout objet Python (☞ p. 211, § **15**) a deux représentations sous forme de chaîne de caractères : une forme courte à laquelle on accède avec l'opérateur `repr()` et une longue avec le constructeur `str()`. Si l'une des deux représentations n'est pas définie, l'autre est appelée par défaut. La représentation par défaut comprend le nom du type de l'objet et l'adresse de son emplacement en mémoire.

```
>>> object()
<object object at 0x102c0a0d0>
```

Il existe plusieurs manières de construire une chaîne de caractères à partir de variables :

— le formatage historique (semblable à celui du langage C) à l'aide de l'opérateur « `%` ». Il est de plus en plus rarement utilisé ;
— la méthode `.format()` de conversion textuelle [3] ;
— les chaînes de formatage littérales [4] (*f-strings*) disponibles depuis Python 3.6.

```
>>> "La valeur de '%3s' est %.4f" % ("pi", 3.14159)
'La valeur de ' pi' est 3.1416'
>>> "La valeur de '{nom:>3s}' est {valeur:.4f}".format(nom="pi", valeur=3.14159)
'La valeur de ' pi' est 3.1416'
```

Bien que ces formatages restent utiles, les *f-strings* facilitent grandement la lisibilité du code écrit. Quelques facilités ont été ajoutées depuis la version 3.8 (PEP 498), notamment avec la possibilité d'utiliser le symbole « = » qui affiche le nom d'une variable suivi de sa valeur.

```
>>> nom = "pi"
>>> valeur = 3.14159
>>> f"La valeur de {nom:>3s} est {valeur:.4f}"
'La valeur de  pi est 3.1416'
>>> f"{nom=:>3s} {valeur=:.4f}"  # depuis Python 3.8
'nom= pi valeur=3.1416'
```

3. Voir la section « Syntaxe de formatage de chaîne »
https://docs.python.org/fr/3/library/string.html

4. Voir la section « Chaînes de caractères formatées littérales »
https://docs.python.org/fr/3/reference/lexical_analysis.html

Le type bytes est celui qui ressemble le plus aux chaînes de caractères des langages de programmation classiques : chaque caractère est représenté en mémoire par un entier entre 0 et 127 qui correspond à un caractère connu de la table ASCII. Les caractères associés à chaque lettre et/ou chaque chiffre sont consécutifs dans cette table, ce qui permet de passer aisément de la représentation d'un chiffre à l'entier associé.

```
>>> b"hello"
b'hello'
>>> b"abc"[0]
97
>>> ord("a")
97
>>> chr(97)
'a'
```

```
# Table de correspondances des caractères ASCII
#   (extrait)
```

40	'('	48	'0'	65	'A'	97	'a'
41	')'	49	'1'	66	'B'	98	'b'
42	'*'	50	'2'	67	'C'	99	'c'
43	'+'	51	'3'	68	'D'	100	'd'
44	','	52	'4'	69	'E'	101	'e'

Attention !

Les bytes ne fonctionnent pas avec des caractères accentués. On peut en revanche encoder une chaîne de caractères accentués en tableau de bytes.

```
>>> b"accentué"
Traceback (most recent call last):
  File "<stdin>", line 1
SyntaxError: bytes can only contain ASCII literal characters.
>>> "accentué".encode('utf8')
b'accentu\xc3\xa9'
```

On mentionne ici l'encodage UTF-8 des caractères Unicode, adopté par défaut par Python, compatible avec l'encodage des 128 premiers caractères ASCII. Au-delà, les caractères couramment utilisés dans le monde, qu'ils soient basés sur des systèmes d'écriture alphabétiques, syllabaires ou pictographiques (*emoji* compris) sont encodés sur un, deux, trois ou quatre octets. Dans l'exemple ci-dessus, le caractère accentué « é » est encodé sur deux octets : c3 et a9.

Attention !

Comme les chaînes de caractères, les bytes sont *immutables* : le type bytearray en revanche permet les modifications.

```
>>> b"hello"[1] = 97
Traceback (most recent call last):
  File "<stdin>", line 1, in <module>
TypeError: 'bytes' object does not support item assignment
>>> a = bytearray(b"hello")
>>> a[1] = 97
>>> a
bytearray(b'hallo')
```

Schéma de Horner. Un exercice de programmation classique consiste à (ré)écrire le programme qui convertit une chaîne de caractères représentant un entier (positif) en la valeur de cet entier. Pour une séquence de type `bytes`, par exemple `b"1234"`, il faut reconstruire :

$$1 \times 10^3 + 2 \times 10^2 + 3 \times 10^1 + 4 \times 10^0$$

La manipulation des puissances de 10 est ici maladroite : bien que Python propose l'opérateur `**` pour la puissance, les opérations de multiplication (on en compte dix ici !) ont bien lieu. Le schéma de Horner réduit le nombre de multiplications en réécrivant la décomposition :

$$((1 \times 10 + 2) \times 10 + 3) \times 10 + 4$$

On peut alors écrire le programme suivant :

```
def horner(elt: str) -> int:
    "Calcule la valeur d'un entier en suivant le schéma de Horner."

    result = 0
    for digit in elt:
        result = result * 10 + (ord(digit) - ord("0"))
    return result
```

```
>>> horner("1234")
1234
```

1.4. Les tuples

Le tuple est une structure de base du langage Python qui concatène des variables de natures hétérogènes. Il est défini par l'opérateur *virgule* (,). Le tuple est toujours affiché avec des parenthèses. Un tuple à un seul élément doit être terminé par une virgule ; un tuple sans élément s'écrit avec des parenthèses, mais on peut préférer le constructeur explicite.

```
>>> latlon = 43.6, 1.45
>>> latlon
(43.6, 1.45)
```

```
>>> 1,
(1,)
>>> tuple()  # on peut aussi écrire ()
()
```

On peut accéder aux éléments d'un tuple par un index positionnel. En revanche, à l'instar des chaînes de caractères, la structure est *immutable* : il n'est pas possible de modifier un élément d'un tuple sans en créer un nouveau.

```
>>> latlon[0]
43.6
>>> latlon[1] = 144.35
Traceback (most recent call last):
  ...
TypeError: 'tuple' object does not support item assignment
```

Le tuple permet de concaténer des éléments pour donner une sémantique à chaque élément en fonction de sa position. Cette sémantique doit être connue lorsqu'on procède à un *déballage* (*tuple unpacking* en anglais) qui permet d'associer chaque valeur du tuple à une variable sans passer par l'opérateur d'indexation `[0]`, `[1]`, etc.

```
>>> tour_eiffel = 48.8583, 2.2945, 'Tour Eiffel', 'Paris'
>>> torre_de_belem = 38.6916, -9.216, 'Torre de Belém', 'Lisboa'
>>> latitude, longitude, nom, ville = tour_eiffel
>>> latitude, longitude
(48.8583, 2.2945)
```

Le déballage requiert autant d'éléments dans la partie gauche que dans la partie droite du signe égal. Si tous les champs ne sont pas nécessaires à gauche, on utilise généralement la variable muette « _ ». L'opérateur préfixe « * » permet de grouper plusieurs variables.

```
>>> latitude, longitude = torre_de_belem
Traceback (most recent call last):
  ...
ValueError: too many values to unpack (expected 2)
>>> latitude, longitude, _, _ = torre_de_belem
>>> *latlon, nom, _ = torre_de_belem
>>> nom
'Torre de Belém'
>>> latlon
[38.6916, -9.216]
```

1.5. Les listes

La liste est un conteneur séquentiel de valeurs hétérogènes. C'est un objet mutable : on peut en modifier le contenu à tout moment. Cette structure très intuitive, munie d'une algorithmique riche, notamment pour le tri et la recherche, est souvent le choix par défaut des débutants pour tous les problèmes qu'ils doivent résoudre.

```
>>> a = [1, "deux", 3.0]
>>> a[0]
1
>>> len(a)
3
>>> 3 in a
True
>>> a.count(1)
1
```

```
>>> a[1] = 2  # remplacement d'une valeur
>>> a
[1, 2, 3.0]
>>> a.append(1)  # ajout d'une valeur
>>> a
[1, 2, 3.0, 1]
>>> a.sort()  # tri de la liste
>>> a
[1, 1, 2, 3.0]
```

Le type `range` est également un type séquentiel[5] et prend trois paramètres : une valeur de début (incluse), une valeur de fin (exclue) et un pas (par défaut, 1). Le choix d'inclure la valeur de début et d'exclure la valeur de fin de l'intervalle permet d'avoir un lien immédiat entre la taille de la séquence et les bornes de l'intervalle : `range(5)` produira 5 éléments.

5. Avant Python 3, le mot-clé `range` renvoyait une liste : comme ce mot-clé sert essentiellement à démarrer des itérations, il pouvait être coûteux en espace mémoire de produire une liste d'un million d'entiers pour une boucle à exécuter un million de fois : `range` permet de produire les valeurs une par une à chaque itération.

```
>>> range(5)
range(0, 5)
>>> for x in range(5):
...     print(x, end=" ")
...
0 1 2 3 4
```

```
>>> list(range(5))
[0, 1, 2, 3, 4]
>>> list(range(0, 10, 2))
[0, 2, 4, 6, 8]
>>> list(range(5, 0, -1))
[5, 4, 3, 2, 1]
```

À l'instar des chaînes de caractères (☞ p. 8, § **1.3**), les listes peuvent être indexées par des entiers positifs (ou négatifs) et par des intervalles (type `slice`). Un `slice` se reconnaît au caractère « : » placé entre des crochets, mais cette notation cause une erreur de syntaxe (`SyntaxError`) si on cherche à la placer dans une variable. La syntaxe `slice` en revanche, qui accepte les mêmes paramètres qu'un `range`, fonctionne aussi entre les crochets.

```
>>> a[:]
[0, 1, 2, 3, 4, 5, 6, 7, 8, 9]
>>> a[::2]
[0, 2, 4, 6, 8]
>>> a[::-1]
[9, 8, 7, 6, 5, 4, 3, 2, 1, 0]
>>> a[2:7]
[2, 3, 4, 5, 6]
```

```
>>> a[slice(None)]
[0, 1, 2, 3, 4, 5, 6, 7, 8, 9]
>>> a[slice(None, None, 2)]
[0, 2, 4, 6, 8]
>>> a[slice(None, None, -1)]
[9, 8, 7, 6, 5, 4, 3, 2, 1, 0]
>>> a[slice(2, 7)]
[2, 3, 4, 5, 6]
```

Les compréhensions de liste sont une spécificité du langage Python, destinée à construire une liste en itérant sur une expression littérale. Dans sa forme la plus simple, elle crée une liste à partir d'une autre structure qui permet l'itération (☞ p. 195, § **14**) : parmi les structures déjà présentées, ceci s'applique aux `range`, `list`, `tuple`, aux chaînes de caractères, et aux `bytes`.

```
>>> [i for i in range(5)] # équivalent à list(range(5))
[0, 1, 2, 3, 4]
>>> [str(i) for i in [0, 1, 2, 3, 4]] # list
['0', '1', '2', '3', '4']
>>> [i ** 2 for i in (0, 1, 2, 3, 4)] # tuple
[0, 1, 4, 9, 16]
>>> [x.upper() for x in "hello"] # str
['H', 'E', 'L', 'L', 'O']
>>> [x - ord("0") for x in b"1234"]  # bytes
[1, 2, 3, 4]
```

Cette syntaxe est extrêmement flexible. Elle permet notamment :

- de préférer une notation qui exprime de manière explicite le type de la structure de retour (☞ ① et ②);
- d'ajouter une condition à l'expression littérale (☞ ③);
- de combiner plusieurs boucles, avec un produit cartésien (☞ ④) ou en imbriquant les itérations (☞ ⑤).

```
>>> list(i for i in range(5))  # ①, équivalent à list(range(5))
[0, 1, 2, 3, 4]
>>> tuple(i for i in range(5))  # ②, équivalent à tuple(range(5))
(0, 1, 2, 3, 4)
>>> [i for i in range(10) if i % 2 == 0]  # ③
[0, 2, 4, 6, 8]
```

```
>>> [(i, j) for i in range(4) for j in range(4) if i < j]  # ④
[(0, 1), (0, 2), (0, 3), (1, 2), (1, 3), (2, 3)]
>>> [[(i, j) for j in range(4) if i < j] for i in range(4)]  # ⑤
[[(0, 1), (0, 2), (0, 3)], [(1, 2), (1, 3)], [(2, 3)], []]
```

1.6. Les ensembles

L'ensemble (type set) est un conteneur séquentiel d'éléments uniques. On peut créer un ensemble par énumération de valeurs, à partir d'une structure qui permet l'itération (comme une liste, une chaîne de caractères, etc.) ou par compréhension (☞ p. 13, § **1.5**).

```
>>> {1, 2, 3, 1}
{1, 2, 3}
>>> set("coucou")
{'u', 'c', 'o'}
>>> set(i**2 for i in (-2, -1, 0, 1, 2))
{0, 1, 4}
```

Un set peut être modifié en ajoutant ou supprimant des valeurs. L'arithmétique des ensembles est accessible à l'aide des opérateurs usuels pour l'union |, l'intersection & et la différence -. L'opérateur + n'est pas défini.

```
>>> s
{1, 2, 3}
>>> s.add(4)
>>> s
{1, 2, 3, 4}
>>> s.remove(4)
>>> s
{1, 2, 3}
>>> s.pop()
1
```

```
>>> s1 = set(range(3))
>>> s2 = set(range(0, -3, -1))
>>> s1, s2
({0, 1, 2}, {0, -1, -2})
>>> s1 | s2  # union
{0, 1, 2, -2, -1}
>>> s1 & s2  # intersection
{0}
>>> s1 - s2  # différence
{1, 2}
```

Toutes les valeurs Python ne peuvent pas être ajoutées à un set : il faut qu'elles soient *hashables*. Les ensembles sont en réalité des *tables de hash* : ils sont basés sur des fonctions capables de (rapidement) transformer une valeur en un entier. Cette propriété permet aux sets d'être très performants pour tester l'appartenance d'une valeur à un ensemble. Or cette propriété a un prix : pour pouvoir définir une *fonction de hash*, la structure doit a minima ne pas être *mutable*, ou modifiable.

Attention !

On ne peut pas créer d'ensemble de listes, ni d'ensemble d'ensembles : ces structures ne sont pas *hashables*.

```
>>> {{1}, {2, 3}}
Traceback (most recent call last):
  File "<stdin>", line 1, in <module>
TypeError: unhashable type: 'set'
```

Le type `frozenset` est la version immutable, ou non modifiable, de l'ensemble. Il n'est pas possible d'y ajouter des valeurs après sa création, mais cette structure étant *hashable*, on peut l'insérer dans un ensemble :

```
>>> {frozenset({1}), frozenset({2, 3})}
{frozenset({1}), frozenset({2, 3})}
```

Le crible d'Ératosthène. L'exercice, bien connu des écoles primaires, consiste à énumérer les nombres premiers inférieurs à un entier donné après avoir éliminé successivement les multiples de 2, puis de 3, et ainsi de suite.
L'arithmétique des ensembles est particulièrement adaptée à ce problème.

```
def crible_eratosthene(n: int) -> set:
    "Énumère les nombres premiers inférieurs à n."

    # On crée d'abord la grille complète
    p = set(range(2, n))
    # puis pour chaque entier i,
    for i in range(2, n):
        # on élimine l'ensemble des multiples de i
        p = p - set(x*i for x in range(2, n//i + 1))
    return p
```

```
>>> crible_eratosthene(20)
{2, 3, 5, 7, 11, 13, 17, 19}
```

1.7. Les dictionnaires

Les dictionnaires (le type `dict`) sont des *tables de hash* qui fonctionnent sur le modèle clé/valeur. Toutes les valeurs utilisées comme clé doivent être *hashable*, exactement comme pour les ensembles (☞ p. 14, § 1.6). Ce sont des structures mutables : on peut librement ajouter de nouvelles clés ou remplacer des valeurs. Comme ils sont utilisés de manière extensive à des emplacements critiques du cœur du langage, les dictionnaires sont particulièrement optimisés en Python.

```
>>> tour_eiffel = {
...     "latitude": 48.8583,
...     "longitude": 2.2945,
...     "nom": "Tour Eiffel",
...     "ville": "Paris"
... }
>>> tour_eiffel["pays"] = "France"
>>> tour_eiffel["latitude"]
48.8583
```

```
>>> point = dict(
...     latitude=43.6,
...     longitude=1.45
... )
>>> point["longitude"] = 144.35
>>> point
{'latitude': 43.6, 'longitude': 144.35}
>>> "latitude" in point
True
```

On peut utiliser l'opération `.get()` qui permet de définir une valeur par défaut si une clé n'est pas présente dans le dictionnaire :

```
>>> altitude = point.get("altitude", 0)  # altitude = 0
```

On peut itérer sur les clés d'un dictionnaire (méthode `.keys()`) ou sur ses valeurs (méthode `.values()`). La méthode `.items()` permet d'itérer sur des paires (des `tuples`) de clé et valeur. On peut aussi créer un dictionnaire par *compréhension* (☞ ⑥, ☞ p. 13, § **1.5**).

```
>>> point.keys()
dict_keys(['latitude', 'longitude'])
>>> point.values()
dict_values([43.6, 144.35])
>>> # nouveau dictionnaire où les clés sont en lettres capitales ⑥
>>> dict((key.upper(), value) for (key, value) in point.items())
{'LATITUDE': 43.6, 'LONGITUDE': 144.35}
```

✧ Bonnes pratiques

L'opérateur préfixe `**` permet de *décapsuler* les dictionnaires. Il est couramment utilisé pour mettre à jour un dictionnaire ou pour en concaténer deux.

```
>>> {**point, "pays": "Japon"}
{'latitude': 43.6, 'longitude': 144.35, 'pays': 'Japon'}
>>> # La concaténation permet aussi de mettre à jour des champs
>>> {**point, **{"pays": "France", "longitude": 1.45}}
{'latitude': 43.6, 'longitude': 1.45, 'pays': 'France'}
>>> point | {"pays": "France", "longitude": 1.45}  # en Python 3.9
{'latitude': 43.6, 'longitude': 1.45, 'pays': 'France'}
```

1.8. Les fonctions

Les fonctions sont des variables comme les autres en Python, à ceci près qu'on peut les *appeler*[6] (*callable* en anglais).

On considère comme bonne pratique, même si ce n'est pas obligatoire :
- d'expliciter le mot-clé `return` quand la fonction ne renvoie pas de valeur, notamment si certains arguments passés à la fonction peuvent attendre une valeur de retour ;
- d'*annoter* les arguments d'une fonction et le type de retour (☞ ⑦) ; nous traiterons plus loin (☞ p. 367, § **27**) de l'aide qu'elles peuvent apporter au-delà de la simple documentation ;
- de commencer le corps de la fonction par une chaîne de caractères (☞ ⑧) de documentation ; nous verrons plus loin comment les exploiter pour vérifier des tests (☞ p. 32, § **2.5**) ou comment publier une documentation (☞ p. 364, § **26.3**).

En tant que variables, les fonctions peuvent être passées en paramètres d'autres fonctions (☞ p. 165, § **12**). À ce titre, le langage propose une facilité pour définir des fonctions à la volée : les *fonctions anonymes* peuvent être définies avec le mot-clé `lambda` (☞ ⑨). Le corps de ces fonctions est limité à une seule instruction.

```
def enfants(nom: str, age: int) -> bool:  # ⑦
    "Renvoie True pour les moins de 18 ans."  # ⑧
    return age <= 18
```

6. Nous verrons plus loin que d'autres types de variables peuvent également être appelés (☞ p. 245, § **16.2**).

```
def groupe(personnes: dict, condition) -> list:  # ⑦
    """Renvoie une liste de personnes remplissent une condition.

    L'argument condition est une fonction qui renvoie True
    si l'âge respecte un certain critère.
    """  # ⑧
    return list(
        nom for (nom, age) in personnes.items()
        if condition(nom, age)
    )

tous = {
    "Jules": 5, "Marie": 17, "Pierre": 21,
    "Julie": 34, "André": 71, "Jacques": 80
}
```

```
>>> groupe(tous, enfants)
['Jules', 'Marie']
>>> groupe(tous, lambda nom, age: age >= 70)  # ⑨
['André', 'Jacques']
>>> groupe(tous, lambda nom, age: nom.startswith("J"))  # ⑨
['Jules', 'Julie', 'Jacques']
```

Les arguments d'une fonction peuvent être passés nommés ou non. S'ils sont nommés, l'ordre dans lequel ils sont passés n'a pas d'importance.

```
>>> groupe(personnes=tous, condition=enfants)
['Jules', 'Marie']
>>> groupe(condition=enfants, personnes=tous)
['Jules', 'Marie']
```

Il existe quelques paramètres de fonctions particuliers :

- `*args` (passage d'un tuple de valeurs) : les arguments surnuméraires à une fonction sont transmis sous la forme d'un tuple (☞ ①), nommé `args` par convention, pour *(positional) arguments* ;
- `**kwargs` (passage d'un dictionnaire de valeurs) : les arguments surnuméraires nommés sont transmis sous la forme d'un dictionnaire(☞ ②), nommé `kwargs` par convention, pour *keyword arguments* ;
- Python 3.8 a introduit le paramètre `/` [7] : dans l'exemple ci-dessous, les paramètres `x` et `y` doivent être passés sans être nommés (☞ ③). L'auteur de cette fonction préfère empêcher un utilisateur de passer ces arguments dans le désordre.

```
def nouveau_point(
    x: float, y: float = 0, /,  # ③
    z: float = 0, *args,  # ①
    color: str = 'red', temperature: float = 25, **kwargs  # ②
) -> dict:
```

7. Cette notation cause une `SyntaxError` dans les versions antérieures.

```
    if len(args) > 0:
        print(f"① Paramètres non nommés ignorés: {args}")
    if len(kwargs) > 0:
        print(f"② Paramètres nommés ignorés: {kwargs}")
    return {
        'x': x, 'y': y, 'z': z, 'color': color, 'temperature': temperature,
    }
```

```
>>> nouveau_point(1, 2, 3)
{'x': 1, 'y': 2, 'z': 3, 'color': 'red', 'temperature': 25}
>>> nouveau_point(y=2, x=1)  # ③
Traceback (most recent call last):
  File "<stdin>", line 1, in <module>
TypeError: nouveau_point() missing 1 required positional argument: 'x'
>>> nouveau_point(1, z=3)
{'x': 1, 'y': 0, 'z': 3, 'color': 'red', 'temperature': 25}
>>> nouveau_point(1, 2, 3, "blue")
① Paramètres non nommés ignorés: ('blue',)
{'x': 1, 'y': 2, 'z': 3, 'color': 'red', 'temperature': 25}
>>> nouveau_point(1, temperature=12, color="blue")
{'x': 1, 'y': 0, 'z': 0, 'color': 'blue', 'temperature': 12}
>>> nouveau_point(1, temperature=12, color="blue", size=5)
② Paramètres nommés ignorés: {'size': 5}
{'x': 1, 'y': 0, 'z': 0, 'color': 'blue', 'temperature': 12}
```

✧ Bonnes pratiques

Les mots-clés *args et **kwargs sont couramment utilisés pour passer des arguments supplémentaires à une fonction appelée dans le corps de la fonction.

```
def nouveau(fonction, x: float, y: float, *args, **kwargs):
    "Crée un nouvel élément défini par 'fonction'."
    return fonction(x, y, *args, **kwargs)
```

```
>>> nouveau(nouveau_point, 1, 2, color="blue")
{'x': 1, 'y': 2, 'z': 0, 'color': 'blue', 'temperature': 25}
```

Une autre manière de faire est de passer des arguments à passer à une fonction interne sous forme de tuple et de dictionnaire, et de les *décapsuler* avec les opérateurs préfixe * et **. Cette manière est particulièrement utile pour distinguer des paramètres à passer à plusieurs fonctions internes.

```
def nouveau(fonction, fn_args: tuple, fn_kwargs: dict):
    "Crée un nouvel élément défini par 'fonction'."
    return fonction(*fn_args, **fn_kwargs)
```

```
>>> nouveau(nouveau_point, fn_args=(1, 2), fn_kwargs=dict(color="blue"))
{'x': 1, 'y': 2, 'z': 0, 'color': 'blue', 'temperature': 25}
```

Attention !

Éviter d'utiliser des types mutables pour les arguments par défaut d'une fonction : des effets indésirables peuvent apparaître. En effet, les arguments par défaut sont créés au moment où la fonction est déclarée. Si un appel de fonction modifie cet argument par défaut, il restera modifié :

```
def new_dict(original_data: dict = dict(), **kwargs) -> dict
    for key, value in kwargs.items():
        original_data[key] = value
    return original_data

>>> new_dict(color="red", value=1)
{'color': 'red', 'value': 1}
>>> new_dict(length=12)
{'color': 'red', 'value': 1, 'length': 12}
```

Il est préférable d'utiliser la valeur par défaut `None` et de créer la valeur mutable dans le corps de la fonction (☞ ④).

```
def update_dict(original_data = None, **kwargs) -> dict:
    if original_data is None:  # ④
        original_data = dict()
    for key, value in kwargs.items():
        original_data[key] = value
    return original_data

>>> update_dict(color="red", value=1)
{'color': 'red', 'value': 1}
>>> update_dict(length=12)
{'length': 12}
```

1.9. Les exceptions

Les exceptions[8] font partie d'un mécanisme de gestion des erreurs en Python. Elles permettent de baliser les étapes d'un programme pour faire face à des situations pour lesquelles celui-ci n'a pas été prévu. L'exception permet de définir le type d'erreur rencontrée et de donner des indications à l'utilisateur quant à la nature de cette erreur.

Lorsqu'une erreur se produit, le programme remonte dans la pile d'exécution et si l'exception n'est pas rattrapée par les fonctions, il s'arrête et l'erreur est affichée. La trace (*traceback* en anglais) précise l'ensemble des couches traversées avec les noms des fichiers, les numéros de ligne concernés, et le type d'exception sur la dernière ligne.

```
>>> 1/0
Traceback (most recent call last):
  File "<stdin>", line 1, in <module>
ZeroDivisionError: division by zero
```

8. Voir la sémantique des exceptions natives en Python
https://docs.python.org/fr/3/library/exceptions.html

```
>>> int("123a")
Traceback (most recent call last):
  File "<stdin>", line 1, in <module>
ValueError: invalid literal for int() with base 10: '123a'
>>> point = {'x': 1, 'y': 2}
>>> point['z']
Traceback (most recent call last):
  File "<stdin>", line 1, in <module>
KeyError: 'z'
```

L'instruction `raise` permet de lever une exception, et les blocs `try/catch` permettent de les rattraper. En cas de doute sur l'exception à rattraper, il convient d'utiliser le type `Exception`.

```
def pgcd(a: int, b: int) -> int:
    """Calcul du PGCD de deux entiers.

    Les paramètres a et b sont convertis en entier avant le calcul du PGCD.
    Une exception ValueError est levée si un des entiers est négatif ou nul.
    """
    a, b = int(a), int(b)
    if (a <= 0 or b <= 0):
        raise ValueError("a et b doivent être deux entiers positifs")
    while a != b:
        if (a > b):
            a = a - b
        else:
            b = b - a
    return a

def print_pgcd(elts: list) -> None:
    for (a, b) in elts:
        try:  # séquence à protéger des exceptions
            x = pgcd(a, b)
        except ValueError as e:
            # traitement de l'exception ValueError
            print(f"ValueError: {e}")
        else:  # exécuté si aucune exception n'est levée (bloc optionnel)
            print(f"pgcd({a}, {b}) = {x}")
        finally:  # exécuté dans tous les cas (bloc optionnel)
            print("------")
```

```
>>> print_pgcd([(12, 8), (7, "a"), (4, 2.3), ("42", 56)])
pgcd(12, 8) = 4
------
ValueError: invalid literal for int() with base 10: 'a'
------
pgcd(4, 2.3) = 2
------
pgcd(42, 56) = 14
------
```

✧ Bonnes pratiques

Rattraper une exception est un mécanisme coûteux. Il est préférable de réserver les exceptions pour des situations exceptionnelles, pour éviter un crash du programme.

L'utilisation des exceptions reste une bonne pratique :

— une construction `try/except` est plus rapide qu'un branchement classique (l'instruction `if`) si l'exception n'est pas levée ;

— néanmoins, l'exception ne doit remplacer un test `if` si la branche de code est conçue pour exécuter un traitement courant.

En quelques mots...

Le langage Python fournit par défaut un grand nombre de structures de base, chacune vient avec ses atouts et ses limitations. Un mécanisme de gestion des erreurs, ou d'exceptions, garantit la bonne marche de l'exécution des programmes quand ceux-ci ne sont pas utilisés dans le cadre pour lequel ils ont été écrits.

Le chapitre *Structures de données avancées* (☞ p. 49, § 4) présente des structures de données plus complètes que nous aborderons après avoir exploré plus en profondeur la bibliothèque standard (☞ p. 23, § 2).

Pour aller plus loin

— *Modern Python Dictionaries : A confluence of a dozen great ideas*
Raymond Hettinger, `https://www.youtube.com/watch?v=npw4s1QTmPg`

2

La bibliothèque Python standard

Un des attraits majeurs du langage Python repose sur la richesse de sa bibliothèque standard [1] et des bibliothèques publiées par sa communauté d'utilisateurs. Ce chapitre présente quelques-unes de ces pépites, notamment : les fonctions *built-ins*, intégrées au langage, qui codent de manière générique les bases de l'algorithmique ; le calcul fractionnaire et décimal, qui permet de s'affranchir des limitations du standard IEEE 754 pour les flottants (☞ p. 6, § 1.2) ; et la gestion de l'introspection, qui permet à tout programme de connaître, lors de l'exécution, tout de l'environnement d'exécution (l'architecture de l'ordinateur) et du code tel qu'il a été écrit par son auteur.

2.1. Les built-ins du langage

Les objets *built-ins* sont accessibles dès le lancement de l'interpréteur Python. Ce sont des briques de base à partir desquelles sont construits les programmes. Contrairement aux 35 mots-clés du langage (comme `None`, `for`, `def`, `try` ou `in`), ce sont des objets qui peuvent être redéfinis [2] *a posteriori*.

Python 3.8 propose 152 *built-ins*, parmi lesquels on retrouve la taxonomie des exceptions (`KeyError`, `SyntaxError`, etc.), les types de base (`int`, `list`, `dict`, `bytes`, etc.) et des fonctions (`print`, `dir`, etc.). Tous les *built-ins* sont accessibles dans le module `builtins` :

```
>>> import builtins
>>> 'len' in dir(builtins)
True
>>> type(len)
<class 'builtin_function_or_method'>
```

Parmi ces *built-ins*, certains sont remarquables par leur mode de fonctionnement qui repose fortement sur le caractère dynamique du langage et les propriétés des valeurs passées en paramètres, appelées également *protocoles* (☞ p. 235, § 16). Si l'opération est impossible à exécuter, une exception (☞ p. 19, § 1.9) est levée.

1. On dit à ce titre que Python est livré « avec les piles » (*batteries included*).
2. Cette pratique est bien sûr fortement déconseillée, mais elle permet d'assurer la rétrocompatibilité du code si des nouveaux *built-ins* sont ajoutés au langage.

La fonction `len` retourne la longueur de toute séquence qui a une taille :

```
>>> len([1, 2, 3])
3
>>> len(1)
Traceback (most recent call last):
  File "<stdin>", line 1, in <module>
TypeError: object of type 'int' has no len()
```

La fonction `sum` utilise l'opérateur « + » (aussi accessible sous forme de fonction add dans le module operator) pour sommer tous les éléments d'une séquence.
Par défaut, l'élément neutre est l'entier 0 qui doit pouvoir être ajouté avec les éléments de la séquence. Si cette opération n'est pas définie, on peut définir un nouvel élément neutre valide vis-à-vis des valeurs de la séquence *via* l'argument start :

```
>>> import operator
>>> operator.add(1, 2)
3
>>> sum([1, 2, 3])
6
>>> sum(range(100))
4950
>>> sum([[1], [2, 3]])
Traceback (most recent call last):
  File "<stdin>", line 1, in <module>
TypeError: unsupported operand type(s) for +: 'int' and 'list'
>>> sum([[1], [2, 3]], start=[])
[1, 2, 3]
```

La fonction sum peut se substituer à la fonction len pour les séquences qui n'ont pas de taille, comme les expressions en compréhension (appelées *générateurs*, ☞ p. 196, § **14.1**). Dans l'exemple suivant, on compte le nombre de multiples de 3 inférieurs à 20 :

```
>>> len(x for x in range(20) if x % 3 == 0)
Traceback (most recent call last):
  File "<stdin>", line 1, in <module>
TypeError: object of type 'generator' has no len()
>>> sum(1 for x in range(20) if x % 3 == 0)
7
```

Les fonctions `min` et `max` renvoient le plus petit (ou plus grand) élément d'une séquence où tous les éléments sont comparables les uns avec autres *via* l'opérateur « < » (aussi accessible sous forme de fonction lt, pour *less than*, dans le module operator) . Il est possible de définir un argument par défaut pour éviter une exception si la séquence d'entrée est vide. La valeur None est alors souvent choisie comme argument par défaut.

```
>>> max([3, 7, 5, 9])
9
>>> min([])
Traceback (most recent call last):
  File "<stdin>", line 1, in <module>
ValueError: min() arg is an empty sequence
>>> min([], default=None)  # renvoie None
```

La fonction `sorted` renvoie une liste à partir d'une séquence où tous les éléments sont comparables les uns avec les autres. L'argument `key` permet de préciser l'opération de comparaison si celle-ci n'est pas définie ou si on souhaite en définir une autre :

```
>>> sorted([1, 7, 3, 5])
[1, 3, 5, 7]
>>> sorted([1, 1+2j, 3j])
Traceback (most recent call last):
  File "<stdin>", line 1, in <module>
TypeError: '<' not supported between instances of 'complex' and 'int'
>>> sorted([1, 1+2j, 3j], key=abs)
[1, (1+2j), 3j]
```

Par défaut, l'opération de comparaison entre deux tuples compare les premiers éléments, puis les deuxièmes en cas d'égalité, et ainsi de suite. Dans l'exemple ci-dessous, l'appel à la fonction `itemgetter(1)` du module `operator` crée une fonction qui associe `x[1]` à `x` : c'est une alternative à la notation anonyme `lambda x: x[1]`.

```
>>> sorted([("Pierre", 30), ("Paul", 40)])
[('Paul', 40), ('Pierre', 30)]
>>> from operator import itemgetter
>>> sorted([("Pierre", 30), ("Paul", 40)], key=itemgetter(1))
[('Pierre', 30), ('Paul', 40)]
```

Les fonctions `all` et `any` renvoient `True` ou `False` après avoir évalué les éléments d'une séquence : `all` renvoie `True` si tous les éléments sont vrais, ou `False` après avoir rencontré le premier élément faux, `any` renvoie `True` après avoir rencontré le premier élément vrai, ou `False` si tous les éléments sont faux. Ces fonctions s'appliquent à tout objet qui peut s'évaluer comme un booléen (la fonction `bool`) :

```
>>> all([True, 3 > 2, 1 in range(5)])
True
>>> any([False, None, 0, 1, len("coucou") == 0])
True
>>> bool(None)
False
>>> bool(0), bool(1)
(False, True)
```

La fonction `next` permet d'accéder à l'élément suivant d'une structure itérable. Elle remplace le schéma `for/break`. Il est possible de définir un argument par défaut pour éviter une exception si la séquence d'entrée est vide (souvent `None`) :

```
>>> for i in range(1, 20):
...     if i % 3 == 0:
...         break
>>> next(i for i in range(1, 20) if i % 3 == 0)
3
>>> next(i for i in range(1, 20) if i % 100 == 0)
Traceback (most recent call last):
  File "<stdin>", line 1, in <module>
StopIteration
>>> next((i for i in range(1, 20) if i % 100 == 0), None)  # renvoie None
```

Les fonctions `zip` et `enumerate` permettent de combiner plusieurs itérations simultanées. `enumerate` est un cas particulier de `zip` qui renvoie un index en même temps que chaque élément de la structure itérable. Ces deux fonctions renvoient elles-mêmes une structure itérable sur lesquelles il est possible de boucler, d'appliquer les fonctions précédentes (`next` par exemple) ou de créer explicitement une liste si le besoin est réel.

```
>>> anglais = ["one", "two", "three", "four"]
>>> français = ["un", "deux", "trois", "cat"]  # cinq
>>> chiffres = zip(range(1, 4), français, anglais)
>>> next(chiffres)
(1, 'un', 'one')
>>> list(chiffres)
[(2, 'deux', 'two'), (3, 'trois', 'three'), (4, 'cat', 'four')]
>>> for i, elt in enumerate(["zéro", "un", "deux"]):
...     print(i, elt)
0 zéro
1 un
2 deux
```

Attention !

Les programmeurs débutants ont souvent tendance à exprimer des indices manuellement pour itérer sur plusieurs structures à la fois :

```
resultat = []
for i in range(len(français)):
    resultat.append((i, français[i], anglais[i]))

# ou alors
i = 0
for f in francais:
    resultat.append((f, anglais[i]))
    i = i + 1
```

Cette façon de faire peut paraître inoffensive sur les exemples illustratifs choisis pour ce livre. Il convient néanmoins d'entendre les arguments suivants :

- problème de **lisibilité** et de **portée des variables** : on ajoute des variables avec des noms souvent peu explicites (`i`, `j`, etc.) dans un espace de nommage qui déborde de son cadre d'application ;
- problème de **gestion des erreurs** : rien n'est prévu ici pour l'hypothèse où la variable `français` a une longueur supérieure à celle de `anglais` ;
- problème d'**occupation mémoire** : on crée des listes potentiellement volumineuses alors que l'utilisateur final pourrait n'avoir besoin que des premiers éléments ;
- problème de **performance** : chaque appel à l'élément d'indice `[i]` est coûteux en Python. Il implique en effet un grand nombre de vérifications sur la nature de `i`, avec notamment les bornes de l'intervalle concerné. L'itération sur tous les éléments est plus parcimonieuse.

2.2. Les fonctions mathématiques

Python offre la bibliothèque `math`, qui fournit des constantes (e, π, etc.) ainsi que des fonctions mathématiques élémentaires (logarithmes, trigonométrie, etc.). Ces fonctions sont en général prises en charge par une unité spéciale du processeur, appelée unité de calcul en virgule flottante (*floating point unit*, FPU en anglais).

```
>>> import math
>>> math.cos(math.pi)
-1.0
>>> math.radians(90)  # pi/2
1.5707963267948966
>>> math.atan(1)  # pi/4
0.7853981633974483
```

Nous avons vu que les flottants (☞ **p.** 6, § **1.2**) étaient soumis à des erreurs d'arrondis dus à leur représentation dans le standard IEEE 754. Si ces erreurs d'arrondis sont critiques, les modules `fractions` et `decimal` permettent de s'affranchir de ces contraintes.

```
>>> from fractions import Fraction
>>> Fraction(.1)  # le flottant IEEE 754 pour 0.1 peut être approché par
Fraction(3602879701896397, 36028797018963968)
>>> Fraction(1, 10) + Fraction(2, 10)
Fraction(3, 10)
>>> Fraction(".1") + Fraction(" 1/5")
Fraction(3, 10)
>>> from decimal import Decimal
>>> Decimal(.1)  # le flottant IEEE 754 pour 0.1 vaut en réalité
Decimal('0.1000000000000000055511151231257827021181583404541015625')
>>> Decimal(".1")
Decimal('0.1')
>>> Decimal(".1") + Decimal(".2") == Decimal(".3")
True
```

Toutes les fonctions du module `random` sont basées sur la fonction `random` qui tire un nombre pseudo-aléatoire de manière uniforme dans l'intervalle $[0, 1[$ (ouvert à droite) à l'aide du générateur Mersenne Twister, qui possède un bon compromis entre la qualité du tirage aléatoire et la performance. Il n'est pas sûr de l'utiliser dans un contexte cryptographique.

```
>>> from random import random, randint, choice, sample, shuffle
>>> random()  # la fonction de base, équivalent à uniform(0, 1)
0.5251274178544894
>>> randint(0, 4)  # tirage d'un entier, bornes incluses
3
>>> sample(range(5), 3)  # on tire trois éléments, sans remise
[4, 0, 3]
>>> list(randint(0, 4) for _ in range(3))  # avec remise
[4, 1, 1]
>>> elts = list(range(10))
>>> shuffle(elts)  # mélange
>>> elts
[3, 0, 8, 2, 7, 5, 6, 4, 9, 1]
```

2.3. La gestion du temps

D'une manière générale en informatique, le temps est représenté par des nombres entiers (pour une précision à la seconde) ou des flottants (pour une précision à la milliseconde ou à la nanoseconde). L'instant 0 (appelé *epoch*) est déterminé arbitrairement en fonction du système d'exploitation. Sous les systèmes Unix, il s'agit du 1er janvier 1970 à minuit.

Le module time donne accès à des informations de base sur l'horloge du système. Il est également capable de reconstituer des informations calendaires (notamment le jour de la semaine ou les années bissextiles) :

```
>>> import time
>>> time.gmtime(0)  # Greenwich Meridian Time (temps universel)
time.struct_time(tm_year=1970, tm_mon=1, tm_mday=1, tm_hour=0, tm_min=0,
tm_sec=0, tm_wday=3, tm_yday=1, tm_isdst=0)
# dans l'ordre: année, mois, jour du mois, heure, minute, seconde, jour de la
# semaine (0 pour lundi), jour de l'année (le 1er!), horaire d'été
```

L'utilisation de ce module se limite en général à la mesure de la performance d'un code de calcul, à l'aide de la fonction time(), ou pour mettre un code en attente avec la fonction sleep(). Dans l'exemple ci-dessous, que nous reprendrons plus loin (☞ p. 181, § **13**), on mesure la performance de la fonction function appelée avec des arguments passés en paramètres (☞ p. 18, § **1.8**)

```
>>> def timeit(function, *args, **kwargs):
...     t = time.time()
...     time.sleep(1) # diabolique: une seconde de retard!
...     function(*args, **kwargs)
...     return time.time() - t
>>> timeit(sample, range(5), 3)  # appel de sample(range(5), 3)
1.0035409927368164
```

Pour manipuler le temps, on utilise plutôt le module datetime qui comprend trois sous-modules : datetime (la gestion des *timestamps*, c'est-à-dire des nombres de secondes depuis l'*epoch*), timedelta (la gestion des durées) et timezone (la gestion des fuseaux horaires).

```
>>> from datetime import datetime, timedelta, timezone
```

Attention !

Par défaut, le sous-module datetime construit des dates à partir des *timestamps* (chacun représentant le nombre de secondes depuis l'*epoch*) mais sans référence au fuseau horaire : il se rapporte **de manière tacite** au fuseau horaire de l'ordinateur qui exécute le code.

Ce mode de fonctionnement peut suffire si les informations temporelles ne sont pas partagées en dehors du programme. Si elles doivent être partagées dans un fichier (☞ p. 41, § **3.4**) ou dans une base de données (☞ p. 316, § **21.3**), il convient alors de partager l'information sous forme numérique (le *timestamp*) ou en précisant le fuseau horaire.

Tous les exemples de cet ouvrage utilisent un fuseau horaire.

```
>>> day = datetime.now(tz=timezone.utc)
>>> day.timestamp()  # Je triche...
-14182940.0
>>> day.year
1969
>>> day.weekday()  # calendar.SUNDAY
6
>>> day
datetime.datetime(1969, 7, 20, 20, 17, 40, tzinfo=datetime.timezone.utc)
```

Les structures `datetime` offrent de nombreuses options de formatage :

```
>>> f"{day:%Y-%m-%d}"
'1969-07-20'
>>> f"{day:%d %B %Y}"
'20 July 1969'
>>> import locale  # parlons français!
>>> locale.setlocale(locale.LC_ALL, "")
'fr_FR.UTF-8'
>>> f"{day:%d %B %Y}"
'20 juillet 1969'
>>> f"{day:%H:%M:%S%z}"
'20:17:40+0000'
```

Deux dates ne peuvent pas être ajoutées : on peut en revanche ajouter une durée (le type `timedelta`) à une date pour obtenir une autre date, ou soustraire deux dates pour mesurer la durée entre celles-ci. Il est monnaie courante de revenir à un nombre de secondes pour manipuler des durées.

```
>>> datetime(2020, 12, 25) - datetime(2020, 7, 14)
datetime.timedelta(days=164)
>>> delta = timedelta(hours=1, minutes=30)
>>> delta.total_seconds()
5400.0
```

Le type `timedelta` sert également à définir des fuseaux horaires, par rapport au temps universel (UTC) du méridien de Greenwich.

```
>>> heure_d_hiver = timezone(timedelta(hours=1))  # en France métropolitaine
>>> datetime(2020, 12, 25, tzinfo=heure_d_hiver).isoformat()
'2020-12-25T00:00:00+01:00'
```

Python 3.9 intègre le PEP 615 pour le support des fuseaux horaires standard. Comme indiqué précédemment, par défaut, Python manipule des dates sans fuseau horaire (en anglais *tz-naive*) bien que le système connaisse la plupart du temps le sien. Il est toutefois préférable d'être explicite sur le fuseau horaire (en anglais *tz-aware*, « conscient du fuseau horaire »). Le module `zoneinfo` donne accès aux décalages par rapport au temps universel à partir des définitions courtes (CET pour Heure d'Europe Centrale, EST pour Heure de la côte est des États-Unis) ou longues (`Europe/London`, `Asia/Tokyo`, `Canada/Pacific`) du standard IANA.

```
>>> f"{datetime.now(tz=heure_d_hiver):%Z}"
'UTC+01:00'
```

```
>>> from zoneinfo import ZoneInfo
>>> now = datetime.now(tz=ZoneInfo("CET"))
>>> f"{now.isoformat()} [{now.tzinfo}]"
'2020-01-23T01:23:45+01:00 [CET]'
```

L'exemple suivant profite du fait que les `datetime` sont munis d'une relation d'ordre pour utiliser la fonction *built-in* `sorted`, et répondre à la question récurrente des journaux télévisés chaque 31 décembre : où a-t-on déjà célébré la nouvelle année ?

```
timezones = [
    "Africa/Sao_Tome", "America/Los_Angeles", "America/New_York",
    "Asia/Hong_Kong", "Europe/Paris", "Pacific/Noumea", "Pacific/Tahiti"
]


def saint_sylvestre(tz):
    return datetime(2020, 1, 1, tzinfo=ZoneInfo(tz))

# Qui fête la nouvelle année en premier?
sorted(timezones, key=saint_sylvestre)
# ['Pacific/Noumea', 'Asia/Hong_Kong', 'Europe/Paris', 'Africa/Sao_Tome',
#  'America/New_York', 'America/Los_Angeles', 'Pacific/Tahiti']
```

Un autre avantage de la classe `ZoneInfo` est sa capacité à gérer le passage à l'heure d'été :

```
>>> t1 = datetime(2020, 3, 29, 2, 0, tzinfo=ZoneInfo("Europe/Paris"))
>>> t1.tzname()  # Central European Time (CET) -- heure d'hiver
'CET'
>>> t2 = datetime(2020, 3, 29, 3, 0, tzinfo=ZoneInfo("Europe/Paris"))
>>> t2.tzname()  # Central European Summer Time (CEST) -- heure d'été
'CEST'
```

2.4. Les expressions régulières

Dès les débuts de l'informatique, les concepteurs des systèmes d'exploitation eurent l'idée d'utiliser des *caractères spécifiques* pour représenter des concepts généraux. Par exemple, dans un shell Linux ou dans une fenêtre de commande Windows, le symbole `*` remplace une série de lettres, ainsi `*.png` indique tout nom de fichier finissant par l'extension `.png`.

Les informaticiens sont donc parvenus à standardiser ces notations appelées dès lors *expressions régulières*. Une expression régulière décrit un motif applicable à une chaîne de caractères : on cherche en général à vérifier qu'une chaîne de caractères suit un motif (p. ex., `*.png` signifie « tous les fichiers avec l'extension `.png` ») ou à rechercher un motif particulier au sein d'une chaîne de caractères (p. ex., lister tous les numéros de téléphone dans un texte).

Des expressions régulières complexes peuvent rapidement devenir difficiles à lire, mais il convient néanmoins de se familiariser avec les principes de base de leur formation :

- les caractères usuels, comme `a` ou `0`, se décrivent eux-mêmes : `toto` vérifie `toto` ;
- `.` décrit un caractère quelconque : `t.t.` vérifie `toto` ou `tata` ;
- `*` marque 0 occurrence ou plus d'un motif : `ta*` vérifie `t`, `ta` ou `taaa` ;
- `+` marque 1 occurrence ou plus d'un motif : `ta+` vérifie `ta` ou `taaa` mais pas `t` ;
- `?` marque 0 ou 1 occurrence d'un motif : `ta?` vérifie `t` ou `ta` mais pas `taaa` ;

- `[]` décrit un ensemble de caractères : `t[au]` vérifie `ta` ou `tu` ;
- `()` regroupe un motif à identifier ou répéter : `(to)+` vérifie `to` ou `toto` mais pas `too` ;
- les caractères spéciaux peuvent être « échappés » pour reprendre leur propre signification : `\.` décrit le caractère `.`, `\+` décrit le caractère `+`, etc.
- en Python, des séquences d'échappement offrent des raccourcis qui aident à la lisibilité des expressions régulières :
  - `\d` pour les chiffres, soit `[0-9]`,
  - `\w` pour les caractères alphanumériques, soit `[a-zA-Z0-9_]`,
  - et d'autres accessibles dans la documentation[3].

C'est le module `re` qui permet en Python de manipuler des expressions régulières.

```
>>> import re
```

Les expressions régulières identifient des motifs dans une chaîne de caractères. Dans le module `re`, la fonction `search` retrouve la première sous-chaîne de caractères qui valide le motif.

```
>>> re.search("ou", "lorem ipsum dolor sit amet")  # renvoie None
>>> re.search("et", "lorem ipsum dolor sit amet")
<re.Match object; span=(24, 26), match='et'>
```

Les fonctions du module `re` renvoient un objet de type `re.Match` qui contient la position du motif recherché (ici, entre les positions `24` et `26`), ce qui signifie ici que l'index `[24:26]` renvoie le motif `et`.

Dans l'exemple ci-dessous, on cherche à extraire les valeurs hexadécimales qui correspondent à des couleurs, dans une feuille de style de page web CSS[4] par exemple. Une couleur peut être encodée sur trois canaux RGB (*red/green/blue* pour rouge, vert et bleu) par une valeur entre `0` et `255`. On retranscrit souvent une couleur par une chaîne de six caractères hexadécimaux : les deux premiers caractères pour le rouge, les deux suivants pour le vert et les deux derniers pour le bleu. Chaque caractère est donc soit un chiffre, soit une lettre entre `A` et `F` (majuscule ou minuscule) : ceci s'encode par l'expression `[\da-fA-F]`. C'est le `6` entre accolades qui force la répétition d'exactement 6 caractères.

```
# le préfixe r"" évite de répéter le caractère \
>>> m = re.search(r"([\da-fA-F]){6}", "color: #aa3d1f;")
>>> m.group()  # la méthode group() renvoie la couleur trouvée
'aa3d1f'
```

Si on recherche plusieurs éléments dans une chaîne de caractères, la méthode `group` permet de séparer plusieurs motifs au sein d'une expression régulière. Par exemple, dans l'exemple suivant, on peut extraire l'indicatif pays, l'indicatif régional et le reste d'un numéro de téléphone :

```
>>> m = re.search(r"\+(\d+) (\d+) ([\d\s]+)", "+33 5 12 34 56 78")
>>> m.group(1), m.group(2), m.group(3)
('33', '5', '12 34 56 78')
```

Enfin, la fonction `finditer` permet de trouver toutes les sous-chaînes de caractères qui valident un motif. On peut rechercher par exemple tous les adverbes d'un texte :

```
>>> texte = "Il s'est habilement déguisé, mais on l'a promptement capturé."
>>> list(m.group() for m in re.finditer(r"\w+ment", texte))
['habilement', 'promptement']
```

3. https://docs.python.org/fr/3.8/library/re.html
4. Pour *Cascaded Style Sheet*, « feuille de style en cascade ».

2.5. Les tests unitaires intégrés à la documentation

Nous avons vu dans le chapitre précédent (☞ p. 16, § **1.8**) qu'il est considéré comme une bonne pratique de commencer la définition d'une fonction par une chaîne de caractères de documentation. Cette chaîne de caractères, souvent multi-lignes, est accessible à tout utilisateur par l'utilisation de la fonction *built-in* `help()`.

Au sein de cette chaîne de caractères, il est courant de présenter des cas d'utilisation de la fonction, en préfixant toute commande passée à l'interpréteur par les caractères « >>> ». On peut également montrer des cas limites qui lèvent des exceptions.

```
def pgcd(a, b):
    """Calcule le PGCD de deux entiers positifs
    Si nécessaire, les nombres passés sont convertis en entier.

    >>> pgcd(12, 8)
    3
    >>> pgcd("4", 2.4)  # conversion en entier
    2
    >>> pgcd(12, -8)
    Traceback (most recent call last):
      ...
    ValueError: Les deux entiers doivent être positifs
    """
    a, b = int(a), int(b)
    if (a < 0 or b < 0):
        raise ValueError("Les deux entiers doivent être positifs")
    while a != b:
        if (a > b):
            a = a - b
        else:
            b = b - a
    return a
```

Le module `doctest` permet de vérifier de manière automatique que les traces présentes dans la documentation de la fonction sont correctes. Tous les appels sont exécutés et le résultat est comparé à la sortie de la documentation. Dans cet exemple du calcul de PGCD, c'est la documentation qui est erronée :

```
>>> import doctest
>>> doctest.testmod()  # trouve toutes les fonctions dans l'espace de nommage
**********************************************************************
File "__main__", line 5, in __main__.pgcd
Failed example:
    pgcd(12, 8)
Expected:
    3
Got:
    4
**********************************************************************
1 items had failures:
   1 of   3 in __main__.pgcd
***Test Failed*** 1 failures.
TestResults(failed=1, attempted=3)
```

2.6. L'introspection

Une des forces du langage Python vient de sa capacité à avoir une connaissance exhaustive de l'environnement qu'il propose, de la plateforme sur laquelle il est exécuté, des objets qu'il manipule, et du code source qu'il exécute.

Au lancement de l'interpréteur Python, un en-tête précise des informations dont Python a connaissance au démarrage : dans les exemples ci-dessous, on retrouve différentes versions de Python (`3.6.9`, `3.8.3` ou `3.9.0b1` pour une version beta), différents compilateurs (gcc, `clang`) et plateformes (Linux, `darwin` pour MacOS).

```
Python 3.6.9 (default, Apr 18 2020, 01:56:04)
[GCC 8.4.0] on linux
Type "help", "copyright", "credits" or "license" for more information.
>>>

Python 3.8.2 (default, Mar 26 2020, 15:53:00)
[GCC 7.3.0] :: Anaconda, Inc. on linux
Type "help", "copyright", "credits" or "license" for more information.
>>>

Python 3.9.0b1 (v3.9.0b1:97fe9cfd9f, May 18 2020, 20:39:28)
[Clang 6.0 (clang-600.0.57)] on darwin
Type "help", "copyright", "credits" or "license" for more information.
>>>
```

Ces informations sont également disponibles dans le module `sys` :

```
>>> import sys
>>> sys.platform
'darwin'
>>> sys.version_info
sys.version_info(major=3, minor=8, micro=0, releaselevel='final', serial=0)
```

Les modules et objets Python sont également capables de lister les fonctions qu'ils exposent, il est possible d'accéder à ces méthodes à partir de leur nom représenté sous forme de chaîne de caractères :

```
>>> dir(str)
['__add__', '__class__', '__contains__', ... 'upper', 'zfill']
>>> dir(list)
['__add__', '__class__', '__contains__', ... 'reverse', 'sort']
>>> dir(3.14)
['__abs__', '__add__', '__bool__', ... 'is_integer', 'real']
>>> getattr(float, 'is_integer')
<method 'is_integer' of 'float' objects>
>>> getattr(float, 'is_integer')(3.10)
False
```

Les variables actuellement chargées dans l'interpréteur sont également accessibles *via* des fonctions *built-ins*, comme `globals()` pour les variables globales ou `locals()` pour les variables locales à une fonction.

```
>>> def fonction(a: int, b: bool = False) -> None:
...     "Fonction très utile pour notre exemple."
...     print(globals())
...     print(locals())
>>> fonction(1)
{'__name__': '__main__', ..., '__builtins__': <module 'builtins' (built-in)>,
 'fonction': <function fonction at 0x10ad1d790>}
{'a': 1, 'b': False}
1
```

Les méthodes et variables entourées de deux __ sont réservées par le langage. On lit couramment cette séquence en anglais *dunder* (abréviation de *double underscore*) : on parle alors de *dunder attributes* et de *dunder methods*. Sur une fonction, on retrouve notamment des attributs pour le nom de la fonction, les annotations (☞ p. 367, § 27), les paramètres par défaut, la documentation et le « code ».

```
>>> fonction.__name__  # lire "dunder name"
'fonction'
>>> fonction.__annotations__
{'a': <class 'int'>, 'b': <class 'bool'>, 'return': None}
>>> fonction.__defaults__
(False,)
>>> fonction.__doc__
'Fonction très utile pour notre exemple.'
>>> fonction.__code__
<code object fonction at 0x10ad69030, file "<stdin>", line 1>
```

Si ces attributs répondent à leur spécification, ils ont aussi des limitations. On notera par exemple que le paramètre `__defaults__` liste l'ensemble des valeurs par défaut, mais il n'est pas possible de savoir directement à quel paramètre il se rapporte. Le module `inspect` offre une interface plus conviviale :

```
>>> import inspect
>>> sig = inspect.signature(fonction)
>>> sig
<Signature (a: int, b: bool = False) -> None>
>>> for name, param in sig.parameters.items():
...     print(param.kind, ":", name, "=", param.default)
...
POSITIONAL_OR_KEYWORD : a = <class 'inspect._empty'>
POSITIONAL_OR_KEYWORD : b = False
>>> inspect.getdoc(fonction)
'Fonction très utile pour notre exemple.'
>>> inspect.getmodule(fonction)
<module '__main__' (built-in)>
```

Pour cet exemple, la fonction a été écrite dans l'interpréteur, son module est donc le module `__main__` ; pour une fonction qui provient d'un fichier ou d'un module, on retrouve le chemin complet vers le module.

```
>>> inspect.getmodule(timedelta)
<module 'datetime' from '/usr/lib/python3.8/datetime.py'>
```

Nous avons vu que le paramètre `__code__` renvoyait un objet code. Cet objet contient le *bytecode*, ou *code intermédiaire*, de la fonction, c'est-à-dire une représentation binaire efficace de la fonction utilisée par l'interpréteur lors de l'exécution. Cette représentation est lisible par tous les interpréteurs d'une version donnée de Python, quelle que soit la plateforme utilisée (Linux, MacOS, Windows). Le module `dis` (pour *disassembling*) est capable de transformer cette séquence binaire en séquence d'instructions lisibles :

```
>>> def inverse(a: float) -> float:
...     return 1 / a
>>> inverse.__code__.co_code
b'd\x01|\x00\x1b\x00S\x00'
>>> import dis
>>> dis.dis(inverse.__code__)
  2           0 LOAD_CONST               1 (1)
              2 LOAD_FAST                0 (a)
              4 BINARY_TRUE_DIVIDE
              6 RETURN_VALUE
```

Le code de cette fonction est ici assez clair : en ligne 2, une constante (`1`) est chargée sur la pile, suivie de la variable a, puis on exécute l'opération `BINARY_TRUE_DIVIDE` avant de retourner le résultat. Cette fonctionnalité de Python est peu utilisée dans du code en production : elle peut en revanche se révéler utile pour comprendre comment fonctionne le langage.

Les capacités d'introspection de Python peuvent également servir lorsque des exceptions sont levées. Dans le morceau de code suivant, la fonction `inverse` est appelée de nombreuses fois sur des entiers tirés au hasard au sein d'une compréhension de liste. Une exception est levée par un des appels mais, dans ce cas, il est difficile de savoir lequel.

```
>>> [inverse(randint(0, 500)) for _ in range(10_000)]
Traceback (most recent call last):
  File "<stdin>", line 1, in <module>
  File "<stdin>", line 1, in <listcomp>
  File "<stdin>", line 2, in inverse
ZeroDivisionError: division by zero
```

L'exception levée montre un `Traceback`, c'est-à-dire l'ensemble des couches par lequel le programme est passé avant de lever une exception. On lit alors que le programme a commencé ligne 1, puis a démarré une compréhension de liste `<listcomp>` ligne 1 également, et, lors d'un appel de la fonction `inverse`, ligne 2 du code de la fonction, il a levé une exception `ZeroDivisionError`[5].

Python permet alors d'explorer plus en détail cette pile d'appel. Le module `sys` permet de rappeler le dernier `Traceback` rencontré. Un `tb_frame` représente une couche d'appel. On peut alors passer à la couche inférieure avec l'argument `tb_next`.

```
>>> tb = sys.last_traceback
>>> tb.tb_frame
<frame at 0x108907860, file '<stdin>', line 1, code <module>>
>>> tb.tb_next.tb_frame
<frame at 0x1088ed200, file '<stdin>', line 1, code <listcomp>>
>>> tb.tb_next.tb_next.tb_frame
```

5. Bien entendu, l'erreur n'est pas toujours aussi explicite que dans cet exemple.

```
<frame at 0x1089076c0, file '<stdin>', line 2, code inverse>
>>> tb.tb_next.tb_next.tb_frame.f_code
<code object inverse at 0x1088b42f0, file "<stdin>", line 1>
>>> tb.tb_next.tb_next.tb_frame.f_locals
{'a': 0}
```

Une fois arrivé à la couche d'appel problématique, on peut alors retrouver les objets qui représentent le code de la fonction, et surtout le dictionnaire qui contient les variables telles qu'elles ont été passées à notre fonction. On voit ici qu'avec une valeur `a=0`, le programme échoue.

Il est ainsi plus facile d'isoler la cause de l'exception en connaissant les valeurs qui lèvent une exception dans l'exécution de la fonction. Une fois le problème résolu, il est alors recommandé d'ajouter un test unitaire pour ce cas particulier (☞ p. 32, § **2.5**, ☞ p. 360, § **26.2**).

En quelques mots...

Python est livré *batteries included*, « avec les piles ». De nombreux modules et fonctions offrent au programmeur toute l'arithmétique et les structures de base, pour un vaste éventail de possibilités. De nombreuses fonctions *built-ins* ne sont pas basées sur le type des objets passés en paramètres mais sur leurs spécifications, ou *protocoles*, comme le protocole *itérable* (☞ p. 195, § **14**) ou *comparable*.

Python offre de nombreuses facilités standard au programmeur comme les *timestamps* pour la gestion du temps, les expressions régulières, les tests unitaires et la documentation. Le mécanisme d'introspection intégré au langage est particulièrement avancé et permet à Python de savoir exactement tout de la version qui l'exécute, de l'environnement sur lequel il est exécuté, et de ce qu'il est capable de faire ou non.

3

La gestion des fichiers

Lorsqu'un programme est chargé en mémoire pour être exécuté, son environnement est volatil. Toutes les variables sont créées par le programme et sont détruites une fois l'exécution terminée. Les interactions avec le monde extérieur se font par un mécanisme d'entrées et de sorties : un programme peut lire et écrire des informations au moyen d'interfaces. On compte parmi ces interfaces :

- la console (entrée standard, sortie standard et sortie d'erreur),
- les tubes de communication (en anglais *pipe*),
- les *sockets* de communication réseau,
- et surtout les fichiers, supports de stockage textuels ou binaires.

Tous ces mécanismes d'interaction ont une structure similaire basée sur l'itération : le chargement de l'intégralité d'un fichier en mémoire pour le lire ou l'écrire étant souvent superflu, il est courant de lire et écrire celui-ci dans ces interfaces de manière séquentielle.

3.1. Le module `pathlib`

Python est un environnement multi-plateforme : le même programme peut s'exécuter quels que soient l'architecture de la machine, le modèle de processeur et le système d'exploitation, à condition qu'un interpréteur Python spécialement préparé (compilé) pour cette architecture y soit disponible.

Le formalisme de nommage des fichiers, différent entre les systèmes d'exploitation, peut être un frein à cette pratique. Le chemin d'accès est constitué d'une série de noms de répertoires à traverser pour accéder au fichier. Un séparateur (`/` sous Linux ou MacOS et `\` sous Windows) permet de séparer les différents noms. L'origine de ce chemin peut être absolue, exprimée par rapport à la racine de l'arborescence de fichiers, ou relative, par rapport au répertoire courant. Les répertoires `.` et `..` font respectivement référence au répertoire courant et au répertoire parent.

Le module `pathlib` permet de pallier ces différences et les écueils liés à l'échappement du caractère `\` en offrant une interface compatible entre les plateformes pour explorer l'arborescence de fichiers du système.

```
>>> from pathlib import Path
>>> current = Path(".")
>>> current
PosixPath('.')
>>> current.absolute()
PosixPath('/home/xo')
```

```
>>> docs = current / "Documents"
>>> docs
PosixPath('./Documents')
>>> (current / "Documents").absolute()
PosixPath('/home/xo/Documents')
```

Les méthodes de concaténation qui permettent de construire un chemin vers un fichier ne vérifient pas l'existence du fichier ni la cohérence du chemin. Des méthodes spécifiques permettent de vérifier l'existence d'un fichier, sa nature (fichier, répertoire, lien symbolique, etc.) et de créer ces chemins si nécessaire.

```
>>> livre = docs / "Livre Python"
>>> livre.exists()
False
```

```
>>> livre.mkdir()
>>> livre.exists()
True
>>> livre.is_dir()
True
```

Les attributs suivants permettent de manipuler différents attributs d'un chemin : le nom du fichier (`name`), sans son extension (`stem`), ou uniquement l'extension (`suffix`).

```
>>> todo = (livre / "todo.txt")
>>> todo.parent
PosixPath('Documents/Livre Python')
>>> todo.name
'todo.txt'
>>> todo.stem
'todo'
>>> todo.suffix
'.txt'
>>> todo.with_suffix(".docx")
PosixPath('Documents/Livre Python/todo.docx')
```

Quand les fichiers sont suffisamment petits pour être entièrement chargés sans saturer la mémoire de l'ordinateur, les méthodes `.read_text()` et `.write_text()` sont adaptées pour lire ou écrire l'intégralité du contenu textuel d'un fichier.

```
>>> contenu = "Liste des chapitres à écrire"
>>> todo.write_text(contenu)  # Écriture rapide dans un fichier
28
>>> todo.read_text()  # Lecture rapide dans un fichier
'Liste des chapitres à écrire'
>>> todo.is_file()
True
```

Ces méthodes qui manipulent des chaînes de caractères `str` (☞ p. 8, § **1.3**) sont réservées aux fichiers textuels. Dans le cas général (fichier textuel ou binaire) qui fait appel au type `bytes` (☞ p. 10, § **1.3**), les méthodes correspondantes sont `.read_bytes()` et `.write_bytes()`. Dans l'exemple suivant, on peut lire le contenu d'un fichier image PNG, dont la signature (les 8 premiers octets) est caractéristique.

```
>>> logo = p / "logo-python.png"
>>> content = logo.read_bytes()
>>> content[:8]
b'\x89PNG\r\n\x1a\n'
```

Nota bene Le standard définit cette même signature de 8 octets pour tous les fichiers PNG : le premier caractère notamment est situé en dehors de l'intervalle ASCII pour s'assurer qu'aucun fichier texte ne puisse être mépris pour un fichier PNG. Ainsi avec Python, l'ouverture d'un fichier PNG avec la méthode `.read_text()` lève une exception.

```
>>> content = logo.read_text()
Traceback (most recent call last):
  ...
UnicodeDecodeError: 'utf-8' codec can't decode byte 0x89 [...]
```

Il est également possible de lister tous les fichiers d'une arborescence qui respectent un motif à l'aide de la méthode `.glob()` : le motif est défini à l'aide d'une expression régulière (☞ p. 30, § 2.4). On peut par exemple :

① lister dans le répertoire courant tous les fichiers de configuration (à l'extension rc) ;

② compter le nombre de fichiers dans toute l'arborescence du dossier temporaire `/tmp` : le motif `**/` parcourt tous les sous-dossiers du répertoire courant ;

③ accéder à des informations sur le fichier : permissions, utilisateurs, groupe, dates de création, de modification, etc.

```
>>> list(current.glob(".*rc"))  # ①
[PosixPath('.npmrc'), PosixPath('.wgetrc'), PosixPath('.zshrc'),
 PosixPath('.condarc'), PosixPath('.vimrc')]
>>> sum(1 for f in Path("/tmp").glob("**/*") if f.is_file())  # ②
86
>>> todo.stat()  # ③
os.stat_result(
    st_mode=33204, st_ino=14558483, st_dev=2050, st_nlink=1,
    st_uid=1001, st_gid=1001, st_size=30,
    st_atime=1586815012, st_mtime=1586815012, st_ctime=1586815012
)
```

Ce dernier exemple adapte la ligne ② pour utiliser la dernière date de modification du fichier : l'objectif ici est de compter le nombre de fichiers qui ont été modifiés il y a moins de 86400 secondes (24 heures).

```
>>> now = datetime.now()
>>> sum(
...     1 for f in Path("/tmp").glob("**/*")
...     if f.is_file() and now.timestamp() - f.stat().st_mtime < 86400
... )
5
```

3.2. Lecture et écriture séquentielles

Si la plupart des fichiers de petite taille peuvent être lus ou écrits avec les fonctions précédentes, ce mode de fonctionnement peut être surdimensionné dans certains cas :

- si l'information recherchée ne nécessite pas de stocker en mémoire tout le contenu du fichier, par exemple pour trouver la première ligne qui contient le caractère # ou pour compter le nombre de lignes d'un fichier textuel ;
- si le fichier est trop gros pour tenir dans la mémoire vive de l'ordinateur.

Dans ce cas, il convient de décomposer la manipulation :

- l'ouverture du fichier, à l'aide de la fonction `open()`, en précisant le mode d'ouverture (`'r'` pour la lecture seule, ☞ *read*, `'w'` pour l'écriture ☞ *write*, `'a'` pour l'écriture à la fin du fichier sans écraser le contenu existant ☞ *append*) et la nature du fichier à manipuler (par défaut textuel, sinon binaire avec l'option `'b'`) ;
- la lecture ou l'écriture d'une partie du fichier, à l'aide des fonctions `read()` et `write()` dans le cas général ;
- la fermeture du fichier.

En pratique, on utilise le schéma suivant :

④ le gestionnaire de contextes (avec le mot-clé `with` ☞ p. 246, § **16.3**) se charge de fermer correctement le fichier à la sortie du bloc, même si une exception est levée pendant l'exécution du bloc ;
⑤ pour les fichiers textuels, soit on utilise la méthode `readlines()` qui lit le fichier dans son intégralité pour le découper ligne par ligne ;
⑥ soit on utilise une simple itération qui charge les lignes en mémoire une par une ;
⑦ pour écrire dans un fichier, il faut ajouter manuellement les sauts de ligne.

```
p = Path("lorem_ipsum.txt")

# Le fichier est lu en entier puis découpé en une liste de chaînes
# de caractères en se basant sur le saut de ligne \n
with p.open('r') as fh:  # ④
    lines: list = fh.readlines()  # ⑤
    nb_lines = len(lines)

# On lit les lignes une par une pour compter le nombre de mots
num_words = 0
with p.open('r') as fh:  # ④
    for line in fh:  # ⑥
        num_words += len(line.split())

# On ouvre le fichier pour ajouter une ligne à la fin
with p.open('a') as fh:
    fh.write("# fin du fichier\n")  # ⑦
```

Pour les fichiers binaires, on utilise plutôt la méthode `.read()`, qui prend en argument un nombre d'octets à lire. Dans l'exemple ci-dessous, des fichiers images PNG ont malencontreusement été renommés avec l'extension `.jpg` : le programme fait la manipulation inverse. Ici aucun fichier n'est chargé en mémoire au-delà des 8 premiers octets, qui nous intéressent pour déterminer le type du fichier.

```
for fichier in Path(".").glob("*.jpg"):
    with fichier.open("rb") as fh:
        header = fh.read(8)
    if header == b'\x89PNG\r\n\x1a\n':
        fichier.rename(fichier.with_suffix(".png"))
```

3.3. Vérification de l'intégrité des fichiers

Lors du transfert d'un fichier produit par un tiers, une bonne pratique consiste à fournir en même temps que le fichier une chaîne de caractères hexadécimale, générée à l'aide d'une *fonction de hash*. C'est une mesure de protection simple contre la corruption de fichier, malfaisante ou non. Elle réduit le contenu d'un fichier à une chaîne de caractères, appelée *empreinte* (*hash* en anglais). La vérification consiste, une fois le fichier récupéré à recalculer la fonction de hash et à comparer le résultat avec l'empreinte fournie. Si les deux valeurs correspondent, on considère que le fichier n'est pas corrompu.

Les *fonctions de hash* les plus communément utilisées sont MD5 (pour *Message Digest 5*) et les différentes versions de SHA (pour *Secure Hash Algorithm*). Ces *fonctions de hash* sont disponibles directement en Python, dans le module `hashlib`. Elles s'appliquent directement sur un objet de type `bytes`. La principale propriété voulue pour ces fonctions est de renvoyer des empreintes très différentes pour deux séquences `bytes` très proches.

```
>>> import hashlib
>>> hashlib.md5(b"Python!").hexdigest()
'b4fb1ac018715d026bcf69071f8919af'
>>> hashlib.md5(b"Python?").hexdigest()
'88eb397bcdc48f676d7008f765e5da1f'
```

Pour recalculer l'empreinte d'un fichier, on peut charger sa représentation binaire, et appliquer la même fonction.

```
>>> import sys
>>> from pathlib import Path
>>> sys.executable  # l'exécutable Python
'/usr/local/bin/python3.8'
>>> bytes_content = Path(sys.executable).read_bytes()
>>> hashlib.md5(bytes_content).hexdigest()
'a20563dd6d6256d1a285150b7309989c'
```

Pour de gros fichiers que l'on peut parcourir par morceaux, il est possible de construire l'empreinte de manière itérative à l'aide de la méthode `.update()`

```
p = Path("<gros fichier>")
h = hashlib.md5()

with p.open('rb') as fh:
    while True:
        data = fh.read(1024)  # lire par paquet de 1024 octets
        if data == b"":  # il n'y a plus rien à lire dans le fichier
            break
        h.update(data)  # mise à jour du hash avec la nouvelle séquence d'octets

md5sum = h.hexdigest()
```

3.4. Sérialisation

La sérialisation est une opération qui permet de représenter un objet Python sous une forme qui puisse être enregistrée dans un fichier ou partagée avec d'autres processus. La difficulté de la sérialisation vient d'un compromis entre la compatibilité et la performance :

- une représentation binaire brute de l'objet permet d'écrire et de reconstruire un objet rapidement. En revanche, il n'est pas possible de contrôler le contenu de la représentation, ni de partager cet objet avec d'autres langages de programmation ;
- une représentation textuelle qui suit un formalisme de modélisation permet de fournir toutes les informations pour reconstruire l'objet en question dans n'importe quel langage de programmation. En revanche, la lecture et l'interprétation d'une telle représentation est plus coûteuse.

Le module `pickle` est spécifique au langage Python. Il est utilisé par le langage pour échanger des objets entre processus. La représentation binaire (le type `bytes`) d'un objet Python est alors écrite dans un fichier. Il est possible de partager ces fichiers entre ordinateurs mais la version de Python doit être la même : un fichier `pickle` écrit avec Python 3.8 ne pourra pas être ouvert avec la version 3.7 par exemple.

```
# écriture dans un fichier pickle
with Path("f1.pkl").open('wb') as fh:
    pickle.dump(elt1, fh)
    pickle.dump(elt2, fh)
```

```
# lecture des objets
with Path("f1.pkl").open('rb') as fh:
    elt1 = pickle.load(fh)
    elt2 = pickle.load(fh)
```

Le module `json` permet de lire et écrire des fichiers au format JSON (JavaScript Object Notation), un format de données textuel qui permet de représenter de l'information structurée. Des bibliothèques pour le format JSON existent dans la plupart des langages de programmation. Le format JSON se représente naturellement en Python à l'aide de dictionnaires, de listes et de valeurs génériques : chaîne de caractères, nombres (entiers, flottants) et booléens (en minuscule en JSON), et la valeur vide `None` (`null` en JSON). En revanche, le format n'accepte pas les commentaires.

```
pays = {
  'pays': [
    {'n': 'France', 'c': 'Paris'},
    {'n': 'Espagne', 'c': 'Madrid'},
  ],
  'properties': {
    'n': 'nom', 'c': 'capitale'
  }
}
```

```
import json

with Path("pays.json").open('w') as fh:
    json.dump(pays, fh, indent=2)

with Path("pays.json").open() as fh:
    pays = json.load(fh)
```

✧ Bonnes pratiques

Une exception de type `TypeError` est levée si on souhaite sérialiser un objet Python classique. Une pratique courante consiste alors à sérialiser manuellement l'objet dans un dictionnaire avec tous les arguments qui permettent de le reconstruire.

```
exemple = {
    ...,
    # 'modification': datetime(2020, 1, 1, tz=timedelta(hours=1)),
    'modification': {'timestamp': 1577833200, 'timezone': '+01:00'}
}
```

Le module `base64` permet la conversion de données binaires (le type `bytes`) en chaîne de caractères qui utilise 64 caractères différents. L'intérêt de ce système est surtout de permettre de transmettre des données binaires courantes au sein d'un fichier textuel, au format JSON par exemple.

Dans l'exemple ci-dessous, l'utilisation du chemin vers un fichier PNG implique de partager les fichiers images en même temps que le fichier JSON, sans contrôle sur le contenu des fichiers images. Dans certains cas, il peut être préférable de partager un simple fichier JSON qui intègre les images en utilisant une représentation textuelle. Cette technique est couramment utilisée pour partager du contenu (image, son, police de caractères) sur des pages web.

```
import base64

with Path("drapeaux/fr.png").open('b') as fh:
    x = base64.encodebytes(fh.read())  # b'iVBORw0KGgoAAAANS [...]

# avec un chemin vers un fichier
france = {'n': 'France', 'c': 'Paris', 'd': 'drapeaux/fr.png'}
# avec la représentation base64: .decode() transforme en type str
france = {'n': 'France', 'c': 'Paris', 'd': x.decode() }
```

3.5. Flux de données

Les *sockets* sont des canaux de communication entre processus (programmes). Ces canaux peuvent être ouverts pour communiquer entre processus au sein d'une même machine ou *via* l'interface réseau, *sur Internet* par exemple. Différents protocoles de communication (TCP, UDP) existent : une explication détaillée déborde du cadre de cet ouvrage. Les applications que nous utilisons quotidiennement pour accéder à Internet (mail, navigation web HTTP, etc.) sont basées sur ces protocoles et fonctionnent à l'aide de *sockets*.

Le module `socket` permet de manipuler ces outils en Python. Prenons un cas d'utilisation très simple avec un programme Python qui renvoie l'heure quand on l'interroge.

```
from datetime import datetime, timezone
import socket

with socket.socket(socket.AF_INET, socket.SOCK_STREAM) as s:  # ①
    s.bind(("127.0.0.1", 12345))  # ②
    s.listen()  # ③
    conn, addr = s.accept()  # ④
    with conn:
        now: datetime = datetime.now(tz=timezone.utc)
        conn.sendall(str(now).encode())  # ⑤
```

Une *socket* est créée au sein d'un gestionnaire de contexte ①, elle gère automatiquement sa fermeture. Les paramètres (une explication complète dépasserait le cadre de cet ouvrage) correspondent à l'utilisation du protocole TCP/IP. La *socket* est alors rattachée à une adresse et un port ②. `127.0.0.1` correspond à l'adresse locale de chaque machine : le service proposé n'est alors accessible que depuis le même ordinateur. La *socket* est alors mise en attente de connexion ③. Une fois qu'une connexion est initiée et acceptée ④, on peut écrire n'importe quelle séquence de `bytes` dans la `socket` : le contenu sera reçu par le client.

Une fois le programme précédent lancé, il est possible de s'y connecter depuis un autre terminal à partir d'outils standards comme netcat [1] :

```
$ nc localhost 12345
2020-12-31 23:59:59.997960+00:00
```

Il est également possible d'utiliser une socket en mode client, comme le font netcat ou telnet. Pour cela, il suffit de lire de manière séquentielle le contenu de la socket ⑦. Le garde ⑧ permet de quitter le programme quand la réception est terminée. L'auteur recommande au lecteur de consulter la page https://www.telnet.org/htm/places.htm pour reproduire l'exemple ci-dessous avec des services similaires.

```
with socket.socket(socket.AF_INET, socket.SOCK_STREAM) as s:  # ⑥
    s.connect(("towel.blinkenlights.nl", 666))
    while True:
        data: bytes = s.recv(256)  # ⑦
        if len(data) == 0:  # ⑧
            break
        print(data.decode())  # ⑨
```

L'exemple précédent ne fait qu'afficher au fur et à mesure ce qui est reçu sur la socket. Le contenu binaire reçu comprend des caractères de contrôle pour effacer l'écran b"\x1b[J" ou pour placer le curseur en haut à gauche du terminal b"\x1b[H".

Dans l'exemple suivant, nous n'allons afficher que ce qui est reçu après le dernier caractère de contrôle afin de laisser intacte l'apparence de notre terminal. Il pourrait y avoir plusieurs manières de procéder : stocker chaque data reçu dans une liste, puis concaténer tous les éléments reçus dans une nouvelle structure bytes ; ou alors écrire tous les data reçus dans un fichier binaire puis relire le contenu du fichier.

Il est possible de concaténer de manière efficace et séquentielle du contenu binaire à l'aide de flux de données dans le module io. Les structures les plus communes sont io.BytesIO pour le contenu binaire et io.StringIO pour le contenu textuel.

```
from io import BytesIO

content = BytesIO()  # création du flux de données binaires

with socket.socket(socket.AF_INET, socket.SOCK_STREAM) as s:
    s.connect(("towel.blinkenlights.nl", 666))
    while True:
        data: bytes = s.recv(1024)
        if len(data) == 0:
            break
        content.write(data)  # écriture séquentielle

content.seek(0)  # On se place au début du flux
data = content.read()  # puis on lit l'intégralité du flux
```

1. Si la commande nc n'est pas accessible, il est possible de la remplacer par la commande telnet qu'il faut avoir préalablement activée sous Windows 10 à l'aide de l'instruction suivante à taper dans l'invite de commande : pkgmgr/iu:"TelnetClient"

```
clear_idx = data.find(b"\x1b[")
while clear_idx != -1:
    # Effacement du contenu jusqu'au dernier caractère de contrôle
    data = data[clear_idx + 3 :]
    clear_idx = data.find(b"\x1b[")

print(data.decode())  # passage en chaîne de caractères
```

3.6. Compression et archivage

La compression et l'archivage sont des techniques efficaces couramment utilisées pour organiser, stocker ou partager de gros volumes de données. L'*archivage* est une opération qui permet de réunir un ou plusieurs fichiers, organisés en arborescence au sein d'un seul fichier ; la *compression* réduit le volume des archives produites.

Il est bien entendu toujours possible de compresser ou de décompresser les archives à l'aide d'outils tiers avant de manipuler les fichiers en Python. Lorsque cette option est fastidieuse, on peut faire appel à des bibliothèques Python qui permettent de lire et d'écrire directement des archives des formats les plus courants : `zip`, `tar`, `gzip`, `bzip2`, ou `lzma`. Des bibliothèques externes sont également disponibles en support d'autres formats. Pour illustrer ce chapitre, nous nous contenterons de la bibliothèque `zipfile` mais la logique d'utilisation est la même quel que soit le format choisi.

Dans l'exemple suivant, nous utilisons une archive qui contient des images PNG des drapeaux des pays du monde. Après avoir téléchargé l'archive, il est possible d'explorer le contenu de l'archive avec le même motif de programmation que pour la lecture d'un fichier. La méthode `.infolist()` renvoi une structure semblable à un dictionnaire avec des informations sur les fichiers contenus dans l'archive : nom du fichier `filename`, taille du fichier une fois compressé `compress_size` et d'autres informations. On peut alors ouvrir les fichiers contenus dans l'archive à l'aide de la méthode `.open()`.

```
import json

from pathlib import Path
from zipfile import ZipFile

# Les fichiers sont téléchargeables sur flagpedia.net
# https://flagcdn.com/w2560.zip
# https://flagcdn.com/fr/codes.json

f_countries = Path("codes.json")
countries = json.loads(f_countries.read_text())
with ZipFile("w2560.zip", "r") as zf:
    all_files = []

    # On ouvre chaque fichier de l'archive
    for file_info in zf.infolist():
        with zf.open(file_info.filename, "r") as fh:
            # On récupère le nom du fichier, le nom du pays,
            # et la taille du PNG dans l'archive
```

```
        drapeau = {
            "fichier": file_info.filename,
            "taille_zip": file_info.compress_size,
            "pays": countries[file_info.filename[:-4]],
        }
        lire_png(fh, drapeau)  # définie plus loin
        all_files.append(drapeau)
```

On crée ici une liste avec un dictionnaire par fichier PNG présent dans l'archive. Pour finir d'illustrer ce chapitre, nous complétons le dictionnaire de métadonnées (nom du fichier, taille du drapeau dans l'archive, nom du pays) avec d'autres informations présentes dans le fichier.

Le format PNG est un format binaire de représentation des images : nous avons parlé précédemment de sa signature unique. La structure d'un fichier PNG est très formalisée : on y trouve des parties (appelés *chunks*), qui se décomposent toutes de la même manière : une taille (4 octets), un type (4 octets), des données (d'une longueur définie dans le champ de taille) et un code correcteur (4 octets). Il existe différents types de *chunks*, mais tous les fichiers contiennent *a minima*, un en-tête (type `IHDR`), des données compressées (type `IDAT`) et une marque de fin du fichier (type `IEND`).

Pour l'archive qui contient les drapeaux du monde, nous allons lire dans le fichier binaire :
— la taille de l'image (hauteur × largeur);
— la taille des données compressées de l'image [2].

```
def lire_entier(x: bytes) -> int:
    """Convertit une séquence bytes en entier.

    >>> lire_entier(b"\x01\x00")
    256
    """
    return int.from_bytes(x, byteorder="big")


def lire_png(fh, drapeau: dict) -> None:
    # Les 8 premiers bits sont la signature b"\x89PNG\r\n\x1a\n"
    signature = fh.read(8)

    # Le fichier est ensuite découpé en "chunks"
    chunk_type = b""

    while chunk_type != b"IEND":

        # Un chunk est constitué de 4 bits de taille, 4 bits de type,
        # puis des données, et enfin 4 bits d'un code correcteur d'erreur
        length = lire_entier(fh.read(4))
        chunk_type = fh.read(4)
        chunk_data = fh.read(length)
        crc = fh.read(4)
```

2. Le format PNG compresse la représentation d'une image au format *deflate*.

```
        # On récupère la taille de l'image dans le header (chunk IHDR)
        if chunk_type == b"IHDR":
            drapeau["largeur"] = lire_entier(chunk_data[:4])
            drapeau["hauteur"] = lire_entier(chunk_data[4:8])
            drapeau["L×h"] = drapeau["largeur"] * drapeau["hauteur"]

        # On récupère la taille de la partie compressée de l'image (chunk IDAT)
        if chunk_type == b"IDAT":
            drapeau["taille_png"] = length

    # Enfin, on calcule quelques ratios de compression
    drapeau["png_ratio"] = drapeau["L×h"] / drapeau["taille_png"]
    drapeau["zip_ratio"] = drapeau["taille_png"] / drapeau["taille_zip"]
```

On récupère enfin une liste qui contient un dictionnaire par pays. On peut alors trier cette liste par performance de compression des fichiers de drapeaux : nous pouvons sélectionner les drapeaux les mieux compressés par le format PNG d'une part, et les fichiers PNG qui sont les mieux compressés dans l'archive d'autre part.

```
sorted(all_files, key=itemgetter("png_ratio"))
```

	pays	png_ratio	zip_ratio
bl.png	Saint-Barthélemy	10.14	1.04
io.png	Territoire britannique de l'océan Indien	13.00	1.02
vi.png	Îles Vierges des États-Unis	13.32	1.07
pm.png	Saint-Pierre-et-Miquelon	13.80	1.04
mp.png	Îles Mariannes du Nord	14.42	1.04
se.png	Suède	2095.14	8.69
ch.png	Suisse	2848.15	7.64
pl.png	Pologne	3346.41	8.00
mc.png	Monaco	3362.98	9.93
lv.png	Lettonie	5041.23	3.96

Sans surprise, les drapeaux les mieux compressés par le format PNG sont alors des drapeaux bicolores très simples (Lettonie, Monaco, Pologne) alors que les moins compressés sont beaucoup plus stylisés, avec des armoiries complexes (Figure 3.1).

FIGURE 3.1 – Drapeaux les moins (première ligne) et les mieux compressés (deuxième ligne) par le format PNG

FIGURE 3.2 – Drapeaux les mieux compressés par le format ZIP

En revanche, les drapeaux les mieux compressés dans l'archive zip sont ceux qui suivent le motif tricolore le plus courant (Figure 3.2). Ces fichiers PNG ont beau avoir une représentation compressée cinq fois moins performantes que la Lettonie, ils sont très bien compressés dans l'archive ZIP parce que leurs structures sont semblables : ils ne diffèrent les uns des autres que par la couleur.

```
sorted(all_files, key=itemgetter("zip_ratio"))
```

	pays	png_ratio	zip_ratio
io.png	Territoire britannique de l'océan Indien	13.00	1.02
gb-wls.png	Pays de Galles	23.20	1.03
bl.png	Saint-Barthélemy	10.14	1.04
af.png	Afghanistan	31.80	1.04
pm.png	Saint-Pierre-et-Miquelon	13.80	1.04
fr.png	France	1071.58	17.65
ro.png	Roumanie	1071.58	17.89
gn.png	Guinée	1071.58	17.89
it.png	Italie	1071.85	18.28
be.png	Belgique	1074.05	22.04

En quelques mots...

Le langage Python permet une interaction facile avec le système de fichiers de l'ordinateur : lecture, écriture, compression, accès aux métadonnées. Il est possible d'automatiser en Python toutes les tâches de gestion des fichiers que l'on a l'habitude de réaliser manuellement avec le gestionnaire de fichiers de notre système d'exploitation.

Les programmes les plus simples lisent des données à partir d'un fichier, exécutent des opérations, puis retournent les résultats de manière structurée dans un autre fichier. Les autres modèles d'interaction avec le monde extérieur (entrée et sortie standard, sortie d'erreur, *sockets* de communication réseau) ont un mode de fonctionnement similaire à celui des fichiers, avec des fonctions de lecture et d'écriture de chaînes de caractères (mode texte) ou de `bytes` (mode binaire).

4

Structures de données avancées

Python offre une syntaxe flexible et une interface conviviale qui font la joie du programmeur débutant. Pour les utilisateurs qui découvrent le langage, la liste (☞ p. 12, § **1.5**) est probablement la structure conteneur la plus populaire : flexible, intuitive, facile d'utilisation. Or il existe de meilleures options en fonction des besoins.

Nous avons abordé dans le chapitre 1 la question des structures *mutables*, *hashables* et de l'intérêt de choisir la structure adaptée aux besoins du problème à étudier. Ce chapitre présente des structures natives Python souvent ignorées voire inconnues qui contribuent à améliorer la qualité du code afin qu'il soit plus facile à écrire, à lire et à maintenir.

4.1. `namedtuple` : tuples avec champs nommés

Dans les pages précédentes, nous avons illustré deux structures de données en représentant de deux manières différentes des informations associées à un monument :

- le tuple (☞ p. 11, § **1.4**) permet de manipuler une structure immutable : chaque champ est identifié par sa position dans le tuple. La technique du *déballage* permet d'associer une sémantique à chacun des champs ;

```
>>> tour_eiffel = 48.85826, 2.2945, 'Tour Eiffel', 'Paris'
>>> latitude, longitude, nom, ville = tour_eiffel
```

- le dictionnaire (☞ p. 15, § **1.7**) permet quant à lui de faire porter la sémantique de chaque champ à la variable. En revanche, des champs peuvent être ajoutés, modifiés ou supprimés sans qu'aucune erreur ne soit levée.

```
>>> tour_eiffel = {
...     "latitude": 48.85826, "longitude": 2.2945,
...     "nom": "Tour Eiffel", "ville": "Paris"
... }
```

Le module `collections` propose une structure de données particulière. Le `namedtuple` accepte deux paramètres : le premier doit reprendre le nom de la variable dans laquelle on stocke la structure ; le second est une chaîne de caractères qui concatène le nom de chacun des champs, séparés par une espace.

```python
Monument = namedtuple(
    "Monument",
    "latitude longitude nom ville"
)
```

```python
#
from collections import namedtuple
```

La même fonctionnalité est proposée dans le module `typing` (☞ p. 367, § **27**) avec une syntaxe plus engageante où les champs sont énumérés et annotés d'un type (PEP 526) :

```python
class Monument(NamedTuple):
    latitude: float
    longitude: float
    nom: str
    ville: str
```

```python
#
from typing import NamedTuple
```

On peut renseigner une telle structure à la manière d'un tuple :

```python
>>> tour_eiffel = Monument(48.85826, 2.2945, 'Tour Eiffel', 'Paris')
>>> tour_eiffel
Monument(latitude=48.85826, longitude=2.2945, nom='Tour Eiffel', ville='Paris')
```

La nouvelle structure `Monument` réunit alors le meilleur des deux mondes : les avantages du tuple avec la sémantique du dictionnaire. Elle garantit notamment :

- que tous les champs sont renseignés ;

```python
>>> tour_eiffel = Monument(48.85826, 2.2945, 'Tour Eiffel')
Traceback (most recent call last):
  ...
TypeError: __new__() missing 1 required positional argument: 'ville'
```

- l'accès à chacun des champs par un indice, par un nom et par *déballage* ;

```python
>>> tour_eiffel.latitude
48.85826
>>> tour_eiffel[2]
'Tour Eiffel'
>>> latitude, longitude, nom, ville = tour_eiffel
```

- que les champs ne peuvent pas être modifiés.

```python
>>> tour_eiffel.longitude = -54.5
Traceback (most recent call last):
  ...
AttributeError: can't set attribute
```

4.2. dataclass : classes de données

Les classes de données (ou `dataclass`) ont été pensées dans le PEP 557 pour Python 3.7 comme une version mutable des tuples avec champs nommés (`namedtuple`, ☞ p. 49, § **4.1**). Elles se présentent comme un type de données à la syntaxe particulière :

- les champs sont énumérés et annotés d'un type (PEP 526) ;
- le mot-clé `class` est précédé du *décorateur* `@dataclass`.

```
@dataclass                              #
class Monument:                         from dataclasses import dataclass
    latitude: float
    longitude: float
    nom: str
    ville: str
```

On peut alors déclarer un monument comme le namedtuple équivalent. Malgré des facilités que nous allons explorer, cette structure n'offre plus les fonctionnalités caractéristiques du tuple, à savoir l'indexation (☞ ①) et le déballage (☞ ②).

```
>>> tour_eiffel = Monument(48.85826, 2.2945, 'Tour Eiffel', 'Paris')
>>> tour_eiffel
Monument(latitude=48.85826, longitude=-2.2945, nom='Tour Eiffel', ville='Paris')
>>> tour_eiffel[0]  # ①
Traceback (most recent call last):
  ...
TypeError: 'Monument' object is not subscriptable
>>> *_, ville = tour_eiffel  # ②
Traceback (most recent call last):
  ...
TypeError: cannot unpack non-iterable Monument object
```

Des fonctions existent pour convertir ces structures en tuples ou en dictionnaires :

```
>>> from dataclasses import astuple, asdict
>>> astuple(tour_eiffel)
(48.85826, 2.2945, 'Tour Eiffel', 'Paris')
>>> asdict(tour_eiffel)
{'latitude': 48.85826, 'longitude': 2.2945, 'nom': 'Tour Eiffel', 'ville': 'Paris'}
```

La particularité des classes de données par rapport aux tuples (classiques ou non) est que ces instances sont mutables : on peut y ajouter des attributs et les modifier.

```
>>> tour_eiffel.pays = "France"
>>> tour_eiffel.longitude = -54.5889  # oups!
```

Dans certains cas, il peut être souhaitable de contrôler si les champs peuvent être modifiés : l'attribut frozen peut alors être passé au *décorateur* dataclass (☞ ③). Par ailleurs, la représentation d'une classe de données est générée par défaut, on peut néanmoins choisir pour chaque champ de l'ajouter dans la représentation ou non (☞ ④). Parmi les autres arguments, on peut notamment définir une valeur par défaut (☞ ⑤).

```
from dataclasses import field

@dataclass(frozen=True)  # ③
class Monument:
    latitude: float = field(repr=False)  # ④
    longitude: float = field(repr=False)  # ④
    nom: str
    ville: str
    pays: str = field(repr=False, default="")  # ④, ⑤
```

```
>>> tour_eiffel = Monument(48.85826, 2.2945, 'Tour Eiffel', 'Paris', 'France')
>>> tour_eiffel  # ④
Monument(nom='Tour Eiffel', ville='Paris')
>>> tour_eiffel.pays
'France'
>>> tour_eiffel.longitude = -54.5889  # ③
Traceback (most recent call last):
  ...
dataclasses.FrozenInstanceError: cannot assign to field 'longitude'
```

Attention !

Il n'est pas possible de fournir un paramètre par défaut mutable (comme une liste ou un dictionnaire) à une classe de données (☞ p. 19, § **1.8**).

L'argument `default_factory` décrit alors comment créer une valeur par défaut :

```
class Monument:
    latitude: float = field(repr=False)
    longitude: float = field(repr=False)
    nom: str
    ville: str
    visites = field(default_factory=list)

>>> tour_eiffel = Monument(48.85826, 2.2945, 'Tour Eiffel', 'Paris')
>>> tour_eiffel.visites.append("25 décembre")
>>> tour_eiffel
Monument(nom='Tour Eiffel', ville='Paris', visites=['25 décembre'])
```

4.3. `defaultdict` : dictionnaires avec valeur par défaut

L'idée de *fabriquer* (*factory* en anglais) des valeurs de manière dynamique est un patron de conception courant en programmation. Dans le paragraphe précédent (☞ p. 52, § **4.2**), cette approche était utile pour décrire comment créer des valeurs par défaut : la création de la liste de visites est alors déclenchée au moment où l'on créait un nouveau `Monument`.

Prenons l'exercice qui consiste à parcourir un texte pour relever les numéros de ligne où sont présents chacun des mots du texte. On peut créer un dictionnaire dont les clés seront les mots du texte :

```
references = dict()  # type: Dict[str, Set[int]]
contenu = Path("fichier.txt").read_text()

for numero, ligne in enumerate(contenu.split("\n")):
    for mot in ligne.split():
        references[mot].add(numero)  # ⑥
```

Cette option serait naturelle, mais elle ne fonctionne pas puisque le dictionnaire est vide au moment où on démarre l'itération, ce qui lève une exception `KeyError` (☞ ⑥).
Les deux blocs de code qui suivent permettent de répondre au problème :

- Le premier (à gauche) vérifie l'existence de la clé dans le dictionnaire : c'est l'approche *Look Before You Leap* (LBYL, « regarder avant de sauter ») où toutes les précautions sont prises pour traiter séparément tous les cas.
- Le second bloc (à droite) ne réagit à l'erreur que quand elle arrive : c'est l'approche *Easier to Ask Forgiveness than Permission* (EAFP, « demander pardon plutôt que la permission ») qui gère les exceptions avec un bloc `try/except`.

```
# Look Before You Leap (LBYL)
if mot in references.keys():
    references[mot].add(numero)
else:
    references[mot] = {numero}
```

```
# Easier to Ask Forgiveness (EAFP)
try:
    references[mot].add(numero)
except KeyError:
    references[mot] = {numero}
```

Dans ce cas, les deux approches manquent pourtant d'élégance. L'idéal serait de pouvoir écrire l'instruction ⑥ telle quelle, puisque c'est celle qui décrit le plus simplement la logique derrière l'algorithme. Le dictionnaire avec valeur par défaut (`defaultdict`) est un dictionnaire particulier qui crée à la volée des valeurs quand une clé est absente du dictionnaire. Il prend donc en paramètre une *fabrique* qui décrit comment créer cette nouvelle valeur : `int` pour l'entier 0, `list` pour la liste vide, etc.

```
>>> from collections import defaultdict
>>> d = defaultdict(int)  # dictionnaire qui crée un entier par défaut
>>> d['a'] += 1
>>> d['a']
1
```

Dans l'exemple précédent, on souhaitait créer un ensemble vide si le mot n'avait pas encore été référencé. La structure de dictionnaire `defaultdict` répond alors au problème.

```
references = defaultdict(set)
for numero, ligne in enumerate(contenu.split("\n")):
    for mot in ligne.split():
        references[mot].add(numero)  # ⑥
```

L'exemple précédent peut être adapté à l'aide d'un `defaultdict(int)` pour compter les occurrences de chaque mot dans un fichier. La valeur par défaut est alors `int() = 0` :

```
references = defaultdict(int)
for ligne in contenu.split("\n"):
    for mot in ligne.split():
        references[mot] += 1
```

✧ Bonnes pratiques

Il est possible de passer en paramètre de `defaultdict` n'importe quelle fonction qui produit un objet. `list()` produit une liste vide, `set()` un ensemble vide, `dict()` un dictionnaire vide, `int()` l'entier zéro (`0`). Pour des valeurs par défaut moins standard, on peut utiliser une fonction ou une fonction anonyme :

```
>>> d = defaultdict(lambda: "default")
>>> d[0]
'default'
```

4.4. Counter : dictionnaires de dénombrement d'objets

Python propose dans le module `collections` une structure de dénombrement qui permet une réécriture plus idiomatique de l'exemple précédent. Un `Counter` est un dictionnaire qui permet le dénombrement d'objets *hashables*. Les éléments sont stockés comme des clés du dictionnaire et les nombres d'occurences respectifs comme des valeurs.

L'exemple précédent se réécrit alors :

```
references = Counter(
    mot for ligne in contenu.split("\n")
    for mot in ligne.split()
)
```

```
#
from collections import Counter
```

Jeux de dés. La programmation et les générateurs aléatoires des ordinateurs sont de bons outils pour mettre en évidence des lois statistiques simples. L'exemple ici est inspiré d'une publication Twitter de Raymond Hettinger.

Nous allons utiliser l'ordinateur pour lancer des dés, puis utiliser la structure de dictionnaire de dénombrement `Counter` pour compter le nombre d'occurrences de configurations particulières. On peut définir un « jeu » comme un critère associé à une combinaison de valeurs données par les dés.

Nous allons définir les « jeux » suivants :
- on lance deux dés, puis on somme les chiffres ;
- on lance cinq dés, puis on garde celui au deuxième plus petit chiffre.

À titre d'exercice, le lecteur pourra coder d'autres jeux à base de cinq dés : par exemple, en comptant le nombre de dés identiques parmi cinq dés lancés, ou en calculant la différence entre la plus grande et la plus petite valeur sur les dés.

```
from random import choices

faces = range(1, 7)  # les 6 faces d'un dé

def somme_de_deux_dés() -> int:
    # on tire 2 dés, on fait la somme
    return sum(choices(faces, k=2))

def deuxième_plus_petit() -> int:
    # on tire 5 dés, on les trie dans l'ordre pour ne garder que le 2e
    return sorted(choices(faces, k=5))[1]

def statistiques(jeu, nombre_jets: int=200) -> dict:
    return Counter(jeu() for _ in range(nombre_jets))
```

En sommant deux dés au hasard, la distribution des sommes des valeurs des dés est symétrique.

```
>>> statistiques(somme_de_deux_dés)
Counter({7: 38, 8: 30, 9: 27, 6: 26, 10: 17, 5: 16, 4: 15, 11: 14, 3: 9, 2: 5, 12: 3})
```

En revanche, en choisissant le deuxième dé le plus petit parmi cinq, la distribution est alors asymétrique.

```
>>> statistiques(deuxième_plus_petit)
Counter({1: 36, 2: 68, 3: 55, 4: 31, 5: 10})
```

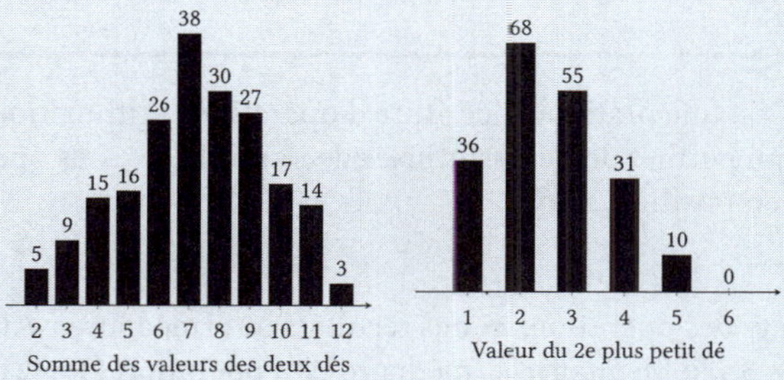

4.5. deque : files et piles

Les structures de listes sont adaptées pour des objets hétérogènes. Si la modification d'un élément de la liste est rapide, l'ajout ou la suppression d'éléments à une position arbitraire font appel à un grand nombre d'opérations mémoire qui obèrent la performance.

Les *deques*[1] sont une généralisation des piles et des files : il est possible d'ajouter (à l'aide de `.append()` et `.appendleft()`) et de retirer (à l'aide de `.pop()` et `.popleft()`) des éléments de manière efficace par les deux bouts des deques[2]. Par défaut, les deques sont instanciés en ajoutant des éléments à la fin de la collection. Si la deque est définie avec une taille maximale, seuls les derniers éléments sont conservés.

Une file est une structure LIFO (*last in first out* pour « dernier entré, premier sorti »), très utilisée dans un contexte concurrent (☞ p. 269, § **18**). Le calcul d'une moyenne glissante en est un cas d'application simple : on utilise ici exclusivement les opérations `.append()` (ajout à la fin) et `.popleft()` (retrait au début).

```
def fenetre_glissante(sequence: list, k: int) -> list:
    """Calcule une moyenne sur des fenêtres glissantes.
    k est la taille de la fenêtre glissante

    >>> fenetre_glissante([40, 30, 50, 46, 39, 44], 3)
    [40.0, 42.0, 45.0, 43.0]
    """
    d = deque(sequence[:k])  # on initialise avec les k premiers élements
    moyennes, s = [], sum(d)
    moyennes.append(s / k)  # la moyenne sur la fenêtre

    for elt in sequence[k:]:  # on itère à partir de l'élément d'indice k
        s += elt - d.popleft()  # on met à jour la somme
        d.append(elt)
        moyennes.append(s / k)
    return moyennes
```

1. `deque` est l'abréviation de l'anglais *double-ended queue*.
2. En notation asymptotique, ces opérations sont en $O(1)$ pour les deques au lieu de $O(n)$ pour les listes.

Une pile est une structure LIFO (*last in first out* pour « dernier entré, premier sorti ») idéale pour empiler et dépiler des éléments. Cette structure est utilisée par les ordinateurs pour organiser la hiérarchie d'appels de fonctions dans un programme informatique.

La notation polonaise inverse est une pratique d'écriture d'opérations arithmétiques, populaire dans les années 1960, qui permet de ne pas utiliser de parenthèses. Les opérateurs arithmétiques sont utilisés en position *suffixe.*

On écrit alors 1 2 + au lieu de 1 + 2.

Cette notation permet d'*empiler* des opérations et des résultats intermédiaires. Ainsi, on écrira 1 2 + 3 × pour (1 + 2) × 3 : le résultat intermédiaire de l'opération (1 + 2) est *empilé* avant d'être utilisé dans l'opération de multiplication suivante. Avec un ordre de priorité différent, l'opération 1 + (2 × 3) s'écrit 1 2 3 × +.

La structure de deque permet d'empiler des opérations pour interpréter une séquence écrite en notation polonaise inverse :

- les nombres (ici entiers) sont simplement empilés avec l'opération `.append()` ;
- les opérateurs (ici chaînes de caractères) dépilent avec l'opération `.pop()` les deux dernières valeurs de la pile, évaluent l'opération et empilent le résultat.

```
def polonaise(sequence: list) -> int:
    d = deque()
    for touche in sequence:
        if isinstance(touche, int):
            d.append(touche)  # on empile les chiffres
        elif isinstance(touche, str):
            b, a = d.pop(), d.pop()
            expr = f"{a} {touche} {b}"
            d.append(eval(expr))  # on évalue les opérations arithmétiques
        else:
            raise ValueError(f"Expression invalide: {touche}")
        print(f"{d}  # {touche}")
    return d.pop()
```

Dans l'exemple suivant, l'état de la pile est affiché à chaque étape de l'évaluation de l'expression qui s'écrirait 3 + (1 + 2) × 4 :

```
>>> polonaise([3, 1, 2, "+", 4, "*", "+"])
deque([3])  # 3
deque([3, 1])  # 1
deque([3, 1, 2])  # 2
deque([3, 3])  # +
deque([3, 3, 4])  # 4
deque([3, 12])  # *
deque([15])  # +
```

4.6. heapq : files de priorité basées sur des tas

Certains algorithmes nécessitent de considérer de nombreuses fois le plus petit élément d'une collection[3]. Si des éléments doivent être ajoutés à la collection pendant l'itération, l'utilisation d'une simple liste triée à l'aide des mots-clés du langage `sorted` et `reversed` nécessite un nouvel appel à l'algorithme de tri à chaque insertion dans la structure.

Le module heapq[4] utilise des tas binaires (en anglais *binary heap*), structures spécialement optimisées pour maintenir l'accès au plus petit élément en temps constant. L'ajout ou le retrait d'un élément impliquent des opérations de complexité logarithmique.

En notation asymptotique, la complexité du meilleur algorithme de tri connu est quasi-linéaire, soit en $O(n\ \log(n))$:

- la méthode naïve qui consisterait à trier la liste après chaque ajout d'un nouvel élément serait de complexité globale au mieux quadratique, en $O\left(n^2\ \log(n)\right)$;
- *a contrario*, la méthode qui utilise les tas binaires est de complexité globale quasi linéaire, en $O(n\ \log(n))$.

Prenons ici l'exemple d'un magasin où les personnes enceintes, âgées ou handicapées sont servies en priorité : quand un vendeur est disponible il s'adresse à la personne suivante. Si une personne prioritaire arrive ensuite, il sert cette personne en priorité. Pour modéliser un client, on peut utiliser une structure de classe de données (☞ p. 50, § 4.2) avec l'option `order` qui fournit automatiquement les opérations de comparaison. Avec l'option `field(compare=False)`, on exclut explicitement le champ nom de la comparaison.

```
from dataclasses import dataclass, field
from heapq import heappush, heappop

@dataclass(order=True)
class Client:
    nom: str = field(compare=False)
    priorité: int = 2  # priorité basse
```

Pour créer une file de priorité, on peut initialiser une liste vide classique avant d'utiliser les opérations d'ajout `heappush()` et de retrait `heappop()`.

```
>>> h = []
>>> heappush(h, Client("Jean"))
>>> heappush(h, Client("Anne"))
>>> heappush(h, Client("Hugo"))
>>> heappop(h)
Client(nom='Jean', priorité=2)
>>> heappush(h, Client("Jacques", 1))  # priorité forte
>>> heappop(h))
Client(nom='Jacques', priorité=1)
```

3. L'algorithme de Dijkstra pour la recherche du plus court chemin dans un graphe en est un exemple connu.
4. https://docs.python.org/fr/3/library/heapq.html

4.7. array : tableaux de valeurs numériques

Python est un langage à typage dynamique. L'interpréteur Python ne connaît pas *a priori* le type des variables qui sont définies, contrairement au langage C qui définit les variables avec un type. En Python, les variables ne sont pas typées, elles *pointent* vers des valeurs, qui quant à elles, sont associées à un type.

En Python, les *valeurs* sont typées :

```
a = 1
b = 2
c = a + b  # c: type int
c = "coucou"  # c: type str
```

En C, les *variables* sont typées :

```
int a = 1;
int b = 2;
int c = a + b;
c = "coucou" /* erreur */
```

Pour fonctionner, chaque objet Python est représenté en mémoire sous la forme d'une structure C qui contient *a minima* un en-tête, un identifiant de type, un compteur de références et soit une valeur pour les types simples (entiers, flottants), soit une adresse vers un emplacement mémoire où est stockée la donnée. Pour représenter un nombre flottant double précision (par exemple `3.14`), là où le langage C occupe en général 8 octets en mémoire, un flottant du langage Python en occupe 24 :

```
>>> import sys
>>> sys.getsizeof(3.14)  # taille en octets
24
```

En C, un tableau de 1 000 000 flottants double précision occupe en mémoire 8 000 000 d'octets. Une liste Python de 1 000 000 flottants contient quant à elle, en plus des champs standards évoqués ci-dessus, un tableau C qui stocke toutes les adresses vers les emplacements en mémoire de chacun des flottants Python de la liste. On peut alors calculer l'espace mémoire occupé, soit un peu plus de 4 fois plus d'espace mémoire que le tableau C correspondant.

```
>>> liste = [3.14 for i in range(1_000_000)]
>>> taille = sys.getsizeof(liste) + 1_000_000 * sys.getsizeof(3.14)
>>> f"{taille:_}"  # avec le séparateur de milliers
32_697_456
```

Le module `array`[5] donne accès en Python aux données telles qu'elles sont stockées en mémoire dans des langages plus bas niveau. Il est alors nécessaire que tous les éléments du tableau aient le même type, défini à l'aide d'un caractère : `'i'` pour les entiers signés, `'f'` pour les flottants simple précision, `'d'` pour les flottants double précision, etc. Pour le même tableau, l'espace mémoire occupé est alors d'un peu plus de 8 millions d'octets, soit l'espace mémoire occupé par la structure Python (64 octets) en plus de l'espace occupé par le tableau C.

```
>>> a = array.array('d', liste)
>>> f"{sys.getsizeof(a):_}"  # avec le séparateur de milliers
8_000_064
```

5. `https://docs.python.org/fr/3/library/array.html`

La structure de tableau de valeurs numériques `array` est alors un bon moyen d'optimiser l'espace mémoire occupé par de gros volumes de données homogènes. Nous verrons plus loin comment la bibliothèque NumPy (☞ p. 69, § 5) exploite l'encapsulation de tableaux de données de grande taille au profit de l'espace mémoire et de la performance pour les calculs numériques.

En quelques mots...

Nous avons présenté dans ce chapitre des structures de données Python optimisées pour un certain nombre de tâches courantes en programmation.

Les premières structures complètent les fonctionnalités du dictionnaire. En particulier, les types `namedtuple` et `dataclass` permettent de s'assurer de la définition de tous les champs d'une structure :

— le type `namedtuple` ajoute au `tuple` une sémantique proche de celle que l'on peut avoir avec un dictionnaire ;
— le type `dataclass` offre plus de flexibilité, avec notamment la possibilité de définir des champs mutables ;
— le type `defaultdict` crée des valeurs à la volée dans un dictionnaire pour éviter de gérer le cas particulier d'une clé encore non existante ;
— le type `Counter` répond au problème de dénombrement d'une collection d'éléments.

Les structures suivantes pallient les défauts des listes Python, dont la flexibilité et l'expressivité s'obtiennent au prix de la performance et de la robustesse :

— le type `deque` optimise l'accès aux données des deux côtés de la structure ; il généralise la notion de file (*queue* en anglais) et de pile (*stack* en anglais) ;
— les files de priorité basées sur des tas du module `heapq` (pour *heap based queue* en anglais) optimisent l'accès au plus petit élément d'une collection ;
— enfin les tableaux de valeurs numériques `array` optimisent l'espace mémoire occupé par de gros volumes de données.

Interlude
Calcul du rayon de la Terre

Contrairement aux idées reçues, la rotondité de la Terre est connue depuis l'Antiquité. Les Anciens avaient déjà observé que les mâts étaient encore visibles après que les bateaux passaient sous l'horizon. On prête à Ératosthène (200 av. J.-C.) la première mesure du rayon de la Terre : celui-ci constatait qu'au solstice d'été à midi, à Syène (aujourd'hui, Assouan) aucune ombre n'était visible au fond d'un puits. Le même jour, à Alexandrie, les objets projetaient une ombre. Il évalue alors la différence de latitudes entre les deux villes à un 50e de cercle (7,2°). La distance entre les deux villes étant évaluée à 5 000 stades, il estime la circonférence de la Terre à 250 000 stades. Cette mesure correspondrait à un rayon d'environ 6 300 kilomètres.

Dans la continuité d'Ératosthène puis Hipparque, Claude Ptolémée propose un *Manuel de géographie* au IIe siècle, une carte de l'écoumène (le monde habité) basée sur une grille de méridiens et de parallèles ainsi que des premières définitions de projections coniques pour retranscrire les cartes. Au Moyen Âge, les découvertes grecques sont éclipsées par l'Église en Europe, mais servent de modèle aux traités arabes qui rassemblent des informations de natures géographique, économique, commerciale, historique et religieuse, à l'aide d'une représentation codifiée pour les pays, villes, routes, frontières, mers, fleuves et montagnes. La cartographie reprend ses lettres de noblesse en Europe avec la croissance du commerce maritime au XIIIe siècle : on cartographie les côtes et les ports, les îles ; les cartes se basent désormais sur le Nord magnétique (donné par la boussole) et plus sur le Nord géographique (donne par l'étoile polaire).

Au XVIIe siècle, Jean-Baptiste Colbert crée l'Académie des Sciences et souhaite notamment faire des cartes de France plus exactes que celles disponibles alors. À cette époque, les mesures de latitude sont précises et basées sur la position des étoiles dans le ciel : en revanche, les horloges n'ont pas la précision suffisante pour des mesures convenables de longitude. C'est à cette époque que l'abbé Picard fait une première triangulation entre Paris à Amiens. La triangulation est une mesure des distances basée sur la loi des sinus : à l'aide d'un triangle dont on connaît les trois angles aux sommets et la mesure d'un de ses côtés, on calcule la longueur des deux autres côtés.

En 1738, César-François Cassini et Nicolas-Louis de La Caille entreprennent une mesure de la méridienne de Paris en six bases : Dunkerque, Villers-Bretonneux, Montlhéry, Bourges, Rodez et Perpignan. Ils publient leurs mesures dans l'ouvrage *La méridienne de l'observatoire royal de Paris*[6]. **L'objectif de cet interlude est de reprendre les mesures angulaires publiées alors pour calculer le rayon de la Terre.**

Loi des sinus

La triangulation est une opération qui consiste à calculer les longueurs des côtés d'un triangle à partir d'une seule mesure de longueur et des trois mesures des angles aux sommets. La relation entre les longueurs et les angles est donnée par la loi des sinus (Figure 4.1) avec α, β et γ les mesures des angles aux sommets interceptant des côtés de longueur a, b et c.

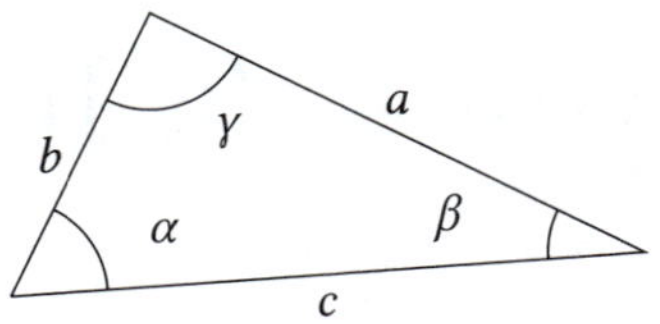

$$\frac{\sin\alpha}{a} = \frac{\sin\beta}{b} = \frac{\sin\gamma}{c}$$

FIGURE 4.1 – Loi des sinus

Données du problème

Cassini et La Caille ont fait différentes mesures :

- la ligne droite entre Juvisy et Villejuif mesure 5 748 toises, une deuxième ligne droite entre deux amers sur la côte du Roussillon mesure 7 928 toises et 5 pieds ;
- la triangulation est faite sur un réseau de repères géographiques : pour chaque triangle, on a reporté les angles aux sommets de chaque repère qui forme le triangle. La figure 4.2 montre l'original issu de l'ouvrage : l'angle au sommet Villejuif (*Pyramide de Villejuive* dans le livre), qui sépare l'arc Villejuif–Juvisy de l'arc Villejuif–Fontenay, mesure 87 degrés, 48 minutes et 50 secondes ;
- les inclinaisons des arcs du réseau par rapport au méridien de référence (Figure 4.3) ;
- les différences de latitudes entre chaque extrémité des bases (Figure 4.4) :
  - $2^\circ\,11'\,50''\,17'''$ entre Dunkerque et l'Observatoire ;
  - $1^\circ\,45'\,7''\,20'''$ entre l'Observatoire et Bourges ;
  - $2^\circ\,43'\,51''\,5'''$ entre Bourges et Rodez ;
  - et $1^\circ\,39'\,11''\,12'''$ entre Rodez et Perpignan ;
- enfin, une toise[7] mesure 1,949 mètre.

Une partie du maillage de la triangulation tel qu'il est présenté dans l'ouvrage de Cassini est représentée Figure 4.5. Les mesures de triangulation sont données dans un fichier `triangles.txt` et les mesures d'inclinaison dans un fichier `inclinaisons.txt`, tous deux disponibles sur la page associée au livre `https://www.xoolive.org/python/`.

---

6. `https://gallica.bnf.fr/ark:/12148/btv1b2600139h.item`

7. Une toise fait 6 pieds, un pied fait 12 pouces et un pouce fait 12 lignes. La carte de Cassini est à l'échelle 1 ligne pour 100 toises, format toujours préservé aujourd'hui avec l'échelle `1:86400`.

	Angles observés & réduits au centre.			*Angles corrigés pour le calcul.*		
Pyramide de Villejuive..........	87°	48′	40″	87°	48′	50″
Signal de Juvisy................	30	32	6	30	32	9
Moulin de Fontenay............	61	38	54½	61	39	1
	179	59	40½			
Signal de Juvisy................	100	41	30	100	41	29
Moulin de Fontenay............	34	18	37	34	18	37
Tour de Montlhery..............	44	59	54	44	59	54
	180	0	1			

Figure 4.2 – Premières mesures angulaires pour la mesure de la méridienne de Paris

La ligne de Montlhery à Montmartre, de......	10°	27′	13″	à l'orient.
Celle de Montmartre à S. Martin, de.........	0	34	41	à l'orient.
Celle de S. Martin à Clermont, de...........	9	51	26	à l'orient.
Celle de Clermont à Noyers, de..............	30	18	2	à l'occident.
Celle de Noyers à Sourdon, de...............	29	25	57	à l'orient.
Celle de Sourdon à Amiens, de...............	18	51	14	à l'occident.

Figure 4.3 – Premières mesures des inclinaisons par rapport à la méridienne de Paris

	De la Lyre.				*De η de la gr. Ourse.*			
A l'Observatoire..................	10°	16′	36″	50‴	1°	47′	7″	45‴
A Bourges........................	8	31	29	40	3	32	15	15
Différence, & distance des paralleles...	1	45	7	10	1	45	7	30

Par un milieu, on a 1° 45′ 7″ 20‴ pour l'arc céleste.

Figure 4.4 – Mesures des écarts de latitude entre différentes bases

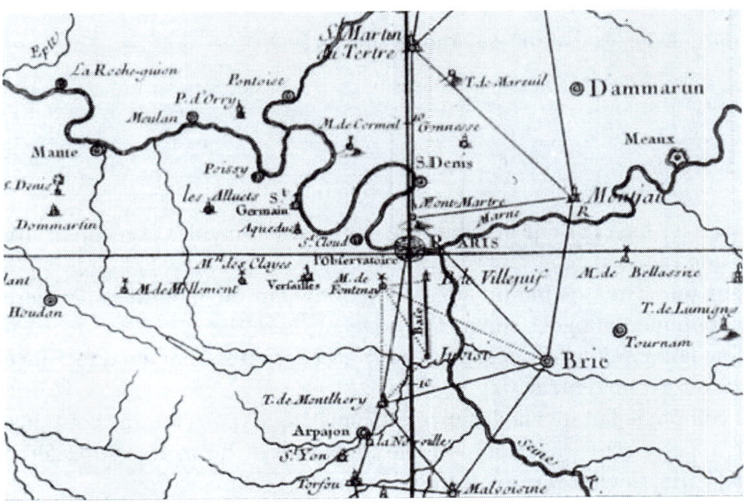

Figure 4.5 – Cartographie du maillage de Cassini en région parisienne

`triangles.txt`

```
Villejuif     87 48 50
Juvisy        30 32 9
Fontenay      61 39 1

Juvisy        100 41 29
Fontenay      34 18 37
Montlhery     44 59 54
```

`inclinaisons.txt`

```
Montlhery     Montmartre           10 27 13
Montmartre    S.Martin             0 34 41
S.Martin      Clermont             9 51 26
Clermont      Noyers               30 18 2
Noyers        Sourdon              29 25 57
Sourdon       Villersbretonneux    25 35 27
```

Résolution du problème

Le problème peut se résoudre en trois temps :

1. tout d'abord, nous avons besoin d'une structure pour stocker les distances entre chaque paire de nœuds du réseau ;
2. ensuite, à partir des données d'inclinaison, nous projetons la distance entre chaque paire de nœuds sur la méridienne : une simple somme donnera la distance de la méridienne entre Dunkerque et Perpignan ;
3. à partir des différences de latitude, nous pouvons procéder à la même opération qu'Ératosthène et recalculer le rayon de la Terre.

Le programme utilisera les fonctions de trigonométrie élémentaires. Puisque nous manipulerons des noms de lieux accompagnés d'un angle, nous définirons un `namedtuple` plutôt qu'un `tuple` pour accéder de manière naturelle et lisible à chacun des champs :

```
from collections import namedtuple
from math import sin, cos, radians
from pathlib import Path

Node = namedtuple("Node", "name angle")  # description du type Node
```

1re étape Un dictionnaire sera la structure la mieux adaptée pour enregistrer les distances entre chaque paire de nœuds. ①
On préremplit le dictionnaire avec les distances connues (mesurées). ②

```
distances = dict()  # ①
distances["Juvisy", "Villejuif"] = 5748  # ②
distances["Sig.Nord", "Sig.Sud"] = 7928 + 5 / 6
```

On ouvre alors le fichier `triangles.txt` pour lire chacune des lignes non vides et reconstruire la valeur de chaque angle (en radians). ③
On stocke ces valeurs dans une liste : quand on atteint une longueur de 3, on lit la dernière valeur de distance[8] pour appliquer la loi des sinus. ④
Nous utilisons ici deux fois la technique du *déballage* pour accéder aux éléments d'une liste ou d'un tuple sans les indexer explicitement. ⑤
Enfin, afin de prendre en compte le fait que la distance est symétrique (nous aurons peut-être stocké `d[n2, n1]` avant d'appeler `d[n1, n2]`), la méthode `.get()` du dictionnaire est préférée à la notation entre crochets afin d'éviter une exception de type `KeyError`. ⑥

8. Le fichier étant organisé de sorte que la distance entre les deux premiers nœuds est toujours connue au moment où on lit un triangle, il suffit de calculer les deux autres distances entre les nœuds 1 et 3 puis 2 et 3.

```
with Path("triangles.txt").open("r") as fh:
    # Cette liste va stocker les valeurs intermédiaires par triangle
    triangle = list()

    for line in fh.readlines():
        line = line.strip()  # on supprime les espaces inutiles
        if line == "":  # on ignore alors les lignes vides
            continue

        name, deg, mn, sec = line.split()  # ⑤
        angle = float(deg) + float(mn) / 60 + float(sec) / 3600  # ③
        triangle.append(Node(name, radians(angle)))

        if len(triangle) == 3:  # ④
            n1, n2, n3 = triangle  # ⑤

            d3 = distances.get((n1.name, n2.name), None)  # ⑥
            if d3 is None:  # si d[n1, n2] n'est pas disponible, d[n2, n1] le sera
                d3 = distances.get((n2.name, n1.name))

            distances[n1.name, n3.name] = sin(n2.angle) * d3 / sin(n3.angle)
            distances[n2.name, n3.name] = sin(n1.angle) * d3 / sin(n3.angle)
            # on vide la liste
            triangle.clear()
```

2e étape À partir du réseau, ou graphe, construit, il faut maintenant trouver un chemin de sommet en sommet qui relie Dunkerque et Perpignan et le projeter sur la méridienne. Ce chemin est donné dans le fichier `inclinaisons.txt` avec les valeurs d'angle correspondant.

Le parcours de ce fichier est très similaire au précédent, avec néanmoins deux noms de lieu à prendre en compte ⑦ et une projection à l'aide d'un cosinus. ⑧
Enfin, les distances sont converties de toises en mètres. ⑨

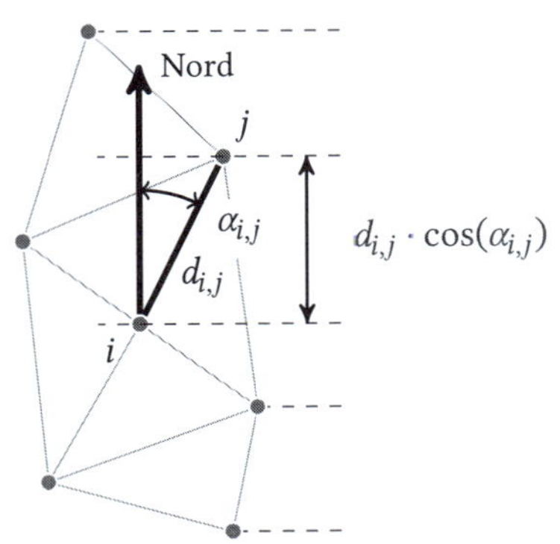

FIGURE 4.6 – Projection des distances $d_{i,j}$ mesurées par triangulation à partir des données d'inclinaisons $\alpha_{i,j}$

```
with Path("inclinaisons.txt").open("r") as fh:
    # On stocke dans total la longueur de la méridienne (en toises)
    total = 0

    for line in fh.readlines():
        line = line.strip()  # on supprime les espaces inutiles
        if line == "":  # on ignore alors les lignes vides
            continue

        n1, n2, deg, mn, sec = line.split()  # ⑦
        angle = float(deg) + float(mn) / 60 + float(sec) / 3600
        angle = radians(angle)
        d = distances.get((n1, n2), None)
        if d is None:  # si d[n1, n2] n'est pas disponible, d[n2, n1] le sera
            d = distances.get((n2, n1))
        total += d * cos(angle)  # ⑧

    total *= 1.949  # ⑨
```

3e étape La variable `total` contient la longueur de la méridienne entre Dunkerque et Perpignan. À partir des écarts angulaires qu'on aura sommés ⑩, on retrouve la valeur du rayon de la Terre.

```
latitudes = [
    [2, 11, 50, 17],  # Dunkerque -- Observatoire
    [1, 45, 7, 20],  # Observatoire -- Bourges
    [2, 43, 51, 5],  # Bourges -- Rodez
    [1, 39, 11, 12],  # Perpignan -- Rodez
]

# On somme alors les angles ⑩
angle = sum(a[0] for a in latitudes)  # degrés
angle += sum(a[1] for a in latitudes) / 60  # minutes
angle += sum(a[2] for a in latitudes) / 3600  # secondes
angle += sum(a[3] for a in latitudes) / 216000  # tierces

print("Rayon de la terre: {:.4g} km".format(total / radians(angle) / 1000))
```

On peut alors exécuter le programme, et comparer la valeur trouvée à la valeur connue de 6 371 km de rayon.

```
$ python rayon.py
Rayon de la terre: 6374 km
```

II

L'écosystème Python

5

Le calcul numérique avec NumPy

NumPy est une extension pour le langage Python qui permet de manipuler des tableaux (ou matrices) multi-dimensionnels. NumPy apporte la structure de données `ndarray`, qui diffère de la plupart des autres structures Python par l'homogénéité des types des valeurs qu'elle contient (à l'image du type `array` ☞ p. 58, § 4.7) et par la performance des opérations proposées.

L'usage est d'importer la bibliothèque NumPy sous l'alias `np` :

```
>>> import numpy as np
```

5.1. Les bases de NumPy

On peut créer un tableau NumPy à partir d'une structure itérable Python (tuple, liste, etc.). La puissance de NumPy vient du fait que tous les éléments du tableau sont du même type, accessible *via* l'argument `dtype`.

Chaque `dtype` correspond à un type C associé à une taille fixe en nombre de bits. On reconnaîtra notamment `float64` pour un flottant 64 bits, `int32` pour un entier 32 bits, `uint8` pour un entier non signé compris entre 0 et 255 (`unsigned char`) ; et des types plus complexes comme `datetime64` pour un flottant 64 bits qui encode un *timestamp* (☞ p. 28, § 2.3).

```
>>> tableau: list = [2, 7.3, 4, True]
>>> list(type(t) for t in tableau)  # types hétérogènes
[<class 'int'>, <class 'float'>, <class 'int'>, <class 'bool'>]
>>> np_tableau = np.array(tableau)
>>> np_tableau
array([2. , 7.3, 4. , 1. ])
>>> np_tableau.dtype  # type identique pour toutes les valeurs
dtype('float64')
>>> np_tableau.astype(int)  # conversion de dtype
array([2, 7, 4, 1])
```

NumPy se démarque par sa performance. Toutes les opérations arithmétiques sont codées dans un langage rapide (le langage C) : l'exemple ci-après compare la performance d'un code

Python et celle d'un code NumPy qui exécute, en C, une boucle avec un grand nombre de multiplications d'entiers. En tirant parti des types des variables enregistrées en manipulant des structures de données C de bas niveau, NumPy est près de 24 fois plus rapide que son équivalent Python sur cet exemple.

```
>>> tableau = [i for i in range(10_000_000)]
>>> np_tableau = np.array(tableau)
>>> t = time.time()
>>> double = np_tableau * 2
>>> (time.time() - t) // 1e-3  # en millisecondes
32.0
>>> t = time.time()
>>> double = [x * 2 for x in tableau]
>>> (time.time() - t) // 1e-3  # en millisecondes
757.0
```

Création de tableaux. Dans l'exemple ci-dessus, on crée un tableau NumPy à l'aide de la fonction `np.array` qui prend en entrée une liste ou un tuple Python. Pour les autres structures itérables (`set`, `dict`, etc.), on peut utiliser la fonction `np.fromiter`.
L'argument `dtype` en paramètre est souvent omis : on peut le déclarer de manière explicite à l'aide d'un type Python (p. ex. `int`), d'un type NumPy (p. ex. `np.int64`) ou sous forme de chaîne de caractères (p. ex. `"int64"`).

```
>>> np.fromiter(crible_eratosthene(20), dtype="int64")
array([ 2,  3,  5,  7, 11, 13, 17, 19])
```

La plupart du temps, on utilise néanmoins les fonctions NumPy suivantes :

- création d'un vecteur plein ① ou vide ② : les valeurs ne sont alors pas initialisées et ne reflètent que l'état de la mémoire au moment de la création du tableau. On passe de manière générale en paramètre la taille du tableau (sous forme de tuple si le tableau a plusieurs dimensions ③) ou un tableau de taille similaire ④. On peut également spécifier le `dtype` si celui choisi par défaut ne convient pas ⑤;

```
>>> np.zeros((2, 4))  # ①, ③
array([[0., 0., 0., 0.],
       [0., 0., 0., 0.]])
>>> np.ones(5)  # ①
array([1., 1., 1., 1., 1.])
>>> np.ones(5, dtype=bool)  # ⑤
array([ True,  True,  True,  True,  True])
>>> np.empty(3)  # ②
array([4.9e-324, 9.9e-324, 1.5e-323])
>>> np.empty_like([1., 2., 3.])  # ④, voir ones_like, zeros_like
array([4.9e-324, 9.9e-324, 1.5e-323])
```

- la fonction `np.arange` offre un fonctionnement calqué sur la fonction Python `range` : borne inférieure (*start*), borne supérieure (*stop*) **exclue** et pas (*step*);
- la fonction `np.linspace` raisonne différemment et propose l'interface : bornes inférieure (*start*) et supérieure (*stop*) **incluses** et nombre d'éléments (*num*);

```
>>> np.arange(1, 10, 2)  # de 1 à 10 par pas de 2
array([1, 3, 5, 7, 9])
```

```
>>> np.linspace(1, 10, 4) # 4 éléments équirépartis entre 1 et 10
array([ 1.,  4.,  7., 10.])
```

— la fonction np.eye initialise une matrice 2D identité :

```
>>> np.eye(5)
array([[1., 0., 0., 0., 0.],
       [0., 1., 0., 0., 0.],
       [0., 0., 1., 0., 0.],
       [0., 0., 0., 1., 0.],
       [0., 0., 0., 0., 1.]])
```

— le module np.random permet d'initialiser des tableaux de manière aléatoire. Différentes lois de probabilité sont proposées, la plus courante est la loi uniforme :

```
>>> np.random.uniform(0, 1, 10)
array([0.00504535, 0.80949026, 0.7072649 , 0.99657787, 0.02417003,
       0.57882803, 0.67156821, 0.02095116, 0.30223544, 0.40006736])
```

— la fonction np.meshgrid permet de créer des matrices définies à partir des indices : à partir de k vecteurs (ici x et y), np.meshgrid génère k tableaux de dimension k qui permettent de définir dans l'exemple la matrice M telle que $M_{i,j} = |i - 2j|$:

```
>>> x, y = np.arange(0, 10), np.arange(0, 5)
>>> i, j = np.meshgrid(x, y)
>>> i
array([[0, 1, 2, 3, 4, 5, 6, 7, 8, 9],
       [0, 1, 2, 3, 4, 5, 6, 7, 8, 9],
       [0, 1, 2, 3, 4, 5, 6, 7, 8, 9],
       [0, 1, 2, 3, 4, 5, 6, 7, 8, 9],
       [0, 1, 2, 3, 4, 5, 6, 7, 8, 9]])
>>> j
array([[0, 0, 0, 0, 0, 0, 0, 0, 0, 0],
       [1, 1, 1, 1, 1, 1, 1, 1, 1, 1],
       [2, 2, 2, 2, 2, 2, 2, 2, 2, 2],
       [3, 3, 3, 3, 3, 3, 3, 3, 3, 3],
       [4, 4, 4, 4, 4, 4, 4, 4, 4, 4]])
>>> np.abs(i - 2 * j)
array([[0, 1, 2, 3, 4, 5, 6, 7, 8, 9],
       [2, 1, 0, 1, 2, 3, 4, 5, 6, 7],
       [4, 3, 2, 1, 0, 1, 2, 3, 4, 5],
       [6, 5, 4, 3, 2, 1, 0, 1, 2, 3],
       [8, 7, 6, 5, 4, 3, 2, 1, 0, 1]])
```

Arithmétique des tableaux. Les opérateurs classiques +, -, *, etc. de même que les opérations du module math (☞ p. 27, § 2.2), appliquent les opérations mathématiques correspondantes **terme à terme**. L'opérateur « @ » applique le produit matriciel de l'algèbre linéaire. Pour les utilisateurs de Matlab, la plupart des fonctions Matlab existent sous le même nom en NumPy (par exemple meshgrid ou linspace).

```
>>> np.sum(np.arange(0, 101))  # somme des 100 premiers entiers
5050
>>> theta = np.pi / 4
>>> c, s = np.cos(theta), np.sin(theta)
```

```
>>> rotation = np.array([[c, -s], [s, c]])
>>> rotation @ np.array([[0], [1]]) # produit matriciel
array([[-0.70710678], [ 0.70710678]])
>>> _.T  # transposition de matrice
array([[-0.70710678,  0.70710678]])
>>> x, y = np.array([1, 0, 0]), np.array([0, 1, 0])
>>> np.dot(x, y)  # produit scalaire
0
>>> np.cross(x, y)  # produit vectoriel
array([0, 0, 1])
```

Attention !

Le test d'égalité de flottants terme à terme est toujours à proscrire (☞ p. 6, § 1.2). Les fonctions NumPy `np.isclose` et `np.allclose` permettent de comparer deux tableaux avec des valeurs de tolérance par défaut.

```
>>> x = np.linspace(0, np.pi, 8)
>>> np.cos(x) <= 1
array([ True,  True,  True,  True,  True,  True,  True,  True])
>>> np.cos(x) ** 2 + np.sin(x) ** 2
array([1., 1., 1., 1., 1., 1., 1., 1.])
>>> np.cos(x) ** 2 + np.sin(x) ** 2 == 1
array([ True,  True,  True,  True,  True,  True, False,  True])
                                ATTENTION! =>   ^^^^^
>>> np.cos(x) ** 2 + np.sin(x) ** 2 - 1
array([ 0.00000000e+00,  0.00000000e+00,  0.00000000e+00,  0.00000000e+00,
        0.00000000e+00,  0.00000000e+00, -1.11022302e-16,  0.00000000e+00])
>>> np.isclose(np.cos(x) ** 2 + np.sin(x) ** 2,  1)
array([ True,  True,  True,  True,  True,  True,  True,  True])
```

✧ Bonnes pratiques

Un moyen efficace de compter le nombre d'éléments qui vérifient une condition dans un tableau NumPy est d'écrire cette condition sous forme de vecteur de booléens. `True` s'évalue à 1, `False` à 0 : **en sommant tous les éléments du vecteur de booléens**, on obtient le nombre d'éléments qui vérifient la condition sur le tableau d'origine.

Par exemple, pour compter le nombre d'entiers pairs inférieurs à 10 :

```
>>> x = np.arange(1, 10)
>>> x
array([1, 2, 3, 4, 5, 6, 7, 8, 9])
>>> x % 2 == 0
array([ False,  True, False,  True, False,  True, False,  True, False])
>>> np.sum(x % 2 == 0)
4
```

Calcul des décimales de π. Une manière (à vrai dire peu efficace) d'estimer la valeur de π est de tirer de manière aléatoire un grand nombre de points dans un carré de 1 cm de côté. On compte alors parmi ces points combien sont situés à l'intérieur d'un arc de cercle de rayon 1 cm. L'aire du carré (en cm^2) vaut 1, l'aire de l'arc de cercle vaut $\frac{\pi}{4}$. Le ratio du nombre de points compris dans l'arc de cercle par rapport au nombre total de points s'approche donc de $\frac{\pi}{4}$.

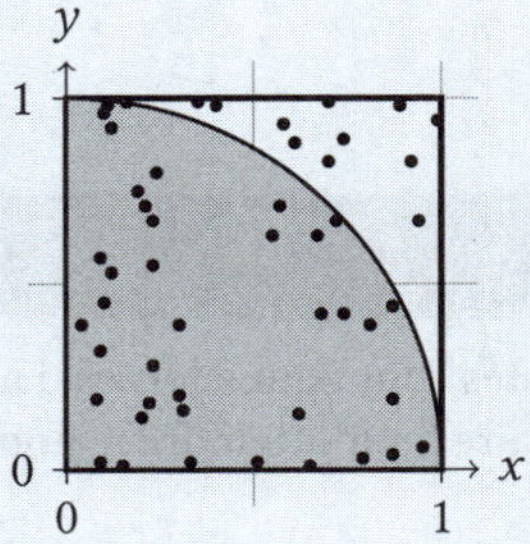


```
>>> size = 100_000_000
>>> x, y = np.random.uniform(0, 1, (2, size))
>>> 4 * np.sum(x**2 + y**2 < 1) / size
3.14149
```

5.2. Indexation et itération sur les tableaux NumPy

L'indexation des tableaux NumPy est compatible avec l'indexation des listes Python :

```
>>> a = np.arange(0, 10)
>>> a[0], a[3], a[-1]
(0, 3, 9)
>>> a[1:]
array([1, 2, 3, 4, 5, 6, 7, 8, 9])
>>> a[::-1]  # on choisit un pas de (-1) pour un affichage « à l'envers »
array([9, 8, 7, 6, 5, 4, 3, 2, 1, 0])
```

Pour un tableau à plusieurs dimensions, que nous illustrerons à l'aide du tableau des trente premiers entiers, une indexation simple `[i]` accède à la ligne d'indice *i*.

```
>>> x, y = np.meshgrid(a, a[:3])
>>> trente = x + 10 * y
>>> trente
array([[ 0,  1,  2,  3,  4,  5,  6,  7,  8,  9],
       [10, 11, 12, 13, 14, 15, 16, 17, 18, 19],
       [20, 21, 22, 23, 24, 25, 26, 27, 28, 29]])
>>> trente[2]
array([20, 21, 22, 23, 24, 25, 26, 27, 28, 29])
>>> trente[2][3]
23
```

En complément, NumPy propose un système d'indexation plus complexe, à base de tuple Python, qui permet d'explorer (d'indexer) un tableau simultanément sur plusieurs dimensions. La notation « : » en position *i* dans le tuple sélectionne tous les éléments sur la dimension *i*. Si l'index ne sélectionne qu'un élément sur une des dimensions du tableau, le tableau résultant aura une dimension de moins.

```
>>> trente[2, 3] # sélection unique sur les deux dimensions, renvoie un entier
23
>>> trente[:, 2] # sélection unique sur la 2e dimension, renvoie un tableau 1D
array([ 2, 12, 22])
>>> trente[2, :] # équivalent à trente[2]
array([20, 21, 22, 23, 24, 25, 26, 27, 28, 29])
>>> trente[:, ::-1] # sélection de la 2e dimension, mais « à l'envers »
array([[ 9,  8,  7,  6,  5,  4,  3,  2,  1,  0],
       [19, 18, 17, 16, 15, 14, 13, 12, 11, 10],
       [29, 28, 27, 26, 25, 24, 23, 22, 21, 20]])
```

Attention !

Sur un tableau à plusieurs dimensions, les notations suivantes sont équivalentes. La notation « ... » complète l'index par autant de « : » que nécessaire pour atteindre le nombre de dimensions du tableau indexé.

```
>>> trente[2]
array([20, 21, 22, 23, 24, 25, 26, 27, 28, 29])
>>> trente[2, :]
array([20, 21, 22, 23, 24, 25, 26, 27, 28, 29])
>>> trente[2, ...]
array([20, 21, 22, 23, 24, 25, 26, 27, 28, 29])
```

La notation `trente[2][3]`, compatible avec les listes Python, se traduit en interne :

```
>>> trente[2, :][3] # équivalent à trente[2][3],  préférer trente[2, 3]
23
```

Tous les tableaux NumPy sont itérables : l'itération a lieu sur la première dimension du tableau. L'instruction « `for elt in trente:` » renvoie dans l'ordre `trente[0]` (c'est-à-dire `trente[0, ...]`), puis `trente[1]` et ainsi de suite :

```
>>> for elt in trente:
...     print(elt)
...
[0 1 2 3 4 5 6 7 8 9]
[10 11 12 13 14 15 16 17 18 19]
[20 21 22 23 24 25 26 27 28 29]
```

Itération sur un tableau NumPy. Il est possible d'itérer sur tous les éléments du tableau dans l'ordre en itérant sur l'attribut `.flat` du tableau NumPy. La méthode `trente.ravel()`[1] renvoie le tableau NumPy à une dimension constitué des éléments de `trente.flat`

```
>>> for elt in trente.flat:
...     print(elt, end=", ")
...
0, 1, 2, 3, 4, 5, 6, 7, 8, 9, 10, 11, 12, 13, [...]
```

1. La fonctionnalité existe également sous forme de fonction `np.ravel(trente)`.

```
>>> trente.ravel()
array([ 0,  1,  2,  3,  4,  5,  6,  7,  8,  9, 10, 11, 12, 13, 14, 15, 16,
       17, 18, 19, 20, 21, 22, 23, 24, 25, 26, 27, 28, 29])
```

Enfin, la fonctionnalité équivalente au mot-clé Python `enumerate` (☞ p. 26, § 2.1) est fournie par la fonction `np.ndenumerate` qui renvoie l'index complet sous forme de tuple au lieu d'incrémenter un compteur.

```
>>> for idx, elt in np.ndenumerate(trente):
...     print(f"{idx}: {elt}")
...
(0, 0): 0
  [...]
(2, 8): 28
(2, 9): 29
```

L'indexation par tableau de booléens permet également de sélectionner un sous-ensemble d'un tableau NumPy multi-dimensionnel. Le cas d'utilisation classique n'est pas de créer des tableaux booléens « à la main », mais de sélectionner les éléments d'un tableau qui vérifient une condition. Dans l'exemple ci-dessous, on sélectionne les multiples de 3.

```
>>> trente % 3 == 0
array([[ True, False, False,  True, False, False,  True, False, False, True],
       [False, False,  True, False, False,  True, False, False,  True, False],
       [False,  True, False, False,  True, False, False,  True, False, False]])
>>> trente[trente % 3 == 0]
array([ 0,  3,  6,  9, 12, 15, 18, 21, 24, 27])
```

La fonction `np.where` permet quant à elle de manipuler et stocker les indices des valeurs qui vérifient une condition donnée dans une variable :

```
>>> idx = np.where(trente % 3 == 0)
>>> idx
(array([0, 0, 0, 0, 1, 1, 1, 2, 2, 2]), array([0, 3, 6, 9, 2, 5, 8, 1, 4, 7]))
>>> trente[idx]
array([ 0,  3,  6,  9, 12, 15, 18, 21, 24, 27])
```

5.3. Tailles et dimensions des tableaux

Chaque tableau NumPy propose un certain nombre d'attributs qui permettent d'obtenir des informations sur la taille et la structuration des données comprises dans le tableau. L'attribut `.shape` renvoie la taille du tableau sur chacune des dimensions ; l'attribut `.ndim` renvoie le nombre de dimensions (la taille du tuple `.shape`) ; et l'attribut `.size` renvoie le nombre d'éléments dans le tableau (le produit des éléments du tuple `.shape`).

Chaque `dtype` est associé à un nombre de bits (p. ex., entier sur 64 bits) : la taille mémoire (en octets) occupée par chaque élément du tableau est accessible par l'attribut `.itemsize` ; l'espace mémoire total (en octets) occupé par le tableau est alors donné par l'attribut `.nbytes`.

```
>>> trente.shape
(3, 10)
>>> trente.ndim
2
>>> trente.size
30
```

```
>>> trente.itemsize
8
>>> trente.nbytes  # 30 * 8
240
>>> trente.strides
(80, 8)
```

L'interprétation de l'attribut `.strides` est liée à la contiguïté en mémoire des éléments d'un tableau NumPy. On peut comprendre cet attribut de la manière suivante : à partir de la localisation en mémoire du premier élément du tableau `trente[0][0]`, où se situe l'élément `trente[1][0]` (80 octets plus loin, soit 10 éléments de 8 octets plus loin) ; où se situe l'élément `trente[0][1]` (8 octets plus loin, soit 1 élément de 8 octets plus loin.)

Tous les éléments d'un tableau NumPy sont contigus en mémoire, même pour un tableau multi-dimensionnel. Il est possible de lire les mêmes valeurs de manières différentes : on peut redimensionner le tableau pour obtenir un nouveau tableau avec le même nombre de dimensions ①, moins de dimensions ②, ou plus de dimensions ③. Le produit des arguments de la méthode `.reshape()` doit rester égal à la taille du tableau : l'argument `-1` est un *joker* qui complète les arguments pour maintenir cette contrainte ④.

```
>>> trente[:2, :6]
array([[ 0,  1,  2,  3,  4,  5],
       [10, 11, 12, 13, 14, 15]])
>>> trente[:2, :6].reshape(3, 4)  # ①
array([[ 0,  1,  2,  3],
       [ 4,  5, 10, 11],
       [12, 13, 14, 15]])
>>> trente[:2, :6].reshape(-1)  # ②, ④; ou .reshape(12)
array([ 0,  1,  2,  3,  4,  5, 10, 11, 12, 13, 14, 15])
>>> trente[1:, :6].reshape(-1, 2, 3)  # ③, ④; ou .reshape(2, 2, 3)
array([[[10, 11, 12],
        [13, 14, 15]],
       [[20, 21, 22],
        [23, 24, 25]]])
```

Broadcasting. Les opérateurs arithmétiques de base appliqués aux tableaux NumPy sont des fonctions terme à terme qui supposent que les tableaux ont la même taille. NumPy utilise une technique de *broadcasting* pour pouvoir appliquer ces opérations en jouant sur les dimensions des tableaux passés en paramètres. L'intérêt est de pouvoir écrire de manière intuitive les opérations suivantes, même si les dimensions ne correspondent pas :

```
>>> a
array([0, 1, 2, 3, 4, 5, 6, 7, 8, 9])
>>> a + 1
array([ 1,  2,  3,  4,  5,  6,  7,  8,  9, 10])
>>> trente + a
array([[ 0,  2,  4,  6,  8, 10, 12, 14, 16, 18],
       [10, 12, 14, 16, 18, 20, 22, 24, 26, 28],
       [20, 22, 24, 26, 28, 30, 32, 34, 36, 38]])
```

Sur cette dernière opération notamment, NumPy commence par augmenter le nombre de dimensions du vecteur a (on introduit alors l'indexation par le paramètre `np.newaxis` ⑤), puis réplique les lignes autant de fois que nécessaire le long de la première dimension avant de faire une opération terme à terme.

```
>>> a[np.newaxis, :]  # ⑤, équivalent à a[np.newaxis]
array([[0, 1, 2, 3, 4, 5, 6, 7, 8, 9]])
>>> a[np.newaxis, :].repeat(3, axis=0)
array([[0, 1, 2, 3, 4, 5, 6, 7, 8, 9],
       [0, 1, 2, 3, 4, 5, 6, 7, 8, 9],
       [0, 1, 2, 3, 4, 5, 6, 7, 8, 9]])
>>> trente + a[np.newaxis, :].repeat(3, axis=0)  # équivalent à trente + a
array([[ 0,  2,  4,  6,  8, 10, 12, 14, 16, 18],
       [10, 12, 14, 16, 18, 20, 22, 24, 26, 28],
       [20, 22, 24, 26, 28, 30, 32, 34, 36, 38]])
```

Si on souhaite répliquer un vecteur sur une autre dimension, il est nécessaire de préciser sur quel axe augmenter la dimension ⑥

```
>>> trente + a[:3]
Traceback (most recent call last):
  ...
ValueError: operands could not be broadcast together with shapes (3,10) (3,)
>>> a[:3, np.newaxis]  # ⑥
array([[0],
       [1],
       [2]])
>>> a[:3, np.newaxis].repeat(10, axis=1)  # ⑥
array([[0, 0, 0, 0, 0, 0, 0, 0, 0, 0],
       [1, 1, 1, 1, 1, 1, 1, 1, 1, 1],
       [2, 2, 2, 2, 2, 2, 2, 2, 2, 2]])
>>> trente + a[:3, np.newaxis]
array([[ 0,  1,  2,  3,  4,  5,  6,  7,  8,  9],
       [11, 12, 13, 14, 15, 16, 17, 18, 19, 20],
       [22, 23, 24, 25, 26, 27, 28, 29, 30, 31]])
```

NumPy propage les valeurs des deux tableaux passés en paramètres suivant toutes les dimensions possibles pour aller vers le plus disant. Il peut propager les deux arguments passés en paramètres, comme dans l'exemple ci-dessous qui reconstruit le tableau `trente` introduit en début de chapitre avec la fonction `np.meshgrid`.

```
>>> a[np.newaxis, :] + 10 * a[:3, np.newaxis]
array([[ 0,  1,  2,  3,  4,  5,  6,  7,  8,  9],
       [10, 11, 12, 13, 14, 15, 16, 17, 18, 19],
       [20, 21, 22, 23, 24, 25, 26, 27, 28, 29]])
```

5.4. Sous-tableaux : vues et copies

Attention !

Lors de la sélection d'un sous-ensemble d'un tableau NumPy, toute modification faite sur le sous-ensemble modifie également le contenu du tableau d'origine, même si le sous-ensemble est enregistré dans une nouvelle variable. On dit qu'on manipule une *vue* du tableau d'origine au lieu d'une *copie*.

```
>>> vue = trente[:3, :3]
>>> vue[...] = 0  # ⑦
>>> vue
array([[0, 0, 0],
       [0, 0, 0],
       [0, 0, 0]])
>>> trente  # contenu modifié
array([[ 0,  0,  0,  3,  4,  5,  6,  7,  8,  9],
       [ 0,  0,  0, 13, 14, 15, 16, 17, 18, 19],
       [ 0,  0,  0, 23, 24, 25, 26, 27, 28, 29]])
```

⑦ La commande `trente[:3, :3] = 0` écrit la valeur `0` aux indices indiqués. `vue = 0` attribue la valeur Python `0` à la variable `vue`. Pour indiquer explicitement que l'on souhaite modifier le contenu de l'ensemble des valeurs du tableau `vue` (et, *a fortiori* de `trente[:3, :3]`), il faut faire l'assignation sur `vue[:, :]` ou `vue[...]`.

Si cet effet n'est pas désiré, il faut faire une copie explicite. Une modification de la copie n'a aucun impact, ni sur le tableau d'origine, ni sur les vues qui s'y réfèrent.

```
>>> copie = vue.copy()
>>> copie[...] = 1
>>> copie
array([[1, 1, 1],
       [1, 1, 1],
       [1, 1, 1]])
>>> trente  # contenu inchangé
array([[ 0,  0,  0,  3,  4,  5,  6,  7,  8,  9],
       [ 0,  0,  0, 13, 14, 15, 16, 17, 18, 19],
       [ 0,  0,  0, 23, 24, 25, 26, 27, 28, 29]])
>>> vue  # contenu inchangé
array([[0, 0, 0],
       [0, 0, 0],
       [0, 0, 0]])
```

Nota bene. On peut retrouver les effets du mécanisme de vue dans l'attribut `.strides` des tableaux NumPy. Le tableau `vue` est en effet de dimension `(3, 3)` mais la position de l'élément `vue[1][0]` est située 80 octets après `vue[0][0]`, soit 10 entiers plus loin, en référence à la structure mémoire du tableau `trente` (cf. Figure 5.1). En revanche, `copie[1][0]` est situé 24 octets, soit 3 entiers plus loin, conformément à la taille du tableau `copie`.

Notons également l'argument `.base` qui renvoie le tableau d'origine si le tableau est une vue, et `None` sinon.

```
>>> vue.strides
(80, 8)
>>> copie.strides
(24, 8)
```

```
>>> vue.base is trente
True
>>> trente.base  # None
>>> copie.base  # None
```

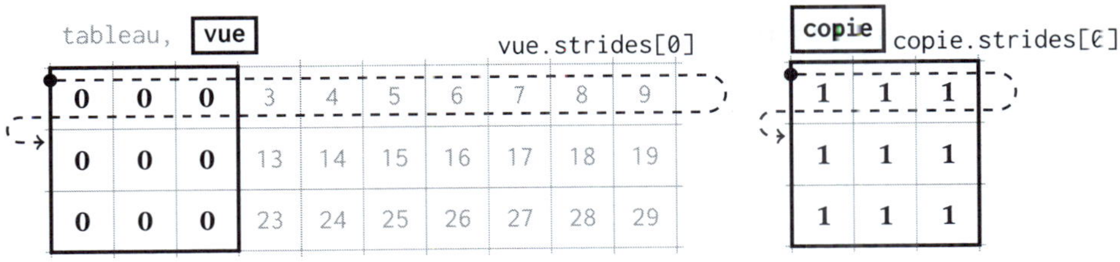

FIGURE 5.1 – Organisation de la mémoire pour les vues et copies

5.5. Le module d'algèbre linéaire

NumPy propose un sous-module d'algèbre linéaire qui permet le calcul d'opérations classiques : norme, déterminant, inverse, valeurs et vecteurs propres (`eig` pour *eigenvalue, eigenvector*), décomposition de Cholesky ou décomposition QR. Ces opérations font appel aux bibliothèques BLAS et LAPACK qui font autorité pour le calcul matriciel haute performance. Intel fournit également sa propre implémentation de ces bibliothèques, optimisées pour ses propres processeurs et permet alors à NumPy de tirer parti de ces optimisations.

```
>>> a = np.array([[1, 2], [3, 4]])
>>> np.linalg.norm(a)
5.477225575051661
>>> np.linalg.det(a)
-2.0000000000000004
>>> np.linalg.inv(a)
array([[-2. ,  1. ],
       [ 1.5, -0.5]])
>>> np.allclose(np.dot(a, np.linalg.inv(a)), np.eye(2))
True
```

5.6. Le module `numexpr`

À partir de deux tableaux NumPy `a` et `b`, il y a deux manières antagonistes de concevoir l'évaluation de l'expression `2*a + 3*b` :

1. la première, proche de NumPy, calcule `2*a`, puis `3*b`, puis la somme de ces deux expressions stockées dans deux variables intermédiaires. Cette méthode est peu efficace en gestion de la mémoire et du cache (surtout si `a` et `b` sont de grande taille) ;
2. l'autre, proche de Python, itère en parallèle sur les éléments de `a` et de `b` :

```
for idx, (a_, b_) in enumerate(zip(a, b)):
    c[idx] = 2 * a_ + 3 * b_
```

Cette seconde approche est efficace en mémoire mais le processeur ne peut optimiser son exécution parce qu'elle n'est pas compilée en langage machine et que Python outille ce code avec des opérations internes exécutées à chaque itération, indexation et opération.

Le module `numexpr` procède par sous-vecteurs de taille moyenne (compatible avec l'utilisation des caches du processeur), compile une expression sous forme de chaîne de caractères pour optimiser à la fois la gestion du processeur et de la mémoire.

```
>>> import numexpr as ne
>>> a, b = np.random.uniform(0, 1, (2, 1_000_000))

>>> t = time.time()
>>> c = 2 * a + 3 * b
>>> (time.time() - t) // 1e-3  # en millisecondes
15.0

>>> t = time.time()
>>> c = ne.evaluate("2*a + 3*b")
>>> (time.time() - t) // 1e-3  # en millisecondes
8.0
```

Suivant la nature des opérations à exécuter, l'évaluation d'une expression `numexpr` peut être jusqu'à 20 fois plus rapide que son équivalent NumPy.

5.7. Le passage à Numpy 2.0

NumPy est passé depuis 2024 en version 2.0 et a introduit pour cela des modifications, dont certaines peuvent rendre du code existant inutilisable ou des résultats différents :

— certaines fonctions non recommandées, ainsi que des alias, ont été supprimés (`np.NaN` ou `np.Infinity` ne peuvent désormais que s'écrire `np.nan` ou `np.inf`) ;

— un dtype pour les chaînes de caractères a été introduit (`np.str_`, avec le caractère `U`), elles contiennent notamment la taille de chaque chaîne de caractères. `<U8` signifie que chaque entrée fait au plus 8 caractères.

```
>>> np.array(["bonjour", "les amis"])
array(['bonjour', 'les amis'], dtype='<U8')
```

Le type `np.bytes_` (avec le caractère `S`) représente les bytes. En observant la représentation en mémoire, on constate alors que si l'espace réservé est trop court, les bytes sont tronqués ; s'ils sont trop longs, on retrouve alors le caractère `\0` qui indique la fin d'une chaîne de caractères.

```
>>> np.array(["bonjour", "les amis"], dtype="S7").tobytes()
b'bonjourles ami'
>>> np.array(["bonjour", "les amis"], dtype="S8").tobytes()
b'bonjour\x00les amis'
```

— les règles de promotions des types ont été légèrement adaptées par souci de clarification, en suivant les recommandations du NEP 50 (l'équivalent des PEP pour NumPy)

```
>>> np.float32(6) + 6.  # NumPy 1.26.4
12.0
```

```
>>> type(_)
<class 'numpy.float64'>

>>> np.float32(6) + 6.  # NumPy 2.0.0
np.float32(12.0)
```

Pour ce type d'exemple, il est recommandé de clarifier les types dans le code d'origine :

```
>>> np.float32(6) + np.float64(6)
np.float64(12.0)
```

On notera aussi que la représentation des types scalaires NumPy a été clarifiée. Au sein d'une f-string, on retrouve toutefois des représentations plus lisibles :

```
>>> f"{np.float64(6)}"
'6.0'
```

Pour aller plus loin

- *NumPy tutorial*, Nicolas P. Rougier, 2015
  https://github.com/rougier/numpy-tutorial
- *From Python to NumPy*, Nicolas P. Rougier, 2017
  https://www.labri.fr/perso/nrougier/from-python-to-numpy/
- *100 NumPy exercices (with solutions)*
  https://github.com/rougier/numpy-100

6

Produire des graphiques avec Matplotlib

Matplotlib est une bibliothèque destinée à créer des visualisations de données statiques, interactives ou animées. Elle est très largement utilisée pour sa facilité d'utilisation et pour la flexibilité avec laquelle on peut apporter un soin particulier aux détails. Elle propose d'exporter des visualisations statiques dans des formats matriciels (comme le format PNG) ou vectoriels (comme les formats SVG ou PDF), des visualisations animées dans des formats vidéos et peut s'intégrer dans des environnements dynamiques comme Jupyter (☞ p. 107, § 8) ou Qt (☞ p. 329, § 22.4).

L'usage est d'importer la bibliothèque Matplotlib sous l'alias `plt` :

```
>>> import matplotlib.pyplot as plt
```

Le code qui produit les figures de ce chapitre est disponible sur la page web du livre.

6.1. Les bases de Matplotlib

La bibliothèque Matplotlib met à disposition deux interfaces de natures différentes pour produire des visualisations :

- une interface impérative, proche de la syntaxe Matlab, permet de réaliser des visualisations simples avant d'avoir lu ce chapitre. Elle n'est pas recommandée parce qu'elle devient confuse dès que l'on souhaite raffiner la qualité de la présentation ;
- une interface orientée objet (☞ p. 211, § 15) agit de manière explicite sur les structures de données ; elle permet un contrôle fin sur le résultat de la visualisation.

Dans le mode impératif, la fonction `plot()` prend par défaut deux paramètres : un tableau de coordonnées d'abscisses x et un tableau de coordonnées d'ordonnées y. La fonction `show()` ouvre une fenêtre dans laquelle s'affiche la ligne qui relie ces coordonnées.

La commande `plt.show()` ouvre une fenêtre interactive. Pour une visualisation statique sous forme de fichier, on utilise la commande `plt.savefig()`, qui détermine le format de fichier à écrire en fonction de l'extension choisie.

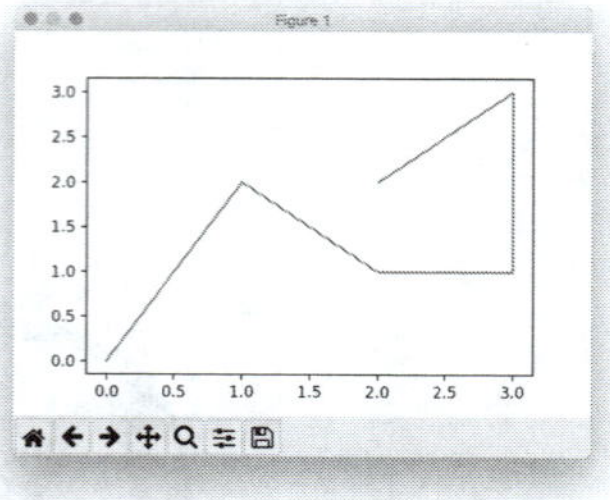


```
>>> plt.plot([0, 1, 2, 3, 3, 2], [0, 2, 1, 1, 3, 2])
[<matplotlib.lines.Line2D object at 0x7f84ce89c2e0>]
>>> plt.show()
>>> plt.savefig("plot.png", dpi=300)
>>> plt.savefig("plot.pdf")
```

> ### ✧ Bonnes pratiques
>
> Matplotlib permet d'exporter des visualisations dans des formats matriciels (une représentation de l'image pixel par pixel) comme le JPG ou le PNG, et dans des formats vectoriels (une représentation vectorielle des éléments qui forment l'image, pour un rendu visuel plus soigné) comme le PDF ou le SVG.
>
> Le meilleur choix du format dépendra du mode de diffusion choisi. Pour une page web, on pourra afficher un rendu PNG léger et proposer un lien vers une version PDF au téléchargement. Les rendus au format PDF ont pour leur part toute leur place dans un article au format PDF ; mais si la taille d'un fichier PNG de qualité convenable est très inférieure à celle du fichier PDF équivalent, la question mérite de se poser à nouveau.

Nous nous concentrerons dans la suite de ce chapitre sur l'interface orientée objet.

6.2. Les figures et systèmes d'axes

Matplotlib distingue deux éléments dans une visualisation :
- la *figure* correspond à une unité de visualisation. Une figure peut être ouverte dans une fenêtre `fig.show()` ou enregistrée dans un fichier `fig.savefig()`;
- le *système d'axes* correspond à une unité d'information ; il est formé d'un repère, d'une origine et affiche des éléments en fonction de coordonnées.

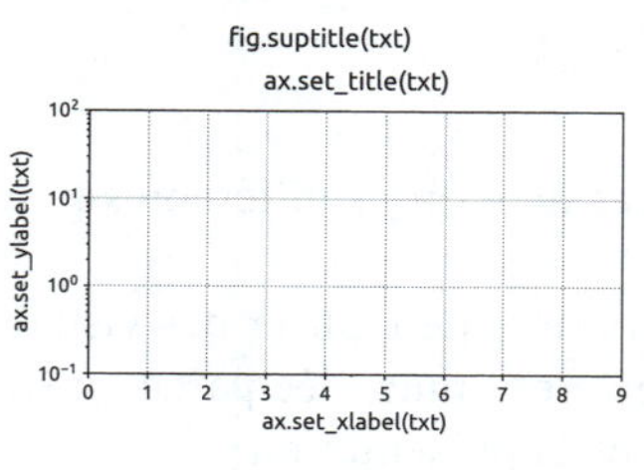


```
fig = plt.figure()
ax = fig.add_subplot()

ax.grid()  # ajoute les guides

ax.set_xticks(range(10))
ax.set_ylim((0.1, 100))
ax.set_yscale("log")  # axe logarithmique
```

Figure 6.1 – Une figure simple n'utilise qu'un seul système d'axes.

Une figure simple utilise un seul système d'axes (Figure 6.1) ; une figure plus complexe peut mettre côte à côte plusieurs systèmes d'axes (Figures 6.2 et 6.3) si les informations à visualiser sont sémantiquement liées. La manière probablement la plus générique de créer simultanément une figure et un ou des systèmes d'axes est d'utiliser la fonction suivante :

```
fig, ax = plt.subplots()  # un seul système d'axes
fig, (ax1, ax2) = plt.subplots(2, 1)  # déballage de tuples pour les axes
```

```
fig, ax = plt.subplots(figsize=(10, 7))  # la taille de l'image (en pouces)
fig, ax = plt.subplots(nrows=3, ncols=3)
```

Pour les figures complexes, les systèmes d'axes peuvent être :
- alignés en damiers (Figure 6.2), c'est l'utilisation la plus courante ;
- incrustés les uns dans les autres (Figure 6.3).

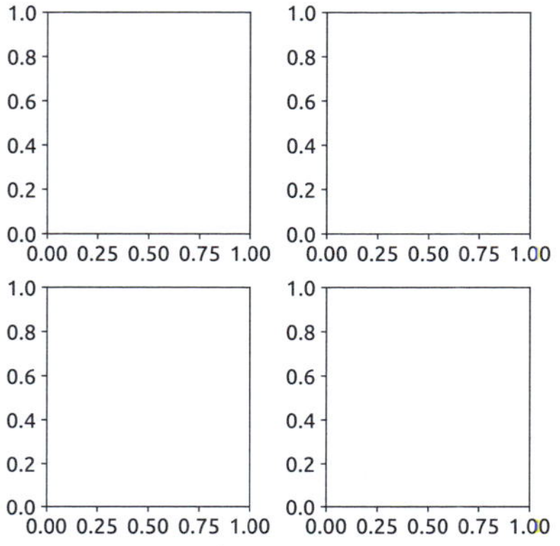


```
fig, ax = plt.subplots(
    ncols=2,
    nrows=2,
    constrained_layout=True,
    figsize=(5, 5),
)
```

FIGURE 6.2 – Une figure complexe peut contenir plusieurs systèmes d'axes alignés.

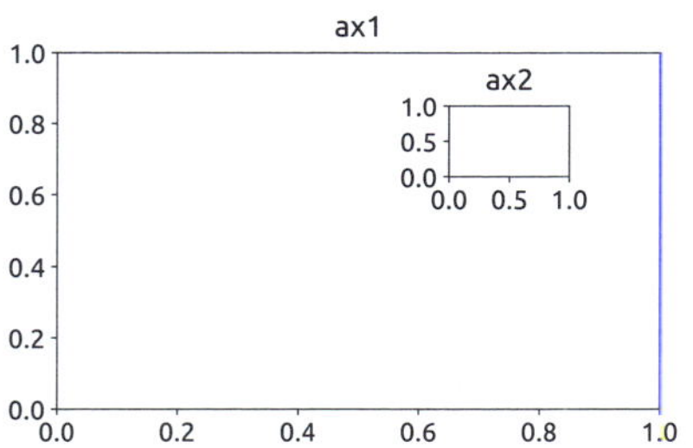


```
fig = plt.figure(figsize=(5, 3))

ax1 = fig.add_axes([0, 0, 1, 1])
ax2 = fig.add_axes([0.65, 0.65, 0.2, 0.2])

ax1.set_title("ax1")
ax2.set_title("ax2")
```

FIGURE 6.3 – Une figure complexe peut contenir plusieurs systèmes d'axes intégrés.

Pour une répartition complexe, on peut utiliser une grille (argument `gridspec`) et remplir une partie des cases avec des systèmes d'axes. L'indexation est compatible avec celle de NumPy (Figure 6.4). Pour des systèmes d'axes équilibrés différemment, mais toujours proches d'un alignement en damiers, on peut faire appel à l'argument `gridspec_kw`, un dictionnaire qui est passé en paramètre de la fonction `fig.add_gridspec()` appelée en interne (Figure 6.5).

6.3. Les différents types de visualisations

Une bonne visualisation de données transmet efficacement l'information extraite de données numériques. Le choix du type de visualisation dépend alors en premier lieu du message à faire passer et du public auquel on s'adresse. Les visualisations de données classiques (courbes, nuages de points, histogrammes) sont adaptées au grand public ; d'autres répondent aux besoins spécifiques d'une communauté scientifique.

La bibliothèque Matplotlib propose de nombreux types de visualisations de données. Une présentation complète de ces possibilités, qui serait une gageure dans le cadre de cet ouvrage,

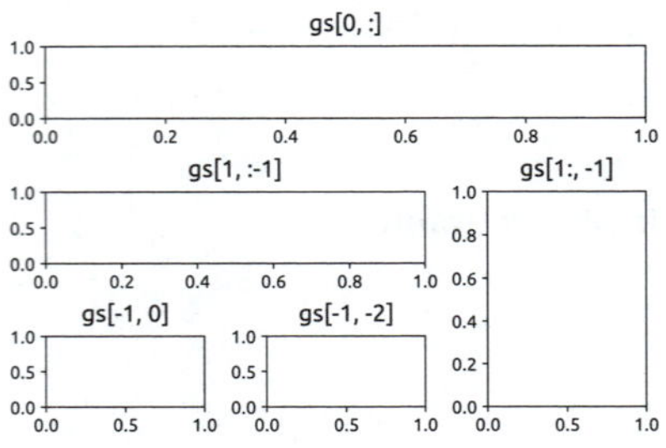


```
fig = plt.figure(constrained_layout=True)
gs = fig.add_gridspec(3, 3)

ax1 = fig.add_subplot(gs[0, :])
ax1.set_title("gs[0, :]")

ax2 = fig.add_subplot(gs[1, :-1])
ax2.set_title("gs[1, :-1]")

# etc.
```

FIGURE 6.4 – Les placements les plus sophistiqués peuvent se faire sur une grille.

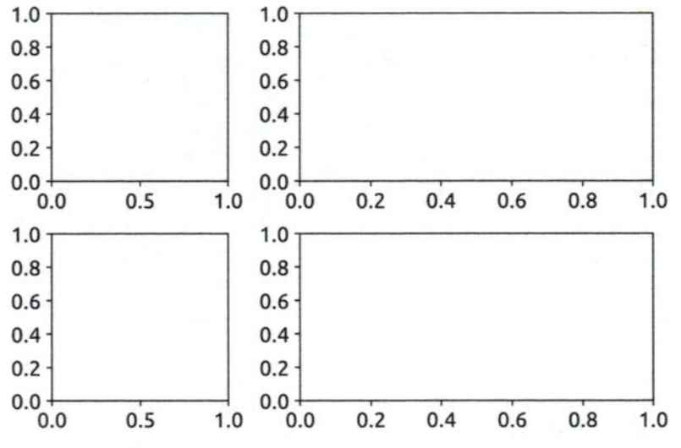

```
fig, ax = plt.subplots(
    ncols=2,
    nrows=2,
    constrained_layout=True,
    gridspec_kw=dict(
        width_ratios=(1, 2),
        height_ratios=(1, 1)
    ),
)
```

FIGURE 6.5 – L'argument `gridspec_kw` permet d'éviter de définir une grille manuellement.

est accessible sur la page web `https://matplotlib.org/gallery/`. Nous nous limiterons ici aux principaux types de visualisations, notamment ceux listés dans le tableau 6.1.

La figure 6.6 illustre les types de visualisations suivants :

- `ax.plot(x, y)` propose une visualisation de lignes reliant des points. Les coordonnées d'abscisses et d'ordonnées sont passées sous forme de listes ou de tableaux NumPy ; Matplotlib relie l'ensemble des points aux coordonnées passées.
- `ax.scatter(x, y)` affiche un nuage de points. Une liste de caractéristiques (tailles, couleurs) permet de spécifier le style de chacun des points.
- `ax.hist(x)` regroupe les échantillons par intervalles, *bins* en anglais, et affiche une densité sous forme d'histogramme. L'argument `density=True` affiche en ordonnée une densité plutôt qu'un nombre d'échantillons ; les arguments `bins=20, range=(0, 6)` forcent le découpage en 20 intervalles entre 0 et 6.

  ☞ Il peut être délicat de calibrer le nombre d'intervalles pour une visualisation pertinente de l'information contenue dans la distribution.
- `ax.boxplot(data)` représente un diagramme en boîte pour chacune des distributions dans la liste `data` avec des indications visuelles pour représenter médiane, quartiles et valeurs aberrantes.

La figure 6.7 illustre différentes manières de représenter des informations matricielles :

- `ax.pcolormesh(x, y, z)` et `ax.imshow(z)` proposent des représentations matricielles de données. Une table des couleurs, *colormap* en anglais, associe une couleur à un scalaire. Parmi les nuances entre les deux fonctions, `ax.pcolormesh` permet un affichage en grille éventuellement irrégulière ; `ax.imshow` permet d'afficher des images à l'aide de coordonnées RGB si la matrice z est à trois dimensions.

Visualisation de base		
`ax.plot()`	courbes simples	Figure 6.6, 6.9
`ax.scatter()`	nuages de points	Figure 6.6, 6.9
`ax.pie()`	diagramme circulaire	
`ax.errorbar()`	barres d'erreur	
`ax.boxplot()`	diagramme en boîtes	Figure 6.6
Visualisation par intervalles		
`ax.hist()`	histogramme	Figure 6.6, 6.9
`ax.hist2d()`	histogramme 2D	
`ax.hexbin()`	maillage hexagonal	
Visualisation matricielle		
`ax.imshow()`	affichage de matrice sous forme d'image	
`ax.pcolormesh()`	affichage de matrice sous forme d'image	Figure 6.7, 6.9
`ax.contour()`	lignes de niveau	Figure 6.7
`ax.quiver()`	champ de gradients	Figure 6.7, 6.9
`ax.barbs()`	champ de barbules (vent)	
Visualisation spectrale		
`ax.acorr()`	autocorrélation	
`ax.psd()`	densité spectrale de puissance	
`ax.specgram()`	spectrogramme	

TABLEAU 6.1 – Quelques types de visualisations Matplotlib

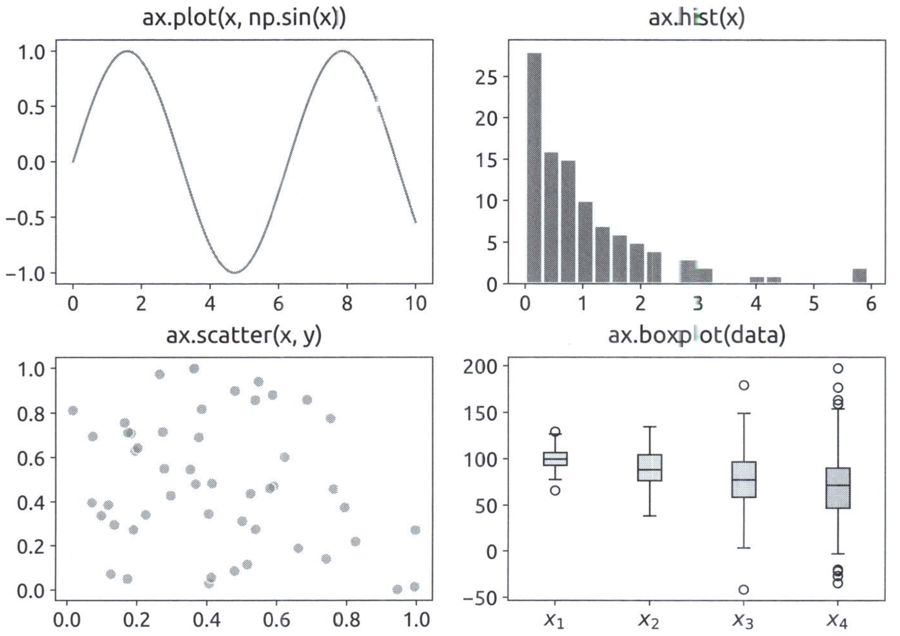

FIGURE 6.6 – De nombreux types de visualisations répondent à différents besoins : courbes simples `plot()`, histogrammes pour les densités `hist()`, nuages de points `scatter()` ou boîtes à moustaches `boxplot()`.

Attention !

Dans la communauté du traitement d'images, le point de coordonnées (0, 0) est situé **en haut et à gauche** de l'image, avec **l'axe des ordonnées qui pointe vers le bas**. Par défaut, `ax.imshow()` respecte cette convention, mais `ax.pcolormesh()` respecte la convention mathématique avec l'axe des ordonnées qui pointe vers le haut.

- `ax.contour(z)` affiche des lignes de niveau à isovaleurs pour représenter l'information. `ax.clabel(z)` annote les lignes de niveau à l'aide de valeurs (Figure 6.9).
- `ax.quiver(x, y, dx, dy)` affiche un champ de vecteurs. Il est couramment utilisé pour représenter un champ de gradients.

Il est possible de spécifier des paramétrages particuliers sur les systèmes d'axes. Lors de l'appel à `fig.add_subplot()`, l'argument `projection` déclenche des post-traitements à appliquer aux données avant de les représenter :

- `projection="3d"` permet d'utiliser la fonction `ax.plot_surface()` et projette en 2D une représentation 3D de la surface. La position de la caméra est déterminée sur la figure 6.7 à l'aide la fonction `ax.view_init(elev=30.0, azim=290)` ; les arguments sont des abréviations des mots-clés *élévation* et *azimuth*.

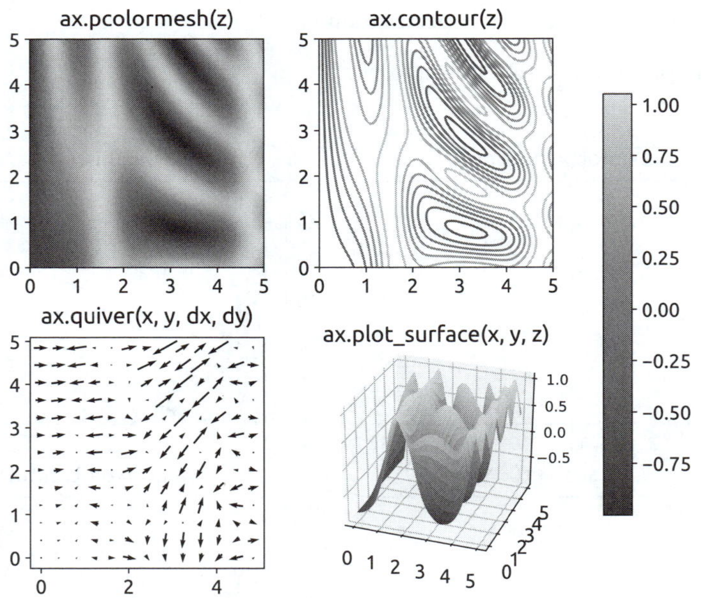

FIGURE 6.7 – Les informations en trois dimensions peuvent être affichées sous forme de cartes de densité `pcolormesh()`, de lignes de niveaux `contour()`, de champs de gradients `quiver()` ou de graphes en trois dimensions `plot_surface()`.

- `projection="polar"` (ou `polar=True`) permet une représentation polaire des données (Figure 6.8) : les arguments de `ax.plot(theta, r)` sont des listes ou des tableaux NumPy.
- `projection="radar"` permet de produire des diagrammes « radar », en étoile, utiles pour représenter des données multivariées.

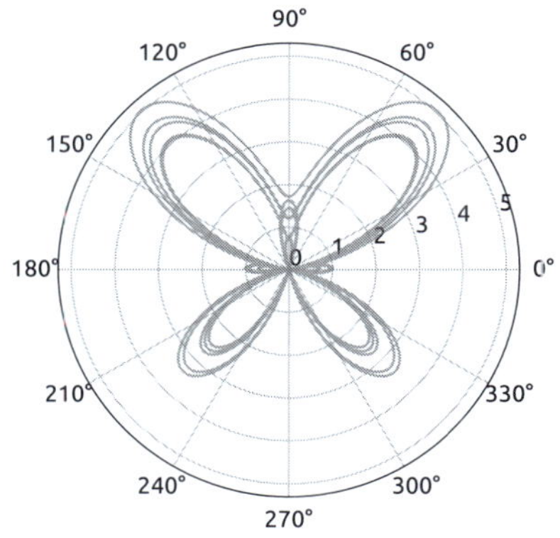

$$r = e^{\sin\theta} - 2\cos(4\theta) + \sin^5\left(\frac{2\theta - \pi}{24}\right)$$

```
# 1re alternative
fig = plt.figure()
ax = fig.add_subplot(111, projection="polar")

# 2e alternative
fig, ax = plt.subplots(
    subplot_kw=dict(projection="polar")
)
```

FIGURE 6.8 – Exemple de visualisation avec un système d'axes polaires : la courbe papillon de Temple Fay

Toutes les fonctionnalités présentées s'appliquent sur un système d'axes. Il est alors possible de les combiner sur le même système d'axes. La figure 6.9 combine à gauche histogramme, nuage de points et courbe ; et à droite carte de densité, lignes de niveaux et leurs annotations.

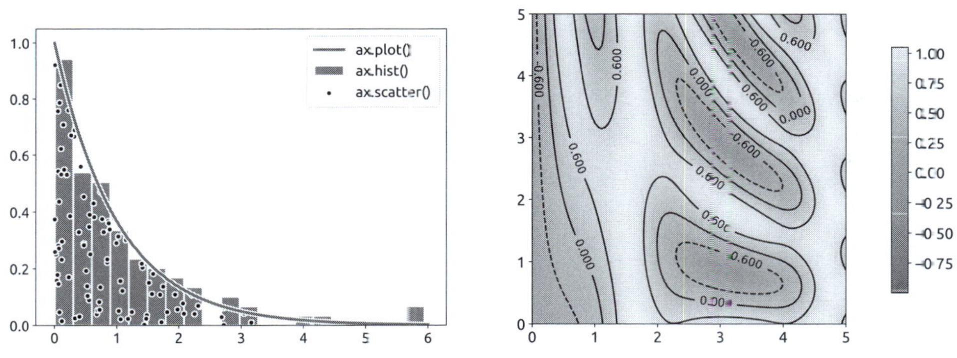

FIGURE 6.9 – On peut combiner plusieurs styles de visualisations sur le même système d'axes.

6.4. Le contrôle du style

> **Attention !**
>
> Tous les systèmes de visualisation de données proposent des réglages par défaut, qui définissent le style d'une représentation graphique si l'utilisateur ne le spécifie pas. Ces styles par défaut permettent souvent de reconnaître une bibliothèque (Matplotlib, gnuplot, Excel, PGF/TikZ ou Altair ☞ p. 137, § 10) au premier coup d'œil et ne peuvent fournir le meilleur résultat pour toutes les visualisations possibles
>
> **Toute visualisation appelle alors un minimum de contrôle sur le style pour faire passer un message de la manière la plus efficace possible.**

La méthode de contrôle de style des figures Matplotlib la plus répandue est la spécification de paramètres à la création d'une visualisation (Figure 6.10). On peut paramétrer notamment :

- la couleur du trait ou du marqueur avec `color`,
- la transparence avec `alpha`,
- l'épaisseur du trait avec `linewidth`,
- le style du trait avec `linestyle`,
- le style du point avec `marker`,
- etc.

Des raccourcis existent pour paramétrer ces styles au sein d'une même chaîne de caractères :

```
ax.plot(x, y, '-g') # linestyle="solid", color="green"
ax.plot(x, y, '--c') # linestyle="dashed", color="cyan"
ax.plot(x, y, '-.k') # linestyle="dashdot", color="black"
ax.plot(x, y, ':r') # linestyle="dotted", color="red"
```

Par ailleurs, on peut paramétrer des compléments aux graphiques :

- les limites des axes avec `ax.set_xlim()` et `ax.set_ylim()`,
- une légende pour le système d'axes `ax.legend()`,
- les légendes des axes avec `ax.set_xlabel()` et `ax.set_ylabel()`.

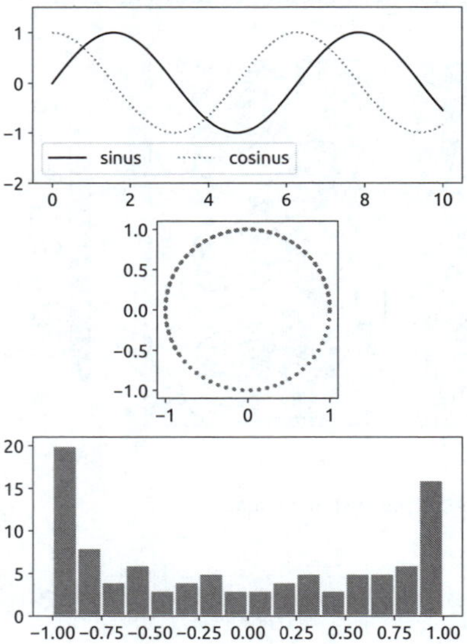


```
fig, ax = plt.subplots(nrows=3, figsize=(5, 7))
x = np.linspace(0, 10, 100)

ax[0].plot(x, np.sin(x), "k-", label="sinus")
ax[0].plot(
    np.degrees(x), np.cos(x), label="cosinus"
    color="tab:blue", linestyle="dotted" # explicite
)
ax[0].set_ylim((-2, 1.5)) # ajustement des limites
ax[0].legend(loc="lower left", ncol=2)

ax[1].scatter(
    np.cos(x), np.sin(x), marker=".", s=20,
    color="crimson" # nom de couleur HTML
)
ax[1].set_aspect("equal")

ax[2].hist(
    np.cos(x), range=(-1, 1), bins=16,
    linewidth=2, edgecolor="white",
    color="#008f6b" # code hexadécimal de la couleur
)
```

FIGURE 6.10 – Spécification du style à la création d'un type de visualisation

Le choix des couleurs est un problème délicat. Au-delà des questions de goût, la difficulté est souvent de choisir une palette de couleurs qui permette de distinguer différentes catégories de données. Matplotlib propose des palettes de couleurs par défaut qui peuvent convenir ou non, et la possibilité de configurer sa propre palette de couleur.

Il est possible de nommer une couleur à passer en paramètre, notamment :

- à l'aide des abréviations ou du nom des couleurs de base : `b/blue` (bleu), `g/green` (vert), `r/red` (rouge), `c/cyan`, `m/magenta`, `y/yellow` (jaune), `k/black` (noir) et `w/white` (blanc) ;
- à l'aide du nom d'une couleur de la palette par défaut : `tab:blue`, `tab:orange`, `tab:green`, `tab:red`, `tab:purple`, `tab:brown`, `tab:pink`, `tab:gray`, `tab:olive`, `tab:cyan` ;

- à l'aide du codage hexadécimal de la couleur, p. ex. `#008f6b` ;
- à l'aide du nom d'une couleur HTML (voir Figure 6.11).

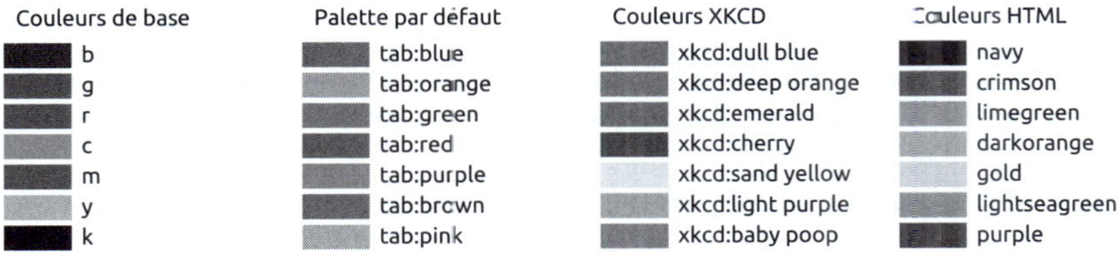

FIGURE 6.11 – Quelques couleurs proposées par Matplotlib

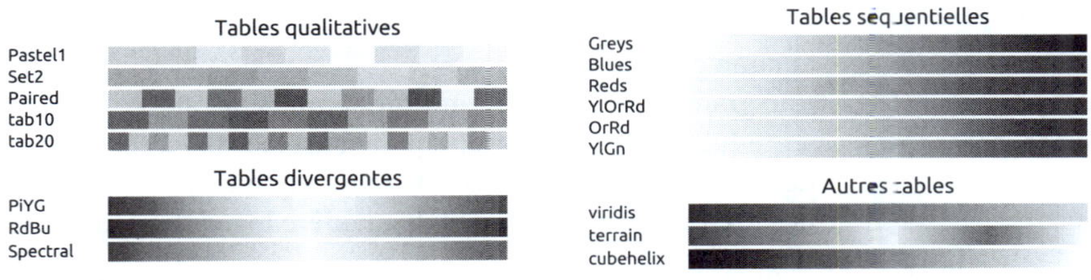

FIGURE 6.12 – Quelques tables de couleurs proposées par Matplotlib

Pour les nuages de points ou pour les cartes de densité (Figures 6.7 et 6.9), Matplotlib permet de sélectionner une carte de couleur (ou *colormap*) adaptée à la nature des données à représenter. La figure 6.12 en illustre quelques exemples :

- des tables qualitatives pour des données catégorielles (p. ex. pour associer une couleur à un pays, une langue ou une espèce) ;
- des tables séquentielles qui proposent un gradient d'une couleur vers une autre, adaptées aux données continues (p. ex. pour associer une couleur à une densité, un prix) ;
- des tables divergentes qui proposent deux gradients centrés sur une couleur, adaptées pour les données continues qui ont une sémantique différente en fonction de leur signe (p. ex. pour associer une couleur au solde d'un compte en banque) ;
- des tables spécifiques, par exemple pour représenter les altitudes (`terrain`) : des tons bleus sous le niveau de la mer, des tons verts au-dessus, qui virent au marron puis au blanc pour les montagnes.

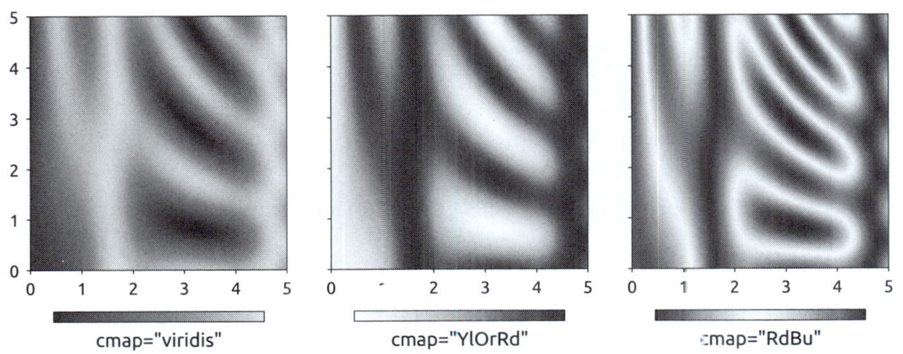

FIGURE 6.13 – Quelques tables de couleurs proposées par Matplotlib

La figure 6.13 applique trois de ces tables de couleurs sur la carte de densité des figures 6.7 et 6.9. L'option `viridis` (par défaut) est souvent un bon compromis. Ici, la table divergente `RdBu` est probablement mieux adaptée à un domaine centré sur la valeur `0`.

Axes et graduations. Matplotlib utilise une heuristique par défaut pour positionner des graduations (*ticks* en anglais) sur les axes des abscisses et des ordonnées. Il est possible de changer le positionnement et le texte des graduations :

— soit de manière manuelle à l'aide des méthodes `ax.set_xticks([2, 3, 5])` pour le positionnement, et `ax.set_xticklabels(["deux", "trois", "cinq"])` pour le texte associé ;
— soit de manière automatique à l'aide de politiques de placement (*locator*) et de formatage de texte (*formatter*).

Parmi les politiques de placement, les plus couramment utilisées sont :

`NullLocator()`	aucune graduation
`MultipleLocator(50)`	une graduation tous les multiples entiers de 50
`MaxNLocator(n=4)`	4 graduations au maximum, judicieusement placées
`LinearLocator()`	des graduations distribuées de manière linéaire
`LogLocator()`	des graduations distribuées de manière logarithmique

La figure 6.14 illustre différentes étapes de configuration des axes. La courbe est issue d'un jeu de données public, publié par le *Center for Disease Control* américain, qui recense le nombre de naissances aux États-Unis entre 1969 et 1988. On trace ici le nombre moyen de naissances au cours des années.

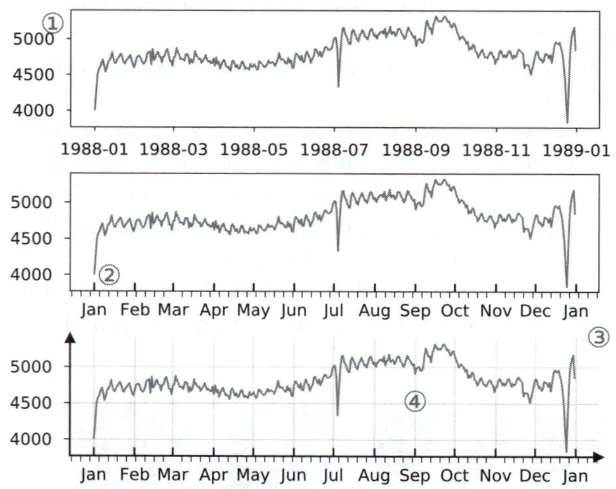

FIGURE 6.14 – Spécification des axes et graduations

① À la première étape, on positionne des graduations tous les multiples de 500 :

```
ax.yaxis.set_major_locator(plt.MultipleLocator(500))
```

② Les graduations sur l'axe des abscisses ne conviennent pas ici : nos données sont moyennées par année et artificiellement associées à l'année 1989. On peut choisir à l'aide de politiques de placement de dates du module `matplotlib.dates` de placer une graduation à chaque début de mois. Des graduations *mineures*, plus petites et souvent non annotées sont ici ajoutées à titre illustratif à chaque début de semaine. Le module fournit également une politique de formatage de dates pour les graduations : on choisit aussi le formateur de date associé au nom abrégé du mois uniquement.

```
ax.xaxis.set_major_locator(mpl.dates.MonthLocator())
ax.xaxis.set_minor_locator(mpl.dates.WeekdayLocator())
ax.xaxis.set_major_formatter(mpl.dates.DateFormatter("%h"))
ax.xaxis.set_minor_formatter(plt.NullFormatter())
```

L'instruction `ax.tick_params()` permet de raffiner le paramétrage. Pour éviter la confusion entre les graduations de début de mois et de début de semaine, on choisit ici d'orienter les graduations majeures vers l'intérieur du système d'axes.

```
ax.tick_params(axis="x", which="major", direction="in", length=7, width=1.5)
```

③ Le cadre d'un système d'axes est formé de quatre éléments nommés *spines*. Pour alléger les visualisations, il est courant de ne pas afficher les *spines* en haut et à droite du système d'axes.

```
ax.spines["right"].set_visible(False)
ax.spines["top"].set_visible(False)
ax.spines["bottom"].set_linewidth(1.5)
ax.spines["left"].set_linewidth(1.5)
```

④ Enfin, l'instruction `ax.grid()` permet d'aligner un quadrillage sur les graduations (majeures et/ou mineures).

```
ax.grid(alpha=0.5, which="major")
```

Textes et annotations. Une visualisation peut gagner en lisibilité si on peut annoter des parties de la figure avec des éléments graphiques ou textuels qui aident à attirer l'attention et expliquer un phénomène. L'instruction `ax.text(x, y, txt, **options)` permet de placer du texte sur un système d'axes. De nombreuses options sont configurables, notamment :
- la police de caractères avec `fontname=`;
- la taille du texte avec `fontsize=`;
- l'alignement du texte,
  - horizontal `ha="left", "center", "right"`, ou
  - vertical `va="top", "center", "bottom"`;
- la possibilité de tracer une boîte autour du texte avec `bbox=`.

Afin d'annoter une figure à l'endroit souhaité, il est possible de préciser les coordonnées (x, y) de l'élément à ajouter dans plusieurs repères, associé à l'argument `transform=` :
- `transform=ax.transData` (par défaut) référence des coordonnées dans le même repère que les éléments visualisés;
- `transform=ax.transAxes` référence des coordonnées relatives au point $(0, 0)$ en bas à gauche et $(1, 1)$ en haut à droite du système d'axes `ax`;
- `transform=fig.transFigure` référence des coordonnées relatives au point $(0, 0)$ en bas à gauche et $(1, 1)$ en haut à droite de la figure `fig`.

Ces trois repères sont illustrés sur la figure 6.15. On a choisi ici l'instruction `ax.annotate()` qui permet de spécifier à la fois le point à annoter et l'emplacement du texte associé. La pratique d'ajouter une flèche pour pointer vers l'élément à annoter est courante.

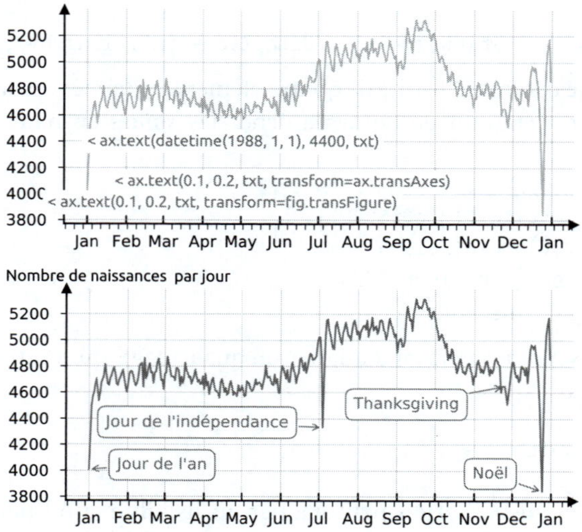


```
ax.annotate(
    "Jour de l'indépendance",
    xy=(datetime(1988, 7, 4), 4335),  # coordonnées du point
    xytext=(-30, 0), textcoords="offset points",  # relatives au point
    ha="right", color="tab:blue",  # alignement, couleur
    arrowprops=dict(arrowstyle="->", color="tab:blue"),  # flèche
    bbox=dict(boxstyle="round", fc="white", ec="tab:blue", pad=0.5)
)
```

FIGURE 6.15 – Textes et annotations sur une figure

Finalement, le jeu de données met en évidence une chute du nombre de naissances les jours fériés pendant la période considérée. L'auteur suggère une possible corrélation entre les jours fériés et les naissances programmées plutôt qu'un effet psychosomatique sur les naissances naturelles.

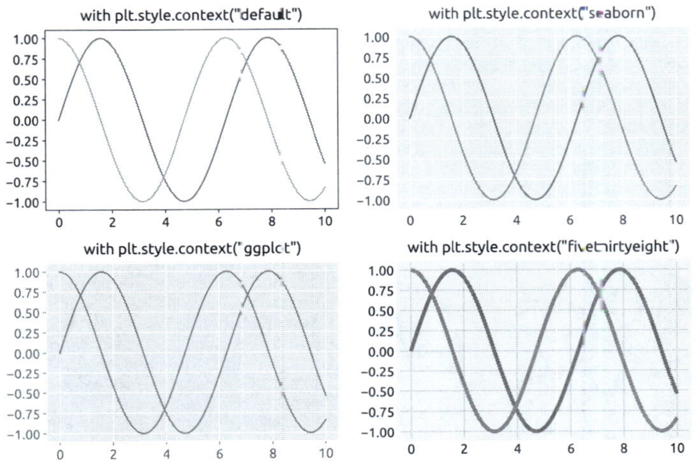

FIGURE 6.16 – Feuilles de style couramment utilisées avec Matplotlib

Feuilles de style. Les personnalisations de style peuvent être fortement redondantes quand les mêmes spécifications sont déclarées pour toutes les figures produites dans un document. Matplotlib propose par défaut un certain nombre de feuilles de style :

```
>>> plt.style.available
['classic', ... 'fivethirtyeight', 'ggplot', ... 'seaborn', ...]
```

On peut alors appliquer un style temporairement avec le gestionnaire de contextes :

```
with plt.style.context("ggplot"):
    fig, ax = plt.subplots()
```

La figure 6.16 illustre quelques uns de ces styles.

Il est par ailleurs possible de spécifier sa propre feuille de style dans un fichier à positionner dans les dossiers de configuration Matplotlib. Il conviendra de se référer à la documentation officielle pour les détails.

6.5. L'affichage de données géographiques

Les données géographiques sont couramment spécifiées à l'aide de mesures angulaires sur le globe, la latitude et la longitude. Il n'est pas possible de représenter des coordonnées géographiques sur un plan à deux dimensions sans appliquer une transformation, appelée *projection*, qui associe aux coordonnées angulaires des coordonnées euclidiennes (x, y). L'interlude de la page 113 aborde la question des projections plus en profondeur.

La bibliothèque Cartopy [1] permet d'enrichir Matplotlib pour afficher des données géographiques à l'aide des arguments :

1. https://scitools.org.uk/cartopy/docs/latest/

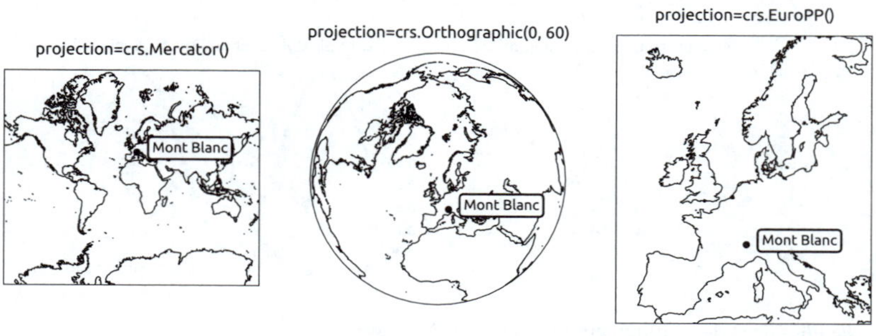


```
from cartopy import crs, feature

fig = plt.figure()
ax1 = fig.add_subplot(131, projection=crs.Mercator())
ax2 = fig.add_subplot(132, projection=crs.Orthographic(0, 60))
ax3 = fig.add_subplot(133, projection=crs.EuroPP())

for ax_ in [ax1, ax2, ax3]:
    # Données du projet Natural Earth (disponibles au 10, 50 et 110 millionièmes)
    ax_.add_feature(feature.COASTLINE.with_scale("50m"))
    ax_.plot(  # dans l'ordre longitude, latitude
        6.865, 45.832778, marker="o", color="black",
        transform=crs.PlateCarree()
    )
```

FIGURE 6.17 – Projections courantes avec Cartopy

— `projection=...` appliqué à la création d'un système d'axes, pour spécifier la projection utilisée pour le rendu de la carte ;
— `transform=...` appliqué à la création d'un objet de visualisation pour spécifier le référentiel dans lequel sont décrites les coordonnées.

Un éventail de projections est disponible dans le module `cartopy.crs`, notamment :
— la projection `PlateCarree()` qui associe les longitudes aux abscisses et les latitudes aux ordonnées ; elle est couramment utilisée pour spécifier le référentiel dans lequel sont décrites les coordonnées (latitude, longitude) ;
— la projection de `Mercator()` inventée au XVIe siècle pour les besoins de la navigation maritime ; c'est une bonne option par défaut ;
— et d'autres présentées dans la documentation.

6.6. La génération d'animations

Matplotlib offre la possibilité d'interagir avec une visualisation graphique. Les cas d'utilisation sont nombreux : mise en évidence d'une courbe (édition du style) avec le pointeur de la souris, ou mise à jour des données représentées après sélection dans un menu déroulant. Les exemples d'interaction homme-machine sont nombreux et seront abordés dans le chapitre sur les interfaces graphiques (☞ p. 329, § 22.4).

Un cas particulier de visualisation interactive est celui des animations, où les graphiques évoluent avec le temps plutôt qu'après une action d'un utilisateur. Matplotlib permet la création d'une animation et sa sauvegarde dans un format vidéo (comme le format MP4) à l'aide de l'outil `ffmpeg`, à installer séparément.

Le script Python complet et le résultat de l'animation produite dans ce chapitre sont disponibles sur la page web du livre https://www.xoolive.org/python/.

Le module `matplotlib.animation` propose la structure `FuncAnimation` :

```
from matplotlib.animation import FuncAnimation

anim = FuncAnimation(fig, func=animate, frames=180, interval=100, fargs=None)
anim.save("animation.mp4")
```

Le paramètre `frames` se rapporte au nombre d'images à concaténer dans l'animation ; le paramètre `interval` à un nombre de millisecondes entre chaque image (*frame*). La fonction nommée ici `animate` est chargée de mettre à jour la figure `fig`. D'après la documentation, elle prend les arguments suivants :

```
def animate(frame: int, *fargs) -> iterable_of_artists:
    ...
```

Le terme *artist* fait référence à tout élément qui forme une figure : point, graduation, texte, ligne, polygone, etc. Toutes les fonctions qui créent un type de visualisation (comme `ax.plot()`, `ax.scatter()` ou `ax.hist()`) renvoient parmi leur type de retour une liste d'artistes. La fonction `animate()` sera chargée de mettre à jour une partie des artistes pour faire évoluer la figure. **Elle doit renvoyer l'ensemble des artistes qui ont été modifiés par la fonction `animate()`.**

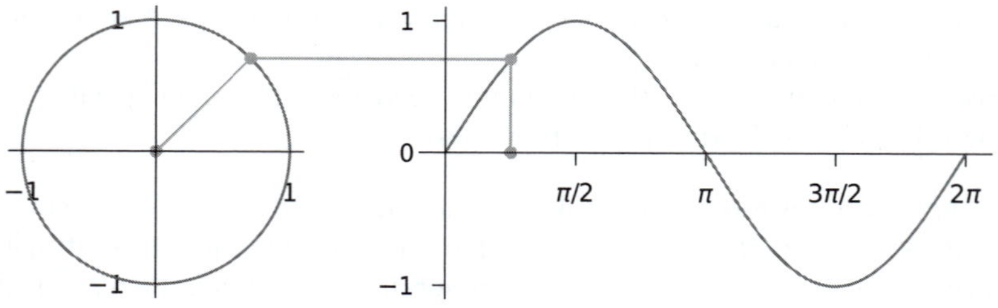


```
fig, ax = plt.subplots(1, 2, gridspec_kw=dict(width_ratios=(3, 5)))
angle = np.linspace(0, 2 * np.pi, 200)

ax[0].plot(np.cos(angle), np.sin(angle))

ax[1].plot(angle, np.sin(angle))
ax[1].xaxis.set_major_locator(plt.MultipleLocator(np.pi / 2))

line1, = ax[0].plot([0, np.cos(np.pi / 4)], [0, np.sin(np.pi / 4)], "-o")
line2, = ax[1].plot([np.pi / 4, np.pi / 4], [0, np.sin(np.pi / 4)], "-o")
```

FIGURE 6.18 – Figure à animer pour illustrer la construction de la fonction sinus

Pour animer la figure 6.18, la fonction `animate` édite les artistes `line1` et `line2` en fonction d'une valeur d'angle à déterminer à partir d'un index de *frame* entre 0 et 180. L'artiste `Line2D` propose la méthode `.set_data()` pour mettre à jour les coordonnées qui la composent.

```
def animate(frame: int, line1, line2):
    angle = i * 2 * np.pi / 180
    line1.set_data([0, np.cos(angle)], [0, np.sin(angle)])
    line2.set_data([angle, angle], [0, np.sin(angle)])
    return [line1, line2]
```

Pour aller plus loin

- *Ten Simple Rules for Better Figures*
  N. P. Rougier, M. Droettboom, P. Bourne, 2014
  `https://doi.org/10.1371/journal.pcbi.1003833`
- *Matplotlib cheatsheets*
  `https://github.com/matplotlib/cheatsheets`
- *How to pick more beautiful colors for your data visualizations*
  Lisa Charlotte Rost, 2020
  `https://blog.datawrapper.de/beautifulcolors/`
- Le chapitre « Color scales » du livre *Fundamentals of Data Visualization*
  Claus O. Wilke, 2018, O'Reilly, ISBN 978-1-4920-3108-6
  `https://clauswilke.com/dataviz/color-basics.html`

7

La boîte à outils scientifiques SciPy

La bibliothèque SciPy est une collection d'algorithmes numériques efficaces appliqués à des domaines scientifiques aussi variés que les statistiques, l'interpolation, l'intégration, l'optimisation, ou le traitement du signal. SciPy est construit sur les épaules des deux géants de l'écosystème de programmation scientifique en Python, en l'occurrence les bibliothèques NumPy (☞ p. 69, § 5) pour les structures de données, et Matplotlib (☞ p. 83, § 6) pour la visualisation.

7.1. Le module d'interpolation

Le module `scipy.interpolate` est consacré aux méthodes d'interpolation : à partir d'échantillons $y_i = f(x_i)$ d'une fonction f définie sur un intervalle continu, l'interpolation est une opération qui définit une fonction g qui coïncide avec f sur l'ensemble des échantillons x_i.

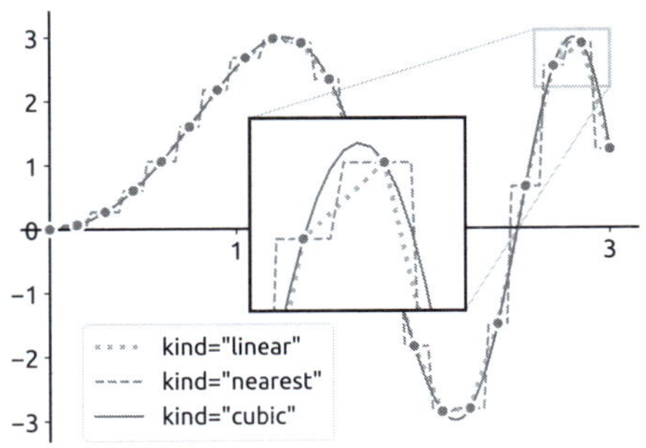


```
from scipy.interpolate import interp1d

x_data = np.linspace(0, 3, num=21)  # ①
y_data = 3 * np.sin(x_data ** 2)
x_new = np.linspace(0, 3, num=121)  # ②

f_l = interp1d(x_data, y_data)
ax.plot(x_new, f_l(x_new), "C1:")

f_n = interp1d(x_data, y_data, kind="nearest")
ax.plot(x_new, f_n(x_new), "C2--")

f_c = interp1d(x_data, y_data, kind="cubic")
ax.plot(x_new, f_c(x_new), "C3")
```

FIGURE 7.1 – Fonctions interpolatrices sur un espace à une dimension

La figure 7.1 illustre le mécanisme d'interpolation de SciPy quand les échantillons x_i sont définis sur un espace à une dimension. De nombreux modes d'interpolation sont disponibles dans la documentation. Les modes les plus courants sont :

- `kind="linear"` (par défaut) construit une interpolation linéaire, c'est-à-dire une fonction linéaire par morceaux entre chaque échantillon ;

— `kind="nearest"` extrapole vers la valeur associée à l'échantillon connu le plus proche (affichage en escaliers) ;
— `kind="cubic"` construit des splines (d'ordre 3), une interpolation polynomiale par morceaux qui assure des conditions de continuité sur la courbe et ses dérivées.

Dans le code qui accompagne la figure, `x_data` ①, un tableau NumPy à une dimension, représente les échantillons tirés pour évaluer la fonction $f(x) = 3 \cdot \sin(x^2)$ alors que `x_new` ② représente les points où on souhaite évaluer les fonctions interpolatrices, afin d'afficher cette figure avec Matplotlib. Pour cette visualisation, il est important de choisir un tableau `x_new` avec plusieurs points entre les échantillons de `x_data`.

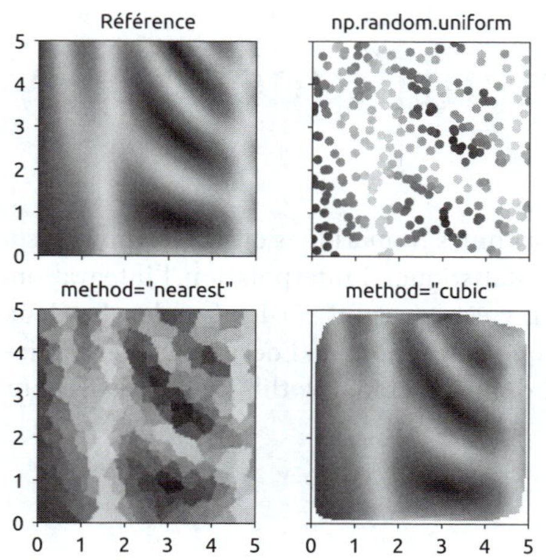


```
from scipy.interpolate import griddata

x, y = np.random.uniform(0, 5, (2, 300))  # ③
z = np.sin(x) ** 10 + np.cos(10 + y * x) * np.cos(x)

X, Y = np.meshgrid(
    np.linspace(0, 5, 100), np.linspace(0, 5, 100)
)

ax[1, 0].imshow(
    griddata(
        np.c_[x, y], z, (X, Y), method="nearest"
    ),
    extent=[0, 5, 0, 5], origin="lower",
)
ax[1, 1].imshow(
    griddata(
        np.c_[x, y], z, (X, Y), method="cubic"
    ),
    extent=[0, 5, 0, 5], origin="lower",
)
```

FIGURE 7.2 – Fonctions interpolatrices sur un espace à deux dimensions

La figure 7.2 illustre une interpolation sur un domaine à deux dimensions. Les échantillons sont tirés à l'aide de la fonction `np.random.uniform` ③ puis interpolés à l'aide de la fonction `griddata` qui fonctionne sur des espaces à n dimensions :
— `method="nearest"` interpole vers la valeur associée à l'échantillon connu le plus proche. En deux dimensions, on reconnaît un diagramme de Voronoï ;
— `method="cubic"` utilise des splines d'ordre 3 ; seul l'intérieur de l'enveloppe convexe des échantillons est interpolable.

7.2. Le module d'intégration

Le module d'intégration met à disposition des fonctions qui permettent de trouver des solutions numériques à des problèmes d'équations aux dérivées partielles, très courants en sciences physiques. Nous présentons ici en figures 7.3 et 7.4 le problème classique du lancer ballistique et le problème de deux corps soumis à leur interaction gravitationnelle.

On se place dans un repère terrestre local $(O, \vec{x}, \vec{z})$, où z représente l'altitude d'un point à partir du niveau de la mer. On considère une boule de masse m et de rayon r lancée du point x_0, avec une vitesse initiale v_0. La boule est soumise à l'action de la gravité, on néglige le frottement à l'air. On considère le champ gravitationnel uniforme, avec $g = 9,81\,\mathrm{m} \cdot \mathrm{s}^{-2}$.

Le principe fondamental de la dynamique donne le système d'équations :

$$\ddot{x}(t) = -g \cdot \vec{z} \qquad \dot{x}(0) = v_0 \qquad x(0) = x_0 \tag{7.1}$$

Ce système s'intègre simplement en un polynôme du second degré. SciPy propose des schémas de résolution numérique. La méthode `solve_ivp` (pour *initial value problem*, problème avec conditions initiales) propose d'intégrer le problème d'équation aux dérivées partielles. Elle prend en paramètres :

① une fonction qui à un pas de temps et un vecteur d'état constitué des positions (x, z) et vitesses $(\dot{x}, \dot{z})$ associe un vecteur dérivée constitué des vitesses $(\dot{x}, \dot{z})$ et accélérations $(\ddot{x}, \ddot{z})$. Le vecteur d'état est un tableau NumPy à une dimension ;

— les bornes t_0 et t_n ;

② un état initial, constitué des coordonnées de position et de vitesse à l'instant t_0 ;

③ un intervalle, tableau NumPy dont les bornes sont t_0 et t_n, sur lequel intégrer ;

④ l'argument `args`, qui est un tuple constitué des arguments supplémentaires nécessaires à l'évaluation de la fonction dérivée : dans cet exemple, `forces` prend en argument supplémentaire la valeur de g ;

⑤ un « événement » (*event* en anglais) à surveiller pendant le processus d'intégration. Si l'événement est marqué `terminal` ⑥ alors l'intégration est interrompue quand l'indicateur change de signe.

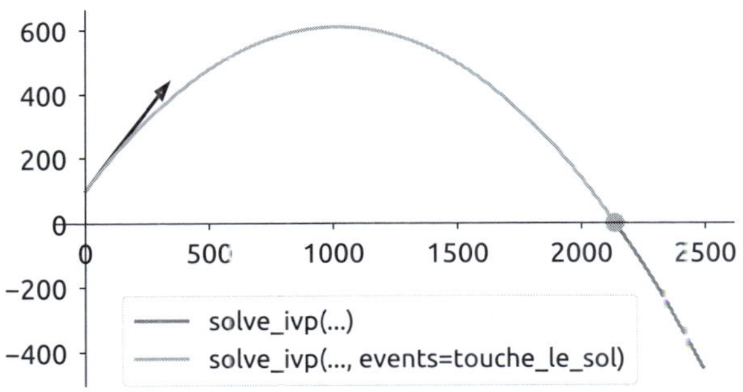


```python
from scipy.integrate import solve_ivp
from scipy.constants import g

def forces(t, state, g):  # ①
    g_vec = np.array([0, -g])
    dstate = state.copy()
    dstate[:2] = state[2:]  # vitesse
    dstate[2:] = g_vec  #  accélération
    return dstate

state0 = np.array([0.0, 100.0, 100.0, 100.0])  # ②
t = np.arange(0.0, 25.0, 0.1)  # ③

sol = solve_ivp(
    forces, (t.min(), t.max()), state0,
    t_eval=t, args=(g,)  # ④
)

ax.plot(sol.y[0, :], sol.y[1, :])
```

```python
def touche_le_sol(t, y, g) -> float:  # ⑤
    return y[1]

touche_le_sol.terminal = True  # ⑥

sol = solve_ivp(
    forces, (t.min(), t.max()), state0,
    t_eval=t, args=(g,),
    events=touche_le_sol  # ⑤
)

ax.plot(sol.y[0, :], sol.y[1, :], "C1")

ax.plot(
    sol.y_events[0][0, 0], sol.y_events[0][0, 1]
    "C1o", markersize=10
)
```

FIGURE 7.3 – Lancer du boulet de canon

La méthode d'intégration par défaut est celle de Runge-Kutta d'ordre 5, plus stable que le simple schéma d'Euler $y_{n+1} - y_n = (t_{n+1} - t_n) \cdot f(t_n, y_n)$ appris au lycée. Les problèmes de stabilité des intégrateurs s'illustrent bien avec le problème de deux corps soumis à leur interaction gravitationnelle (Figure 7.4) :

$$F = G \cdot \frac{m_1 \cdot m_2}{r^2} \qquad \text{avec } G = 6,67384 \cdot 10^{-11}\,\mathrm{m}^3 \cdot \mathrm{kg}^{-1} \cdot \mathrm{s}^{-2} \tag{7.2}$$

La solution analytique à ce problème est connue depuis Kepler puis Newton : les trajectoires des corps décrivent des ellipses. Pourtant les imprécisions qui s'accumulent dans les schémas d'intégration font peu à peu dériver les ellipses. Dans l'exemple de la figure 7.4, le schéma DOP853 convient pour des besoins en haute précision.

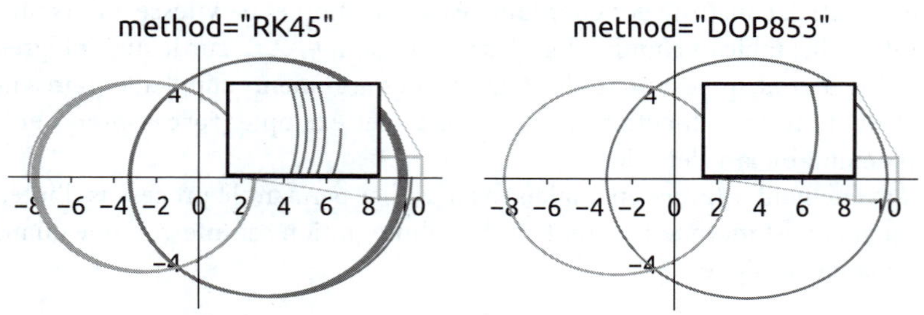


```
from scipy.constants import G

def forces(t, state, m1, m2):
    # On concatène ici positions et vitesses pour les deux corps
    x1, y1, vx1, vy1, x2, y2, vx2, vy2 = state
    ss1 = np.array([x2 - x1, y2 - y1])
    r3 = (ss1 * ss1).sum()
    r3 *= np.sqrt(r3)
    return np.r_[vx1, vy1, G * m2 / r3 * ss1, vx2, vy2, -G * m1 / r3 * ss1]

# État initial et masse de chacun des objets stellaires
s1, m1 = np.array([10.0, 0.0, 0.0, -1.0]), 8e11
s2, m2 = np.array([-8, 0, 0, 0.8]), 1e12

state0 = np.r_[s1, s2]
t = np.arange(0.0, 100.0, 0.1)

# Résolution et affichage de la solution
sol = solve_ivp(forces, (t.min(), t.max()), state0, t_eval=t, method="DOP853", args=(m1, m2))
ax.plot(sol.y[0, :], sol.y[1, :], sol.y[4, :], sol.y[5, :])
```

FIGURE 7.4 – Phénomènes d'instabilité des schémas d'intégration avec le problème à deux corps

7.3. Le module d'optimisation

Le module d'optimisation est spécialisé dans la résolution de problèmes définis sur des domaines continus. On y trouve notamment des méthodes de résolution :

- pour les problèmes de programmation linéaire avec la fonction `linprog`, basées sur l'algorithme du simplexe ou la méthode des points intérieurs [1] ;
- pour les problèmes de programmation non linéaire, à base de descente de gradient avec la fonction `fmin` ;
- pour les problèmes à résoudre par la méthode des moindres carrés avec la fonction `least_squares`, notamment l'ajustement de courbes avec la fonction `curve_fit` ;
- pour les problèmes de recherche de racines d'une équation avec la fonction `root`.

L'interlude (☞ p. 113) illustre en profondeur l'utilisation des méthodes d'optimisation à base de descente de gradient.

7.4. Le module de statistiques

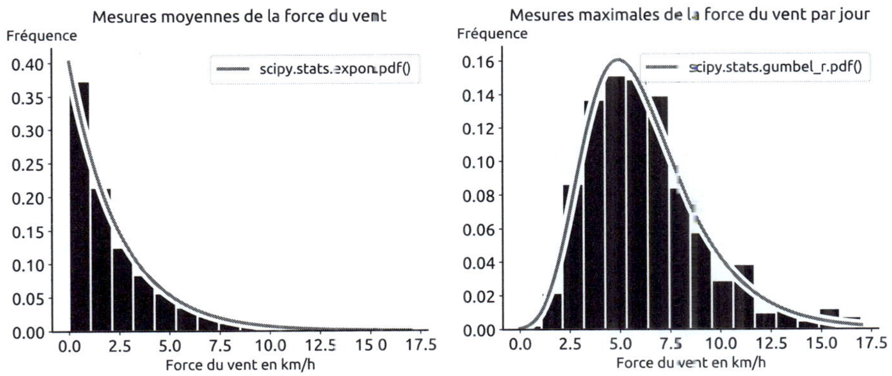


```
from scipy.stats import expon, gumbel_r
from scipy.optim import curve_fit

y, x, _ = ax1.hist(x=vent, bins=16, density=True)
x_ = np.linspace(x[0], x[-1], 100)

ax1.plot(x_, expon.pdf(x_, scale=vent.mean()), color="tab:red")  # ①

y, x, _ = ax2.hist(x=vent_max, bins=16, density=True)

(loc, scale), _ = curve_fit(  # ②
    lambda x, loc, scale: gumbel_r.pdf(x, loc=loc, scale=scale),
    (x[:-1] + x[1:]) / 2, y
)

ax2.plot(x_, gumbel_r.pdf(x_, loc=loc, scale=scale), color="tab:red")
```

FIGURE 7.5 – Distributions de probabilité

Le module de statistiques `stats` propose des méthodes relatives aux distributions statistiques. La figure 7.5 illustre comment des distributions de probabilité classiques parviennent à modéliser des événements physiques. L'histogramme est tracé à partir de données ouvertes issues des stations météorologiques réparties sur la ville de Toulouse, disponibles depuis la page web du livre et depuis le site `https://www.data.gouv.fr`.

1. La bibliothèque PuLP fonctionne dans le cadre plus général de la programmation linéaire mixte, et, au-delà du programme de résolution libre fourni, se couple avec des programmes commerciaux performants.

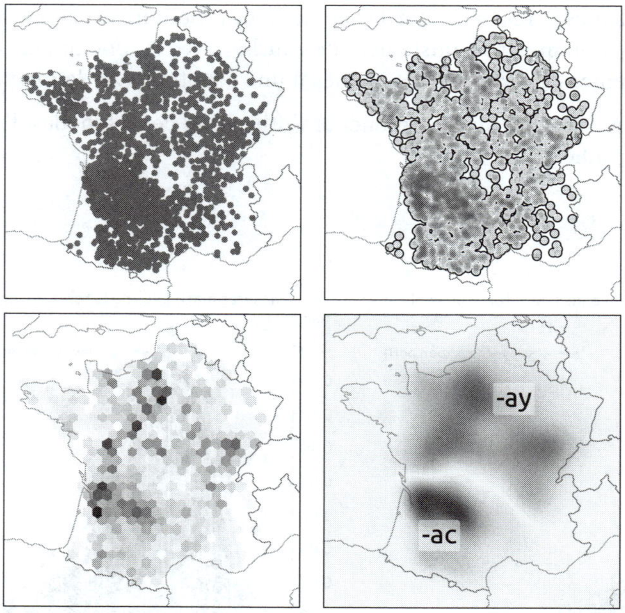


```
# Une figure en couleur est disponible sur la page web du livre
from scipy.stats import gaussian_kde

cmap = plt.get_cmap("RdBu")

# Création de la grille
X, Y = np.mgrid[xmin:xmax:100j, ymin:ymax:100j]
positions = np.vstack([X.ravel(), Y.ravel()])

# Estimation du noyau pour le suffixe -ay
values_ay = np.vstack([x_ay, y_ay])
kernel_ay = gaussian_kde(values_ay)

# Estimation du noyau pour le suffixe -ac
values_ac = np.vstack([x_ac, y_ac])
kernel_ac = gaussian_kde(values_ac)

Z = np.reshape(kernel_ay(positions).T - kernel_ac(positions).T, X.shape).T
ax[1, 1].imshow(Z, cmap=cmap, extent=[xmin, xmax, ymin, ymax], origin="lower")
```

FIGURE 7.6 – Localisation des suffixes -ac et -ay dans les toponymes. Dans cet exemple on associe alors une valeur positive aux régions où la densité de toponymes en -ay est forte (bleu d'après la palette de couleur), et une valeur négative (rouge) là où les toponymes se terminent en -ac.

On trace à gauche la distribution de toutes les valeurs de mesures moyennes de vitesse du vent présentes dans le fichier. Ce phénomène se décrit bien par une loi de probabilité exponentielle (loi de Poisson) calibrée par la méthode du maximum de vraisemblance, basée sur la moyenne des échantillons donnés ①. À droite, on n'a retenu qu'un point par jour : celui dont la valeur de mesure est maximale. La loi de Gumbel est connue pour bien modéliser ce type de distribution constituée de valeurs maximales : afin d'en calibrer les paramètres, on utilise cette fois la fonction `curve_fit` ② du module `scipy.optimize` (☞ p. 102, § 7.3).

La notion de densité de distribution en plusieurs dimensions peut se visualiser de différentes manières. Pour illustrer ce propos, nous nous basons sur un jeu de données qui comprend la liste des communes françaises avec leur localisation. Le site `http://sql.sh/` fournit pour ses exemples un tel fichier qui est également disponible sur la page web du livre `https://www.xoolive.org/python/`.

Le suffixe -acum dans les toponymes est une racine celtique qui signifie « lieu », « domaine », et qui peut correspondre à l'emplacement d'une villa gallo-romaine. Ce suffixe se retrouve en pays d'oc et en Bretagne sous la forme -ac (Pauillac, Gaillac, Cognac, Armagnac) et sous la forme -ay (Valançay, Volnay, Marsannay, Chimay) en pays d'oïl. On retrouve également d'autres variantes régionales (-at en Auvergne, -é en Anjou, -ach en Alsace, -ecques en Flandres).

La figure 7.6 présente plusieurs propositions de visualisation des régions où les suffixes -ac et -ay dans les toponymes sont prédominants :

1. en haut à gauche, on représente un nuage de points avec une couleur associée à chaque suffixe :

```
ax[0, 0].scatter(x, y, color="C0")
# puis à nouveau avec C3 pour le suffixe -ac
```

2. en haut à droite, une astuce qui combine trois nuages de points (noir et épais, puis blanc moins épais, puis couleur avec transparence) donne une meilleure idée de la densité sans pour autant la chiffrer :

```
ax[0, 1].scatter(x, y, color="white", edgecolor="black", s=60, zorder=-2)
ax[0, 1].scatter(x, y, color="white", s=30, zorder=-2)
ax[0, 1].scatter(x, y, color="C0", alpha=0.2)
# puis à nouveau avec C3 pour le suffixe -ac
```

3. en bas à gauche, la fonction Matplotlib `ax.hexbin()` calcule des densités, comme la fonction `ax.hist()`, en deux dimensions, avec un maillage hexagonal qui permet de gommer certains artefacts du maillage carré :

```
cmap = plt.get_cmap("Blues")  # "Reds" pour le suffixe -ac
cmap.set_under("none")
ax[1, 0].hexbin(
    x, y, extent=[xmin, xmax, ymin, ymax],
    gridsize=30, cmap=cmap, vmin=1
)
```

Une autre méthode repose sur l'estimation par noyau, *Kernel Density Estimation* (KDE) en anglais. L'estimation par noyau permet de lisser les points dans l'espace afin d'obtenir une représentation de densité sous forme d'une fonction continue. Chaque échantillon est alors représenté par une distribution (le noyau, souvent gaussien) et une bande passante (*bandwidth*) qui contrôle la taille du noyau autour de chaque point.

En quelques mots...

La bibliothèque SciPy est basée sur la bibliothèque NumPy (☞ p. 69, § 5); elle s'est construite à partir de contributions de nombreux laboratoires de recherche sous la forme d'un portefeuille de modules qui fournissent des fonctions de base pour chacun de ses domaines scientifiques.

La bibliothèque comprend d'autres modules qui ne seront pas présentés dans cet ouvrage. Le module `linalg` est très proche de son équivalent NumPy `np.linalg`; le module `spatial` se prête aux problématiques du plan et de l'espace (enveloppes convexes, triangulation de Delaunay, distances, etc.); le module `ndimage` propose une interface pour manipuler les images mais nous avons fait le choix de nous concentrer sur la bibliothèque OpenCV (☞ p. 299, § **20.1**).

Le fonctionnement du module de traitement du signal `scipy.signal` n'est pas traité dans ce chapitre, mais il sera abordé dans l'interlude sur la démodulation des signaux FM (☞ p. 287).

8

L’environnement interactif Jupyter

Les parties interactives de ce chapitre sont disponibles sur la page web du livre : `https://www.xoolive.org/python/`.

L’environnement Jupyter permet, au sein d’une application web, dans un navigateur, de créer et de partager des documents statiques ou interactifs, qui contiennent du code à exécuter, des équations, des visualisations et du texte. L’initiative a démarré par le projet IPython pour un terminal Python plus interactif, avec des fonctionnalités évoluées.

Jupyter propose de travailler dans des fichiers notebooks, qui sont des fichiers divisés en cellules, lesquelles contiennent :

- du code en Python ;
- du texte au format Markdown, avec la possibilité d’intégrer du code HTML ;
- le résultat produit par chaque cellule Python, au format HTML.

Les dernières avancées du format HTML5 permettent à Python de représenter des structures de données sous un format convivial, éventuellement interactif, adapté au format du web. Les images, vidéos et formats audio ont une représentation naturelle ; nous pourrons également par la suite personnaliser les représentations de certains objets.

Les fichiers notebooks portent l’extension `.ipynb` pour IPython Notebook, qui était le format d’origine. En 2014, le projet Jupyter a démarré afin de décliner le concept de notebook pour d’autres langages : Jupyter est un acronyme basé sur le nom de trois langages de programmation : Julia, Python et R. IPython, qui était le nom du projet d’origine, consacré à Python, est devenu le projet responsable des spécificités Python, du « noyau » Jupyter. En 2018, Jupyter Lab a été publié, pour proposer un environnement plus convivial pour l’édition et l’exécution de notebooks. Les deux projets Jupyter Notebook et Jupyter Lab continuent d’exister à l’heure où ces lignes sont écrites : le format du fichier est le même ; seul change l’environnement.

Pour lancer l’environnement Jupyter, depuis un terminal (ou l’environnement Anaconda Prompt sous Windows), entrer la commande :

```
$ jupyter lab
```

8.1. Le format .ipynb

Chaque cellule peut être remplie de code (Python dans le cadre de cet ouvrage) ou de texte (au format Markdown). Le langage Markdown est un langage à balises dont la présentation complète déborde du cadre de cet ouvrage. Il permet néanmoins de :

— mettre du texte ****en gras**** ou **en italique**;
— hiérarchiser du texte en sections, tableaux, équations, listes énumérées, liens hypertextes ou blocs à la sémantique bien connue.

Les blocs de type Bootstrap Alert sont également disponibles. Le code

```
<div class="alert alert-warning">
    <b>Attention!</b>
</div>
```

produit le rendu suivant :

Les cellules de code sont exécutées dans un interpréteur Python qui tourne en tâche de fond, appelé « noyau ». Les raccourcis Ctrl+Entrée et Maj+Entrée permettent d'exécuter la cellule courante en gardant la cellule active ou en passant la sélection à la cellule suivante.

```
[2]: def estimation_pi(n: int) -> float:
         cumul = 3
         for i in range(1, n):
             cumul -= (-1) ** i * 4 / (2*i * (2*i+1) * (2*i+2))
         return cumul

     estimation_pi(50)

[2]: 3.1415946525910106
```

La complétion automatique de code est disponible avec la touche tabulation :

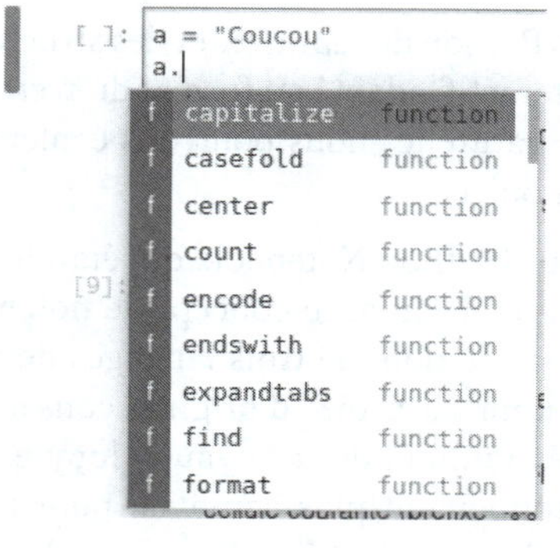

Les cellules de code permettent d'exécuter, en plus de code Python classique :

— Des commandes système, à condition qu'elles soient précédées du symbole « ! ».

```
# Sous Linux, affiche le nom complet de l'utilisateur courant
!getent passwd $(whoami) | cut -d ':' -f 5 | cut -d, -f1

Xavier Olive
```

Souvent on utilise ces commandes dans les notebooks partagés pour télécharger des données (avec wget, ou avec git) ou pour installer des bibliothèques (☞ p. 344, § 21.2).

— Des commandes spéciales spécifiques à l'environnement Jupyter : la commande peut s'appliquer à la ligne courante (préfixe %) ou à la cellule courante (préfixe %%). Les commandes les plus courantes permettent de remplacer le contenu d'une cellule par celui d'un fichier %load fichier.py, d'exécuter le contenu d'un fichier %run fichier.py, ou de mesurer le temps d'exécution d'une cellule.

On notera alors la différence entre %time (mesure du temps d'exécution) et %timeit (mesure intelligente, par moyenne sur plusieurs exécutions) :

```
%%time
estimation_pi(50)
```

```
    CPU times: user 38 µs, sys: 18 µs, total: 56 µs
    Wall time: 59.8 µs

3.1415946525910106
```

```
%%timeit
estimation_pi(50)
```

```
    35.2 µs ± 1.39 µs per loop (mean ± std. dev. of 7 runs, 10000 loops each)
```

Il est également possible d'utiliser le préfixe %% pour exécuter des cellules dans un autre langage de programmation. Ruby fait partie des langages activés par défaut.

```
%%ruby

def longest_repetition(string)
  max = string.chars.chunk(&:itself).map(&:last).max_by(&:size)
  max ? [max[0], max.size] : ["", 0]
end

print(longest_repetition("aaabb"))
```

```
    ["a", 3]
```

8.2. Matplotlib en mode intégré

Il est possible d'afficher la sortie d'une visualisation Matplotlib au sein du notebook à l'aide de la commande spéciale suivante :

```
%matplotlib inline
import matplotlib.pyplot as plt

def plt_sinus(n, color="#008f6b", linestyle="solid", title=True):
    fig, ax = plt.subplots()
    x = np.linspace(0, 5, 300)
    ax.plot(x, np.sin(n * x), color=color, linestyle=linestyle, linewidth=2)
    if title:
        ax.set_title(f"$\sin({n}·x)$", fontsize=14, pad=10)
```

8.3. La bibliothèque ipywidgets

Les notebooks permettent de proposer des comportements interactifs. Ces comportements sont gérés par des éléments graphiques proposés par la bibliothèque `ipywidgets`[1]. Le mode de fonctionnement le plus simple est basé sur la fonction `interact` qui prend en paramètres une fonction, et des domaines de variables applicables à chacun des arguments :

```
from ipywidgets import interact
interact(estimation_pi, n=(1, 100))
```

```
3.1415946525910106
```

La fonction crée ici un *slider* qui au déplacement de son curseur met à jour le rendu de la fonction en question. Le bon widget (*slider*, *bouton à cocher*, etc.) est déterminé de manière automatique en fonction des arguments passés.

```
interact(plt_sinus, n=(1, 20), linestyle=["solid", "dashed", "dotted"])
```

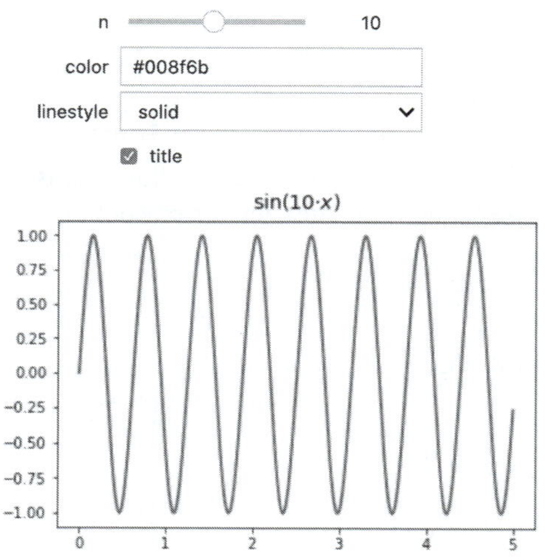

La fonction `interact` construit une interface à base de widgets, des briques de base interactives qui permettent d'interagir avec l'utilisateur. La documentation de la bibliothèque `ipywidgets` présente de manière exhaustive l'ensemble des widgets accessibles, tous des éléments HTML qui permettent de constituer une interface utilisateur graphique (GUI) intégrée dans un navigateur web. L'exemple suivant en présente quelques-uns ①. La page web associée au chapitre montre ces éléments de manière interactive.

À chaque widget est associé un élément `Layout` qui concentre un ensemble d'éléments de style ② : on y place généralement des contraintes sur la taille du widget et ses marges. Enfin les widgets peuvent être concaténés et positionnés à l'aide d'éléments conteneurs : on retiendra les plus utilisés : `HBox` qui concatène des éléments de manière horizontale, et `VBox` qui les concatène de manière verticale.

```
from ipywidgets import IntSlider, Dropdown, HTML, Button, ColorPicker
from ipywidgets import Layout, HBox, VBox
```

1. `https://ipywidgets.readthedocs.io/`

```
layout = Layout(width="200px", margin="10px")  # ②

ligne1 = [  # ①
    IntSlider(value=7, min=0, max=10, step=1, layout=layout),
    Dropdown(options=["français", "anglais"], value="français", layout=layout),
    Button(description="Warning!", button_style="info"),
]
ligne2 = [
    ColorPicker(value="#008f6b", layout=layout),
    HTML('<audio controls><source src="gnossienne.ogg" type="audio/ogg"></audio>'),
]

VBox([HBox(ligne1), HBox(ligne2)])
```

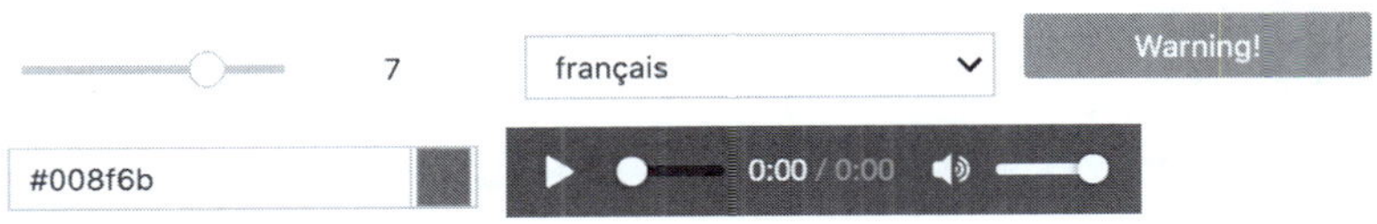

8.4. Interactivité des widgets

Les widgets sont les briques de base de l'interactivité dans les notebooks Python. Cette interactivité s'exprime au moyen de fonctions de rappel particulières, appelées couramment *callbacks*. Lors d'un *événement* sur un widget (survol de souris, ouverture du menu déroulant, etc.), le système exécute une fonction particulière.

Ces fonctions *callbacks* sont définies à l'aide de la méthode `observe` ③ : à chaque événement sur le menu déroulant `Dropdown`, la fonction `affiche_drapeau` est appelée, avec en paramètre un dictionnaire dont la clé `"new"` renvoie la valeur contenue dans le widget. Basée sur l'exemple du chapitre 3, la fonction recherche le drapeau associé au pays indiqué dans le fichier ZIP avant de l'afficher dans la zone `Output` ⑤.

```
import json
from pathlib import Path
from random import sample
from zipfile import ZipFile

from ipywidgets import Dropdown, Image, Output

f_countries = Path("codes.json")
countries = json.loads(f_countries.read_text())

dropdown = Dropdown(options=sample(list(countries.values()), 10))
output = Output()

display(dropdown, output)

def affiche_drapeau(info: dict):
```

```
    key = next(key for (key, value) in countries.items() if value == info["new"])
    output.clear_output()

    with ZipFile("w2560.zip", "r") as zf:
        with zf.open(key + ".png", "r") as fh:  # ④
            img = Image(value=fh.read(), width=200)
            with output:  # ⑤
                display(img)

dropdown.observe(affiche_drapeau, names="value")  # ③
```

En quelques mots...

- Les notebooks proposent un format convivial pour coupler texte, code et résultats à visualiser. Il est également relativement immédiat de programmer des interfaces utilisateurs graphiques (GUI) simples à l'aide de widgets auxquels on associe des fonctions de rappel, nommées *callback*.
- Les notebooks ne conviennent pas pour écrire, factoriser, réutiliser ni partager un code bien construit et documenté. Ils ne remplacent pas un vrai projet Python en bonne et due forme (☞ p. 349, § 25) ; en revanche, ils peuvent servir à l'illustrer et le documenter. La conversion de fichiers notebooks vers des pages web classiques peuvent faciliter l'écriture d'un site web de documentation.

L'environnement Jupyter et IPython font partie des 10 programmes informatiques qui ont révolutionné la science, d'après cet article de janvier 2021 dans la revue *Nature* :
`https://www.nature.com/articles/d41586-021-00075-2`

Attention !

Bien garder en tête que les résultats apparaissent dans l'ordre dans lequel les cellules ont été exécutées (voir les numéros en tête de cellule) et non dans l'ordre chronologique du notebook. C'est un des principaux reproches faits à cet environnement de travail.

Interlude
Reconstruire une carte d'Europe

Ce chapitre est disponible sous forme interactive sur la page web du livre : `https://www.xoolive.org/python/`.

La construction d'une carte est un défi. La position de points repérés par des coordonnées de latitude et de longitude sur le globe terrestre se prête mal à une représentation sur un plan à deux dimensions. L'opération qui consiste à attribuer des coordonnées x et y à des points définis par une latitude et une longitude s'appelle une *projection*.

Parmi les grandes familles de projections, on trouve les projections *conformes*, qui localement, c'est-à-dire autour d'une position de référence, conservent les angles, et les projections *équivalentes*, qui conservent les surfaces. En pratique, beaucoup de projections usuelles sont des compromis qui ne respectent ni les angles ni les distances.

Une projection couramment utilisée est la projection définie par Gerardus Mercator en 1569. Elle étire les latitudes de sorte que toute ligne droite tracée sur la carte représente une route à cap constant. Si cette propriété est intéressante pour la navigation en mer, la projection de Mercator est également décriée parce qu'elle donne une mauvaise perception de la taille des masses terrestres : le Groenland paraît aussi grand que l'Afrique alors que sa superficie est quatorze fois moindre.

Les projections conformes sont intéressantes à l'échelle d'un pays parce qu'elles respectent (localement) les distances. On peut alors tirer un trait entre deux villes et obtenir le plus court chemin entre ces deux positions. À l'échelle mondiale, le plus court chemin entre deux positions correspond au *grand cercle*, l'intersection entre la sphère et le plan qui passe par les deux positions et le centre de la Terre.

Cette interlude illustre un problème de projection posé différemment : *Étant donné un nombre fixé de villes, comment les placer sur une carte de sorte à respecter les distances entre toutes les paires de positions ?* Cette question s'exprime comme un problème d'optimisation qui peut se résoudre avec Python et le module `scipy.optimize`.

On donne une liste de villes d'Europe (et $n = 36$ le nombre de villes) :

```
villes = [
```

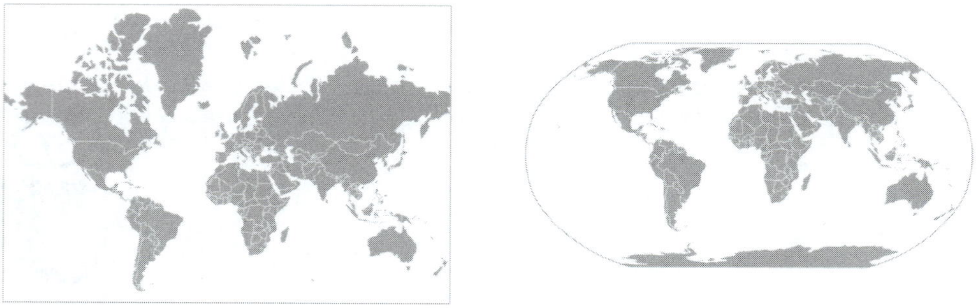

FIGURE – Projections de Mercator et de Robinson

```
    'Amsterdam', 'Athènes', 'Barcelone', 'Belgrade', 'Berlin', 'Bruxelles',
    'Bucarest', 'Budapest', 'Copenhague', 'Dublin', 'Gibraltar', 'Helsinki',
    'Istanbul', 'Kiev', 'Kiruna', 'Lisbonne', 'Londres', 'Madrid',
    'Milan', 'Moscou', 'Munich', 'Oslo', 'Paris', 'Prague',
    'Reykjavik', 'Riga', 'Rome', 'Sofia', 'Stockholm', 'Tallinn',
    'Toulouse', 'Trondheim', 'Varsovie', 'Vienne', 'Vilnius', 'Zurich'
]
n = len(villes)
```

On fournit également sur la page web du livre une matrice de distances entre les villes. La matrice des distances est carrée ($n \times n$), symétrique, positive et nulle sur la diagonale. Les distances y sont exprimées en kilomètres.

```
import numpy as np

# on peut enregistrer et charger des données NumPy au format binaire
distances = np.load("distances.npy")
```

Le problème d'optimisation

On considère une matrice de distances qui séparent des villes d'Europe. On cherche à trouver leurs positions x_i, y_i sur une carte de sorte que les distances entre les positions soient respectées. On cherche alors à minimiser la somme :

$$f(x_0, y_0, \cdots, y_n) = \sum_i \sum_j \left((x_i - x_j)^2 + (y_i - y_j)^2 - d_{i,j}^2 \right)^2 \quad (8.1)$$

On somme tous les écarts au carré entre les distances calculées à partir des positions x_i, y_i et les distances données. Il s'agit de minimiser les écarts entre toutes ces distances.

Avec 36 villes, nous avons un problème d'optimisation à 72 variables de décision sur des valeurs flottantes. Les méthodes d'optimisation présentes dans le module `scipy.optimize` sont basées sur l'évaluation du gradient de la fonction f à optimiser. La fonction qui calcule le gradient est donnée ci-contre sous forme informatique avec numpy.

Les deux fonctions prennent 72 paramètres en entrée : l'argument de la fonction exprimé `*args` permet de lire l'ensemble des paramètres par déballage de tuple ①. Pour l'exemple qui nous intéresse, nous utiliserons la méthode BFGS (Broyden-Fletcher-Goldfarb-Shanno), mais le lecteur intéressé par les méthodes d'optimisation non linéaires pourra adapter le code et essayer d'autres méthodes d'optimisation.

```
def critere(*args):
    "Définition de la fonction à optimiser."
    res = 0
    x = np.array(args).reshape((n, 2))  # ① tuple -> np.array (2D)
    for i in range(n):
        for j in range(i+1, n):
            (x1, y1), (x2, y2) = x[i, :], x[j, :]
            delta = (x2 - x1)**2 + (y2 - y1)**2 - distances[i, j]**2
            res += delta**2
    return res

def gradient(*args):
    """Calcul du gradient de la fonction critere.

    Note: (f \circ g)' = g' \times f' \circ g
    """
    grad = np.zeros((n, 2))  # gradient sous forme 2D
    x = np.array(args).reshape((n, 2))  # ① tuple -> np.array (2D)
    for i in range(n):
        for j in range(i+1, n):
            (x1, y1), (x2, y2) = x[i, :], x[j, :]
            delta = (x2 - x1)**2 + (y2 - y1)**2 - distances[i, j]**2
            grad[i, 0] += 4 * (x1 - x2) * delta
            grad[i, 1] += 4 * (y1 - y2) * delta
            grad[j, 0] += 4 * (x2 - x1) * delta
            grad[j, 1] += 4 * (y2 - y1) * delta
    return np.ravel(grad)  # gradient sous forme 1D
```

Afin de pouvoir lancer le processus d'optimisation, il est nécessaire d'initialiser un premier vecteur (x_i, y_i). Une manière naïve de procéder consiste à tirer des coordonnées au hasard. Afin d'observer un processus de convergence à la bonne échelle, il est préférable de normaliser la matrice des distances ainsi que les coordonnées du vecteur initial ②.

```
import numpy.linalg as la

# initialisation des positions suivant une loi normale
x0 = np.random.normal(size=(n, 2))

# calcul de la nouvelle matrice des distances
l1, l2 = np.meshgrid(x0[:,0], x0[:,0])
r1, r2 = np.meshgrid(x0[:,1], x0[:,1])

# normalisation du vecteur initial et de la matrice des distances ②
x0 /= la.norm(np.sqrt((l1 - l2)**2 + (r1 - r2)**2))
distances /= la.norm(distances)
```

Maintenant que tout est prêt, on peut démarrer l'optimisation. En fonction de l'état initial (aléatoire), on arrive en général à converger en une quarantaine d'itérations :

```
import scipy.optimize as sopt
solution = sopt.fmin_bfgs(critere, x0, fprime=gradient, retall=True)
```

```
Optimization terminated successfully.
         Current function value: 0.000000
         Iterations: 47
         Function evaluations: 49
         Gradient evaluations: 49
```

Post-traitement des solutions

Il existe en réalité une infinité de solutions à notre problème. Supposons qu'il existe une carte qui respecte la propriété demandée, on peut alors tourner la carte pour mettre le nord dans n'importe quelle direction, ou regarder la carte dans un miroir, elle respectera toujours la même propriété par rapport aux distances entre les villes.

On dit alors que le problème posé est *symétrique* : l'optimisation convergera vers une projection qui respecte les distances entre les villes. Pour casser la symétrie, il reste alors à :

③ rétablir le nord : on peut utiliser le fait que Rome et Copenhague sont situés presque sur le même méridien, pour trouver l'angle de la rotation qu'il faut appliquer à l'ensemble des villes ;

④ rétablir un éventuel effet miroir : une fois que le nord est en haut de la carte, on s'assure ici que Moscou en Russie est à l'est de Reykjavik en Islande, sinon on inverse les signes sur l'axe des abscisses.

```
resultat = solution[0].reshape((n, 2))

# Calcul de l'angle de rotation
south, north = villes.index("Rome"), villes.index("Copenhague")
d = resultat[north, :] - resultat[south, :]
rotate = np.arctan2(d[1], d[0]) - np.pi / 2

# Définition de la matrice de rotation
mat_rotate = np.array(
    [[np.cos(rotate), -np.sin(rotate)],
     [np.sin(rotate), np.cos(rotate)]]
)
resultat = resultat @ mat_rotate  # ③ rotation par produit matriciel

# Axe de symétrie Nord/Sud
# Si Reykjavik est à l'est de Moscou, il faut inverser
west, east = villes.index("Reykjavik"), villes.index("Moscou")
if resultat[west, 0] > resultat[east, 0]:
    resultat[:, 0] *= -1  # ④ rétablir l'éventuel effet miroir
```

On peut alors afficher l'ensemble des villes dans le plan. La version en ligne utilise les possibilités d'animation de Matplotlib pour une version animée qui montre les positions des villes bouger après chaque itération du problème d'optimisation.

FIGURE – Solution du problème, après post-traitement

```
import matplotlib.pyplot as plt
import matplotlib.cm as cm

fig, ax = plt.subplots(figsize=(10, 10))

ax.set_xticklabels([])
ax.set_yticklabels([])
ax.set_axis_off()

for (x, y), city in zip(resultat, villes):
    ax.scatter(x, y, color='k')
    ax.annotate("  " + city + "  ", (x, y))
```

Initialisation sur des projections connues

Plutôt que de choisir des positions au hasard pour initialiser le processus d'optimisation, on peut aussi choisir d'initialiser la position des villes par leurs coordonnées dans une projection connue. Ici, la projection de Mercator ne conserve pas les distances alors que la projection conforme conique de Lambert les respecte localement.

FIGURE – La projection de Mercator (en haut) ne conserve pas les distances mais la projection conforme conique de Lambert (EPSG 3034, en bas) est proche de l'optimum.

Pour cet exemple, on fournit les coordonnées de latitude et longitude. Le module `pyproj` permet de projeter les coordonnées selon différents systèmes de projection définis selon une syntaxe précise, ou identifiés par un code EPSG : on utilise alors la projection de Mercator (EPSG 3395) et la projection conforme conique de Lambert centrée sur l'Europe (EPSG 3034).

La projection de Mercator initialise les coordonnées des villes à une position qui est incompatible avec les distances alors que la projection de Lambert fournit des coordonnées initiales qui sont très proches de l'optimum.

9

L'analyse de données avec Pandas

Pandas propose un format de structure de données tabulaires. C'est une bibliothèque qui convient particulièrement au traitement des jeux de données présentés sous forme de tableaux (format CSV ou Excel), ou des bases de données relationnelles (comme MySQL ou MongoDB). Pandas (l'abréviation de *panel data*) offre notamment des facilités pour lire, prétraiter, sélectionner, redimensionner, grouper, agréger et visualiser des données.

L'usage est d'importer la bibliothèque Pandas sous l'alias `pd` :

```
>>> import pandas as pd
```

Une présentation complète de Pandas nécessiterait un ouvrage à part entière. Ce chapitre propose une simple introduction des fonctionnalités principales, basée sur l'exemple des communes de France (☞ p. 105, § 7.4). La bibliothèque Pandas lit différents formats de fichiers, le plus simple étant le format CSV, c'est-à-dire un fichier dont les colonnes sont séparées par des virgules (*comma separated values*).

9.1. Les bases de Pandas

S'il est bien sûr possible de déchiffrer le fichier à l'aide des fonctions présentées au chapitre 3 ou à l'aide du module Python `csv`, Pandas propose directement la fonction `pd.read_csv`. Lors de la première lecture d'un fichier, il est recommandé de ne lire que les premières lignes de celui-ci afin de pouvoir raffiner efficacement les options de lecture.

```
villes = pd.read_csv("villes_france.csv", nrows=5)
villes
```

	1	01	ozan	OZAN	ozan.1	Ozan	0250	OSN	01190	284	...
0	2	1	cormoranche-sur-saone	CORMORANCHE-SUR-SAONE	cormoranche sur saone	Cormoranche-sur-Saône	C65652625	KRMRNXSRSN	1290	123	...
1	3	1	plagne-01	PLAGNE	plagne	Plagne	P425	PLKN	1130	298	...
2	4	1	tossiat	TOSSIAT	tossiat	Tossiat	T230	TST	1250	422	...
3	5	1	pouillat	POUILLAT	pouillat	Pouillat	P430	PLT	1250	309	...
4	6	1	torcieu	TORCIEU	torcieu	Torcieu	T620	TRS	1230	421	...

5 rows × 27 columns

L'usage est généralement d'avoir en première ligne d'un fichier CSV une ligne d'en-tête qui explicite le contenu de chacune des colonnes. Pandas fait ici cette hypothèse (à tort) alors que ces informations sont absentes. Les métadonnées relatives aux colonnes sont néanmoins décrites sur la page web du jeu de données. Nous allons n'en sélectionner que quelques-unes : le paramètre `usecols` décrit l'index des colonnes à considérer ; le paramètre `names` les nomme.

```
villes = pd.read_csv(
    "villes_france.csv",
    nrows=5, usecols=[5, 8, 16, 19, 20, 25, 26],
    names=[
        "nom", "code postal", "population", "longitude", "latitude",
        "altitude_min", "altitude_max",
    ],
)
```

	nom	code postal	population	longitude	latitude	altitude_min	altitude_max
0	Ozan	1190	500	4.91667	46.3833	170	205
1	Cormoranche-sur-Saône	1290	1000	4.83333	46.2333	168	211
2	Plagne	1130	100	5.73333	46.1833	560	922
3	Tossiat	1250	1400	5.31667	46.1333	244	501
4	Pouillat	1250	100	5.43333	46.3333	333	770

L'affichage est maintenant plus facile à appréhender : une ligne par entrée, et une colonne par aspect (on parle de *feature*) associé à chaque entrée. Ici, un petit défaut subsiste : les codes postaux ont été interprétés comme des entiers et les zéros initiaux ont alors disparu. Il est possible de spécifier le type associé à chaque colonne dans le paramètre `dtype`.

Une fois les paramètres ajustés, on peut alors lire le fichier en entier après avoir enlevé le paramètre `nrows`. La structure de base de Pandas est le `DataFrame`, un « tableau de données » (`pd.DataFrame`). À l'instar de NumPy, l'attribut `shape` décrit le format du tableau en mémoire, ici 36700 lignes pour 7 colonnes.

```
villes = pd.read_csv(
    "villes_france.csv",
    usecols=[5, 8, 16, 19, 20, 25, 26], names=[
        "nom", "code postal", "population", "longitude", "latitude",
        "altitude_min", "altitude_max",
    ],
    dtype={"code postal": str},
)
```

	nom	code postal	population	longitude	latitude	altitude_min	altitude_max
0	Ozan	01190	500	4.91667	46.3833	170.0	205.0
1	Cormoranche-sur-Saône	01290	1000	4.83333	46.2333	168.0	211.0
2	Plagne	01130	100	5.73333	46.1833	560.0	922.0
3	Tossiat	01250	1400	5.31667	46.1333	244.0	501.0
4	Pouillat	01250	100	5.43333	46.3333	333.0	770.0
...	...	...	...	...	...	...	...
36695	Sada	97640	10195	45.1047	-12.84860	NaN	NaN
36696	Tsingoni	97680	10454	45.1070	-12.78970	NaN	NaN
36697	Saint-Barthélemy	97133	8938	-62.8333	17.91670	NaN	NaN
36698	Saint-Martin	97150	36979	18.0913	-63.08290	NaN	NaN
36699	Saint-Pierre-et-Miquelon	97500	6080	46.7107	1.71819	NaN	NaN

36700 rows × 7 columns

```
>>> type(villes)
pandas.core.frame.DataFrame
>>> villes.shape
(36700, 7)
```

Il est possible d'explorer un DataFrame en n'affichant que les premières/dernières lignes, où en en tirant au hasard dans le fichier.

```
villes.head()  # ou villes.head(10)
villes.tail()
villes.sample(5)  # au hasard
```

	nom	code postal	population	longitude	latitude	altitude_min	altitude_max
7820	Kerbors	22610	300	-3.18333	48.8333	0.0	70.0
28860	Étobon	70400	300	6.68333	47.6500	343.0	585.0
1596	Clumanc	04330	200	6.41667	44.0333	773.0	1703.0
3353	Mesnil-Lettre	10240	100	4.26667	48.4500	121.0	183.0
25526	Voingt	63620	100	2.53333	45.8000	715.0	814.0

Chaque colonne peut être sélectionnée par la notation entre crochets `df["population"]` ou, si la syntaxe qui en résulte le permet, avec la notation pointée `df.population`. Une colonne est une structure `pd.Series`.

```
>>> type(villes.population)
pandas.core.series.Series

>>> villes.population  # équivalent à villes["population"]
0          500
1         1000
2          100
3         1400
4          100
         ...
36695    10195
36696    10454
36697     8938
36698    36979
36699     6080
Name: population, Length: 36700, dtype: int64
```

Une série consiste en un tableau NumPy, accessible par l'attribut `values`, un `dtype`, un index, et, le cas échéant, un nom `name`.

```
>>> (villes.population.values, villes.population.dtype,
...  villes.population.index, villes.population.name)
(array([  500,  1000,   100, ...,  8938, 36979,  6080]),
 dtype('int64'),
 RangeIndex(start=0, stop=36700, step=1),
 'population')
```

On peut indexer un DataFrame à l'aide d'une liste de noms de colonnes pour n'en extraire que certaines. Si la liste n'a qu'un seul élément, Pandas retourne un tableau (`pd.DataFrame`) à une seule colonne, différent d'une colonne (`pd.Series`).

```
villes[["population"]]
```

	population
0	500
1	1000
2	100
3	1400
4	100
...	...
36695	10195
36696	10454
36697	8938
36698	36979
36699	6080

36700 rows × 1 columns

On utilise en général l'indexation par une liste pour sélectionner un jeu de *features* :

```
villes[["nom", "population"]].head()
```

	nom	population
0	Ozan	500
1	Cormoranche-sur-Saône	1000
2	Plagne	100
3	Tossiat	1400
4	Pouillat	100

De nombreuses informations parmi celles présentées ici sont rassemblées dans le résultat de la méthode `.info()`. Celle-ci est en réalité peu utilisée, mais elle rassemble toutes les informations pertinentes quant aux structures de données étudiées. La méthode `.describe()` offre un autre type d'informations statistiques sur la distribution de chacune des *features*.

```
>>> villes.info()
<class 'pandas.core.frame.DataFrame'>
RangeIndex: 36700 entries, 0 to 36699
Data columns (total 7 columns):
 #   Column        Non-Null Count  Dtype
---  ------        --------------  -----
 0   nom           36700 non-null  object
 1   code postal   36700 non-null  object
 2   population    36700 non-null  int64
 3   longitude     36700 non-null  float64
 4   latitude      36700 non-null  float64
 5   altitude_min  36568 non-null  float64
 6   altitude_max  36568 non-null  float64
dtypes: float64(4), int64(1), object(2)
memory usage: 2.0+ MB
```

```
>>> villes.describe()
```

	population	longitude	latitude	altitude_min	altitude_max
count	3.670000e+04	36700.000000	36700.000000	36568.000000	36568.000000
mean	1.751080e+03	2.786424	46.691117	193.156831	391.105694
std	1.460775e+04	2.966138	5.751918	194.694801	449.308488
min	0.000000e+00	-62.833300	-63.082900	-5.000000	0.000000
25%	2.000000e+02	0.700000	45.150000	62.000000	140.000000
50%	4.000000e+02	2.650000	47.383300	138.000000	236.000000
75%	1.000000e+03	4.883330	48.833300	253.000000	435.000000
max	2.211000e+06	49.443600	55.697200	1785.000000	4807.000000

9.2. Visualisation, sélection, indexation

Les exemples précédents illustrent comment fonctionnait l'opérateur crochets `[]` sur un `pd.DataFrame` Pandas : une chaîne de caractères en argument renvoie une *feature* de type `pd.Series`, une liste de chaînes de caractères renvoie un sous-tableau de type `pd.DataFrame`.

Il est également possible de procéder à une indexation par ligne. À l'image de NumPy, on peut procéder à une indexation par masque ou par indice. D'une manière générale, cette indexation se fait à l'aide du mot-clé `.loc` :

```
>>> villes.loc[(villes.population > 100_000) & (villes.altitude_min > 400)]
```

	nom	code postal	population	longitude	latitude	altitude_min	altitude_max
16123	Saint-Étienne	42000-42100-42230	172700	4.4	45.4333	422.0	1117.0

La colonne non nommée située le plus à gauche de l'affichage ci-dessus se nomme *index*. Il existe différentes manières d'indexer un `pd.DataFrame`. Un index numérique peut faire l'affaire :

```
>>> villes.index
RangeIndex(start=0, stop=36700, step=1)
>>> villes.loc[16123]
nom                 Saint-Étienne
code postal     42000-42100-42230
population                 172700
longitude                     4.4
latitude                  45.4333
altitude_min                  422
altitude_max                 1117
Name: 16123, dtype: object
```

Il est également possible de choisir une colonne sur laquelle indexer le tableau, par exemple le nom, ou le code postal. Si l'index est unique, un `pd.Series` est renvoyé, sinon on récupère un sous-tableau `pd.DataFrame`.

```
>>> villes.set_index("nom").loc["Cannes"]
code postal     06400-06150
population            72900
longitude           7.01667
latitude              43.55
altitude_min              0
altitude_max            260
Name: Cannes, dtype: object
```

On notera ici que la plupart des opérations Pandas ont un comportement par défaut qui ne modifie pas le `pd.DataFrame` mais en renvoie une copie modifiée. Ce paradigme favorise une expression des traitements de données chaînées, c'est-à-dire où les opérations sont empilées les unes sur les autres de manière linéaire.

```
>>> villes.set_index("nom").loc["Saint-Martin"]
```

	code postal	population	longitude	latitude	altitude_min	altitude_max
nom						
Saint-Martin	32300	400	0.366667	43.5000	159.0	263.0
Saint-Martin	54450	100	6.752780	48.5681	241.0	301.0
Saint-Martin	65360	400	0.083333	43.1667	332.0	489.0
Saint-Martin	66220	100	2.466670	42.7833	268.0	642.0
Saint-Martin	67220	300	7.300000	48.3500	268.0	615.0
Saint-Martin	83560	200	5.884780	43.5892	343.0	582.0
Saint-Martin	97150	36979	18.091300	-63.0829	NaN	NaN

L'argument `.loc` supporte un deuxième argument pour une sélection à la fois sur les lignes et les colonnes.

```
>>> villes.set_index("code postal").loc["74110", ["nom", "altitude_max"]]
```

code postal	nom	altitude_max
74110	Montriond	2340.0
74110	Morzine	2460.0
74110	Essert-Romand	1780.0
74110	La Côte-d'Arbroz	2240.0

Quand l'index est numérique, certaines opérations peuvent perturber l'ordre des index.

```
>>> villes.sort_values("nom")
```

	nom	code postal	population	longitude	latitude	altitude_min	altitude_max
26263	Aast	64460	200	-0.083333	43.2833	367.0	393.0
21095	Abainville	55130	300	5.500000	48.5333	282.0	388.0
22969	Abancourt	59265	400	3.216670	50.2333	36.0	70.0
23403	Abancourt	60220	700	1.766670	49.7000	170.0	222.0
20841	Abaucourt	54610	300	6.250000	48.9000	182.0	235.0
...	...	...	...	...	...	...	...

36700 rows × 7 columns

```
>>> villes.sort_values("nom").index
Int64Index([26263, 21095, 22969, 23403, 20841, 21196,  8852,  9102, 16793, 9063,
            ...
            11020, 21409,  6232, 21396, 21507, 10973,  7783, 11136, 25430, 1228],
           dtype='int64', length=36700)
```

Dans ce cas, l'argument `.iloc` prend tout son sens : `.loc` procède à une indexation basée sur l'index du `pd.DataFrame` alors que `.iloc` permet de compter les lignes dans l'ordre dans lequel elles apparaissent, que les index aient été modifiés ou qu'une opération ait modifié l'ordre des lignes :

```
>>> villes.set_index("nom").iloc[0]
code postal       01190
population          500
longitude       4.91667
latitude        46.3833
altitude_min        170
altitude_max        205
Name: Ozan, dtype: object
```

```
>>> villes.sort_values("altitude_max", ascending=False).iloc[0]
nom             Chamonix-Mont-Blanc
code postal                   74400
population                     9000
longitude                   6.86667
latitude                    45.9167
altitude_min                    995
altitude_max                   4807
Name: 30375, dtype: object
```

Itération sur les lignes d'un tableau. L'itération ligne par ligne est possible avec l'opérateur `.iterrows()`. Elle renvoie des tuples `index, ligne` ; il est toutefois préférable de toujours réfléchir à une manière d'obtenir le résultat voulu à l'aide d'opérations vectorielles, qui sont beaucoup plus efficaces.

```
for index, ligne in villes.set_index("code_postal").iterrows():
    print(index, ligne.nom)
    break
```

```
01190 Ozan
```

```
%%time
# En itérant sur les lignes
sorted((ligne.population, ligne.nom) for index, ligne in villes.iterrows())[-5:]
```

```
CPU times: user 4.86 s, sys: 24.2 ms, total: 4.89 s
Wall time: 5.19 s

[(344900, 'Nice'),
 (439600, 'Toulouse'),
 (474900, 'Lyon'),
 (851400, 'Marseille'),
 (2211000, 'Paris')]
```

```
%%time
# En écriture vectorielle
villes.sort_values("population").tail()[["population", "nom"]]
```

```
CPU times: user 11.7 ms, sys: 1.1 ms, total: 12.8 ms
Wall time: 15.3 ms
```

	population	nom
2049	344900	Nice
11718	439600	Toulouse
28152	474900	Lyon
4439	851400	Marseille
30437	2211000	Paris

Intégration avec Matplotlib. Les `pd.DataFrame` et les `pd.Series` sont tous équipés du mot-clé `.plot` qui donne accès à l'ensemble des méthodes Matplotlib d'affichage. On peut par exemple afficher facilement la distribution que suit une *feature* particulière, ici la population des communes :

```
fig, ax = plt.subplots(figsize=(10, 5))
villes["population"].plot.hist(ax=ax, bins=20, lw=3, ec="w", fc="k")
ax.set_yscale("log")  # axe logarithmique pour explorer la distribution
```

Cette distribution permet alors de choisir judicieusement des critères pour sélectionner certaines lignes de notre tableau. Ici on sélectionne les communes qui ont plus de 200 000 habitants puis on les trie par ordre décroissant de population.

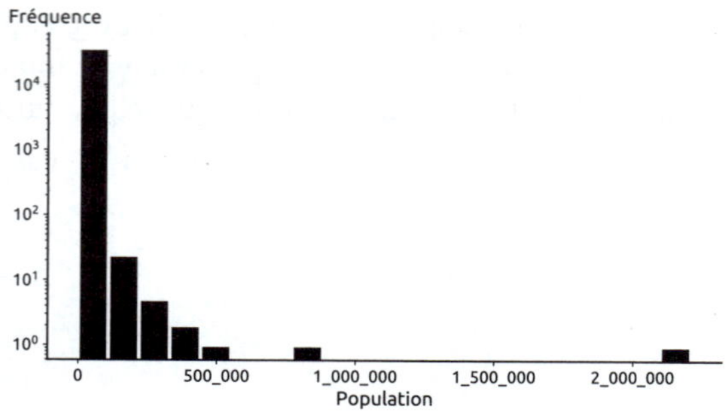


```
villes.loc[villes.population > 200_000, ["nom", "population"]].sort_values(
    "population", ascending=False
).style.format({"population": "{:_}"})
```

	nom	population
30437	Paris	2_211_000
4439	Marseille	851_400
28152	Lyon	474_900
11718	Toulouse	439_600
2049	Nice	344_900
16755	Nantes	283_300
27303	Strasbourg	272_100
13338	Montpellier	253_000
12678	Bordeaux	235_900
22744	Lille	225_800
13467	Rennes	206_700

On notera ici le mot-clé `.style` qui donne accès à un grand nombre de fonctionnalités Pandas pour personnaliser l'affichage d'un `pd.DataFrame` (ici on ajoute un séparateur de milliers sur l'affichage des populations). Cette possibilité offerte par Pandas ne sera pas détaillée dans cet ouvrage mais le lecteur pourra se référer à la documentation officielle (en anglais) : `https://pandas.pydata.org/pandas-docs/stable/user_guide/style.html`

Les méthodes `eval` et `query`. À l'image de `numexpr`, Pandas met à disposition deux méthodes particulières qui compilent des expressions et les exécutent sur le `pd.DataFrame` en une seule itération.

La méthode `.eval()` évalue l'expression passée en paramètre :

```
>>> # valeur médiane des populations des communes de France
>>> villes.eval("population.median()")
400.0
>>> villes.eval("altitude_max - altitude_min")
0         35.0
1         43.0
2        362.0
3        257.0
         ...
36696      NaN
36697      NaN
36698      NaN
36699      NaN
Length: 36700, dtype: float64
```

C'est surtout la méthode `.query()` qui est couramment utilisée pour sélectionner les lignes d'un `pd.DataFrame` en fonction d'un critère. Ce formalisme simplifie l'écriture (plus de souplesse dans la syntaxe), limite les erreurs (le nom du `pd.DataFrame`, ici `villes` n'a pas besoin d'être rappelé) et améliore la performance du code (une seule itération contre trois dans cet exemple simple).

```
villes.loc[(villes.altitude_min > 1000) & (villes.population > 2000)]
villes.query("altitude_min > 1000 and population > 2000")
```

Si l'expression doit évaluer le contenu d'une variable locale, on peut la rappeler à l'aide du symbole `@` :

```
alt_value, pop_value = 1000, 2000
villes.query("altitude_min > @alt_value and population > @pop_value")
```

	nom	code postal	population	longitude	latitude	altitude_min	altitude_max
1701	Barcelonnette	04400	2700	6.65000	44.3833	1115.0	2680.0
1925	Briançon	05100	11600	6.65000	44.9000	1167.0	2540.0
30043	Modane	73500	3800	6.66667	45.2000	1054.0	3560.0
30140	Tignes	73320	2200	6.91667	45.5000	1440.0	3747.0
30182	Megève	74120	3900	6.61667	45.8667	1027.0	2485.0

9.3. Enrichissement, agrégation

Au-delà des fonctionnalités de visualisation et de sélection, Pandas permet également de modifier et d'enrichir les structures `pd.DataFrame` et `pd.Series`.

Il est notamment possible de renommer des colonnes. C'est le choix que nous faisons dans l'exemple qui nous occupe : pour pouvoir bénéficier de la notation pointée sur les codes postaux, on remplace l'espace par un caractère `_`. Comme la plupart des fonctionnalités Pandas, celle-ci renvoie de nouvelles structures de données sans modifier les structures d'origine : cette particularité permet notamment de chaîner du code (☞ p. 165, § 12). Si on souhaite enregistrer la modification, on peut remplacer la variable d'origine.

```
villes = villes.rename(columns={"code postal": "code_postal"})
```

Supposons que l'on souhaite agréger les données qui nous sont fournies par département. Il est possible de reconstruire le département à partir des deux premiers chiffres du code postal. La méthode `.apply()` prend en paramètre une fonction, anonyme ou non, à appliquer à chacun des éléments de la `pd.Series`.

```
villes.code_postal.apply(lambda code: code[:2])
```

Pour certains types de données, notamment les chaînes de caractères `str` et les données temporelles, un attribut permet de propager les méthodes associées pour les appliquer à chacun des éléments de la `pd.Series`. Ainsi, pour obtenir le même résultat, on peut appliquer l'opérateur `[:2]` à l'attribut `.str` :

```
>>> villes.code_postal.str[:2]

0        01
1        01
2        01
3        01
4        01
```

```
         ..
36695    97
36696    97
36697    97
36698    97
36699    97
Name: code_postal, Length: 36700, dtype: object
```

Toutes les méthodes applicables aux chaînes de caractères sont disponibles, par exemple `.str.lower()` ou `.str.find("0")`. Les méthodes applicables aux données temporelles seront utilisées dans un exemple plus loin (☞ p. 241, § 16.1) : elles sont appliquées à l'attribut `.dt`, comme `.dt.day`, `.dt.total_seconds()` ou `.dt.tz_localize()`.

La série étant toujours très longue, on peut agréger cette `pd.Series` pour n'afficher que les éléments uniques. Un tri de la série préalable permet de récupérer les éléments uniques dans l'ordre lexicographique :

```
>>> villes.code_postal.str[:2].sort_values().unique()
```

```
array(['01', '02', '03', '04', '05', '06', '07', '08', '09', '10', '11',
       '12', '13', '14', '15', '16', '17', '18', '19', '20', '21', '22',
       '23', '24', '25', '26', '27', '28', '29', '30', '31', '32', '33',
       '34', '35', '36', '37', '38', '39', '40', '41', '42', '43', '44',
       '45', '46', '47', '48', '49', '50', '51', '52', '53', '54', '55',
       '56', '57', '58', '59', '60', '61', '62', '63', '64', '65', '66',
       '67', '68', '69', '70', '71', '72', '73', '74', '75', '76', '77',
       '78', '79', '80', '81', '82', '83', '84', '85', '86', '87', '88',
       '89', '90', '91', '92', '93', '94', '95', '97'], dtype=object)
```

Avant d'assigner le département à chaque commune, il conviendra de traiter deux cas particuliers :

- les codes postaux de Corse commencent par 200 ou 201 pour le département 2A (Corse-du-Sud) et par 202 ou 206 pour le département 2B (Haute-Corse);
- les départements d'outre-mer s'écrivent sur trois chiffres qui commencent par 97.

Commençons par le plus simple, on peut créer un vecteur qui traite le cas particulier des DOM à l'aide d'un branchement `np.where(condition, valeur_si_vrai, valeur_si_faux)`, puis ajouter une colonne `departement` à l'aide de la méthode `.assign()` :

```
villes = villes.assign(
    departement=np.where(
        villes.code_postal.str.startswith("97"),
        villes.code_postal.str[:3],
        villes.code_postal.str[:2],
    )
)
```

Le cas particulier de la Corse nous permet d'illustrer une manière de modifier le contenu d'un `pd.DataFrame` sans retourner de copie. Si cette manière de procéder manque d'élégance, il conviendra néanmoins d'y songer quand elle clarifie la lisibilité du code :

```
# On utilise ici .contains qui permet l'utilisation d'expressions régulières
villes.loc[villes.code_postal.str.contains("^20[01]"), "departement"] = "2A"
villes.loc[villes.code_postal.str.contains("^20[26]"), "departement"] = "2B"
```

Il convient alors de confirmer le résultat :

```
array(['01', '02', '03', ...
       '12', '13', '14', '15', '16', '17', '18', '19', '21', '22', '23',
       '24', '25', '26', '27', '28', '29', '2A', '2B', ...
       '88', '89', '90', '91', '92', '93', '94', '95', '971', '972',
       '973', '974', '975', '976'], dtype=object)
```

L'ajout de cette colonne nous permet alors de procéder à des agrégations par département. La méthode qui permet ces opérations est `.groupby()`. Appelée seule, elle ne renvoie qu'un objet de type `DataFrameGroupBy` sans grand intérêt. Cette structure permet néanmoins d'appliquer des opérations d'agrégation.

```
>>> villes.groupby("departement")
<pandas.core.groupby.generic.DataFrameGroupBy object at 0x7fda22877520>
```

Pour mieux appréhender l'opérateur, il est possible d'itérer dessus : Pandas renvoie alors une valeur unique de clé (ici `departement`), puis le sous-tableau de villes pour lequel toutes les valeurs de `departement` sont égales à la clé :

```
>>> for dept, df in villes.groupby("departement"):
...     print(f"Clé: {dept}; taille: {df.shape}")
Clé: 01; taille: (424, 8)
Clé: 02; taille: (816, 8)
Clé: 03; taille: (319, 8)
Clé: 04; taille: (193, 8)
Clé: 05; taille: (182, 8)
[tronqué]
```

L'agrégation est alors accessible suivant différentes approches :

— la même fonction d'agrégation suivant toutes les *features* (la valeur médiane dans l'exemple ci-dessous, réduite automatiquement aux seules *features* numériques) ;

```
villes.groupby("departement").median()
```

	population	longitude	latitude	altitude_min	altitude_max
departement					
01	700.0	5.350000	46.10000	237.0	425.0
02	300.0	3.500000	49.55000	72.0	166.0
03	400.0	3.200000	46.33330	250.0	372.0
...	...	...	...	...	...
974	26186.0	-20.979550	55.33470	NaN	NaN
975	6080.0	46.710700	1.71819	NaN	NaN
976	9834.0	45.120000	-12.79820	NaN	NaN

102 rows × 5 columns

— une fonction (ou liste de fonctions) d'agrégation à appliquer à chacune des *features*. Les fonctions d'agrégation les plus communes sont accessibles par une chaîne de caractères, mais il serait également possible de passer une fonction personnalisée ;

```
stats = villes.groupby("departement").agg(
    dict(
        nom="count",  # nombre de villes
        population="sum",  # population totale
```

```
        longitude="median",  # centre géométrique
        latitude="median",
        altitude_min="min",
        altitude_max="max",
    )
)
```

departement	nom	population	longitude	latitude	altitude_min	altitude_max
01	424	584200	5.350000	46.10000	163.0	1704.0
02	816	540200	3.500000	49.55000	36.0	295.0
03	319	342700	3.200000	46.33330	158.0	1280.0
...	...	...	...	...	...	...
974	24	821136	-20.979550	55.33470	NaN	NaN
975	1	6080	46.710700	1.71819	NaN	NaN
976	17	212645	45.120000	-12.79820	NaN	NaN

102 rows × 5 columns

On peut alors récupérer les départements les plus peuplés par exemple :

```
stats.sort_values("population", ascending=False).head(5)
```

departement	nom	population	longitude	latitude	altitude_min	altitude_max
59	646	2563000	3.26667	50.3500	0.0	271.0
75	1	2211000	2.34445	48.8600	0.0	0.0
13	120	1965400	5.25000	43.5333	0.0	1054.0
69	292	1688600	4.65000	45.8500	140.0	1008.0
92	36	1549600	2.26667	48.8333	21.0	179.0

— la dernière possibilité est d'appliquer une fonction personnalisée à chaque sous-tableau renvoyé, puis de réduire le résultat en un unique tableau. Par exemple si on veut récupérer les deux villes les plus peuplées de chaque département (qui n'incluent pas nécessairement la préfecture) :

```
villes.groupby("departement",).apply(
    # trier chaque tableau par population et garder les deux premières lignes
    lambda df: df.sort_values("population", ascending=False).head(2)
).head(12)[["nom", "population"]]
```

departement		nom	population
01	**375**	Bourg-en-Bresse	40200
	275	Oyonnax	23100
02	**1132**	Saint-Quentin	56800
	478	Soissons	28500
03	**1294**	Montluçon	39500
	1369	Vichy	25200
04	**1717**	Manosque	22300
	1738	Digne-les-Bains	17300
05	**1818**	Gap	38600
	1925	Briançon	11600
06	**2049**	Nice	344900
	1999	Antibes	77000

9.4. Fusion de données

L'inconvénient de notre tableau est qu'il ne contient pas les noms des départements auxquels il fait référence : ceux-ci sont absents du fichier d'origine. Pandas propose des méthodes de fusion de données, ou *jointures*, issues de la théorie des bases de données. Pour bien démarrer, il convient de récupérer un fichier qui associe un code de département à son nom :

```
url = "https://www.data.gouv.fr/fr/datasets/r/70cef74f-70b1-495a-8500-c089229c0254"
departements = pd.read_csv(url)  # Pandas télécharge directement depuis Internet
```

	code_departement	nom_departement	code_region	nom_region
0	01	Ain	84	Auvergne-Rhône-Alpes
1	02	Aisne	32	Hauts-de-France
2	03	Allier	84	Auvergne-Rhône-Alpes
...	...	...	...	...
98	973	Guyane	3	Guyane
99	974	La Réunion	4	La Réunion
100	976	Mayotte	6	Mayotte

101 rows × 4 columns

Pour fusionner deux tables (opération de *jointure* dans le langage des bases de données) à l'aide de la méthode `.merge()`, il faut préciser suivant sur quelle(s) colonne(s) (quelle *clé*) baser notre fusion :

- si les colonnes ont le même nom dans les deux tables, on peut utiliser l'argument `on=` ; sinon, on peut raffiner à l'aide de `left_on=` et `right_on=` (pour gauche et droite) ;
- si la jointure doit se faire sur l'index, préciser `left_index=True` ou `right_index=True` ;
- la méthode de jointure par défaut est `"inner"`, ce qui signifie que seuls les éléments clés présents dans les deux tables sont conservés. Les autres méthodes sont `"left"` (on conserve tous les éléments de la table de gauche), `"right"` (tous les éléments de la table de droite), `"outer"` (tous les éléments présents dans une table ou l'autre).

Ici, le code du département est la clé du tableau `stats`. Dans le tableau de référence téléchargé sur `https://www.data.gouv.fr`, c'est la colonne `code_departement`.

```
stats_avec_nom = stats.merge(departements, left_index=True, right_on="code_departement")
```

Les résultats précédents deviennent alors plus lisibles :

```
features = [
    "code_departement", "nom_departement", "population", "altitude_min", "altitude_max"
]

# Les 5 départements les plus élevés en altitude
stats_avec_nom.sort_values("altitude_max", ascending=False)[features].head(5)
```

	code_departement	nom_departement	population	altitude_min	altitude_max
74	74	Haute-Savoie	715200	250.0	4807.0
4	05	Hautes-Alpes	134800	460.0	4099.0
38	38	Isère	1188100	134.0	4008.0
73	73	Savoie	409800	207.0	3855.0
3	04	Alpes-de-Haute-Provence	156800	256.0	3410.0

```
# Les 5 départements les plus peuplés
stats_avec_nom.sort_values("population", ascending=False)[features].head(5)
```

	code_departement	nom_departement	population	altitude_min	altitude_max
59	59	Nord	2563000	0.0	271.0
75	75	Paris	2211000	0.0	0.0
12	13	Bouches-du-Rhône	1965400	0.0	1054.0
69	69	Rhône	1688600	140.0	1008.0
92	92	Hauts-de-Seine	1549600	21.0	179.0

9.5. Formats d'échange

Nous n'avons travaillé ici qu'avec le format csv pour lire des fichiers. Pandas propose de lire et d'écrire depuis plusieurs formats de fichiers. D'une manière générale, le choix du bon format d'échange dépendra de plusieurs questions : est-il nécessaire de distribuer les données ? est-il nécessaire de les lire/écrire rapidement ? les données doivent-elles être lisibles encore longtemps ?

— Le format **csv** (*comma separated values*) est un format standard et bien connu. La seule nuance qui puisse exister est celle du séparateur (l'option `sep=`) : historiquement la virgule sépare les colonnes, mais dans le monde francophone on utilise souvent le point-virgule. C'est un format facile à décoder mais qui passe mal à l'échelle : quand les fichiers deviennent grands, le décodage devient long et gourmand en mémoire. Aussi, le format ne contient aucune information de type (chaînes de caractères, entiers, etc.) : il faut alors les ajuster manuellement.
D'une manière générale, la bonne pratique veut qu'on ne lise les fichiers csv qu'une fois et qu'on utilise un autre format s'il est nécessaire de les stocker pour une utilisation future.

— Le format **json** (*JavaScript Object Notation*) est un autre format textuel léger, lisible par les humains, mais également lent à décoder. L'avantage par rapport à un fichier csv est qu'il est possible de distinguer les booléens, les valeurs numériques et les chaînes de caractères dans le fichier.

— Le format ***pickle*** est le format standard de sérialisation Python (☞ p. 41, § 3.4). La représentation binaire des données est simplement écrite dans un fichier. La lecture et l'écriture de ces fichiers sont rapides, et le format garantit de récupérer les données telles quelles après avoir redémarrer l'interpréteur Python. L'inconvénient est que le format de sérialisation peut changer avec les versions de Python et de Pandas. Ce n'est pas un bon format pour partager ou stocker des données à long terme.

— Le format **hdf** (*Hierarchical Data Format*) est un format standard, indépendant de la plateforme et du langage de programmation, efficace pour stocker de gros volumes de données. Il peut y avoir besoin de dépendances supplémentaires pour lire et écrire dans ce format.

— Le format **Apache Parquet** est un format de stockage en colonne, indépendant de la plateforme et du langage de programmation. Le format est bien intégré à Pandas, les opérations de lecture et d'écriture sont rapides et les fichiers produits sont plutôt compacts. Les types de base sont respectés mais certaines structures Python pourraient ne pas être directement exportables. Il peut y avoir besoin de dépendances supplémentaires pour lire et écrire dans ce format.

9.6. Le passage à Pandas 2.0

La principale évolution de Pandas 2.0 concerne l'amélioration de la performance. Pandas a d'abord été développé autour des structures de données NumPy. PyArrow est une bibliothèque Python adaptée pour les grands jeux de données, qui utilise les structures de données Arrow et qui s'intègre très bien avec d'autres systèmes de gestion de gros volumes de données comme Spark ou Parquet.

Il est possible de créer des dataframes Pandas qui supportent directement le format `pyarrow` avec l'option suivante :

```
pd.read_csv(mon_fichier, dtype_backend='pyarrow')
```

Il est également possible de convertir un dataframe existant :

```
stats_pyarrow = stats.convert_dtypes(dtype_backend="pyarrow")
stats_pyarrow
```

Si on compare les deux formats de types, on observe les valeurs `NaN` (du standard IEEE de définition des flottants, également présents dans NumPy) alors que dans la nouvelle version, il deviennent des objets vides étiquetés `<NA>`. Alors que NumPy ne permet pas d'avoir des types de tableau `int64` avec des valeurs vides, Arrow le permet. Ainsi, on peut comparer les `dtypes` des colonnes avec le backend NumPy original `"numpy_nullable"` et avec le backend PyArrow, qui autorise des valeurs nulles parmi les valeurs entières d'altitudes.

```
>>> stats.dtypes
nom               int64
population        int64
longitude       float64
latitude        float64
altitude_min    float64
altitude_max    float64
dtype: object
>>> stats_arrow.dtypes
nom              int64[pyarrow]
population       int64[pyarrow]
longitude       double[pyarrow]
latitude        double[pyarrow]
altitude_min     int64[pyarrow]
altitude_max     int64[pyarrow]
dtype: object
```

9.7. Pandas ou Polars

Polars est une bibliothèque plus récente que Pandas, écrite en Rust, avec un moteur d'exécution qui n'est pas basé sur NumPy et qui est très efficace d'un point de vue de la performance. Certains benchmarks annoncent des performances jusqu'à 30 fois plus rapides.

La syntaxe est légèrement différente de celle de Pandas néanmoins et un code écrit avec Pandas n'est pas exécutable tel quel sur une structure Polars.

Les principales différences sont les suivantes.

```
import polars as pl

villes_pl = pl.from_dataframe(villes.convert_dtypes(dtype_backend="pyarrow"))
villes_pl
```

— La fonction .loc n'existe pas :

```
villes.loc[:,'population']
# devient avec polars
villes_pl.select('population')
```

— Le filtre se fait alors avec la fonction filter :

```
villes.loc[(villes.altitude_min > 1000) & (villes.population > 2000)]
# devient avec polars
villes_pl.filter((pl.col("altitude_min") > 1000) & (pl.col("population") > 2000))
```

— Les méthodes .query() et .eval() qui utilisent numexpr ne sont plus pertinentes en Polars, puis les expressions qui utilisent pl.col("colonne") > valeur sont de type pl.Expr et n'évaluent rien de manière gloutonne sur le dataframe.
— La syntaxe du groupby est aussi légèrement différente :

```
villes.groupby('departement').agg(dict(population="sum"))
# devient avec polars
villes_pl.group_by("departement").agg(pl.sum("population"))
```

— Si on souhaite aggréger la même colonne plusieurs fois, il convient de renommer la colonne avec l'opérateur .alias (Polars ne procède pas par multi-index)

```
villes.groupby('departement').agg(dict(population=["sum", "min"]))
# devient avec polars
villes_pl.group_by("departement").agg(
    pl.sum("population"),
    pl.min("population").alias("population_min"),
)
```

— Enfin, l'opérateur assign devient with_columns, avec également l'utilisation de .alias qui est encouragée :

```
villes.assign(
    departement=np.where(
        villes.code_postal.str.startswith("97"),
        villes.code_postal.str[:3],
        villes.code_postal.str[:2],
    )
)
# devient avec polars
villes_pl.with_columns(
    pl.when(pl.col("code_postal").str.starts_with("97"))
    .then(pl.col("code_postal").str.slice(0, 3))
    .otherwise(pl.col("code_postal").str.slice(0, 2))
    .alias("departement")
)
```

Si la manière de penser le code est différente, la documentation, la complétion automatique, voire même les capacités de traduction de code d'outils comme ChatGPT peuvent aider à faire la transition entre Pandas et Polars. On notera que Polars limite le besoin d'utiliser des fonctions anonymes (avec lambda) grâce à sa manière de penser l'ajout de nouvelles colonnes avec .with_columns ou .agg.

Pour l'exemple de code Pandas un peu complexe qui apparaît plus haut :

```
villes.groupby("departement",).apply(
    # trier chaque tableau par population et garder les deux premières lignes
    lambda df: df.sort_values("population", ascending=False).head(2)
).head(12)[['nom', 'population']]
```

on pourra proposer par exemple le code suivant :

```
villes_pl.group_by("departement").agg(
    pl.col("nom", "population").gather(pl.arg_sort_by("population", descending=True)).head(2)
).sort("departement").explode("nom", "population").head(12)
```

Enfin, la documentation de Polars recommande l'utilisation de la fonction scan_csv à la place de read_csv car cette fonction est évaluée de manière paresseuse et ne lit le fichier en entier que lorsqu'il devient nécessaire.

Sur des tests de performance effectués par la communauté, la version de Pandas basée sur PyArrow peut être jusqu'à 12 fois plus rapide que cette basée sur NumPy, et approcher ainsi les performances de Polars, qui reste toujours plus performant. Les tests incluent généralement une comparaison avec DuckDB (☞ p. 317, § 21.3.1), un système de traitement de données analytiques similaires à Pandas et Polars, utilisable de manière indépendante (le langage est compatible avec la syntaxe SQL), ou *via* d'autres langages comme Python.

10

La visualisation interactive avec Altair et ipyleaflet

Ce chapitre est disponible sous forme interactive sur la page web du livre :
`https://www.xoolive.org/python/`.

La place croissante que prend Jupyter dans l'écosystème Python et des technologies du web fait la part belle à des outils de visualisation interactive. Nous présentons ici deux de ces bibliothèques :

- la grammaire de visualisation (*grammar of graphics*) **Altair** complète la bibliothèque Matplotlib, avec une syntaxe plus naturelle, qui traite séparément les données de la spécification de la visualisation. Elle est basée sur les bibliothèques Javascript d3js et Vega, couramment utilisées par les journalistes qui produisent des infographies ;
- la bibliothèque **ipyleaflet** propose quant à elle d'enrichir des fenêtres interactives de visualisation de cartes, sur le modèle de Google Maps ou OpenStreetMap, avec des données géographiques.

À l'instar de Pandas, une présentation complète d'Altair en quelques pages relève de la gageure. Elle ne remplace pas la riche documentation de la bibliothèque accessible sur le site `https://altair-viz.org`. Ce chapitre propose une simple introduction des possibilités de cette bibliothèque, basée sur un jeu de données [1] rendu célèbre par le chercheur suédois Hans Rosling [2]. Ce fichier comprend, par année et par pays, des données de population, d'espérance de vie et de PIB par habitant (rapportées en équivalent en dollars de 2011).

Altair est une grammaire graphique, c'est-à-dire un langage qui décrit une visualisation de données avant de l'appliquer à un jeu de données particulier. Elle est construite autour de la bibliothèque Pandas, prend en paramètre des `pd.DataFrame` et produit, à l'aide des bibliothèques Javascript Vega Lite et D3.js, une visualisation de données sur le web. Elle peut également prendre en paramètre des URL vers des données ordonnées au format JSON, accessibles sur le Net.

1. `https://ourworldindata.org/grapher/life-expectancy-vs-gdp-per-capita`
2. `https://www.ted.com/talks/hans_rosling_let_my_dataset_change_your_mindset`

	country	country_code	year	population	life_expectancy	GDP_per_capita	continent
150	Afghanistan	AFG	1950	7752000.0	27.638	2392.0	Asia
151	Afghanistan	AFG	1951	7840000.0	27.878	2422.0	Asia
152	Afghanistan	AFG	1952	7936000.0	28.361	2462.0	Asia
153	Afghanistan	AFG	1953	8040000.0	28.852	2568.0	Asia
154	Afghanistan	AFG	1954	8151000.0	29.350	2576.0	Asia
...	...	...	...	...	...	...	...
48261	Zimbabwe	ZWE	2011	12894000.0	52.896	1515.0	Africa
48262	Zimbabwe	ZWE	2012	13115000.0	55.032	1623.0	Africa
48263	Zimbabwe	ZWE	2013	13350000.0	56.897	1801.0	Africa
48264	Zimbabwe	ZWE	2014	13587000.0	58.410	1797.0	Africa
48265	Zimbabwe	ZWE	2015	13815000.0	59.534	1759.0	Africa

TABLEAU 10.1 – Aperçu du tableau `data` utilisé dans les exemples de ce chapitre

Le point de départ de la bibliothèque sera alors un jeu de données caractérisé par le mot-clé anglais *tidy* (rangé) : cela signifie que les données brutes ont déjà été prétraitées, filtrées, ordonnées pour produire des points qui s'approchent au plus près de la définition de la visualisation. On manipulera alors :

— un `pd.DataFrame` qui sera intégré automatiquement à la visualisation, et où les types de données seront inférés ;
— le chemin (URL) vers un fichier CSV ou JSON, lu directement par la bibliothèque Javascript responsable du rendu.

Il convient de garder en mémoire les limitations classiques actuelles des moteurs de rendus Javascript : à l'heure actuelle (2021), il faudra certainement se limiter à des visualisations qui manipulent un ordre de grandeur de 100 000 points.

Le fichier fourni sur la page web précédente comprend quelques incohérences, des valeurs manquantes (on reconstruit notamment la colonne `continent`), et on ne s'intéressera qu'aux points situés entre 1950 et 2015, avec des valeurs présentes de population : le code Pandas qui construit les données utilisées pour les visualisations de cette page (Tableau 10.1) est fourni sur la page web du livre `https://www.xoolive.org/python/`.

L'usage est d'importer la bibliothèque Altair sous l'alias `alt` :

```
>>> import altair as alt
```

10.1. Encodages et marques

Les visualisations Altair sont basées sur trois types de données :
— les `alt.Chart` contiennent la donnée (sous forme de `pd.DataFrame` ou de chemin vers un fichier) ;
— la marque (les mots-clés suivant le modèle `.mark_*()`) décrit le type de visualisation voulu (nuage de points, courbe, etc.) ;
— le canal d'encodage, ou encodage, (mot-clé `.encode()`) est associé à une *feature* pour distribuer les points sur une caractéristique (l'encodage) de la visualisation.

Dans l'exemple suivant, un nuage de points `.mark_point()` sur les données réduites à l'année 2015, on associe l'abscisse `x`, l'ordonnée `y` et la couleur `color` chacune à une caractéristique (le PIB par habitant, l'espérance de vie et le continent). C'est la bibliothèque qui se charge d'interpréter la description pour fournir une visualisation conforme.

```
data_2015 = data.query('year == "2015"')

alt.Chart(data_2015).encode(
    x="GDP_per_capita",
    y="life_expectancy",
    color="continent"
).mark_point()
```

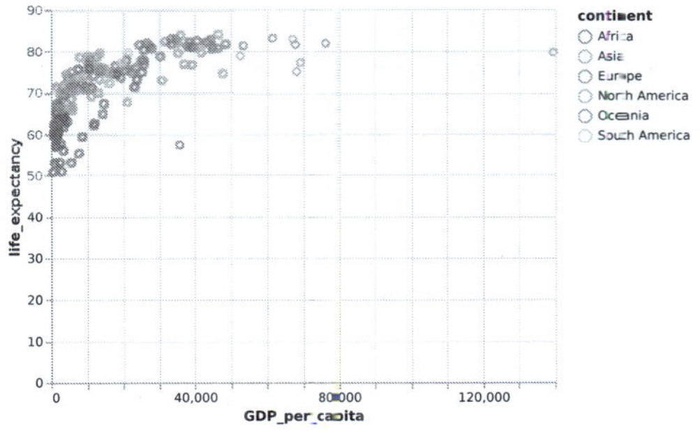

Les marques les plus fréquentes ont toutes un nom explicite, qui n'appelle pas nécessairement d'explication approfondie :

`mark_point()` `mark_circle()` `mark_square()` `mark_line()` `mark_area()`
`mark_bar()` `mark_tick()`

Les canaux d'encodage les plus fréquents sont :

`x`	abscisse
`y`	ordonnée
`couleur`	couleur de la marque
`opacity`	transparence/opacité de la marque
`shape`	forme de la marque
`size`	taille de la marque
`facet`	répétition du canal

Il est possible d'utiliser des arguments nommés pour les canaux sur le modèle `x="x_data"`, ou d'utiliser les constructeurs Altair associés `alt.X("x_data")` en paramètres nommés ou non, qui permettent également de passer des arguments supplémentaires :

① un titre `title` différent pour annoter l'axe des ordonnées ;
② une échelle `scale` qui ne comprend pas la valeur `0` ;
③ un formatage particulier `format` pour compter les populations en millions. Le formatage est défini par la bibliothèque web d3js : `https://github.com/d3/d3-format`

Altair utilise le type de chacune des *features* à partir des `dtype` Pandas. Il est possible de les spécifier néanmoins, et cette étape est nécessaire si les données sont passées par fichier :

— `Q` pour *quantitative* : des données numériques continues, comme une altitude, une température ;
— `N` pour *nominal* : des données textuelles, comme un nom de pays ;
— `O` pour *ordinal* : des données numériques entières pour des classements ;
— `T` pour *temporal* : des données temporelles.

```
data_france = data.query('country == "France"')

alt.Chart(data_france).encode(
    alt.X("year:T", title="année"),  # ①
    alt.Y(
        "population:Q",
        scale=alt.Scale(zero=False),  # ②
        axis=alt.Axis(format="~s")  # ③
    ),
).mark_line()
```

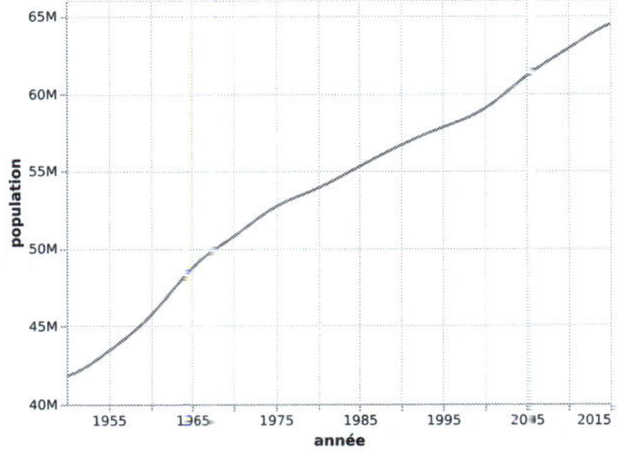

Un nuage de points sans encodage affiche un simple point. Bien que cette entrée ne renvoie pas d'erreur, elle n'est pas pertinente en soi.

```
alt.Chart(data).mark_point()
```

Pour un encodage de données nominales, une coordonnée est attribuée à chaque élément unique de la *feature*. Les plages de couleurs sont également choisies en fonction, pour distinguer clairement une catégorie d'une autre.

```
alt.Chart(data).encode(
    alt.Y("continent:N"),
    alt.Color("continent:N")
).mark_square()
```

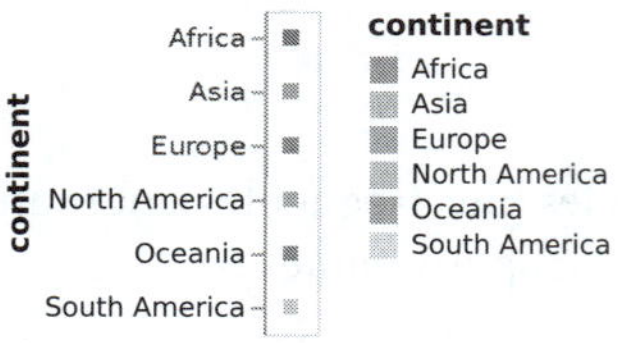

10.2. Agrégation et composition

L'agrégation de données correspond à l'opération `groupby()` en Pandas. Altair permet de définir ce type d'opération à calculer sur les données préparées passées en paramètre. Le calcul est alors effectué par la bibliothèque Javascript de visualisation au lieu de l'être par Pandas. L'avantage principal est que le volume des données produites pour créer toutes les visualisations est réduit.

Dans l'exemple ci-dessous, la préparation de données équivalente avant visualisation serait, pour un calcul de valeur médiane :

```
data_2015.groupby("continent").agg(
    {"GDP_per_capita": "median"}
)
```

continent	GDP_per_capita
Africa	2954.0
Asia	11738.0
Europe	26240.0
North America	10358.5
Oceania	38890.5
South America	14117.5

```
alt.Chart(data_2015).encode(
    alt.X(
        "median(GDP_per_capita):Q",
        title="PIB par habitant médian en 2015", axis=alt.Axis(format="~s"),
    ),
    alt.Y("continent:N"),
    alt.Color("continent:N"),
).mark_bar(size=10)
```

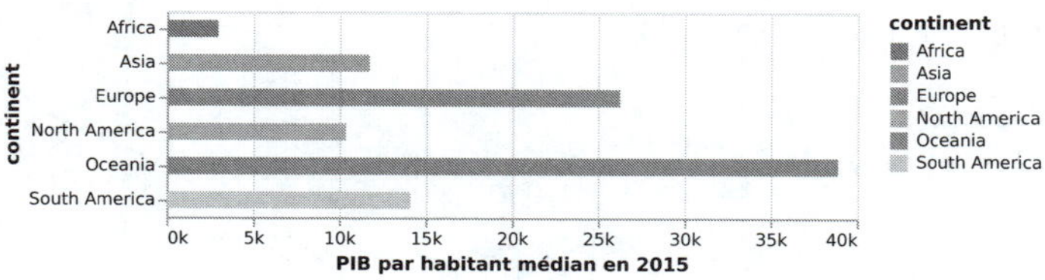

D'autres opérateurs d'agrégation sont disponibles, notamment pour la somme `sum`, le produit `product`, la moyenne `mean`, le minimum `min`, le maximum `max`, le nombre d'éléments vides `missing`, ou le nombre d'éléments distincts `distinct`.

L'exemple suivant affiche le nombre de pays par continent. Chaque pays est représenté de nombreuses fois dans le fichier (une fois par année) mais l'opérateur `distinct` comprend cette nuance.

```
alt.Chart(data).encode(
    alt.X("distinct(country):N", title="Nombre de pays"),
    alt.Y("continent:N"),
    alt.Color("continent:N"),
).mark_bar(size=10)
```

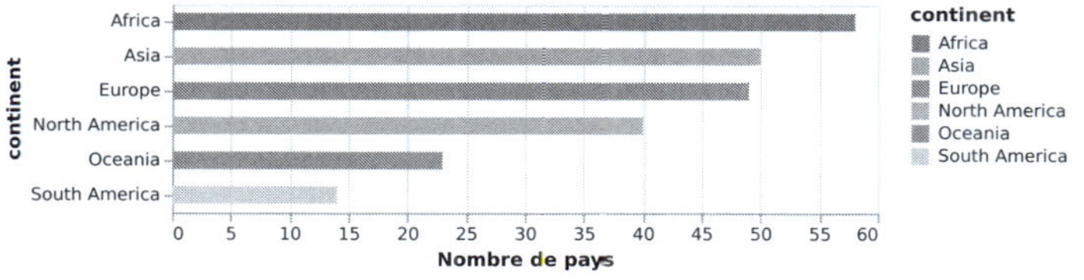

Il est possible de produire des agrégations quel que soit le canal d'encodage. Dans la visualisation suivante, l'écart-type est encodé dans la couleur des barres. Comme le PIB par habitant est annoté comme type de données *quantitatif*, Altair choisit une table de couleur adaptée qui fait varier la **saturation** de la couleur, par opposition au type de données *nominatif* qui fournit une table de couleur faisant varier la **teinte**.

Cet exemple est aussi l'occasion de préciser deux autres options :

① L'attribut `sort` permet ici de trier les catégories de l'axe `Y` suivant un critère qui peut être arbitraire, croissant ou décroissant (par rapport à l'ordre alphabétique pour les variables nominatives), ou suivant l'ordre associé à un autre canal d'encodage. Le signe - dans l'exemple ci-dessous indique un ordre décroissant. Cette option permet d'ordonner visuellement les barres par longueur décroissante plutôt que par ordre alphabétique sur le nom des continents.

② L'attribut `scale` fonctionne également pour le canal d'encodage de couleur : il permet ici de calibrer les bornes inférieures et supérieures de la table de couleurs. Par défaut, ces bornes sont assignées aux valeurs minimales et maximales trouvées dans les données.

```
alt.Chart(data_2015).encode(
    alt.X(
        "mean(GDP_per_capita):Q",
        axis=alt.Axis(format="~s"), title="Moyenne du PIB par habitant",
    ),
    alt.Y("continent:N", sort="-x"),  # ①
    alt.Color(
        "stdev(GDP_per_capita):Q", title="Écart-type",
        scale=alt.Scale(domain=(0, 30e3))  # ②
    ),
).mark_bar(size=10)
```

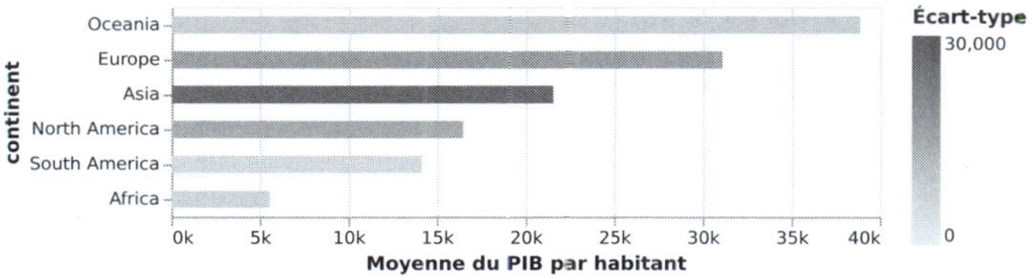

L'Asie semble être le continent avec le plus d'inégalités de richesse. Un diagramme en boîte permet de visualiser différemment les données : les éléments atypiques sortent des boîtes à moustache et le canal d'encodage `tooltip` permet d'afficher le nom du pays quand on passe la souris sur le point. Le Qatar en Asie et la Norvège en Europe par exemple sont des pays au PIB par habitant très supérieur à celui des voisins.

```
alt.Chart(data_2015).encode(
    alt.X("GDP_per_capita:Q", axis=alt.Axis(format="~s"), title="PIB par habitant",),
    alt.Y("continent:N"),
    alt.Tooltip("country:N"),
).mark_boxplot(size=10)
```

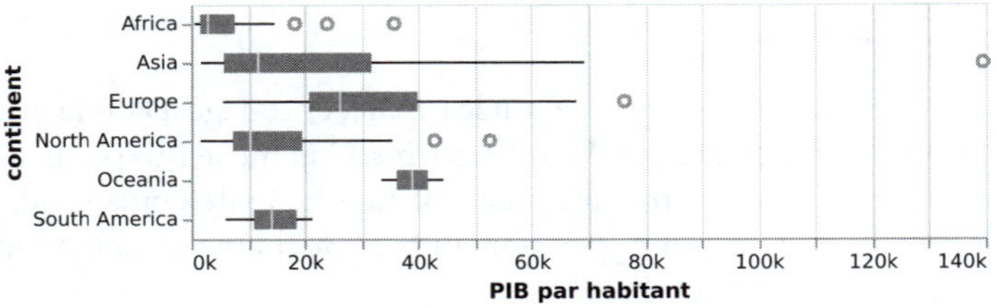

Le tracé d'histogrammes est vu par Altair du point de vue d'une agrégation particulière où les échantillons sont répartis en classes (le mot-clé *bin* en anglais, déjà vu avec Matplotlib, puis la méthode d'agrégation sans argument `count()`) : il faut donc préciser cette agrégation pour visualiser des distributions.

Une autre fonctionnalité permise par Altair est la composition de graphes :

- l'opérateur `+` associe plusieurs couches (*layers*) sur la même visualisation ;
- les opérateurs `|` et `&` concatènent deux visualisations côte à côte (`hconcat` pour *horizontal*) ou l'une au-dessus l'autre (`vconcat` pour *vertical*).

Lors de composition de graphes, il est possible de **factoriser des spécifications**. Dans l'exemple suivant, le même graphe est affiché deux fois, la visualisation de droite ajoute un canal d'encodage de couleur ①. On notera également l'utilisation de la fonction `.properties` ② qui permet entre autres de spécifier la taille de la fenêtre.

```
base = (
    alt.Chart(data_2015)
    .encode(
        alt.X(
            "GDP_per_capita", bin=alt.Bin(maxbins=30),
            title="PIB par habitant", axis=alt.Axis(format="$~s"),
        ),
        alt.Y("count()", title="Nombre de pays"),
    )
    .mark_bar()
    .properties(width=280, height=200)  # ②
)

base | base.encode(alt.Color("continent"))  # ①
```

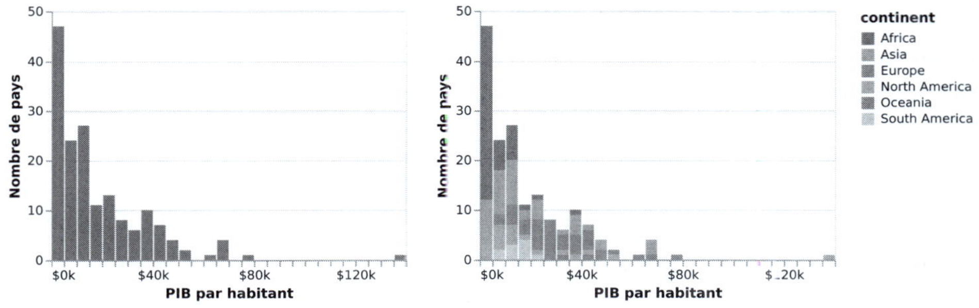

Il est également possible de changer de marque entre deux visualisations factorisées, ou de surcharger des encodages ou personnalisations précédemment spécifiées.

```
# Définition de la partie commune aux visualisations
base = (
    alt.Chart(data_2015)
    .encode(
        alt.X(
            "sum(population):Q",
            title="Population totale en 2015", axis=alt.Axis(format="~s"),
        ),
        alt.Color("continent:N", legend=None),
    )
    .mark_bar(size=10)
    .properties(width=280)
)
(
    base.encode(alt.Y("continent:N", title=None))
    | base.encode(alt.X("population:Q"), alt.Y("continent:N")).mark_point()
) & base.properties(width=680)
```

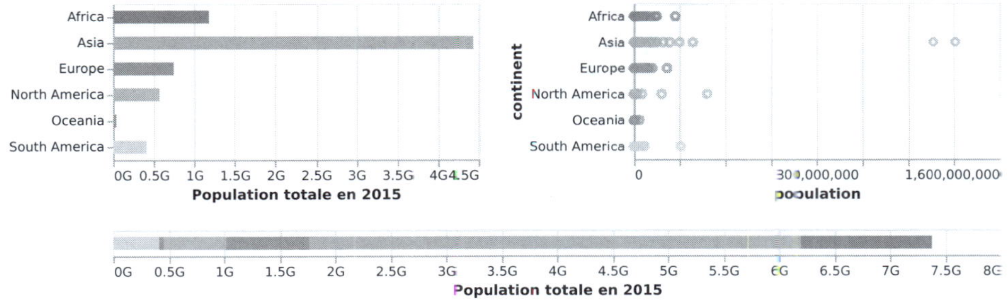

10.3. Transformation

Nous avons vu avec les méthodes d'agrégation que les visualisations peuvent appeler des calculs intermédiaires sur les données d'origine. Ces calculs peuvent être faits *via* Pandas avant de programmer une visualisation, ou au sein de la visualisation à l'aide de nombreuses *fonctions de transformation* Altair spécifiques.

Les fonctions de transformation (les mots-clés suivant le modèle `.transform_*`) changent la structure des données d'entrée pour y ajouter de nouvelles colonnes, ou *features*, filtrer ou trier des lignes suivant un critère, ou opérer des jointures sur d'autres tables.

Les principales fonctions de transformation sont :

`transform_aggregate()`	agrégation d'une colonne avec écrasement
`transform_joinaggregate()`	agrégation d'une colonne dans une nouvelle colonne
`transform_calculate()`	calcul d'une nouvelle grandeur
`transform_density()`	calcul d'une estimation de densité
`transform_filter()`	sélection de lignes suivant un critère
`transform_window()`	calcul d'un critère par fenêtre (sous-ensemble de lignes)

Dans l'exemple suivant, on crée une nouvelle *feature* avec la population moyenne par pays dans l'intervalle d'années considéré, afin d'ordonner les pays avec le plus peuplé en moyenne en bas de l'affichage et le moins peuplé en haut. La transformation `joinaggregate` permet de conserver la *feature* `population` malgré le calcul de sa version agrégée.

La deuxième transformation `filter` permet de ne sélectionner que les pays d'Europe avec plus de 50 millions d'habitants en moyenne. Le paramètre `datum` fait référence au jeu de données embarqués dans le constructeur `alt.Chart`.

```
(
    alt.Chart(data)
    .encode(
        alt.X("year:T", title="année"),
        alt.Y("population:Q", axis=alt.Axis(format="~s")),
        alt.Color("country:N", title="pays"),
        alt.Order("mean_pop:Q", sort="descending"),
    )
    .mark_area()
    .transform_joinaggregate(mean_pop="mean(population)", groupby=["country"])
    .transform_filter({"and": ["datum.continent == 'Europe'", "datum.mean_pop > 50e6"]})
    .properties(width=400, height=200)
)
```

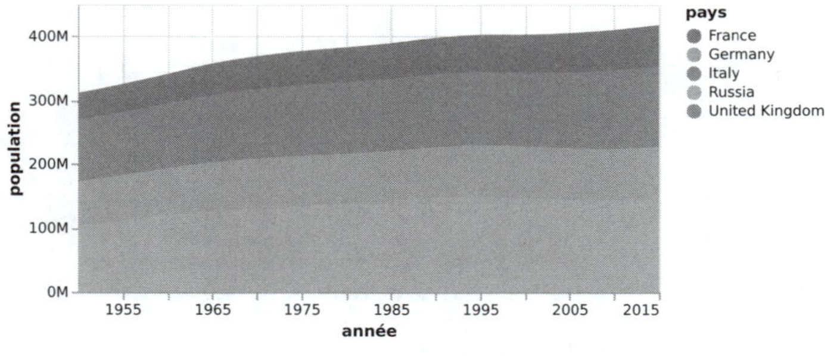

L'exemple suivant met en application toutes les notions vues jusqu'ici. On cherche à afficher les dix premiers pays suivant un critère donné sur le même jeu de données. Ici aucun prétraitement Pandas n'a été réalisé. Tout est spécifié dans Altair :

- une spécification est factorisée entre les deux visualisations ①. La différence réside dans la `feature` attribuée au canal d'encodage `x` ;
- le critère est évalué sur la dernière donnée (en fonction de l'année) présente par pays : les deux colonnes `population` et `GDP_per_capita` sont remplacées par la valeur correspondant à l'année la plus récente. C'est l'agrégation `argmax` ② qui retrouve la dernière donnée associée à chaque pays, la transformation `calculate` ③ sélectionne les données de population en se basant sur les indices produits par `argmax`.

On notera l'utilisation du mot-clé `datum` qui rappelle le jeu de données manipulé ;

— le tri des pays par ordre décroissant est spécifié dans l'encodage du canal `y`. En revanche la coupe après les 10 premiers pays nécessite l'application d'un critère basé sur le rang de chaque valeur en fonction des valeurs décroissantes de `population` et de `GDP_per_capita` ④. *In fine*, c'est un `transform_filter()` qui se charge de sélectionner les lignes en fonction du rang ⑤.

```
base = (
    alt.Chart(data)
    .mark_bar(size=10)
    .encode(alt.Y("country:N", sort='-x', title="pays"), alt.Color("continent:N"),)  # ①
    .transform_aggregate(  # ②
        most_recent_year="argmax(year)", groupby=["country", "continent"]
    )
    .transform_calculate(  # ③
        population="datum.most_recent_year.population",
        GDP_per_capita="datum.most_recent_year.GDP_per_capita",
    )
    .transform_window(  # ④
        rank_pop="rank(population)",
        sort=[alt.SortField("population", order="descending")],
    )
    .transform_window(
        rank_gdp="rank(GDP_per_capita)",
        sort=[alt.SortField("GDP_per_capita", order="descending")],
    )
    .properties(width=300, height=200)
)

(
    base.encode(alt.X("population:Q", axis=alt.Axis(format="~s"))).transform_filter(
        alt.datum.rank_pop <= 10  # ⑤
    )
    | base.encode(
        alt.X("GDP_per_capita:Q", axis=alt.Axis(format="$~s"), title='PIB par habitant")
    ).transform_filter(
        alt.datum.rank_gdp <= 10  # ⑤
    )
)
```

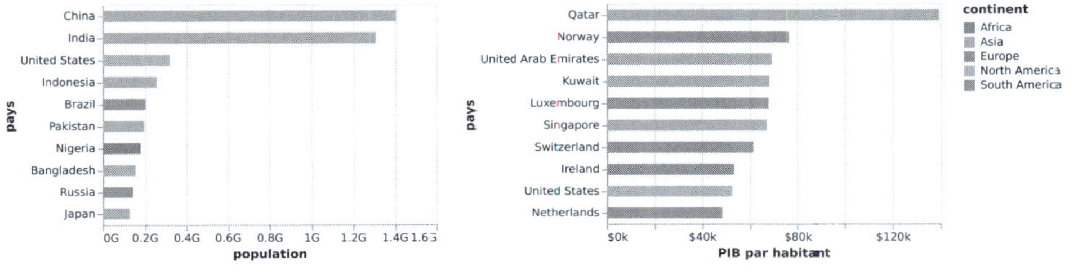

10.4. Interactivité

L'interactivité la plus simple est celle qui est induite par l'encodage de canal `tooltip` : au passage de la souris sur un point donné, un pop-up apparaît avec les informations spécifiées. La documentation montre de nombreux exemples d'interactivité, basés sur les mouvements de la souris, la sélection d'intervalles, ou d'autres.

L'exemple ci-dessous reprend le type de visualisation avec lequel Hans Rosling s'est illustré lors de plusieurs conférences TED : un point correspond à un pays, sa taille à sa population. Ici, on place en x le PIB par habitant et en y l'espérance de vie dans le pays.

On souhaite animer la visualisation par année pour pouvoir suivre la trajectoire de chacun de ces pays dans cette espace. Cette sélection se fait au moyen d'un widget où la poignée sélectionne l'année ①. La méthode `selection_single` réagit en attribuant au champ `year` la valeur positionnée sur le widget : la visualisation est alors mise à jour quand la valeur du champ change.

L'encodage est basique ②; le nom du pays s'affiche quand on passe la souris sur un point; le canal `text` servira à annoter certains points de manière permanente, directement sur la visualisation; l'axe des abscisses est choisi logarithmique. Au lieu de choisir la dernière année qui contient des données, on choisit les données de l'année sélectionnée par le widget. ③

La visualisation est alors constituée de deux couches : les cercles de couleur (par continent) à la taille proportionnelle à la population du pays (en échelle logarithmique); et une annotation textuelle pour certains pays dont la trajectoire reflète le cours de l'histoire (chute de l'URSS, Khmers rouges au Cambodge, fin de l'Apartheid en Afrique du Sud, essor économique spectaculaire de la Corée du Sud).

```
annotate_countries = [
    "South Africa", "United States", "France", "China", "Russia", "Nigeria",
    "Brazil", "South Korea", "Japan", "India", "Cambodia",
]

year_slider = alt.binding_range(min=1950, max=2015, step=1, name="year:")  # ①
year_selector = alt.selection_single(
    name="year_selection", fields=["year"], bind=year_slider, init={"year": 2000}
)
base = (
    alt.Chart(data)
    .encode(  # ②
        alt.X(
            "GDP_per_capita:Q", axis=alt.Axis(format="k"),
            scale=alt.Scale(type="log", domain=(100, 1e5)), title="PIB par habitant",
        ),
        alt.Y(
            "life_expectancy:Q",
            scale=alt.Scale(domain=(20, 90)), title="Espérance de vie",
        ),
        alt.Text("country:N"),
        alt.Tooltip("country:N"),
    )
    .transform_filter("datum.year == year_selection.year")  #  ③
    .properties(width=600, height=400)
)
```

```
(
    base.mark_circle()
    .encode(
        alt.Color("continent:N"),
        alt.Size("population:Q", scale=alt.Scale(domain=(5e6, 1e9), type="log")),
    )
    .add_selection(year_selector)
    + base.transform_filter(
        {"field": "country", "oneOf": annotate_countries}
    ).mark_text(size=14, align="right", xOffset=-10, font="Ubuntu")
)
```

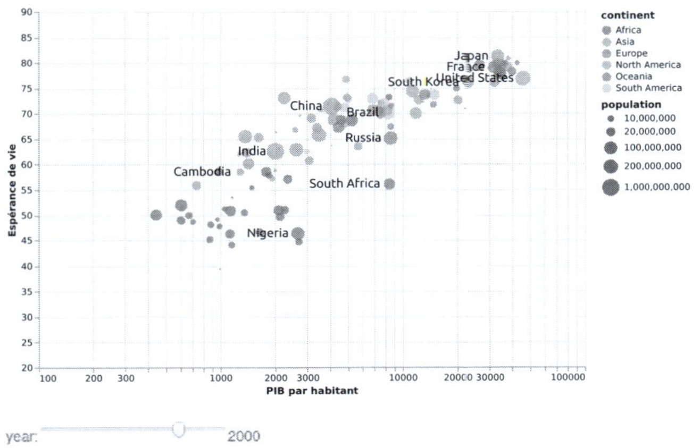

10.5. Configuration

Il est possible de personnaliser l'affichage d'une visualisation Altair à trois niveaux :

— celui de l'encodage : on associe une valeur de couleur, de forme, à une *feature* ;
— celui de la marque : on spécifie localement la configuration ;
— celui de l'affichage complet, à l'aide des fonctions `.configure_*()`.

La dernière méthode est souvent la manière privilégiée de procéder à des microajustements, par exemple sur la taille des polices, le positionnement des étiquettes.

```
base = (
    alt.Chart(data_france)
    .encode(
        alt.X("year:T", title="année"),
        alt.Y("population:Q", scale=alt.Scale(zero=False), axis=alt.Axis(format="~s")),
    )
    .mark_line()
)
(
    base.properties(title="Population française", height=200, width=300)
    .configure_axis(labelFontSize=12, titleFontSize=0, labelAngle=-30)
    .configure_line(size=3, color="#008f6b")
    .configure_title(anchor="start", fontSize=16, font="Fira Sans", color="#008f6b")
    .configure_view(stroke=None)
)
```

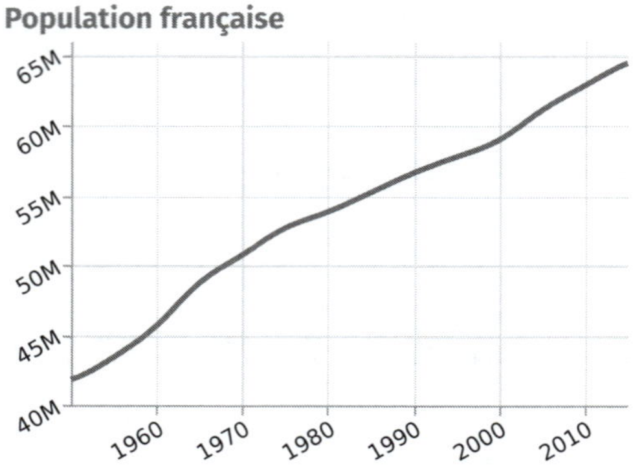

10.6. Coordonnées géographiques

Le support pour les structures de données géographiques dans Altair est encore jeune à l'heure où ces lignes sont écrites. Il est néanmoins possible de produire des cartes à partir de fichiers au format standardisé pour décrire des informations géographiques, les formats les plus courants étant GEOJSON et TOPOJSON.

Altair fournit alors :

- un marqueur spécialisé `.mark_geoshape()` ;
- deux canaux d'encodage pour la latitude et la longitude ;
- un type d'encodage pour les formes géométriques `geojson` (`G`) ;
- une opération de projection parmi une liste de projections simples : p. ex. `mercator`, `orthographic`, `conicConformal`, etc.

La difficulté consiste alors ici à avoir accès à des fonds de carte pour créer des visualisations de qualité. La bibliothèque fournit parmi les jeux de données officiels `vega_datasets` une carte du monde de haut niveau et une carte des États-Unis à bonne résolution.

Pour un public francophone, on trouvera à l'heure de l'écriture de ces lignes :

- des données sur la France : `https://github.com/gregoiredavid/france-geojson`
- des données sur la Belgique : `https://github.com/arneh61/Belgium-Map`
- des données sur la Suisse : `https://github.com/interactivethings/swiss-maps`

L'utilisation de la bibliothèque geopandas[3] (qui ne sera pas détaillée dans cet ouvrage) facilite la manipulation des fichiers GEOJSON et TOPOJSON sous forme de tableau Pandas dont les colonnes sont les métadonnées, et une colonne particulière, généralement nommée `geometry`, contient une structure qui représente la forme de l'objet en question.

```
import geopandas as gpd

github_url = "https://raw.githubusercontent.com/{user}/{repo}/master/{path}"
regions_fr = gpd.GeoDataFrame.from_file(
    github_url.format(
        user="gregoiredavid", repo="france-geojson",
        path="regions-version-simplifiee.geojson",
    )
)
```

3. `https://geopandas.readthedocs.io/`

```
departements_fr = gpd.GeoDataFrame.from_file(
    github_url.format(
        user="gregoiredavid", repo="france-geojson",
        path="departements-version-simplifiee.geojson",
    )
)

belgique = gpd.GeoDataFrame.from_file(
    github_url.format(user="arneh61", repo="Belgium-Map", path="Provincies.json",)
).assign(
    centroid_lon=lambda df: df.geometry.centroid.x,
    centroid_lat=lambda df: df.geometry.centroid.y,
)
```

La structure geopandas peut être passée en argument de `alt.Chart` et il est alors possible d'utiliser la marque géographique. Ici, on choisit le nom de la région en encodage de la couleur. Dans l'exemple de la carte de la Belgique, on ajoute le nom de chaque province au centroïde de la forme géométrique. Le nom de Bruxelles est enlevé (`transform_filter`) pour ne pas se chevaucher avec celui du Brabant Flamand. Enfin, la coordonnée en latitude du texte est volontairement bruitée pour éviter les chevauchements (`transform_calculate`) ; des méthodes de placement d'étiquettes textuelles sans chevauchement plus complexes existent mais sortent du cadre de cet ouvrage.

```
base = alt.Chart(belgique)
(
    base.mark_geoshape(stroke="white").encode(alt.Color("NAME_1", title="Région"))
    + (
        base.encode(
            alt.Longitude("centroid_lon"),
            alt.Latitude("centroid_lat"),
            alt.Text("NAME_2"),
        )
        .mark_text(color="black", font="Ubuntu", fontSize=12)
        .transform_filter("datum.NAME_2 != 'Bruxelles'")
        .transform_calculate(centroid_lat="datum.centroid_lat + .1 * (random() - .5)")
    )
)
```

Contrairement à Matplotlib, la projection par défaut choisie pour les cartes est la projection de Mercator. L'utilisation de la projection plate carrée qui associe la latitude à la coordonnée `y` et la longitude à la coordonnée `x` est moins directe. La figure suivante compare à ce titre les trois projections plate carrée, inadaptée pour la plupart des usages, Mercator, qui fonctionne par défaut dans la plupart des régions du monde, et Lambert 93, définie ici manuellement, qui est la projection standard en France. Un graticule (une grille de lignes isolatitudes et isolongitudes) est ajouté ① pour donner une meilleure perception des opérations de projection.

```
base = (
    alt.Chart(
        alt.graticule(step=[2, 2], extentMajor=([-5, 41], [11, 52]))  # ①
    ).mark_geoshape(fill="None", stroke="#008f6b")
    + alt.Chart(regions_fr).mark_geoshape(
        stroke="white", fill="#008f6b", strokeWidth=1.2
    )
).properties(width=250, height=250)

(
    base.project("identity", reflectY=True).properties(title="Plate Carrée")
    | base.project("mercator").properties(title="Mercator (par défaut)")
    | (
        base.project("conicConformal", rotate=[-3, -46.5], parallels=[49, 44])
        .properties(title="Lambert 93")
    )
).configure_title(font="Ubuntu", fontSize=15, anchor="start")
```

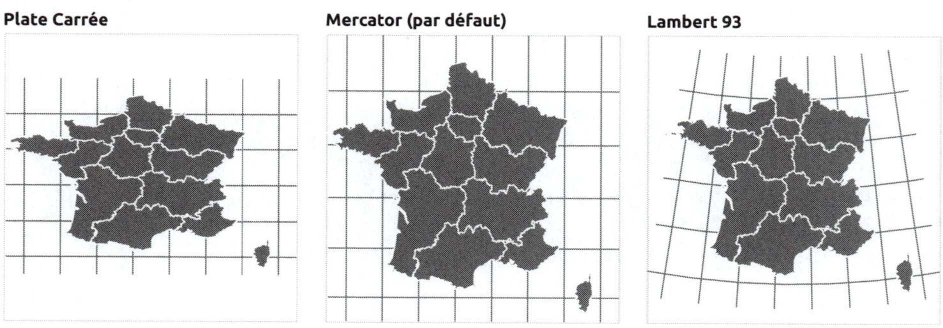

L'affichage de fonds de carte est rarement une fin en soi. L'intérêt est de pouvoir afficher des informations supplémentaires. On peut ajouter une couche (*layer*) à notre fond de carte, et utiliser les canaux d'encodage `latitude` et `longitude`. Nous illustrons ici cette utilisation avec l'exemple des toponymes au suffixe -acum (☞ p. 105, § 7.4) : une colonne est ajoutée pour catégoriser les villes par suffixe, l'encodage `color` se charge ensuite de la visualisation.

```
(
    (
        alt.Chart(regions_fr)
        .mark_geoshape(stroke="grey", fill="white")
        .project("conicConformal", rotate=[-3, -46.5], parallels=[49, 44])  # Lambert 93
        + alt.Chart(
            pd.concat(
                [
                    villes.query(
```

```
                f"nom.str.contains('.{fin}$')", engine="python'
            ).assign(suffixe=f"-{fin}")
            for fin in ["ac", "ach", "acq", "ay", "az", "ecques"]
        ]
    )
)
.mark_circle(opacity=0.5)
.encode(
    alt.Latitude("latitude"),
    alt.Longitude("longitude"),
    alt.Color("suffixe"),
    alt.Tooltip("nom"),
)
)
.properties(title="Le suffixe -acum dans les toponymes en France")
.configure_legend(
    labelFont="Ubuntu", titleFont="Ubuntu", labelFontSize=13, titleFontSize=14
)
.configure_title(font="Ubuntu", fontSize=16, anchor="start")
.configure_view(stroke=None)
)
```

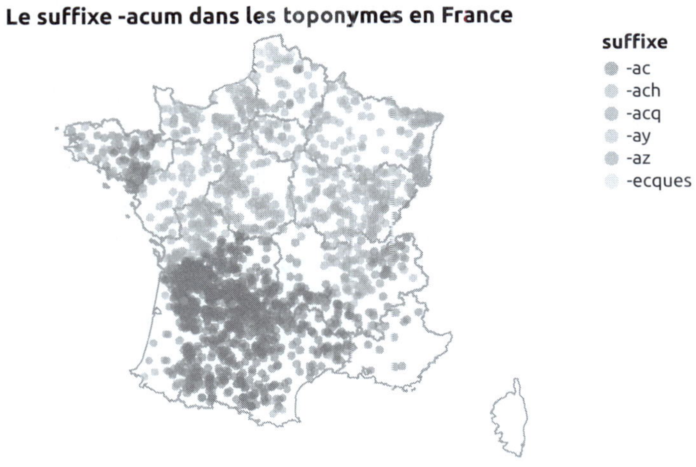

L'interaction entre les données et les fonds de carte peut être plus marquée, comme dans les cartes choroplèthes qui associent une couleur à une région géographique. On peut ici reprendre les statistiques de population par département français (☞ p. 132, § 9.4) pour associer chaque mesure à un polygone affiché sur la carte.

Cette association se fait ici sur la base du numéro du département (dans la colonne `departement`) qui est présent dans le `pd.DataFrame` et dans le fichier GEOJSON des départements (dans la propriété code) à l'aide de la fonction `.transform_lookup`.

```
feature_list = ["altitude_max", "population"]

chart = (
    alt.Chart(departements_fr)
    .mark_geoshape(stroke="white")
    .encode(alt.Tooltip(["code", "nom"]))
```

```
    .transform_lookup(lookup="code", from_=alt.LookupData(stats, "departement", feature_list))
    .project("conicConformal", rotate=[-3, -46.5], parallels=[49, 44])
    .properties(width=220, height=200)
)
(
    chart.encode(alt.Color("altitude_max:Q")) | chart.encode(alt.Color("population:Q"))
).configure_view(stroke=None).resolve_scale(color="independent")
```

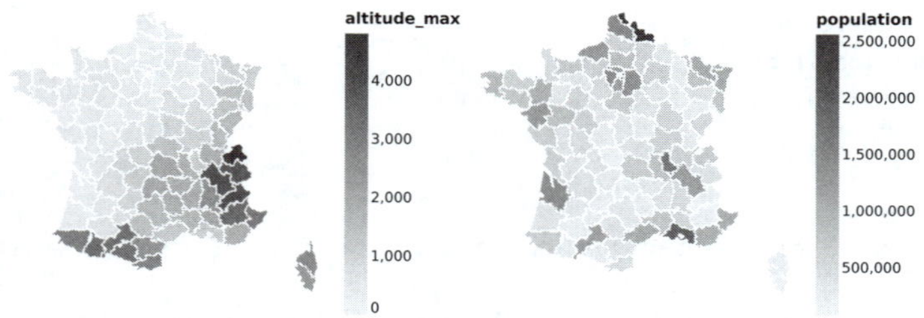

10.7. ipyleaflet

ipyleaflet[4] est une bibliothèque Python spécifiquement conçue pour l'environnement Jupyter. Elle permet un portage de l'application Javascript Leaflet qui propose d'enrichir des widgets de cartes interactives sur le modèle de Google Maps ou OpenStreetMap. La bibliothèque met à disposition un widget particulier `Map`, à l'image des autres structures `ipywidgets` (☞ p. 107, § 8) qu'il est possible d'enrichir et d'équiper de fonctions *callbacks* (des fonctions déclenchées automatiquement lors d'événements prédéfinis) pour l'interaction.

Une carte est alors initialisée sur des coordonnées géographiques avec un niveau de zoom. Dans l'exemple ci-dessous, on affiche les vingt communes les plus peuplées au bout d'un `Marker`. Ces éléments sont par défaut interactifs : un clic dessus ouvre une fenêtre où l'on peut insérer un nouveau widget au choix, ici un simple contenu enrichi avec le nom de la ville et sa population.

Dans cet exemple, on ajoute également un menu déroulant `Dropdown` avec la liste des villes affichées : la fonction de rappel récupère ici les coordonnées de la ville sélectionnée pour centrer la carte dessus. Enfin, il est également possible d'enrichir une carte avec des informations issues de fichiers au format GEOJSON, à l'image de ceux utilisés pour Altair. Le paramètre `hover_style` permet ici de configurer un comportement interactif simple où le style est mis à jour quand la souris passe au-dessus d'un élément.

```
from ipyleaflet import Map, Marker, GeoData
from ipywidgets import HTML, Layout, Dropdown

top_20 = villes.sort_values("population", ascending=False).head(20)

map_ = Map(center=(46.5, 3), zoom=5, layout=Layout(max_width="400px"))  # ①

for _, data in top_20.iterrows():
    marker = Marker(location=(data.latitude, data.longitude), draggable=False)  # ②
    marker.popup = HTML(f"<b>{data.nom}</b>: {data.population:_} habitants")  # ③
    map_.add_layer(marker)
```

4. https://ipyleaflet.readthedocs.io/

```
def on_click(info):
    ville = top_20.set_index("nom").loc[info["new"]]
    map_.center = (ville.latitude, ville.longitude)
    map_.zoom = 8

dropdown = Dropdown(description="Ville:", options=sorted(top_20.nom))
dropdown.observe(on_click, names="value")

geodata = GeoData(
    geo_dataframe=departements_fr,
    style={"color": "#008f6b", "opacity": 1, "fillOpacity": 0.1, "weight": 1},
    hover_style={"color": "white", "fillOpacity": 0.4, "weight": 3, "zorder": 2},
)
map_.add_layer(geodata)

display(dropdown, map_)
```

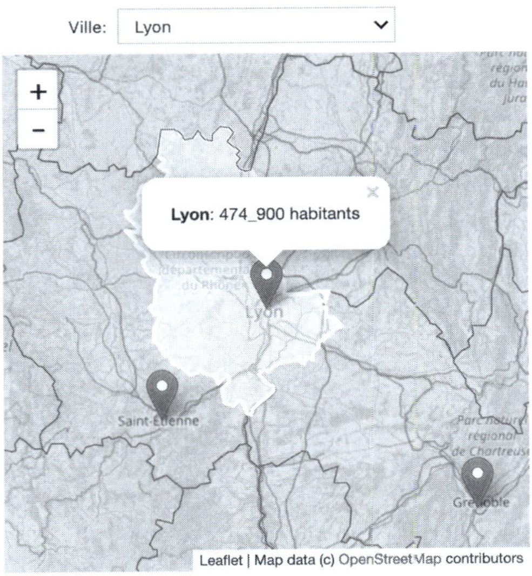

En quelques mots...

- L'environnement Jupyter intégré aux navigateurs web permet d'importer les facilités d'interactivité développées dans les bibliothèques Javascript modernes pour produire des visualisations et environnements d'exploration des données tout en restant dans l'ecosystème Python.
- Matplotlib (☞ p. 83, § 6) et Altair abordent la visualisation de données de deux points de vue différents. Matplotlib propose un langage bas niveau et des structures de données qui permettent de configurer tous les éléments d'une présentation graphique. Altair expose une *grammar of graphics* (grammaire de visualisation) qui permet de spécifier une visualisation pour la décliner ensuite sur les données. C'est probablement l'équivalent le plus proche des bibliothèques de visualisation avancées d'autres langages, comme `ggplot2` en R.
- D'autres bibliothèques adoptent également le formalisme de la *grammar of graphics*, certaines étant basées sur JavaScript, d'autres non. Dans ce livre, nous avons choisi de présenter Altair, mais il existe d'autres options populaires, comme Plotly, Bokeh (basé sur JavaScript), Seaborn (qui repose sur Matplotlib) ou ggplot (inspiré de la bibliothèque R du même nom), qui offrent des fonctionnalités similaires. Cependant, ces deux bibliothèques ne seront pas couvertes dans cet ouvrage.

Pour aller plus loin

- *The Grammar of Graphics*, Leland Wilkinson, 2012
  Springer, ISBN 978-1-4419-2033-1
- *Fundamentals of Data Visualization*, Claus O. Wilke, 2018
  O'Reilly, ISBN 978-1-4920-3108-6
  `https://clauswilke.com/dataviz/`

11

L'analyse de tableaux multidimensionnels avec Xarray

Xarray est une bibliothèque largement utilisée pour l'analyse de données multidimensionnelles et étiquetées. Considérée comme le pendant de Pandas pour les données tabulaires, Xarray s'appuie sur NumPy pour étendre ses capacités à des structures de données multi-dimensionnelles. Xarray permet de manipuler et d'analyser des données avec des dimensions nommées, des coordonnées et des attributs, rendant le travail avec des ensembles de données scientifiques, climatiques ou géospatiaux plus intuitif et efficace.

L'usage est d'importer Xarray sous l'alias `xr` :

```
import xarray as xr
```

À l'instar du chapitre dédié à Pandas, ce chapitre propose une introduction aux fonctionnalités de la bibliothèque Xarray, illustrées à travers un exemple concret utilisant un fichier de prévisions de Météo France basé sur le modèle ARPEGE. Ce fichier, disponible en accès ouvert mais uniquement pour quelques jours, peut être consulté sur la plateforme data.gouv.fr[1]. Le fichier présenté ici est disponible sur la page web du livre.

11.1. Les bases de Xarray

La bibliothèque Xarray est capable de lire divers formats de fichiers complexes, notamment le format NetCDF (extensions `.nc` ou `.cdf`), largement utilisé dans les domaines de la climatologie, de l'océanographie et des sciences de l'atmosphère, le format HDF5 (extensions `.h5`, `.hdf`), adapté au stockage de grandes quantités de données multidimensionnelles, le format GRIB (extensions `.grb`, `.grib2`), couramment utilisé pour les données météorologiques, notamment par Météo-France, ou le format Zarr, un format compressé conçu pour un accès rapide et parallèle aux données volumineuses.

Lors de l'ouverture d'un fichier, il est nécessaire de spécifier le moteur de lecture adapté au format utilisé. Par exemple, pour les fichiers GRIB, le moteur `cfgrib` est recommandé.

1. `https://meteo.data.gouv.fr/datasets/65bd13b2eb9e79ab309f6e63`

Après l'ouverture d'un dataset, une représentation interactive est proposée.

```
ds = xr.open_dataset(
    "ARPEGE_0.1_IP1_00H12H_20240511T0600.grib2",
    engine="cfgrib",
)
ds
```

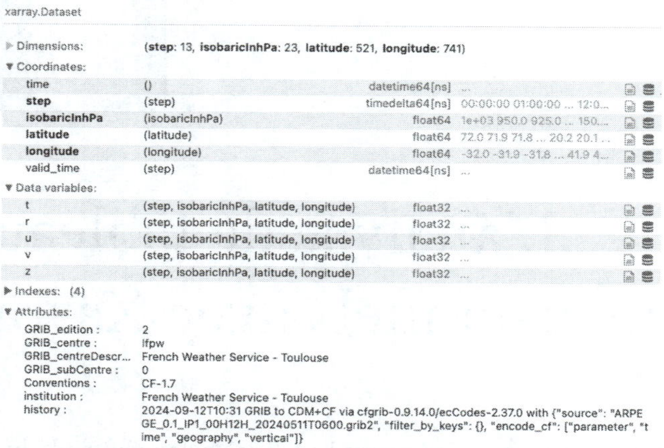

Cette représentation présente le contenu du dataset selon différentes catégories :

- Les **dimensions** représentent le nombre de points selon chacun des axes principaux des données multidimensionnelles, ici le temps, la latitude, la longitude, et l'isobare. Chacun de ces axes est également présent dans la catégorie **indices** (indexes en anglais). Ceux-ci permettent de sélectionner ou localiser précisément une donnée dans le tableau.
- Les **coordonnées** sont des variables associées aux dimensions qui fournissent des informations supplémentaires liées aux indices. Ici par exemple, la coordonnée `valid_time` est liée à la coordonnée unique `time` (le point de départ des prédictions) et à l'index step (on a une prédiction à 1 h, à 2 h, etc.).
- Les **variables** contiennent les données effectives : les valeurs mesurées ou calculées.
- Les **attributs** sont des métadonnées associées à l'ensemble de données ou à des variables spécifiques. Ils fournissent des informations supplémentaires comme les unités de mesure, les descriptions des variables, ou des détails sur la source des données. Les attributs ne modifient pas les valeurs des données, mais enrichissent leur contexte en offrant des informations essentielles pour l'interprétation correcte des résultats.

On peut alors accéder aux données par la notation crochet ou par la notation pointée :

```
ds["t"]  # équivalent à ds.t
```

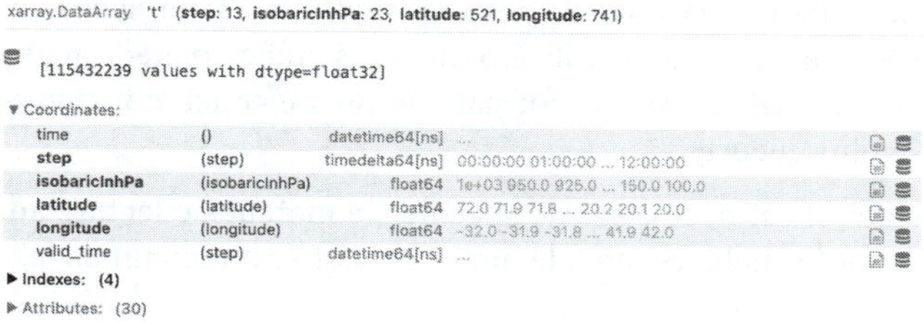

Le type de chaque donnée (variable) est alors `DataArray`. Chaque `DataArray` contient alors aussi des coordonnées, indices et attributs (metadata).

On peut contrôler les attributs pour cette variable particulière et constater qu'on a affaire à une température en Kelvin.

```
ds.t.attrs
```

```
  {
    'GRIB_paramId': 130,
    'GRIB_dataType': 'fc',
    'GRIB_numberOfPoints': 386061,
    'GRIB_typeOfLevel': 'isobaricInhPa',
...
    'GRIB_units': 'K',
    'long_name': 'Temperature',
    'units': 'K',
    'standard_name': 'air_temperature'
}
```

On peut faire facilement le rapprochement entre le `DataArray` et un tableau multidimensionnel NumPy :

```
ds.t.values.shape  # le processus de création du tableau NumPy peut être un peu long
```

```
(13, 23, 521, 741)
```

Pour résumer : un `Dataset` et constitué de plusieurs `DataArray`. Chaque `DataArray` correspond à un tableau multidimensionnel NumPy, compléter par des métadonnées et des indices Pandas qui permettent d'accéder de manière plus simple aux valeurs d'intérêt.

11.2. La sélection de valeurs

Les équivalents des méthodes `.loc` et `.iloc` en Pandas sont les méthodes `.sel` (qui permettent d'indexer par valeurs) et `.isel` (par indices). On peut par exemple sélectionner les prévisions de température :

- pour le premier pas de temps (plus simple par index, donc avec `.isel`);
- pour une valeur d'isobare (par valeur, avec `.sel`).

```
ds.t.isel(step=0).sel(isobaricInhPa=1000)
```

xarray.DataArray 't' (**latitude**: 521, **longitude**: 741)

```
array([[267.27625, 268.02625, 268.6825 , ..., 271.4325 , 271.38562, 271.37   ],
       [266.245  , 266.57312, 267.16687, ..., 271.32312, 271.27625, 271.245  ],
       [267.69812, 267.77625, 268.37   , ..., 271.1825 , 271.15125, 271.10437],
       ...,
       [295.66687, 295.69812, 295.77625, ..., 307.16687, 307.58875, 307.77625],
       [295.71375, 295.76062, 295.8075 , ..., 307.1825 , 307.58875, 307.65125],
       [295.76062, 295.8075 , 295.82312, ..., 306.87   , 307.46375, 307.47937]],
      dtype=float32)
```

▾ Coordinates:

time	()	datetime64[ns]	...
step	()	timedelta64[ns]	00:00:00
isobaricInhPa	()	float64	1e+03
latitude	(latitude)	float64	72.0 71.9 71.8 ... 20.2 20.1 20.0
longitude	(longitude)	float64	-32.0 -31.9 -31.8 ... 41.9 42.0
valid_time	()	datetime64[ns]	...

▸ Indexes: (2)

▸ Attributes: (30)

On peut également raffiner la sélection sur un sous-ensemble géographique. La notation d'indices avec `:` n'est pas valide, mais on peut utiliser l'opérateur `slice` à la place :

```
ds.t.isel(step=0).sel(
    isobaricInhPa=1000, latitude=slice(53, 41), longitude=slice(-5, 10)
)
```

```
xarray.DataArray 't' (latitude: 120, longitude: 150)

array([[289.9325 , 289.96375, 290.04187, ..., 282.6825 , 282.72937, 282.90125],
       [289.57312, 289.51062, 289.41687, ..., 282.69812, 282.85437, 283.15125],
       [289.66687, 289.71375, 289.745  , ..., 282.88562, 283.19812, 283.495  ],
       ...,
       [293.8075 , 294.495  , 295.04187, ..., 289.94812, 289.79187, 289.69812],
       [293.72937, 293.97937, 294.62   , ..., 290.37   , 290.13562, 290.01062],
       [293.85437, 293.995  , 294.60437, ..., 290.77625, 290.495  , 290.245  ]],
      dtype=float32)

▼ Coordinates:
    time            ()            datetime64[ns]   ...
    step            ()            timedelta64[ns]  00:00:00
    isobaricInhPa   ()            float64          1e+03
    latitude        (latitude)    float64          52.9 52.8 52.7 ... 41.2 41.1 41.0
    longitude       (longitude)   float64          -5.0 -4.9 -4.8 -4.7 ... 9.7 9.8 9.9
    valid_time      ()            datetime64[ns]   ...
► Indexes: (2)
► Attributes: (30)
```

On peut également créer de nouvelles données à partir de données existantes, et y associer des métadonnées :

```
t_celsius = ds.t - 273.15
t_celsius.attrs["units"] = "°C"
t_celsius.attrs["long_name"] = "temperature"
```

11.3. L'affichage graphique

L'affichage des données se fait d'une manière basée sur Seaborn et Matplotlib, avec une syntaxe qui se rapproche des principes de *Grammar of Graphics* présentés dans le chapitre sur Altair. Les canaux sont définis sous la forme d'attributs, et le type de graphes résultant est choisi de manière automatique.

```
# 3 dimensions d'indices => histogramme
t_celsius.isel(step=0).plot(bins=30)
```

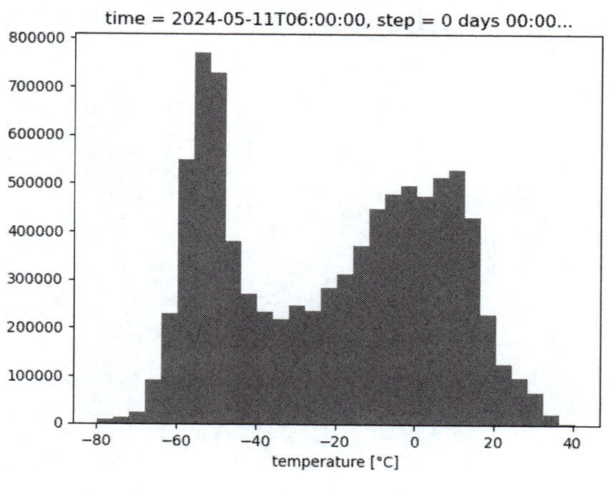

```
# 2 dimensions (géographiques) d'indices => pcolormesh
t_celsius.isel(step=0).sel(
    isobaricInhPa=1000, latitude=slice(53, 41), longitude=slice(-5, 10)
).plot()
```

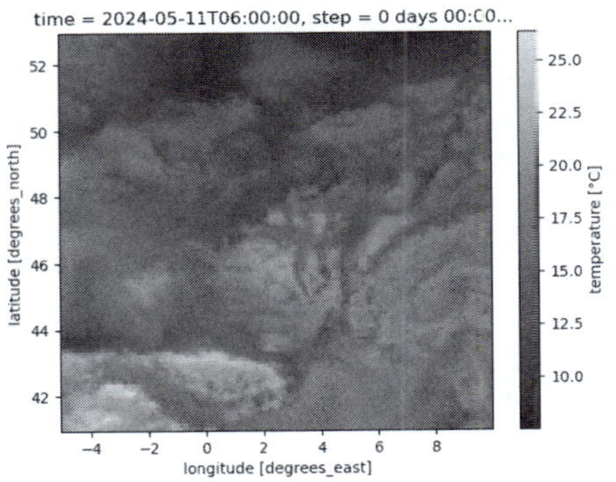


```
# 2 dimensions géographiques + 1 dimension en colonne
t_celsius.isel(step=slice(3)).sel(isobaricInhPa=1000).plot(col="step")
```

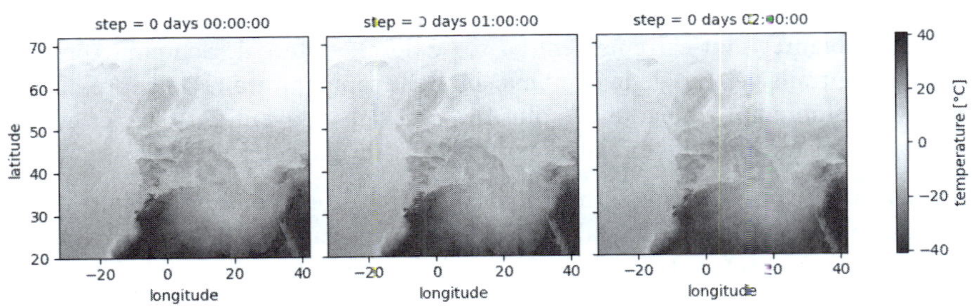


```
# une ligne si une seule dimension
# à noter: le "nearest" pour les coordonnées lat/lon qui ne sont pas indexées
t_celsius.sel(
    latitude=43.628, longitude=1.367, isobaricInhPa=1000, method="nearest"
).plot(x="valid_time")
```

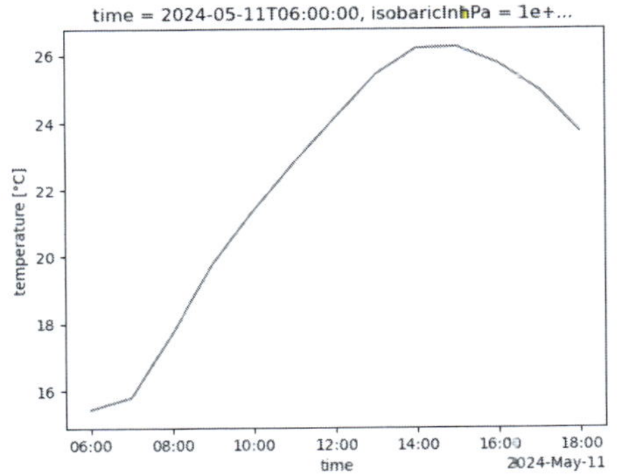

```
# la feature `hue` (teinte) trace une ligne par valeur
t_celsius.sel(latitude=43.628, longitude=1.367, method="nearest").isel(
    isobaricInhPa=slice(0, 4)
).plot(x="valid_time", hue="isobaricInhPa")
```

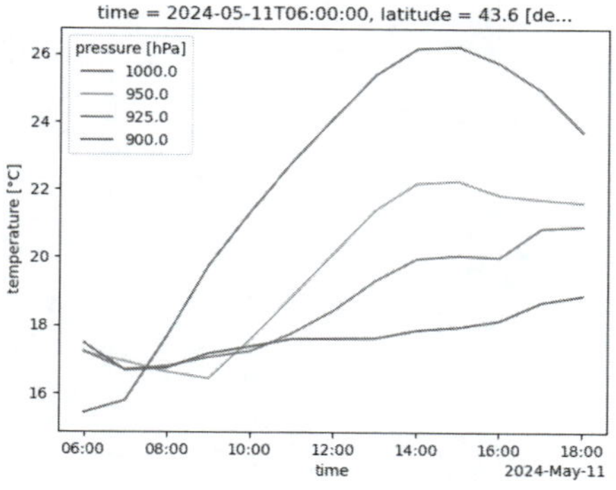

11.4. Cas d'application : prédiction de trainées de condensation

Les traînées de condensation se forment principalement à partir de la vapeur d'eau émise par les moteurs des avions. Ces traînées apparaissent généralement à haute altitude, où les températures ambiantes sont extrêmement basses. Selon le critère de Schmidt-Appleman, la formation des contrails dépend de la combinaison de la température et de la pression atmosphérique et de l'humidité ambiante. De plus, les contrails peuvent persister et évoluer en cirrus artificiels lorsque l'humidité relative par rapport à la glace dépasse 100 %.

La température critique pour la formation des trainées de condensation résulte d'une formule physique qui s'exprime par les calculs ci-dessous : les variables `isobaric_mixing_slope` et `critical_temp` sont des `DataArray`. À noter que la température critique ne dépendant que de la pression (`isobaricInhPa`), la donnée sous-jacente s'exprime sous la forme d'un tableau NumPy à une seule dimension.

```
import numpy as np

pression_Pa = ds.isobaricInhPa * 100

emiss_eau = 1.2232  # facteur d'emission d'eau par unité de carburant
capa_calo = 1004  # capacité calorifique spécifique de l'air (J/(kg·K))
ratio_vapeur = 0.622  # ratio masse vapeur d'eau / air sec
chaleur_comb = 43e6  # chaleur spécifique de combustion du carburant (J/kg)
efficacite = 0.4  # efficacité thermodynamique du moteur

pente_iso = (
    emiss_eau
    * capa_calo
    * pression_Pa
    / (ratio_vapeur * chaleur_comb * (1 - efficacite))
)

t_critique = (
```

```
    -46.46
    + 9.43 * np.log(pente_iso - 0.053)
    + 0.72 * (np.log(pente_iso - 0.053)) ** 2
    + 273.15
)
t_critique
```

```
xarray.DataArray 'isobaricInhPa' (isobaricInhPa: 23)

array([248.77677131, 248.1406611 , 247.8113618 , 247.47435334,
       246.77367893, 246.03569978, 245.25556675, 244.42782982,
       243.54587967, 242.60158853, 241.58479861, 240.48257275,
       239.27805977, 237.94870682, 236.46330415, 234.776797  ,
       233.83801494, 232.8204471 , 231.70847433, 230.48114703,
       229.10938976, 227.55106217, 223.5734482 ])

▼ Coordinates:
    time            ()               datetime64[ns] 2024-05-11T06:00:00
    isobaricInhPa   (isobaricInhPa)  float64 1e+03 950.0 925.0 ... 150.0 100.0
▶ Indexes: (1)
▶ Attributes: (0)
```

On peut alors construire un masque (tableau de booléens) qui vérifie les conditions d'apparition de trainées de condensation et de persistance en cirrus artificiels. On calcule cet indicateur uniquement à l'isobare 275 qui correspond plus ou moins à l'altitude de croisière des avions de ligne.

```
critere_contrails = ((ds.r >= 95) & (ds.t < t_critique)).sel(isobaricInhPa=275)
contrails_croisiere = critere_contrails.astype(int).isel(step=5)


date = contrails_croisiere.valid_time.values
date = date.astype("M8[ms]").astype("O")


# fg = (res.sel(altitude=2800).isel(step=6).r >=100).plot(x='longitude')
# [ax.coastlines() for ax in fg.axs.flatten()]
# fg.axes.coastlines()

import matplotlib.pyplot as plt
from matplotlib import colormaps
from cartes.crs import Lambert93, PlateCarree

fig, ax = plt.subplots(figsize=(10, 10), subplot_kw=dict(projection=Lambert93()))
my_cmap = colormaps["Reds"]
my_cmap.set_under("w")

contrails_croisiere.plot(
    ax=ax,
    transform=PlateCarree(),
    cmap=my_cmap,
    vmin=0.1,
    add_colorbar=False,
    robust=True,
)
ax.coastlines()
ax.set_title(f"Trainées de condensation possibles: {date:%d/%m/%y %H:%M} UTC")
```

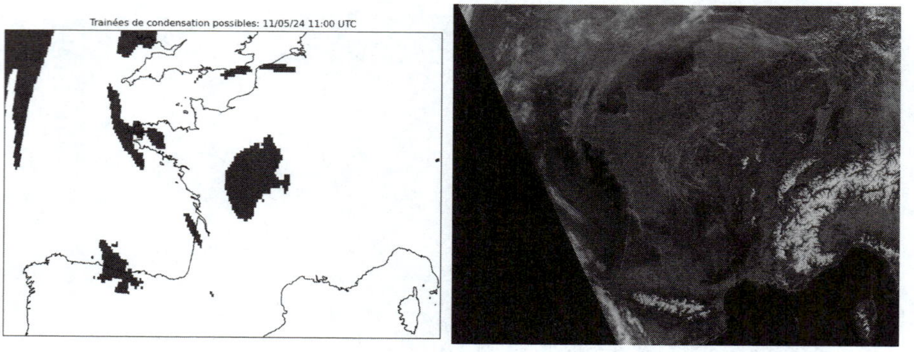

FIGURE 11.1 – Localisation possible des trainées de condensation et image satellite correspondante.

Cette carte peut être comparée à une image satellite prise à la même heure. On utilise pour ceci la bibliothèque SatPy qui est également basée sur Xarray, et qui accède aux données du satellite NOAA 20, un satellite météorologique américain lancé en 2017 par la National Oceanic and Atmospheric Administration (NOAA) en collaboration avec la NASA. Il fait partie du programme JPSS, qui vise à fournir des données critiques pour les prévisions météorologiques, la surveillance climatique et la recherche scientifique. Les données sont accessibles librement, au format h5.

Le code n'est pas détaillé dans ces pages, mais accessible pour référence sur la page web du livre.

III

Écrire un Python naturel et efficace

12

La programmation fonctionnelle

L'apprentissage de l'informatique et de la programmation passe par la découverte de différents paradigmes de programmation, autant de manières différentes d'aborder et de décomposer des problèmes pour les traiter avec l'outil informatique.

La *programmation impérative* est le paradigme le plus répandu : on le retrouve en C, en Java, et bien sûr en Python. Un programme s'y décompose comme une séquence d'instructions de base (assignation, branchement, boucle, etc.) à exécuter. On écrit alors une description de l'algorithme à mettre en œuvre pour résoudre le problème. Ce mode de programmation, proche des instructions exécutées par la machine, permet le contrôle de la performance.

La *programmation déclarative* considère un programme par la description du problème qu'il résout. Le moteur du langage se charge ensuite de la mise en œuvre de l'algorithmique de la résolution. C'est un paradigme de programmation sans *effet de bord*, c'est-à-dire sans état interne permanent, où plusieurs exécutions du même programme renvoient le même résultat. Par exemple, le langage LaTeX permet la composition de documents par une description des éléments qui le constituent. Le langage CSS décrit la mise en page d'éléments sur une page web : le navigateur utilise ensuite cette description pour assurer la mise en forme. Ce mode de programmation, plus proche d'une description formelle, permet de s'assurer de la correction des programmes, de prouver que le résultat qu'ils produisent est correct.

La *programmation fonctionnelle* est une variante de la programmation déclarative, qu'on retrouve dans les langages Haskell, Scala ou OCaml. Ce paradigme voit la programmation comme l'évaluation de fonctions mathématiques sans effet de bord.

Dans l'exemple suivant, la méthode `.sort()` appliquée à une liste suit un modèle impératif : elle modifie son contenu (l'ordre des éléments). En revanche, la fonction `sorted()` suit un modèle fonctionnel et renvoie une nouvelle liste avec les mêmes éléments triés.

```
>>> l = [7, 1, 4, 2]
>>> l.sort(), l
(None, [1, 2, 4, 7])
```

```
>>> l = [7, 1, 4, 2]
>>> sorted(l), l
([1, 2, 4, 7], [7, 1  4, 2])
```

La fonction `sorted()` n'a pas d'effet de bord : elle ne modifie pas le contenu de la liste `l`. Deux appels successifs de `sorted(l)` suivront exactement le même chemin d'exécution.

Il est illusoire de vouloir un programme entièrement sans effet de bord : on attend d'un programme qu'il interagisse avec le monde extérieur. Ainsi, l'affichage dans le terminal, l'écriture ou la lecture sur disque, l'échange d'information sur le réseau, sont des opérations qui modifient toutes l'état du programme. Les langages de programmation ne sont alors pas *purement* fonctionnels, mais incitent à garder la majeure partie du programme *pur*, c'est-à-dire sans effet de bord.

Python n'est pas un langage fonctionnel. Cependant ces recommandations de la programmation fonctionnelle pour :

— limiter les effets de bord ;
— limiter les états internes ;
— limiter l'usage de structures mutables ;
— programmer dans un style qui décrit une caractérisation de la solution plutôt que la procédure pour la calculer ;

permettent un style de programmation modulaire, composable, plus facile à prouver, à débugger et à tester.

Les bibliothèques Pandas (☞ p. 119, § 9) et Altair (☞ p. 137, § 10) ont une approche très fonctionnelle en ce sens :

— les méthodes appliquées sur les `pd.DataFrame` ou les `alt.Chart` ne modifient pas la structure mais renvoient une nouvelle instance, ce qui permet un style de programmation où les opérations sont chaînées ;
— le style de programmation Pandas promeut une description de la solution, `df.sort_values("altitude")`, plutôt qu'une implémentation de tri rapide ou de tri fusion par exemple. Altair est une grammaire graphique qui décrit une visualisation : `alt.Y("altitude")`, au lieu de la construire.

La programmation fonctionnelle produit du code *plus modulaire*, *plus concis*, *facile à prototyper* et *à tester*. Elle s'inscrit en revanche plus difficilement dans un environnement fait d'entrées/sorties, d'interactions. Ce paradigme, qui peut sembler parfois réservé aux académiques, mérite donc un chapitre dans cet ouvrage pour introduire les concepts de la programmation fonctionnelle répandus en Python.

12.1. L'identification structurelle de motifs

L'identification structurelle de motifs est une fonctionnalité communément répandue dans les langages de programmation fonctionnelle. Elle a été ajoutée au langage Python dans sa version 3.10 sous le nom de *Structural Pattern Matching* (PEP 634, PEP 635, PEP 636)

Le pattern matching est similaire à une longue série de conditions `if/then/else if`, mais avec une approche plus structurée. L'idée est de placer les cas les plus généraux en haut de la liste, afin de les traiter en premier. Ce mécanisme permet également de rédiger les tests sous forme de modèles (ou « motifs ») pour une plus grande lisibilité. Il est recommandé d'inclure un cas par défaut pour les situations imprévues, afin de pouvoir afficher un message d'erreur, par exemple. On écrira ainsi la fonction de Fibonacci sous la forme :

```
def fibonacci(n: int) -> int:
    match n:
        case 0 | 1: return 1
        case _: return n * fibonacci(n-1)
```

Dans cet exemple, on effectue une comparaison entre la valeur de n et les valeurs spécifiées après le mot-clé case. Notez que :

- Le symbole | n'est pas utilisé comme opérateur, mais plutôt comme un moyen de spécifier plusieurs valeurs qui correspondent au même cas. C'est équivalent à écrire :

```
case 0:
case 1:
    return 1
```

- Le symbole _ est un « joker » qui correspond à n'importe quelle valeur. Il est utilisé pour spécifier un cas par défaut qui correspond à toutes les valeurs qui ne sont pas déjà traitées par les cas précédents.

Le joker peut être utilisé également au sein d'une autre structure, par exemple à l'intérieur d'une liste, dans l'implémentation suivante du tri rapide (quicksort) :

```
def quicksort[T](seq: Sequence[T]) -> Sequence[T]:
    match seq:
        case [] | [_]:  # zero ou un élément (joker)
            return seq
        case [x, y] if x <= y:  # on peut ajouter un test derrière le case
            return seq
        case [x, y]:
            return [y, x]
        case [p, *rest]:
            a = quicksort([x for x in rest if x <= p])
            b = quicksort([x for x in rest if p < x])
            return a + [p] + b
```

À noter que les crochets ne désignent pas spécifiquement une liste, mais peuvent correspondre à tout type de séquence. Ainsi, la fonction pourrait également être utilisée pour trier un tuple, ou toute autre séquence compatible. Les accolades quant à elles ne se limitent pas aux dictionnaires mais à n'importe quel type de *mapping* :

```
def hemisphere_nord(coords: Mapping[str, float]) -> bool:
    """Renvoie `True` si le champ latitude est positif.

    >>> hemisphere_nord({'latitude': 43.6, 'longitude': 1.45})
    True
    >>> hemisphere_nord({'lieu': 'Pôle Nord'})
    Traceback (most recent call last):
        ...
    ValueError: La structure ne comprend pas de champ 'latitude'
    """
    match coords:
        case {'latitude': lat} if lat > 0:
            return True
        case {'latitude': _}:
            return False
        case _:
            raise ValueError("La structure ne comprend pas de champ 'latitude'")
```

Le matching fonctionne également sur les structures plus avancées :

```
@dataclass
class Position:
    latitude: float
    longitude: float


def hemisphere_nord(coords: Position) -> bool:
    match coords:
        case Position(latitude=lat) if lat > 0: return True
        case _: return False
```

Dans cet exemple, il est important de noter que la syntaxe `Position(latitude=lat)` n'est pas utilisée pour créer un objet Position, mais pour décrire un motif (pattern). C'est là toute la subtilité du pattern matching en Python. Le motif `Position(latitude=lat)` permet d'extraire la valeur de l'attribut `latitude` de l'instance et de l'associer à la variable `lat` pour effectuer une comparaison ou une autre opération. Il ne s'agit donc pas d'une construction d'objet, mais d'une correspondance structurelle.

12.2. Les fonctions d'ordre supérieur

Une fonction Python a un nom, des arguments, une documentation, un code et une valeur de retour. Les arguments et la valeur de retour peuvent être annotés mais cette syntaxe est facultative. L'usage est d'y indiquer le type des valeurs attendues, ce qui facilite le processus de documentation.

```
def fibonacci(n: int) -> int:
    "Renvoie la n^e valeur de la suite de Fibonacci"
    match n:
        case 0 | 1: return 1
        case _: return n * fibonacci(n-1)
```

On peut appeler la fonction :

```
>>> fibonacci(5)
8
```

mais une fonction est également une valeur :

```
>>> fibonacci
<function fibonacci(n: int) -> int>
```

Une fonction a donc un type et des attributs :

```
type(fibonacci)                 # un type: function
fibonacci.__name__              # un nom: 'fibonacci'
fibonacci.__code__.co_varnames  # des noms de variables: ('n',)
fibonacci.__annotations__       # des annotations: {'n': int, 'return': int}
# et ainsi de suite...
```

Les fonctions anonymes, définies par le mot-clé `lambda`, permettent de définir des fonctions simples à la volée. Le mot-clé `lambda` vient du monde fonctionnel mais est trompeur : parmi leurs limitations qui n'ont rien à voir avec la programmation fonctionnelle, on notera que leur code est limité à une instruction, que ces fonctions n'ont pas accès aux variables locales du bloc où elles sont définies, qu'elles ne sont pas sérialisables (☞ p. 41, § 3.4) et qu'elles n'ont pas de nom.

Il est possible de passer une fonction en argument d'une autre fonction. Supposons que l'on souhaite créer une liste des *n* premiers éléments de la suite de Fibonacci. Le code suivant pourra alors être utilisé pour créer la liste des *n* premiers nombres premiers par exemple : il est souhaitable alors de le factoriser en écrivant un code générique.

```
def n_premiers(function: "int -> int", n: int) -> list[int]:
    """Renvoie la liste des n premiers éléments pour la suite en paramètre."""
    return [function(i) for i in range(n)]

n_premiers(fibonacci, 8)  # [1, 1, 2, 3, 5, 8, 13, 21]
```

Nous continuerons avec les annotations de type dans ce chapitre afin de faciliter la compréhension. Toute expression valide Python peut être utilisée : l'usage recommande une notation plus complexe que nous aborderons plus loin (☞ p. 367, § 27). Dans ce chapitre, nous choisissons la notation `"int -> int"`[1] pour une fonction qui prend un entier et renvoie un entier.

Les fonctions Python permettent également de renvoyer des fonctions. Nous pourrions avoir besoin de la fonction `n_premiers_fibonacci` avec pour seul argument l'entier `n`; il est possible de la générer à partir de la seule fonction `fibonacci` :

```
def premiers(function: "int -> int") -> "int -> list[int]":
    """Renvoie une fonction qui renvoie les n premiers éléments."""

    def n_premiers_fun(n: "int") -> list[int]:
        return n_premiers(function, n)

    return n_premiers_fun

n_premiers_fibonacci = premiers(fibonacci)  # int -> list[int]
n_premiers_fibonacci(8)  # [1, 1, 2, 3, 5, 8, 13, 21]
```

On appelle les fonctions qui prennent une fonction en argument, ou qui renvoient une fonction, des *fonctions d'ordre supérieur* (*higher order functions*).

12.3. La curryfication

La *curryfication* est un gros mot, en hommage à Haskell Curry qui a donné également son nom au langage Haskell. L'exemple le plus simple pour illustrer ce concept est celui de l'addition, que l'on peut voir comme deux formulations équivalentes :

- une fonction qui associe à deux nombres leur somme :
  `(float, float) -> float`;
- une fonction qui associe à un nombre une nouvelle fonction qui associe à un nombre la somme des deux premiers nombres.
  On peut alors écrire cette signature comme `float -> (float -> float)`.

1. Cette notation est courante en programmation fonctionnelle mais n'est pas standard en Python : le code reste néanmoins valide, comme toute chaîne de caractères utilisée en annotation.

```
def add(x: float, y: float) -> float:
    return x + y

add(1., 2.)  # 3.

def add_curry(x: float) -> "float -> float":
    def add_x(y: float) -> float:
        return x + y
    return add_x

add_curry(1.)(2.)  # 3.
```

Cette opération de décomposition des fonctions s'appelle la *curryfication* et est courante en programmation fonctionnelle. Elle permet notamment l'écriture de fonctions partielles. On peut ainsi définir une fonction `add_1` :

```
add_1 = add_curry(1.)
add_1(2.)  # 3.
```

Il est possible en Python de créer une *fonction partielle* directement à partir de la version plus naturelle, *décurryfiée*, de notre fonction `add` :

```
from functools import partial

add_1 = partial(add, 1.)
add_1(2.)  # 3.
```

La signature de `add_1` est toujours `float -> float`. Sur notre exemple basé sur la suite de Fibonacci, on peut alors réécrire `n_premiers_fibonacci` sans fonction incluse :

```
n_premiers_fibonacci = partial(n_premiers, fibonacci)
n_premiers_fibonacci(8)  # [1, 1, 2, 3, 5, 8, 13, 21]
```

12.4. Les built-ins `map`, `filter` et la fonction `reduce`

La programmation fonctionnelle propose trois concepts d'application de fonction : on retrouve deux de ses fonctions parmi les *built-ins* (`map` et `filter`, ☞ p. 23, § 2.1) et la dernière dans le module `functools`.

`map(fonction, sequence)`. Cette fonction applique une fonction f à tous les éléments de la séquence x : elle renvoie ainsi $f(x_0)$ puis $f(x_1)$ et ainsi de suite. Son évaluation est *paresseuse* (*lazy* en anglais), ce qui signifie qu'elle n'est évaluée sur l'élément suivant de x que si ce résultat est demandé. Une boucle ou un appel de `list` sur le résultat force l'évaluation de tous les éléments de la séquence.

```
valeurs: "list[int]" = [3, 5, 8]
map(fibonacci, valeurs)
# <map at 0x7f6391239460>
list(map(fibonacci, valeurs))
# [3, 8, 34]
```

```
>>> for result in map(fibonacci, valeurs):
...     print(result)
3
8
34
```

L'expression de listes en compréhension permet une notation plus intuitive. Plus naturellement, nous verrons plus loin que la fonction `map` produit un générateur (☞ p. 195, § 14).

```
>>> list(fibonacci(x) for x in valeurs)
[3, 8, 34]
```

Du point de vue des signatures, la fonction en paramètre de map peut prendre n'importe quel type en argument et renvoyer n'importe quelle valeur. On peut néanmoins s'assurer que les signatures sont compatibles avec le modèle suivant. A et B sont ici des annotations de type *générique* : elles signifient « n'importe quel type », mais toutes les occurrences de A doivent correspondre au même type.

```
map(fonction: "(A -> B)", sequence: "Sequence[A]") -> "Sequence[B]"
```

Dans notre exemple sur la suite de Fibonacci, A et B correspondent au type entier int. La fonction fibonacci s'annote int -> int, la séquence s'annote Sequence[int] (une signature compatible avec list[int]) et le type de retour est également une séquence d'entiers.

filter(fonction, x). Cette fonction renvoie tous les éléments de la séquence x pour lesquels $f(x_i)$ est vrai (True). Son mode de fonctionnement paresseux est comparable à celui de la fonction map. Sa signature se décline selon le modèle suivant :

```
filter(fonction: "A -> bool", sequence: "Sequence[A]") -> "Sequence[A]"

def impair(x):
    return x % 2 == 1

filter(impair, valeurs)  # <filter at 0x7f6391235460>
list(filter(impair, valeurs))  # [3, 5]
```

Les expressions en compréhension permettent une notation plus intuitive.

```
>>> list(x for x in valeurs if impair(x))
[3, 5]
```

reduce(fonction, x). Cette fonction permet d'appliquer de façon cumulative la fonction f à l'ensemble des arguments de x pour produire :

$$f\left(f\left(f\left(x_0, x_1\right), x_2\right), \ldots\right)$$

On pourra s'assurer de signatures compatibles avec le modèle suivant :

```
reduce(fonction: "A, A -> A", sequence: "Sequence[A]") -> "A"
```

Pour les exemples ci-dessous, on pourra utiliser les fonctions associées aux opérateurs courants, dans le module operator : add(x, y) correspond à l'opération x + y, mul(x, y) retranscrit x * y, or_(x, y) signifie x | y et ainsi de suite.

En réalité, la plupart des opérations de réduction sont déjà fournies par le langage, sous la forme de fonctions *built-ins* (☞ p. 23, § 2.1).

```
from functools import reduce
from operator import add, mul, or_

reduce(add, [1, 2, 3, 4, 5])  # 15
sum([1, 2, 3, 4, 5])  # 15

reduce(or_, [False, True, False, False])  # True
any([False, True, False, False])  # True
```

La réduction de chaîne de caractères ne fonctionne pas avec la fonction `sum` malgré la compatibilité de l'opérateur +. La solution est néanmoins dans le message d'erreur :

```
>>> sum(["h", "i"], "")
Traceback (most recent call last):
  ...
TypeError: sum() can't sum strings [use ''.join(seq) instead]
>>> "".join(["h", "i"])
"hi"
```

En revanche, il n'existe pas de fonction *built-in* pour la réduction par multiplication :

```
reduce(mul, [1, 2, 3, 4, 5])  # 120
```

On peut aussi réécrire l'exemple du schéma de Horner (☞ p. 11, § 1.3) avec une réduction :

```
def construct(x, y):
    return 10 * x + y

reduce(construct, [1, 2, 3, 4, 5])  # 12345
```

Cette construction remplace le code suivant, qui évite d'utiliser une variable mutable `cumul`. La programmation fonctionnelle proscrit en effet la manipulation de telles variables dont le contenu change au cours de l'exécution.

```
cumul = 0
for elt in [1, 2, 3, 4, 5]:
    cumul = 10 * cumul + elt
```

Dans une approche fonctionnelle, la fonction `reduce` peut être intéressante pour coder la composition d'une liste de fonctions. Nous pouvons par exemple écrire une liste de fonctions à appliquer, pour ne l'évaluer que plus tard, sur le modèle de l'évaluation paresseuse.

L'idée est donc d'écrire la fonction $x \mapsto k(\dots h(g(f(x))))$ à partir de la liste $[f, g, h, \dots k]$.

```
add_1 = lambda x: x + 1
mul_2 = lambda x: x * 2

fonctions: "list[int -> int]" = [add_1, mul_2, add_1, add_1, mul_2]

def compose(f: "int -> int", g: "int -> int") -> "int -> int":
    def f_puis_g(x):
        return g(f(x))
    return f_puis_g

full_set_of_operations: "int -> int" = reduce(compose, fonctions)
full_set_of_operations(3)  # ((((3 + 1) * 2) + 1) + 1) * 2 renvoie 20
```

Pour éviter de multiplier les niveaux d'abstraction, l'écriture suivante, sans fonctions imbriquées, est plus « conviviale » : elle utilise le troisième argument de la fonction `reduce` pour définir une valeur initiale. Au lieu d'utiliser une composition de fonction $g \circ f$, on peut se contenter ici de l'application de fonction. Avec l'argument `initial`, on pourra s'assurer de signatures compatibles avec le modèle suivant :

```
reduce(fonction: "B, A -> B", sequence: "Sequence[A]", initial: "B") -> "B"

def apply_function(x: int, f: "int -> int") -> int:
    return f(x)

reduce(apply_function, fonctions, 3)  # 20
```

12.5. Les systèmes de Lindenmayer

Un *système de Lindenmayer*, aussi appelé *L-système*, est un système de réécriture inventé par Aristid Lindenmayer pour modéliser la croissance des plantes. Son livre *The algorithmic beauty of plants*, aujourd'hui épuisé, est désormais disponible gratuitement à l'adresse suivante : http://algorithmicbotany.org/papers/abop/abop.pdf.

Un système de Lindenmayer est composé :

— d'un alphabet fini composé de lettres, des symboles de variables et des symboles terminaux (qui ne peuvent pas être remplacés) ;
— d'un mot appelé *axiome*, constitué de lettres et représentant l'état initial du système ;
— d'un ensemble de règles de réécriture de lettres vers des mots.

La courbe de Koch se modélise en L-système ainsi :

— l'alphabet est constitué de la variable F et des symboles terminaux $+$ et $-$;
— l'axiome est F ;
— l'unique règle de réécriture est $F \to F + F - F - F + F$.

À chaque étape, on applique à chaque symbole sa règle de réécriture, en partant de l'axiome. Les symboles terminaux ne sont pas remplacés :

étape	réécriture
0	F
1	F+F-F-F+F
2	F+F-F-F+F+F+F-F-F+F-F+F-F-F+F-F+F-F-F+F+F+F-F-F+F

L'interprétation graphique d'un mot se construit à l'aide d'une tortue graphique. Une tortue est un dispositif permettant de générer une liste de segments à partir d'une séquence d'instructions de déplacement et de changement d'orientation. Nous utiliserons ici la lettre F pour un mouvement en ligne droite, la lettre « + » pour un virage à gauche à 90° et la lettre « - » pour un virage à droite.

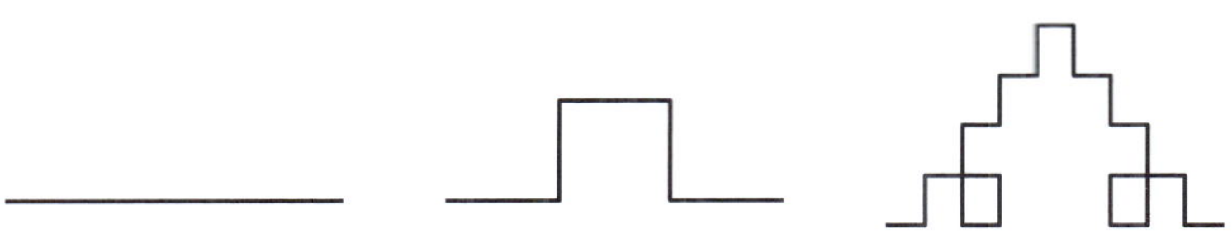

Il existe de nombreuses manières de coder la réécriture et l'affichage d'un L-système. Nous allons ici nous appliquer à écrire ce programme à l'aide de *fonctions d'ordre supérieur*, de fonctions `map` et `reduce` (nous laisserons les équivalents impératifs, écrits avec des boucles `for`, en commentaire). L'objectif de cet exemple est de montrer comment un code écrit dans un esprit fonctionnel peut être concis et également facile à tester.

Commençons par définir notre L-système, que nous allons annoter comme un dictionnaire dont les clés sont des lettres et qui renvoie des chaînes de caractères. Il est vrai que les lettres sont également des chaînes de caractères, mais Python ne fait pas la distinction entre les deux structures. En outre, l'objectif des annotations n'est pas d'écrire quelque chose de minimaliste ; au contraire, il s'agit d'écrire des indications qui aident le programmeur, un être humain, à reconnaître la nature des structures manipulées.

```
rules: "dict[lettre, str]" = dict(F="F+F-F-F+F")
```

Une itération de réécriture est une opération qui consiste à former une chaîne de caractères en appliquant les règles de réécriture à chacune des lettres qui forment le mot courant :

- la fonction `apply_rule` applique la règle de réécriture à chacune des lettres : elle recherche chaque lettre dans le dictionnaire `rules`, et ne modifie pas cette lettre si elle n'est pas dans le dictionnaire. La valeur par défaut est définie grâce à la méthode `.get(clé, valeur_par_défaut)` ① (☞ p. 15, § 1.7) ;
- la fonction `rewrite` applique la fonction `apply_rule` à chacune des lettres de la séquence `seq`, puis reforme une chaîne de caractères par l'opération de réduction `join`.

L'ensemble des règles de réécriture est présent dans le corps de la fonction `apply_rule` ①. Pour rester générique et pouvoir facilement remplacer les règles de réécriture, il y a deux possibilités :

- la première consiste à ajouter des arguments aux fonctions `apply_rule` et `rewrite` pour passer l'ensemble des règles en argument ; mais cette option alourdit le code avec des arguments supplémentaires. L'appel à `map` serait aussi plus compliqué ;
- la seconde option consiste à générer notre fonction de réécriture à partir des règles de réécriture, en renvoyant une fonction ② qui prend une chaîne de caractères pour renvoyer une chaîne de caractères.

```
def rewrite_rules(rules: "dict[lettre, str]") -> "str, * -> str":
    """Réécriture d'un L-système.

    Cette fonction renvoie une fonction capable d'appliquer les règles
    de réécriture passée au paramètre `rules` sur une chaîne de caractères.

    Si une lettre n'est pas présente dans les règles de réécriture, elle
    est recopiée telle quelle.

    >>> rewrite_rules(rules = dict(A="B", B="AA"))("ACAB")
    "BCBAA"
    """

    def apply_rule(lettre: "lettre") -> "str":
        # dict.get(clé, valeur_par_défaut)
        return rules.get(lettre, lettre)  # ①

    def rewrite(seq: str, *args) -> str:
        # return "".join(apply_rule(lettre) for lettre in seq)
        return "".join(map(apply_rule, seq))

    return rewrite  # ②
```

Notons qu'il est d'ores et déjà facile de documenter et tester cette fonction, comme dans la documentation docstring, ou sur l'exemple de la courbe de Koch :

```
>>> rewrite_rules(rules)("F")
'F+F-F-F+F'
>>> rewrite_rules(rules)("F+F-F-F+F")
'F+F-F-F+F+F+F-F-F+F-F+F-F-F+F-F+F-F-F+F+F+F-F-F+F'
```

L'application de *n* réécritures successives est un cas d'usage du reduce.

```
actions: str = reduce(
    # str, * -> str
    rewrite_rules(rules),
    # Sequence[int]
    range(n),
    # axiome: str
    "F",
)
```

```
# code équivalent (avec variable mutable)
#
# actions = "F"
#
# for i in range(n):
#     actions = rewrite_rules(rules)(actions, i)
#
```

La tortue graphique est responsable de l'affichage. Une tortue est à tout moment positionnée et orientée, mais, pour l'affichage, nous aurons besoin de tout le chemin parcouru par la tortue, d'où :

- une liste de positions sous forme de tableau NumPy 1D ;
- une orientation sous forme de tableau NumPy 2D, pour permettre les multiplications matricielles ;
- un dernier champ `pile` dont nous aurons besoin plus loin (il n'est pas utile pour la courbe de Koch).

```
from dataclasses import dataclass, field
from collections import deque
from typing import List

@dataclass(frozen=True)  # programmation fonctionnelle: rien n'est mutable!
class Tortue:
    positions: List[np.ndarray] = field(
        default_factory=lambda: [[np.array([0, 0], dtype=float)]]
    )
    orientation: np.ndarray = np.array([[0], [1]], dtype="float")
    pile: deque = field(default=deque())
```

Une tortue avance dans la direction de son orientation. Comme nous manipulons des structures immutables, la fonction avance va renvoyer une nouvelle tortue avec la liste de positions enrichie. La position courante est toujours la dernière valeur de la liste.

```
def avance(tortue: Tortue) -> Tortue:
    return Tortue(
        tortue.positions + [tortue.positions[-1] + tortue.orientation.T],
        tortue.orientation,
        tortue.pile,
    )
```

Une tortue peut également tourner d'un angle à définir. Nous procédons par calcul matriciel pour définir le nouvel angle de rotation :

```
radians = float

def rotation(angle: radians, tortue: Tortue) -> Tortue:
    mat = np.array([
        [np.cos(angle), -np.sin(angle)],
        [np.sin(angle), np.cos(angle)]
    ])
    return Tortue(tortue.positions, mat @ tortue.orientation, tortue.pile)
```

On peut alors définir les règles de mouvement de la tortue, qui à chaque lettre associe un mouvement. Comme l'angle de rotation dépend des instances de L-systèmes, on peut définir par curryfication la fonction partielle de rotation de 90° qui s'applique à une tortue pour renvoyer une tortue. On notera que toutes les valeurs du dictionnaire sont des fonctions qui ont bien la même signature.

```
from functools import partial

draw: "dict[str, Tortue -> Tortue]" = {  # ①
    "F": avance,
    "+": partial(rotation, np.radians(90)),
    "-": partial(rotation, -np.radians(90)),
}
```

L'application de tous les mouvements associés à notre séquence d'action sur une tortue initiale peut se faire par application de la fonction `reduce` : pour la séquence « F+F-F », on voudrait écrire :

```
tortue = draw.get("F")(draw.get("-")( ... draw.get("F")(Tortue())))
```

Ici, au vu de la signature du dictionnaire `draw` ①, la fonction `draw.get` a une signature `str -> Tortue -> Tortue`. Pour pouvoir appliquer la fonction `reduce`, il est nécessaire de réécrire une fonction décurryfiée avec la signature `(Tortue, str) -> Tortue` :

```
def deplace_tortue(tortue: Tortue, action: str) -> Tortue:
    return draw.get(action)(tortue)
```

La fonction `drawing_rules` génère une fonction à partir des règles de réécriture tout en préservant la signature qui nous intéresse. Par ailleurs, comme un caractère inconnu doit laisser la tortue inchangée, nous ajoutons une fonction *identité* ② et l'attribuons en valeur par défaut des règles de dessin renvoyées par `.get()` ③.

```
def drawing_rules(rules: "dict[str, Tortue -> Tortue]") -> "Tortue, str -> Tortue":
    def identite(x: Tortue) -> Tortue:  # ②
        return x

    def deplace_tortue(tortue: Tortue, action: str) -> Tortue:
        return rules.get(action, identite)(tortue)  # ③

    return deplace_tortue

tortue = reduce(drawing_rules(draw), "F+F-F", Tortue())

# Ici le code impératif équivalent serait
# tortue = Tortue()
# for action in "F+F-F":
#     tortue = drawing_rules(draw)(tortue, action)
```

On peut alors récupérer la trajectoire de la tortue :

```
>>> np.vstack(tortue.positions)
array([[ 0.,  0.],
       [ 0.,  1.],
       [-1.,  1.],
       [-1.,  2.]])
```

Il reste enfin à définir une structure de données générales pour les L-systèmes, et à écrire la fonction qui génère la trajectoire de la tortue correspondante :

```
@dataclass(frozen=True)
class LSystem:
    axiom: str  # l'axiome de départ
    rules: "dict[lettre, str]"  # les règles de réécriture
    order: int  # combien de fois appliquer les règles
    draw: "dict[str, turtle -> turtle]"  # les règles de dessin
```

FIGURE 12.1 – Rendus graphiques pour différents L-systèmes définis sur la page web du livre

```
courbe_de_koch = LSystem(
    axiom="F", rules=dict(F="F+F-F-F+F"), order=3,
    draw={
        "F": avance,
        "+": partial(rotation, np.radians(90)),
        "-": partial(rotation, -np.radians(90)),
    },
)

def lsystem(definition: LSystem) -> np.ndarray:

    tortue = Tortue()

    actions: str = reduce(
        rewrite_rules(definition.rules),  # str, int -> str
        range(definition.order),  # Sequence[int]
        definition.axiom,  # str
    )

    tortue = reduce(
        drawing_rules(definition.draw),  # turtle, str -> turtle
        actions, Tortue(),  # str, turtle
    )

    return np.vstack(tortue.positions)
```

```
>>> lsystem(courbe_de_koch)[:5]  # on n'affiche que les premières coordonnées
array([[ 0.,  0.], [ 0.,  1.], [-1.,  1.], [-1.,  2.], [ 0.,  2.]])
```

La figure 12.1 affiche le résultat de plusieurs L-systèmes décrits sur la page web associée au chapitre. Certains utilisent une nouvelle règle de dessin associée aux lettres [et] : quand la tortue rencontre le caractère], elle retourne se positionner dans l'état où elle était au caractère [correspondant. C'est ici que sert la pile qui a été ajoutée à la structure Tortue, afin de stocker les états par lesquels la tortue passe quand elle rencontre le caractère [: la structure de type deque (☞ p. 55, § 4.5) fournit la pile qui restitue les états en mode dernier arrivé premier sorti, *last in first out* (LIFO).

Dans la fonction depile ci-dessous, on ajoute à la trace de la tortue un point aux coordonnées NaN, et Matplotlib interprétera ce point comme une discontinuité dans le tracé.

```
def empile(tortue: Tortue) -> Tortue:
    pile = tortue.pile
    pile.append((tortue.positions[-1], tortue.orientation))
    return Tortue(tortue.positions, tortue.orientation, pile)

def depile(tortue: Tortue) -> Tortue:
    pile = tortue.pile
    position, orientation = pile.pop()
    nan_position = np.array([[np.nan, np.nan]])
    return Tortue(tortue.positions + [nan_position, position], orientation, pile)

arbre = LSystem(
    axiom="F", rules=dict(F="FF-[-F+F+F]+[+F-F-F]"), order=3,
    draw={
        "F": avance, "[": empile, "]": depile,
        "-": partial(rotation, -np.radians(25)),
        "+": partial(rotation, np.radians(25)),
    },
)
```

Cet exemple illustre comment écrire ce type de programme dans un esprit « programmation fonctionnelle », de manière rapide et concise pour celui qui est à l'aise avec les concepts de map, filter et reduce, mais probablement au prix de la lisibilité pour les autres.

En quelques mots...

— La programmation fonctionnelle est un paradigme qui encourage certaines bonnes pratiques, notamment l'utilisation de fonctions *pures*, qui ne modifient pas l'état des structures passées en argument. Cette pratique préfère l'écriture de fonctions concises, performantes, faciles à documenter et à tester.

— On trouve dans le module `functools` et la bibliothèque standard les fonctions `map`, `filter`, `reduce`, `partial` ou `lambda` pour permettre un style de programmation fonctionnel. Néanmoins, en Python, l'utilisation des formes en compréhension (☞ p. 13, § **1.5**) est plus naturelle que `map` et `filter` ; et la plupart des opérations de réduction courantes sont proposées dans des fonctions *built-ins* (☞ p. 23, § **2.1**) comme `sum()`, `all()`, `any()`.

— Les fonctions anonymes, définies par le mot-clé `lambda` et limitées aux spécifications mono-instructions, peuvent souvent être remplacées par des fonctions existantes (par exemple, les fonctions `add`, `mul` ou `or_` du module `operator`). Si la spécification d'une fonction `lambda` est complexe, Fredrik Lundh recommande la procédure suivante :

1. écrire un commentaire qui explique ce que fait la fonction `lambda` ;
2. trouver un mot qui résume ce commentaire ;
3. écrire une fonction avec ce nom et la même spécification ;
4. supprimer le commentaire.

Cette position est certes excessive, mais elle s'accorde avec le Zen de Python : *readability counts*, « la lisibilité est importante ».
Voici donc un conseil plus mesuré : tant qu'une fonction équivalente n'existe pas dans la bibliothèque standard, et que la `lambda` reste concise, lisible et compréhensible sans commentaire supplémentaire, il n'est pas nécessaire de la supprimer.

— Les fonctions d'ordre supérieur restent un concept très couramment utilisé en Python, notamment sous la forme de décorateurs (☞ p. 181, § **13**).

Pour aller plus loin

— Les bibliothèques toolz `https://toolz.readthedocs.io/` et fn.py `https://github.com/kachayev/fn.py` donnent accès à de nombreux paradigmes de la programmation fonctionnelle en Python.

— *Purely Functional Data Structures*, Chris Okasaki, 1999
Cambridge University Press, ISBN 978-0-521-66350-4

13

Décorateurs de fonction et fermetures

Un décorateur de fonction est un outil qui permet de marquer une fonction afin d'en modifier son comportement. Cet élément de syntaxe Python est reconnaissable au caractère *arobase* `@` qui précède une fonction d'ordre supérieur (☞ p. 165, § 12) et qui permet de modifier ou de remplacer la fonction qui suit (la fonction décorée).

Dans l'exemple qui suit, on peut définir une fonction d'ordre supérieur :

```
def decorateur(fonction: "fonction") -> "fonction":
    print(f"Définition de la fonction décorée {fonction.__name__}")
    return fonction
```

Alors, les deux syntaxes sont équivalentes :

```
@decorateur
def pause(secondes: int = 1) -> None:
    time.sleep(secondes)
    return
Définition de la fonction décorée pause
```

```
def pause(secondes: int = 1) -> None:
    time.sleep(secondes)
    return
pause = decorateur(pause)
Définition de la fonction décorée pause
```

Cette opération est réalisée **à la définition** de la fonction. Si nous souhaitions afficher un message lors de l'exécution de la fonction, il faudrait alors renvoyer une nouvelle fonction qui affiche un message avant d'exécuter la fonction décorée :

```
def logger(fonction):
    def fonction_modifiee(*args):
        print(f"Exécution de la fonction {fonction.__name__}: {args}")
        resultat = fonction(*args)
        print("Terminé!")
        return resultat
    return fonction_modifiee
```

```
@logger
def pause(secondes: int = 1) -> None:
    time.sleep(secondes)
    return

pause(1)
```

```
Exécution de la fonction pause: (1,)
[... pause pendant 1 seconde]
Terminé!
```

La fonction pause fait maintenant bien référence à la fonction modifiée, une variable locale de la fonction `logger`.

```
>>> pause
<function logger.<locals>.fonction_modifiee(*args)>
```

L'essentiel à savoir sur les décorateurs de fonction tient en ces quelques lignes. Il est possible de coder en Python sans jamais écrire de décorateurs si on s'en tient à un style de programmation entièrement impératif, mais il est nécessaire de préciser certains détails théoriques, notamment à propos des *fonctions fermetures* (*closure* en anglais) et du mot-clé `nonlocal` pour pouvoir tirer le meilleur de cette possibilité du langage.

13.1. Utilisations courantes des décorateurs

L'exemple le plus courant d'utilisation des décorateurs est le traçage des appels à une fonction, ou leur chronométrage. Nous allons coder alors notre propre décorateur `@chronometre` : après chaque invocation de la fonction, le décorateur affiche le temps passé dans la fonction, le nom de la fonction, les arguments passés et la valeur de retour.

```
def chronometre(fonction):
    name = fonction.__name__

    def chrono_fonction(*args):
        t0 = time.perf_counter()

        arg_str = ", ".join(repr(arg) for arg in args)
        result = fonction(*args)
        elapsed = time.perf_counter() - t0

        print(f"[{elapsed:0.8f}s] {name}({arg_str})")
        return result

    return chrono_fonction

@chronometre
def pause(secondes: int = 1) -> None:
    """Carpe diem!"""
    time.sleep(secondes)
    return
```

```
>>> pause(1)
[1.00305594s] pause(1)
```

```
@chronometre
def factorielle(n: int) -> int:
    """Renvoie la factorielle calculée par récursion."""
    if n == 0:
        return 1
    return n * factorielle(n - 1)
```

```
>>> factorielle(6)
[0.00000781s] factorielle(0)
[0.01235192s] factorielle(1)
[0.01348036s] factorielle(2)
[0.01445412s] factorielle(3)
[0.01544575s] factorielle(4)
[0.01638823s] factorielle(5)
[0.01768468s] factorielle(6)
720
```

L'inconvénient de ces décorateurs est que les fonctions décorées ont leurs noms, annotations et documentations masqués.

```
>>> factorielle
<function chronometre.<locals>.chrono_fonction(*args)>
>>> factorielle.__name__, factorielle.__annotations__, factorielle.__doc__
('chrono_fonction', {}, None)
```

Le module `functools` propose un décorateur supplémentaire particulier, `wraps(fonction)`, pour pallier ce type de problème et copier tous les attributs pertinents de la fonction décorée à la fonction retournée.

```
import functools


def chronometre(fonction):

    name = fonction.__name__

    @functools.wraps(fonction)
    def chrono_fonction(*args):
        t0 = time.perf_counter()

        arg_str = ", ".join(repr(arg) for arg in args)
        result = fonction(*args)
        elapsed = time.perf_counter() - t0

        print(f"[{elapsed:0.8f}s] {name}({arg_str})")
        return result

    return chrono_fonction
```

```
@chronometre
def factorielle(n: int) -> int:
    """Renvoie la factorielle calculée par récursion."""
    if n == 0:
        return 1
    return n * factorielle(n - 1)

>>> help(factorielle)
Help on function factorielle in module __main__:

factorielle(n: int) -> int
    Renvoie la factorielle calculée par récursion.

>>> factorielle.__name__, factorielle.__annotations__, factorielle.__doc__
('factorielle',
 {'n': int, 'return': int},
 'Renvoie la factorielle calculée par récursion.')
```

Une autre utilisation courante des décorateurs est l'enregistrement de fonctions. Dans l'exemple suivant, on choisit d'annoter des fonctions pour les ajouter à une liste de fonctions « autorisées » sans les modifier. Pour l'exemple de la tortue graphique du chapitre précédent, on pourrait par exemple imaginer l'utilisation suivante :

```
mouvements_autorises = list()

def mouvement_tortue(fonction):
    mouvements_autorises.append(fonction)
    return fonction

@mouvement_tortue
def avance(tortue: "Tortue"):
    pass

@mouvement_tortue
def rotation(tortue: "Tortue"):
    pass

def saut_perilleux(tortue: "Tortue"):
    pass

>>> mouvements_autorises
[<function avance(tortue: 'Tortue')>,
 <function rotation(tortue: 'Tortue')>]
```

Lors de la réduction d'opérations (☞ p. 170, § 12.4) appliquées à la tortue, on peut alors vérifier de manière dynamique, à l'exécution, que les opérations appliquées sont valides.

```
from functools import reduce, partial

mouvements = [avance, rotation, avance, avance, saut_perilleux]
```

```
def apply(tortue: "Tortue", fonction: "Tortue -> Tortue") -> "Tortue":
    if fonction not in mouvements_autorises:
        raise ValueError(
            f"{fonction.__name__} ne fait pas partie des mouvements autorisés:\n\t"
            f"[{', '.join(f.__name__ for f in mouvements_autorises)}]"
        )
    return fonction(tortue)
```

```
>>> reduce(apply, mouvements, Tortue())
Traceback (most recent call last):
  ...
ValueError: saut_perilleux ne fait pas partie des mouvements autorisés:
        [avance, rotation]
```

13.2. Portée des variables et fonctions fermetures

Supposons qu'une fonction utilise le résultat de deux variables : une variable interne définie dans la fonction, et une variable externe définie à un autre endroit.

```
def fonction():
    interne = "interne"
    print(interne)
    print(externe)
```

```
>>> fonction.__code__.co_varnames  # variables locales
('interne',)
>>> fonction()
interne
Traceback (most recent call last):
  ...
NameError: name 'externe' is not defined
```

L'erreur est explicite. Il suffit de définir une variable globale externe. On notera qu'il est possible d'accéder à un dictionnaire qui recense l'ensemble des variables globales, renvoyées par la fonction globals().

```
>>> "externe" in globals()
False  # externe n'est pas encore une variable globale
>>> externe = "externe"
>>> "externe" in globals()
True
>>> fonction()
interne
externe
```

Supposons maintenant que la fonction modifie le contenu de externe :

```
def fonction():
    interne = "interne"
    print(interne)
    print(externe)
    externe = "externe"
```

```
>>> fonction()
interne
Traceback (most recent call last):
  ...
UnboundLocalError: local variable 'externe' referenced before assignment
```

Le message d'erreur est différent : la variable externe est maintenant marquée comme une variable locale dès le début de la fonction. L'attribut co_varnames liste les noms de l'ensemble des variables dans le code de la fonction.

```
>>> fonction.__code__.co_varnames
('interne', 'externe')
```

Il est toutefois possible de marquer cette variable comme une variable globale avec le mot-clé global :

```
def fonction():
    global externe
    interne = "interne"
    print(interne)
    print(externe)
    externe = "externe"

>>> fonction()
interne
externe
```

On peut alors confirmer que la variable externe n'est plus présente dans la liste co_varnames.

```
>>> fonction.__code__.co_varnames
('interne',)
```

Il est possible de modifier le décorateur du chronomètre pour afficher une pile d'appel. Cette fonctionnalité peut être intéressante pour les fonctions récursives notamment, afin de comprendre ou corriger des problèmes de récursion infinie.

Afin de produire un affichage pertinent, on souhaite ici :

① indenter l'affichage de la pile d'appel par incrément à chaque sous-appel ;
② afficher un temps d'exécution total de la fonction depuis son premier appel.

```
def pile_d_appel(fonction):
    name: str = fonction.__name__
    indentation: int = -1
    t0: "timestamp ou None" = None

    @functools.wraps(fonction)
    def chrono_fonction(*args):
        indentation += 1  # ①
        t0 = time.perf_counter() if t0 is None else t0
        arg_str = ", ".join(repr(arg) for arg in args)

        elapsed = time.perf_counter() - t0
```

```
        print(f"{' '*indentation}[{elapsed:0.8f}s] {name}({arg_str}) -> ...")
        result = fonction(*args)
        elapsed = time.perf_counter() - t0
        print(f"{' '*indentation}[{elapsed:0.8f}s] {name}({arg_str}) -> {result}")  # ②
        indentation -= 1

        return result

    return chrono_fonction

@pile_d_appel
def factorielle(n: int) -> int:
    if n == 0:
        return 1
    return n * factorielle(n - 1)
```

```
>>> factorielle(10)
Traceback (most recent call last):
  ...
UnboundLocalError: local variable 'indentation' referenced before assignment
```

Le problème ici est que les instructions `indentation +=` et `t0 =` sont des assignations dans le corps de la fonction et sont donc marquées comme variables locales. L'instruction `global` ne résoudrait pas le problème non plus : la variable `name` par exemple n'est pas dans les variables globales.

```
>>> "name" in globals()
False
>>> "indentation" in factorielle.__code__.co_varnames
True
```

En réalité, ces variables sont des variables locales dans la fonction `pile_d_appel`, mais, celle-ci ayant fini de s'exécuter, après la définition de la fonction `factorielle`, elles n'existent plus au moment de son exécution.

```
>>> pile_d_appel.__code__.co_varnames
('fonction', 'indentation', 't0', 'chrono_fonction')
```

Pourtant, la variable `name` existe toujours quelque part pour pouvoir être appelée dans la fonction `chrono_fonction` qui est renvoyée : cette variable n'est ni une variable locale pour la fonction décorée, ni une variable locale pour le décorateur : on appelle cela une variable libre (*free variable*), c'est-à-dire qu'elle n'est pas liée à la portée de variables locales du décorateur.

```
>>> factorielle.__code__.co_freevars
('fonction', 'name')
```

Une fonction avec des variables libres est appelée une *fermeture* : c'est le mot-clé en anglais, *closure*, qui est utilisé pour enregistrer les valeurs de ces variables dans l'objet fonction

```
>>> factorielle.__closure__
(<cell at 0x7f51717a7be0: function object at 0x7f5171801550>,
 <cell at 0x7f51717a7d30: str object at 0x7f51719655f0>)
```

Dans le code de chrono_function, les variables libres indentation et t0 deviennent locales avec les instructions indentation += et t0 =. Pour pallier ce problème, la déclaration nonlocal est arrivée avec Python 3 pour marquer des variables comme libres au lieu de locales.

```
def pile_d_appel(fonction):
    name: str = fonction.__name__
    indentation: int = -1
    t0: "timestamp ou None" = None

    @functools.wraps(fonction)
    def chrono_fonction(*args):
        nonlocal indentation, t0
        indentation += 1
        t0 = time.perf_counter() if t0 is None else t0
        arg_str = ", ".join(repr(arg) for arg in args)

        elapsed = time.perf_counter() - t0
        print(f"{' '*indentation}[{elapsed:0.8f}s] {name}({arg_str}) -> ...")
        result = fonction(*args)
        elapsed = time.perf_counter() - t0
        print(f"{' '*indentation}[{elapsed:0.8f}s] {name}({arg_str}) -> {result}")
        indentation -= 1

        return result

    return chrono_fonction

@pile_d_appel
def factorielle(n: int) -> int:
    if n == 0:
        return 1
    return n * factorielle(n - 1)

>>> factorielle.__code__.co_varnames
('args', 'arg_str', 'elapsed', 'result')
>>> factorielle.__code__.co_freevars  # les variables libres
('fonction', 'indentation', 'name', 't0')
>>> factorielle.__closure__
(<cell at 0x7f51718982e0: function object at 0x7f51718de5e0>,
 <cell at 0x7f5171898790: int object at 0x56463f3fac80>,
 <cell at 0x7f51718988e0: str object at 0x7f51719655f0>,
 <cell at 0x7f5171898370: NoneType object at 0x56463f3da360>)
```

L'appel de la factorielle fonctionne désormais, et la représentation montre les appels récursifs qui descendent jusqu'à l'appel sur la valeur 0 avant de remonter.

```
>>> factorielle(10)
[0.00001952s] factorielle(10) -> ...
 [0.00309559s] factorielle(9) -> ...
  [0.00451591s] factorielle(8) -> ...
```

```
   [0.00570220s] factorielle(7) -> ...
    [0.00673007s] factorielle(6) -> ...
     [0.00780838s] factorielle(5) -> ...
      [0.00800820s] factorielle(4) -> ...
       [0.00945470s] factorielle(3) -> ...
        [0.00965507s] factorielle(2) -> ...
         [0.00980017s] factorielle(1) -> ...
          [0.00992346s] factorielle(0) -> ...
          [0.01003224s] factorielle(0) -> 1
         [0.01015003s] factorielle(1) -> 1
        [0.01026392s] factorielle(2) -> 2
       [0.01037271s] factorielle(3) -> 6
      [0.01049118s] factorielle(4) -> 24
     [0.01065928s] factorielle(5) -> 120
    [0.01080102s] factorielle(6) -> 720
   [0.01094685s] factorielle(7) -> 5040
  [0.01105940s] factorielle(8) -> 40320
 [0.01157508s] factorielle(9) -> 362880
[0.01179506s] factorielle(10) -> 3628800
3628800
```

13.3. Les décorateurs dans la bibliothèque functools

La mémoïsation avec `@lru_cache`. Reprenons l'utilisation de notre décorateur sur la suite de Fibonacci :

```
@pile_d_appel
def fibonacci(n: int) -> int:
    """Renvoie la n^e valeur de la suite de Fibonacci."""
    if n in [0, 1]:
        return 1
    return fibonacci(n - 1) + fibonacci(n - 2)
```

```
>>> fibonacci(5)
[0.00002969s] fibonacci(5) -> ...
 [0.00092914s] fibonacci(4) -> ...
  [0.00121605s] fibonacci(3) -> ...
   [0.00140441s] fibonacci(2) -> ...
    [0.00175229s] fibonacci(1) -> ...
    [0.00187165s] fibonacci(1) -> 1
    [0.00200067s] fibonacci(0) -> ...
    [0.00210426s] fibonacci(0) -> 1
   [0.00220912s] fibonacci(2) -> 2
   [0.00231831s] fibonacci(1) -> ...
   [0.00241009s] fibonacci(1) -> 1
  [0.00250786s] fibonacci(3) -> 3
  [0.00262037s] fibonacci(2) -> ...
   [0.00274332s] fibonacci(1) -> ...
   [0.00284401s] fibonacci(1) -> 1
```

```
    [0.00295794s] fibonacci(0) -> ...
    [0.01235605s] fibonacci(0) -> 1
   [0.01491999s] fibonacci(2) -> 2
  [0.01859475s] fibonacci(4) -> 5
  [0.01887297s] fibonacci(3) -> ...
   [0.01910344s] fibonacci(2) -> ...
    [0.01926232s] fibonacci(1) -> ...
    [0.01949558s] fibonacci(1) -> 1
    [0.02093820s] fibonacci(0) -> ...
    [0.02106995s] fibonacci(0) -> 1
   [0.02118684s] fibonacci(2) -> 2
   [0.02131497s] fibonacci(1) -> ...
   [0.02233354s] fibonacci(1) -> 1
  [0.02251295s] fibonacci(3) -> 3
 [0.02262094s] fibonacci(5) -> 8
8
```

La définition récursive de cette fonction est peu efficace comme le montre le tracé de la pile d'exécution : l'appel à `fibonacci(1)` est fait 5 fois, l'appel à `fibonacci(2)` 3 fois, et ainsi de suite. Sur des appels pour des valeurs plus grandes, cela devient rédhibitoire.

La programmation fonctionnelle propose une manière de résoudre ce problème par un mécanisme appelé *mémoïsation* : il s'agit d'une mise en cache des résultats renvoyés par une fonction appelés avec certains arguments. Cette fonctionnalité est proposée par le décorateur `@lru_cache`[1].

```
from functools import lru_cache

@lru_cache
@pile_d_appel
def fibonacci(n: int) -> int:
    """Renvoie la n^e valeur de la suite de Fibonacci."""
    if n in [0, 1]:
        return 1
    return fibonacci(n - 1) + fibonacci(n - 2)
```

```
>>> fibonacci(5)
[0.00000578s] fibonacci(5) -> ...
 [0.00183805s] fibonacci(4) -> ...
  [0.00209511s] fibonacci(3) -> ...
   [0.00234850s] fibonacci(2) -> ...
    [0.00273003s] fibonacci(1) -> ...
    [0.00286037s] fibonacci(1) -> 1
    [0.00289418s] fibonacci(0) -> ...
    [0.00291764s] fibonacci(0) -> 1
   [0.00293989s] fibonacci(2) -> 2
  [0.00296296s] fibonacci(3) -> 3
 [0.00298481s] fibonacci(4) -> 5
```

1. LRU signifie en anglais *Least Recently Used* : le cache garde en mémoire et restitue les données les plus récemment utilisées.

```
[0.00434020s] fibonacci(5) -> 8
8
```

On notera tout d'abord qu'il est tout à fait possible d'empiler plusieurs décorateurs sur une fonction. Ici l'appel est équivalent à :

```
fibonacci = lru_cache(pile_d_appel(fibonacci))
```

Les appels ne sont alors faits qu'une seule fois pour tous les entiers. En effet, pour calculer `fibonacci(5)`, le programme doit calculer `fibonacci(4) + fibonacci(3)`, or, pendant l'exécution de `fibonacci(4)`, la valeur de `fibonacci(3)` est déjà calculée et mise en cache. Une fois la valeur de `fibonacci(4)` calculée, il n'est alors pas nécessaire de calculer à nouveau `fibonacci(3)` : on récupère sa valeur en cache.

Cette méthode de *mémoïsation* propose ici un déroulement de l'algorithme symétrique par rapport à une implémentation impérative non récursive de la suite de Fibonacci qui initialise les valeurs de `fibonacci(0)` et `fibonacci(1)` avant de calculer `fibonacci(2)`, puis `fibonacci(3)`, et ainsi de suite.

```
def fibonacci_imperatif(n: int) -> int:
    if n < 2:
        return 1
    f0, f1 = 1, 1
    for i in range(2, n):
        f0 = f0 + f1
        f1 = f0
    return f0
```

```
>>> fibonacci_imperatif(5)
8
```

La mémoïsation permet d'optimiser l'appel de fonctions récursives tout en privilégiant un style de programmation fonctionnel qui encourage les formulations récursives, plus faciles à prouver par leur proximité avec le raisonnement par récurrence.

```
def naive_recursive_fibonacci(n: int) -> int:
    """Renvoie la n^e valeur de la suite de Fibonacci."""
    if n in [0, 1]:
        return 1
    return naive_recursive_fibonacci(n - 1) + naive_recursive_fibonacci(n - 2)

%%timeit
naive_recursive_fibonacci(20)
# 4.22 ms ± 638 µs per loop (mean ± std. dev. of 7 runs, 100 loops each)

memoise_fibonacci = lru_cache(naive_recursive_fibonacci)

%%timeit
memoise_fibonacci(20)
# 110 ns ± 11.7 ns per loop (mean ± std. dev. of 7 runs, 10000000 loops each)
```

En reprenant des fonctions sans décorateurs pour mesurer l'impact de la mémoïsation, on trouve un facteur d'accélération supérieur à 40 entre la fonction naive et celle mémoïsée.

Attention !

- Le décorateur `@lru_cache` peut aussi être utilisé en tant que fonction avec des arguments pour contrôler la taille du cache. Par défaut, `@lru_cache` est équivalent à `@lru_cache()` et à `@lru_cache(maxsize=None)` pour un cache de taille potentiellement infinie. Avec une taille maximale n fixée, le mécanisme *least recently used* est activé pour ne garder en cache que les résultats des n derniers appels de la fonction. L'autre paramètre, nommé `typed` (par défaut `False`), fait la distinction entre des valeurs qui s'évaluent comme égales sans être identiques (comme l'entier `1` et le flottant `1.0`).
- Le mécanisme de cache est basé sur un dictionnaire dont les clés sont les arguments avec lesquels la fonction est appelée. Tous ces arguments doivent donc être *hashables* : les listes notamment ne remplissent pas ces propriétés puisqu'il est possible de les modifier à l'exécution.

```
>>> memoise_fibonacci([0, 1, 2])
Traceback (most recent call last):
  ...
TypeError: unhashable type: 'list'
```

Le dispatch avec `@singledispatch`. Le dispatch est une fonctionnalité de plusieurs langages de programmation qui permet de spécialiser certaines fonctions selon le type des paramètres passés en entrée. Seul le dispatch simple (basé sur le type du premier argument) est disponible en Python.

La motivation derrière cette fonctionnalité part de l'exemple suivant : imaginons une fonction `ajoute` qui reproduirait le fonctionnement des tableaux NumPy pour les listes et autres structures séquentielles en appliquant l'opération d'addition à chacun des éléments de la structure et qui retournerait la simple somme (l'opérateur +) dans le cas général.

On pourrait ainsi vouloir préserver le type de la variable `valeur` dans la variable de retour :

```
def ajoute(valeur: "nombre | Sequence[nombre]", autre: float):

    if isinstance(valeur, list):
        return list(elt + autre for elt in valeur)

    if isinstance(valeur, tuple):
        return tuple(elt + autre for elt in valeur)

    # if ...

    # comportement par défaut:
    return valeur + autre
```

Le module `functools` propose un décorateur `@singledispatch` à ajouter à une fonction. La fonction décorée correspond au comportement par défaut : elle est désormais équipée d'une méthode `register` qui prend un type en paramètre, correspondant au type du premier argument passé à la fonction.

Ainsi, on spécialise en ① le comportement de la fonction si `valeur` est de type `tuple`. On souhaite ici également fournir un comportement par défaut pour les structures séquentielles, sur lesquelles il est possible d'itérer. Le module `collections.abc` fournit un type `Iterable` ② que nous pouvons utiliser pour détecter ce type de structure. Les chapitres sur l'itération (☞ p. 195, § 14), les protocoles et les ABC (☞ p. 235, § 16) reviendront en détail sur ces notions. On notera enfin que le nom de la fonction enregistrée n'a pas d'importance ③ : on utilise dans ces exemples la variable muette « _ ».

```
from functools import singledispatch
from collections.abc import Iterable  # ②

@singledispatch
def ajoute(valeur, autre: float):
    print("comportement par défaut")
    return valeur + autre

@ajoute.register(tuple)  # ①
def _(valeur, autre):  # ③
    print("comportement tuple")
    return tuple(elt + autre for elt in valeur)

@ajoute.register(list)
@ajoute.register(Iterable)  # ②
def _(valeur, autre):
    print("comportement list ou Iterable")
    return list(elt + autre for elt in valeur)
```

```
>>> ajoute(1, 3)
comportement par défaut
4
>>> ajoute((1, 2, 3), 1)
comportement tuple
(2, 3, 4)
>>> ajoute([1, 2, 3], 1)
comportement list ou Iterable
[2, 3, 4]
>>> ajoute(np.array([1, 2, 3]), 1)
comportement list ou Iterable
[2, 3, 4]
>>> ajoute(range(3), 1)
comportement list ou Iterable
[1, 2, 3]
```

Dans l'exemple précédent, les types `np.ndarray` et `range` ont été détectés comme itérables et renvoient ainsi une liste en type de retour. La syntaxe `@singledispatch` permet également de spécifier de nouveaux comportements de manière dynamique, sans avoir à modifier le code de la fonction `ajoute`. Si la fonction est fournie par une bibliothèque tierce et qu'un utilisateur souhaite ajouter un comportement spécifique, par exemple pour le type `Tortue`, il est ici possible pour lui de le faire sans modifier le code de la bibliothèque d'origine, mais en spécifiant une fonction à décorer avec `ajoute.register(Tortue)`.

13.4. Décorateurs paramétrés

Les décorateurs `@lru_cache` et `@fonction.register` prennent des arguments en paramètres. Lors de la définition de tels décorateurs, un niveau d'abstraction supplémentaire est nécessaire dans leur implémentation.

Notre fonction `chronometre` du début du chapitre prenait une fonction en paramètre pour renvoyer une fonction, suivant le modèle `fonction -> fonction`. Dans l'exemple suivant, c'est le décorateur `@chronometre_fmt(fmt)` qui suit ce modèle : la fonction `chronometre_fmt` suit alors le modèle `str -> fonction -> fonction`, ce qui se traduit par deux fonctions imbriquées l'une dans l'autre dans le code de la fonction `chronometre_fmt`.

```
import time

DEFAULT_FMT = "[{elapsed:0.8f}s] {name}({args}) -> {result}"

def chronometre_fmt(fmt=DEFAULT_FMT):
    def decorateur(func):
        def chrono_fonction(*_args):
            t0 = time.time()
            result = func(*_args)
            elapsed = time.time() - t0
            name = func.__name__
            args = ", ".join(repr(arg) for arg in _args)
            print(fmt.format(**locals()))
            return result

        return chrono_fonction

    return decorateur

@chronometre_fmt()
def pause(seconds):
    time.sleep(seconds)

for i in range(3):
    pause(0.123)

# [0.12324929s] pause(0.123) -> None
# [0.12320685s] pause(0.123) -> None
# [0.12331629s] pause(0.123) -> None
```

Ce type de décorateur paramétré permet alors de définir ici un autre motif pour afficher les piles d'appel de nos fonctions.

```
@chronometre_fmt(fmt="{name}({args}) renvoie {result}")
def addition(a, b):
    return a + b

addition(1, 2)
# addition(1, 2) renvoie 3
```

14

Itérateurs, générateurs et coroutines

L'itération est un concept fondamental en algorithmique et dans les langages de programmation qui décrit la répétition d'une action. La formulation la plus simple de l'itération pour les programmeurs est la boucle, formulée par le mot-clé `for` ou `while`. En programmation fonctionnelle, l'itération est souvent exprimée par des appels récursifs à des fonctions.

L'itération peut également être vue comme une abstraction, un *service générique fourni par des structures itérables*. Ces structures sont alors capables de fournir des éléments un par un, sans avoir à les charger intégralement en mémoire, ce qui est souvent impossible pour de gros traitements de données. Toutes les structures de collection que nous avons abordées précédemment (☞ p. 49, § 4) sont itérables. Il est alors possible :

- de les parcourir par une boucle `for`,
- de construire de nouvelles structures en *consommant* les anciennes (en passant une structure itérable à la fonction `list()` par exemple),
- de les manipuler par compréhension, (☞ p. 13, § 1.5)
- de les déballer (*unpacking*).

Depuis Python 3, le mot-clé `range` ne renvoie pas de liste, mais un objet de type `range`.

```
>>> range(10)
range(0, 10)
>>> type(range(10))  # ceci n'est pas une liste
range
```

Il est alors possible d'itérer sur un `range`, que ce soit avec une boucle `for` ou avec des constructeurs d'autres structures conteneurs, comme les listes.

```
>>> for i in range(10):
...     print(i, end=" ")
0 1 2 3 4 5 6 7 8 9
>>> list(range(10))
[0, 1, 2, 3, 4, 5, 6, 7, 8, 9]
```

14.1. Les générateurs

L'écriture en compréhension permet de produire de nouvelles structures itérables, pour les accumuler dans des nouvelles structures de collection ou pour les réduire. La notation en compréhension permet notamment d'appliquer les schémas `map` et `filter` (☞ p. 170, § 12.4) et améliore la performance par rapport à une construction à base de boucle et de `list.append()`.

```
%%timeit
nouveau = [2 * x for x in range(1000000)]
# 115 ms ± 4.96 ms per loop (mean ± std. dev. of 7 runs, 10 loops each)

%%timeit
nouveau = []
for x in range(1000000):
    nouveau.append(2*x)
# 165 ms ± 5.63 ms per loop (mean ± std. dev. of 7 runs, 10 loops each)
```

Cette notation peut être parenthésée avant d'être *consommée*. L'objet produit est alors un *générateur*. On peut itérer ou construire une nouvelle collection à partir d'un générateur mais, une fois ce générateur utilisé, ou *consommé*, il n'est pas possible de le redémarrer.

```
>>> g = (str(i) for i in range(10))
>>> type(g)
generator
>>> list(g)
['0', '1', '2', '3', '4', '5', '6', '7', '8', '9']
>>> list(g)  # cette fois-ci, c'est vide!
[]
```

Attention !

Les deux expressions suivantes ne sont pas équivalentes : les parenthèses ont leur importance dans la définition du générateur.

```
>>> [str(i) for i in range(10)]
['0', '1', '2', '3', '4', '5', '6', '7', '8', '9']
>>> [(str(i) for i in range(10))]
[<generator object <genexpr> at 0x7ffe0bec2cf0>]
```

Au-delà des constructeurs de collection de base, d'autres fonctions natives manipulent des générateurs et des structures itérables. La fonction `sorted()` (☞ p. 23, § 2.1) construit une liste triée, la fonction `max()` renvoie l'élément maximal d'une structure itérable pourvu que les éléments renvoyés un par un soient comparables :

```
>>> list(i * (-1) ** (i) for i in range(10))
[0, -1, 2, -3, 4, -5, 6, -7, 8, -9]
>>> sorted(i * (-1) ** (i) for i in range(10))
[-9, -7, -5, -3, -1, 0, 2, 4, 6, 8]
>>> max(i * (-1) ** (i) for i in range(10))
8
```

14.2. Le mot-clé yield

Le mot-clé `yield` permet d'écrire des générateurs dans des fonctions. Une fonction qui contient le mot-clé `yield` renvoie un générateur.

Quand le programme rencontre le mot-clé `yield` :

1. il renvoie (*yields*) la valeur courante,
2. attend la prochaine itération dans la boucle,
3. reprend le programme là où il s'était arrêté.

Le générateur s'interrompt quand la fonction retourne.

```
>>> def exemple_yield() -> "generator":
...     yield 0
...
>>> type(exemple_yield())
generator
```

Comme décrit précédemment, les générateurs sont consommés pendant l'itération. À la fin d'une itération, il n'est plus possible de les redémarrer. L'avantage des fonctions avec le mot-clé `yield` est qu'elles retournent un nouveau générateur avec le même comportement à chaque fois qu'on les appelle.

```
>>> list(exemple_yield())
[0]
>>> list(exemple_yield())
[0]
```

Sur des générateurs écrits par compréhension, les deux syntaxes sont alors équivalentes :

```
def eq1() -> "generator":
    return (i for i in range(5))
```

```
def eq2() -> "generator":
    for i in range(5):
        yield i
```

Comme la suite de Fibonacci, la suite de Syracuse est un bon exemple pour illustrer le fonctionnement des fonctions qui renvoient des générateurs. La suite de Syracuse démarre sur un entier positif. À chaque itération, si le dernier entier est pair, on renvoie le résultat de sa division par 2 ; sinon on le multiplie par 3 avant d'ajouter 1.

Une conjecture prédit que cette suite converge systématiquement vers 1. Le chiffre 1 étant impair, les valeurs suivantes sont 4, puis 2, puis 1 : aussi l'usage est d'interrompre cette suite quand la valeur 1 est atteinte.

Les résultats intéressants pour cette suite peuvent être :

- la séquence complète de valeurs qui démarrent à l'entier n,
- la longueur de cette suite : combien faut-il d'itérations pour atteindre la valeur 1 ?
- la hauteur de cette suite : quelle est la valeur maximale atteinte par la suite avant de converger vers 1 ?

On pourrait alors imaginer une fonction qui renvoie la séquence complète, une autre fonction qui renvoie sa longueur et encore un autre qui renvoie sa hauteur. Pour factoriser cette spécification, la définition par générateur est confortable :

```
def syracuse(n: int) -> "generator":
    """Calcule la suite de Syracuse.

    >>> list(p for p in syracuse(28))
    [28, 14, 7, 22, 11, 34, 17, 52, 26, 13, 40, 20, 10, 5, 16, 8, 4, 2, 1]
    """
    yield n
    while n != 1:
        if n & 1 == 0:
            n = n // 2
        else:
            n = 3 * n + 1
        yield n
```

Un générateur n'a pas de longueur dans la définition de son interface. En effet, il existe des générateurs infinis qui n'ont pas de longueur (par exemple une instruction `yield` dans une boucle infinie).

Il existe une réduction (☞ p. 170, § 12.4) qui permet de trouver la longueur d'une telle séquence : on ajoute 1 pour chaque nouvelle valeur retournée. Dans le code suivant, on peut utiliser la variable muette _ pour insister sur le fait que la valeur récupérée dans la structure itérable n'a pas d'importance :

```
def length(iterable):
    "Renvoie la longueur d'une structure itérable finie."
    return sum(1 for _ in iterable)

length(syracuse(58))  # 20
```

On peut tracer (Figure 14.1) la longueur de la suite de Syracuse pour tous les entiers (de 1 à 1000 ici) pour faire ressortir des schémas surprenants. Dans l'expression suivante, en combinant application/filtrage sous forme de générateur en compréhension et réduction par l'opérateur `"".join()`, on peut raffiner l'affichage de la suite de Syracuse qui part de la valeur 27.

```
>>> " -> ".join(str(i) for i in syracuse(27))
'27 -> 82 -> 41 -> 124 -> 62 -> 31 -> 94 -> 47 -> 142 -> 71 -> 214 -> 107 ->
 322 -> 161 -> 484 -> 242 -> 121 -> 364 -> 182 -> 91 -> 274 -> 137 -> 412 ->
 206 -> 103 -> 310 -> 155 -> 466 -> 233 -> 700 -> 350 -> 175 -> 526 -> 263 ->
 790 -> 395 -> 1186 -> 593 -> 1780 -> 890 -> 445 -> 1336 -> 668 -> 334 -> 167 ->
 502 -> 251 -> 754 -> 377 -> 1132 -> 566 -> 283 -> 850 -> 425 -> 1276 -> 638 ->
 319 -> 958 -> 479 -> 1438 -> 719 -> 2158 -> 1079 -> 3238 -> 1619 -> 4858 ->
 2429 -> 7288 -> 3644 -> 1822 -> 911 -> 2734 -> 1367 -> 4102 -> 2051 -> 6154 ->
 3077 -> 9232 -> 4616 -> 2308 -> 1154 -> 577 -> 1732 -> 866 -> 433 -> 1300 ->
 650 -> 325 -> 976 -> 488 -> 244 -> 122 -> 61 -> 184 -> 92 -> 46 -> 23 -> 70 ->
 35 -> 106 -> 53 -> 160 -> 80 -> 40 -> 20 -> 10 -> 5 -> 16 -> 8 -> 4 -> 2 -> 1'
```

Sous forme de liste, on suit le parcours de la suite avant sa convergence :

```
list(syracuse(27))
```

On trouve sa hauteur (la valeur maximale prise) à l'aide de la fonction de réduction `max()` :

```
list(max(syracuse(i)) for i in range(200))
```

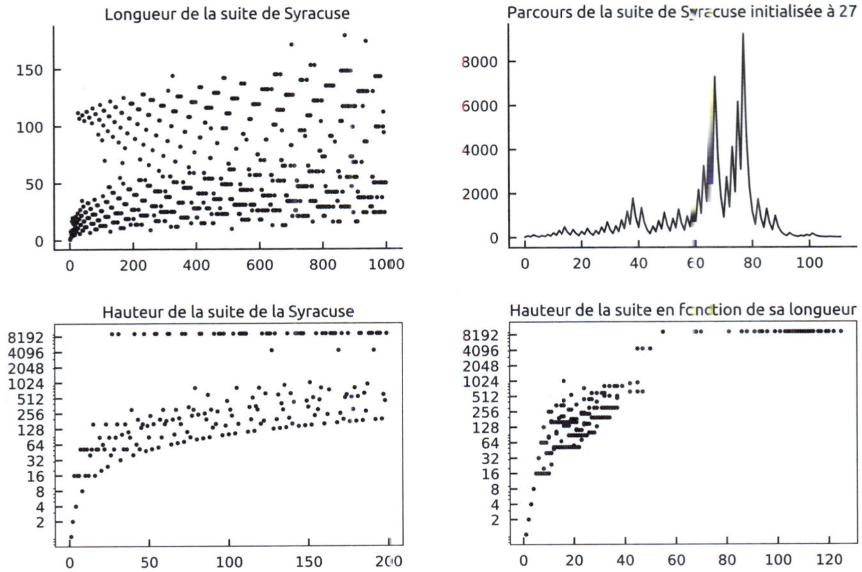

FIGURE 14.1 – Suite de Syracuse : longueur, parcours, hauteur et hauteur de la suite en fonction de sa longueur

14.3. Itérables et itérateurs

Un autre opérateur particulier applicable sur les générateurs est la fonction `next()`, qui renvoie la première valeur d'un générateur. Il est utile si l'on souhaite connaître par exemple la première valeur pour laquelle la longueur de la suite de Syracuse est supérieure à 100.

```
>>> next(i for i in range(1, 50) if length(syracuse(i)) > 100)
27
```

Si on souhaite connaître l'entier suivant pour lequel la longueur de la suite de Syracuse est supérieure à 100, il est possible de stocker le générateur dans une variable, et d'appeler `next()` une deuxième fois :

```
>>> g = (i for i in range(1, 50) if length(syracuse(i)) > 100)
>>> next(g), next(g)
27, 31
```

Quand un générateur est épuisé, une exception `StopIteration` est levée :

```
>>> next(i for i in range(10) if i > 10)
Traceback (most recent call last):
  ...
StopIteration
```

Il est alors possible de définir en deuxième argument une valeur par défaut (souvent `None`) pour éviter les exceptions :

```
>>> next((i for i in range(10) if i > 10), None)  # None
```

La fonction `next()` s'applique dans un cadre plus général que celui des générateurs. Pour autant elle ne s'applique pas à n'importe quelle structure itérable :

```
>>> next([1, 2, 3])
Traceback (most recent call last):
  ...
TypeError: 'list' object is not an iterator
```

La clé est dans le message d'erreur : une liste n'est pas un *itérateur.*

Python fait la distinction entre deux termes, *itérable* et *itérateur* : une structure *itérable* est une structure à partir de laquelle il est possible, de démarrer une ou plusieurs itérations, de produire un *itérateur.* Un *itérateur* applique l'itération. À chaque étape il se *consomme,* avant de *s'épuiser* avec une exception `StopIteration`.

La fonction *built-in* `next()` ne s'applique qu'à un *itérateur,* c'est-à-dire une structure qui se consomme, comme un générateur. Il est possible de créer un *itérateur* à partir d'une structure *itérable* à l'aide de la fonction *built-in* `iter()`.

```
>>> it = iter([1, 2, 3])
>>> next(it)
1
>>> next(it)
2
>>> next(it)
3
>>> next(it)
Traceback (most recent call last):
...
StopIteration
```

Enfin, un *itérateur* est également *itérable* : la fonction `iter()` appliquée à un itérateur renvoie simplement l'itérateur passé en argument.

14.4. Le module `itertools`

La librairie standard fournit de nombreux générateurs ou itérateurs, par exemple `range`, `Path.glob("*")`, le résultat de `map()`, de `filter()`. Une arithmétique des itérateurs est également fournie par le langage, essentiellement dans le module `itertools`.

Cette section décrit l'usage de certaines de ces fonctions pour chaîner, combiner, accumuler, fusionner ou réduire des itérateurs.

Dans notre premier exemple sur `next()`, on souhaite connaître la première valeur pour laquelle la longueur de la suite de Syracuse est supérieure à 100 :

```
>>> next(i for i in range(1, 50) if length(syracuse(i)) > 100)
27
```

Ce code ne fonctionne plus pour une longueur supérieure à 120, parce que la question que nous avons posée était « quelle est la première valeur inférieure à 50 [...] ? ».

```
>>> next(i for i in range(1, 50) if length(syracuse(i)) > 120)
Traceback (most recent call last):
...
StopIteration
```

Si nous n'avons pas de moyen de borner notre itération, il est possible d'utiliser l'itérateur count(), un itérateur infini qui renvoie les entiers un par un :

```
>>> import itertools
>>> # itertools.count(start: int, step: int) -> Iterator[int]
>>> next(i for i in itertools.count(start=1) if length(syracuse(i)) > 120)
129
```

Chaînage, l'opérateur yield from. Un cas d'usage courant est celui du chaînage d'itérateurs. Il est facile de concaténer deux listes à itérer à l'aide de l'opérateur +. Pour plusieurs itérateurs i1, i2, etc., on pourrait écrire une fonction génératrice :

```
def chain(*iterables) -> "Iterator":
    """Combine un ensemble d'itérateurs.

    >>> max(chain([1, 2], {7, 9}))
    9
    """
    for it in iterables:
        for elt in it:
            yield elt
```

La double boucle peut alourdir les notations dans le code ; aussi l'opérateur yield from a été introduit dès Python 3.3 (PEP 380). La fonction itertools.chain de la librairie remplit exactement la même spécification que le code suivant :

```
def chain(*iterables) -> "Iterator":
    """Combine un ensemble d'itérateurs.

    >>> max(chain([1, 2], {7, 9}))
    9
    """
    for it in iterables:
        yield from it
```

Notons le parallèle à tirer entre d'une part les éléments de syntaxe yield et yield from, et, d'autre part, les implémentations de fonctions *récursives terminales*. Reprenons l'exemple de la factorielle :

```
def factorielle(n: int) -> int:
    if n == 0:
        return 1
    return n * factorielle(n - 1)  # ①
```

Les langages de programmation fonctionnelle (ce n'est pas le cas de Python) sont capables d'optimiser les appels aux fonctions récursives si les appels sont terminaux, c'est-à-dire que la dernière instruction appelée avant le return est l'appel à la fonction récursive. Sur la ligne ①, l'appel n'est pas récursif terminal (*tail-recursive* en anglais) parce que le résultat de la factorielle sera multiplié par n.

On peut modifier cette spécification de la manière suivante, avec une variable qui transmet les résultats intermédiaires à l'appel suivant :

```
def factorielle(n: int, cumul: int = 1) -> int:
    if n == 0:
        return cumul
    return factorielle(n - 1, n * cumul)
```

Cette syntaxe est alors à rapprocher de la fonction suivante, à base d'itérateurs : le `yield` simple renvoie le cas de base, et le `yield from` délègue la production des valeurs suivantes à l'appel récursif.

```
def fact_iter(n: int, cumul: int = 1) -> "Iterator[int]":
    if n == 0:  # nécessaire pour interrompre la récursion
        return
    yield cumul
    yield from fact_iter(n - 1, n * cumul)
```

Cette manière de procéder permet ici d'obtenir tous les résultats intermédiaires transmis dans la pile pendant la récursion : le dernier élément de la liste est le résultat de la factorielle. On peut aussi se contenter du résultat final par déballage ②.

```
>>> list(fact_iter(10))
[1, 10, 90, 720, 5040, 30240, 151200, 604800, 1814400, 3628800]
>>> *_, result = fact_iter(10)  # ②
>>> result
3628800
```

Filtrage. Les fonctions suivantes permettent de filtrer des éléments d'un itérable, c'est-à-dire de ne retourner que les valeurs qui retournent un certain critère :

```
phrase = "Python, un langage idéal!"
```

Nous avons déjà parlé de la fonction `filter` (☞ p. 170, § 12.4), qui ne renvoie que les éléments évalués comme vrais par la fonction passée en paramètre.

```
>>> # uniquement les caractères alphabétiques
>>> "".join(filter(str.isalpha, phrase))
'Pythonunlangageidéal'
```

— `filterfalse(fun, iter)` renvoie les éléments évalués comme faux :

```
>>> # le complément
>>> "".join(itertools.filterfalse(str.isalpha, phrase))
',  !'
```

— `takewhile(fun, iter)` renvoie tous les éléments jusqu'au premier test qui échoue :

```
>>> # on arrête au premier caractère non alphabétique
>>> "".join(itertools.takewhile(str.isalpha, phrase))
'Python'
```

— `dropwhile(fun, iter)` renvoie tous les éléments à partir du premier test réussi :

```
>>> "".join(itertools.dropwhile(str.isupper, phrase))
'ython, un langage idéal!'
```

— compress(iter1, iter2) agit comme un masque NumPy : il renvoie tous les éléments de iter1 qui correspondent à un élément évaluable comme vrai dans iter2 :

```
>>> "".join(
...     itertools.compress(
...         phrase, [0, 0, 0, 0, 0, 0, 0, 0, 1, 1, 1, 0, 1, 1, 1, 0, 0, 1]
...     )
... )
'un ange'
```

— islice(iter, stop) (ou islice(iter, start, stop[, step])) produit un équivalent à la notation [start:stop(:step)] pour les itérateurs :

```
>>> "".join(itertools.islice(s, 10))  # s[:10]
'Python, un'
```

Application. Nous avons déjà parlé de la fonction map, qui crée un itérateur constitué du résultat de l'application d'une fonction à chacun des éléments d'un itérateur en entrée :

```
>>> sequence = [2, 3, 7, 6, 4, 5, 8, 9, 1]
>>> list(map(lambda x: x + 1, sequence))
[3, 4, 8, 7, 5, 6, 9, 10, 2]
```

— accumulate(iter[, fun]) renvoie une somme cumulée des éléments passés. Si une fonction est passée en paramètre, elle est appliquée à la place de la somme :

```
>>> list(itertools.accumulate(sequence))
[2, 5, 12, 18, 22, 27, 35, 44, 45]
>>> list(itertools.accumulate(sequence, max))
[2, 3, 7, 7, 7, 7, 8, 9, 9]
>>> # calcul de la factorielle
>>> list(itertools.accumulate(range(1, 10), operator.mul))
[1, 2, 6, 24, 120, 720, 5040, 40320, 362880]
```

— starmap(fun, iter) applique fun à chacun des éléments elt de iter ; chaque elt doit être à son tour itérable pour appeler fun(*elt).
Dans l'exemple ci-dessous, la fonction zip renvoie le premier élément de chaque collection, plus le deuxième, et ainsi de suite. On calcule alors $0 + 9$, $1 + 8$, etc.

```
>>> list(itertools.starmap(operator.add, zip(range(10), reversed(range(10)))))
[9, 9, 9, 9, 9, 9, 9, 9, 9, 9]
```

L'exemple suivant produit une moyenne cumulée : la fonction accumulate() calcule la somme, enumerate(iter, 1) compte le nombre d'éléments (en démarrant à 1), et la fonction anonyme se charge de la division :

```
>>> list(
...     itertools.starmap(
...         lambda a, b: b / a,
...         enumerate(itertools.accumulate(sequence), start=1)
...     )
... )
[2.0, 2.5, 4.0, 4.5, 4.4, 4.5, 5.0, 5.5, 5.0]
```

Produits.

— `product(iter1, iter2, ...)` génère le produit cartésien de tous les itérateurs passés en paramètres.

```
>>> couleurs = ["♠", "♥", "♦", "♣"]
>>> valeurs = ["A", "R", "D", "V", "10", "9", "8", "7"]
>>> "".join(("A", "♠"))
'A♠'
>>> " ".join("".join(carte) for carte in itertools.product(valeurs, couleurs))
'A♠ A♥ A♦ A♣ R♠ R♥ R♦ R♣ D♠ D♥ D♦ D♣ V♠ V♥ V♦ V♣ 10♠ 10♥ 10♦ 10♣ 9♠ 9♥ 9♦ 9♣
 8♠ 8♥ 8♦ 8♣ 7♠ 7♥ 7♦ 7♣'
```

— `combinations(iter, i)` génère l'ensemble des combinaisons possibles de i éléments parmi ceux fournis par l'itérateur. On peut alors compter le nombre de jeux de 7 cartes qu'il est possible de tirer au jeu de la belote :

```
>>> sum(1 for _ in itertools.combinations(itertools.product(valeurs, couleurs), 7))
3365856
```

— `permutations(iter, i)` est similaire à `combinations` mais prend en compte l'ordre dans lequel sont placés les élements en sortie :

```
>>> list(itertools.combinations("ABC", 2))
[('A', 'B'), ('A', 'C'), ('B', 'C')]
>>> list(itertools.permutations("ABC", 2))
[('A', 'B'), ('A', 'C'), ('B', 'A'), ('B', 'C'), ('C', 'A'), ('C', 'B')]
```

— À l'image de `count()`, `cycle(iter)` renvoie un itérateur infini qui redémarre l'itérateur courant une fois celui-ci épuisé. Nous utilisons `islice` pour en extraire quelques éléments :

```
>>> list(itertools.islice(itertools.count(), 10))
[0, 1, 2, 3, 4, 5, 6, 7, 8, 9]
>>> list(itertools.islice(itertools.cycle(couleurs), 10))
['♠', '♥', '♦', '♣', '♠', '♥', '♦', '♣', '♠', '♥']
```

— Enfin, `repeat()` permet de répéter un élément donné. Cet élément de syntaxe est confortable pour éviter de créer des listes intermédiaires. Si l'argument entier de `repeat` n'est pas indiqué, alors la répétition est infinie :

```
>>> list(zip(valeurs, "♥"))
[('A', '♥')]
>>> list(zip(valeurs, itertools.repeat("♥", 4)))
[('A', '♥'), ('R', '♥'), ('D', '♥'), ('V', '♥')]
>>> list(zip(valeurs, itertools.repeat("♥")))
[('A', '♥'), ('R', '♥'), ('D', '♥'), ('V', '♥'), ('10', '♥'), ('9', '♥'),
 ('8', '♥'), ('7', '♥')]
```

Réarrangement. Ces deux fonctions sont moins connues que les précédentes, mais leur fonctionnement est familier des utilisateurs du shell Unix (`itertools.tee()`) et de la bibliothèque Pandas (`itertools.groupby()`, ☞ p. 119, § 9) :

— L'outil shell `tee` duplique la sortie standard d'un programme pour rediriger cette duplication vers l'entrée standard du programme suivant. Dans le module `itertools`, la fonction `tee(iter, n=2)` permet de dupliquer la sortie des itérateurs pour la consommer plusieurs fois :

```
>>> t1, t2 = itertools.tee((i * 2 for i in range(10)))
>>> next(t1), next(t1), next(t1)
(0, 2, 4)
>>> next(t2)
0
```

On peut ainsi produire un itérateur qui calcule la différence entre deux éléments consécutifs :

```
>>> sequence
[2, 3, 7, 6, 4, 5, 8, 9, 1]
>>> t1, t2 = itertools.tee(sequence)
>>> _ = next(t1)  # ignorer le résultat
>>> sub = list(itertools.starmap(operator.sub, zip(t1, t2)))
>>> sub
[1, 4, -1, -2, 1, 3, 1, -8]
```

— `groupby(iter, key=None)` renvoie des tuples `clé, iterateur` avec tous les éléments qui vérifient le critère clé. Contrairement à Pandas, `groupby` suppose que les éléments de `iter` sont regroupés (triés par exemple ③) :

```
def signe(x):
    return int(x / abs(x))

"    ".join(
    f"{key:2d} -> {list(it)}"
    for key, it in itertools.groupby(sorted(sub), key=signe)  # ③
)
# '-1 -> [-8, -2, -1]     1 -> [1, 1, 1, 3, 4]'
```

14.5. Les coroutines

Les coroutines partagent un élément de syntaxe avec les générateurs : le mot-clé `yield`, à ceci près que celui-ci est précédé du signe égal. Dans un générateur, la ligne `yield elt` produit une valeur `elt` qui sera consommée par la fonction qui utilise le mot-clé `next()`, et se met attente du prochain appel à `next()`.

Dans une coroutine, le mot-clé `yield` est à droite du signe égal. Cette fois, la coroutine va consommer des données fournies par la fonction appelante à l'aide du mot-clé `.send()`.

```
def allo():
    x = yield
    print(f"Allô, j'écoute: {x}")

>>> coco = allo()
>>> coco
<generator object allo at 0x7f527aea1820>
>>> next(coco)
Traceback (most recent call last):
...
TypeError: can't send non-None value to a just-started generator
```

Pour pouvoir commencer à faire consommer des données par la coroutine, il est nécessaire de la démarrer à l'aide de la fonction `next()`. Comme coco est un générateur, il se termine systématiquement par une exception `StopIteration`.

```
>>> next(coco)
>>> coco.send("Mille sabords!")
Allô, j'écoute: Mille sabords!
Traceback (most recent call last):
...
StopIteration
```

Il est courant de démarrer les coroutines à l'aide du décorateur suivant qui initialise (on utilise le verbe *to prime (a coroutine)* en anglais) automatiquement les coroutines ① :

```
import functools

def coroutine(fun):
    @functools.wraps(fun)
    def wraps(*args, **kwargs):
        gen = fun(*args, **kwargs)
        next(gen)  # ①
        return gen
    return wraps
```

```
@coroutine
def allo():
    x = yield
    print(f"Allô, j'écoute: {x}")
```

```
>>> coco = allo()
>>> # next(coco) a été exécuté lors de l'appel à allo(), à la ligne ①
>>> coco.send("Non, Madame, ce n'est pas la boucherie Sanzot!")
Allô, j'écoute: Non, Madame, ce n'est pas la boucherie Sanzot!
Traceback (most recent call last):
...
StopIteration
```

On peut choisir en exemple d'utilisation des coroutines une fonction qui reçoit des valeurs pour retourner la moyenne des valeurs consommées :

```
@coroutine
def moyenne():
    total = 0.0
    average = None
    for compteur in count(1):  # ②
        terme = yield average
        total += terme
        average = total / compteur
```

À chaque appel de `.send()`, une itération se fait dans la boucle infinie ② qui incrémente un compteur, et accumule la somme des valeurs reçues pour renvoyer la moyenne des valeurs reçues.

```
>>> moy = moyenne()
>>> ", ".join(f"{elt} -> {moy.send(elt)}" for elt in sequence)
'2 -> 2.0, 3 -> 2.5, 7 -> 4.0, 6 -> 4.5, 4 -> 4.4, 5 -> 4.5, 8 -> 5.0,
 9 -> 5.5, 1 -> 5.0'
```

Attention !

La coroutine n'étant pas terminée, il est possible de poursuivre le calcul de la moyenne en ajoutant des valeurs. Il est donc normal de ne pas obtenir la même sortie que précédemment.

```
>>> ", ".join(f"{elt} -> {moy.send(elt):.2f}" for elt in sequence)
'2 -> 4.70, 3 -> 4.55, 7 -> 4.75, 6 -> 4.85, 4 -> 4.79, 5 -> 4.80, 8 -> 5.00,
 9 -> 5.24, 1 -> 5.00'
```

Attention !

Si une exception non rattrapée **à l'intérieur de** la coroutine a lieu, la coroutine est alors quittée.

```
>>> try:
...     moy.send("grossière erreur")
... except TypeError as exc:
...     print(exc)
unsupported operand type(s) for +=: 'float' and 'str'
>>> moy.send(1)
Traceback (most recent call last):
...
StopIteration
```

Il faut plutôt rattraper l'exception dans la coroutine pour éviter d'interrompre celle-ci.

```
@coroutine
def moyenne():
    total = 0.0
    count = 0
    average = None
    while True:
        try:
            terme = yield average
            total += terme
            count += 1
            average = total / count
        except TypeError:
            print("On n'a rien vu...")
```

```
>>> moy = moyenne()
>>> moy.send("grossière erreur")
On n'a rien vu...
>>> moy.send(1)
1.0
>>> moy.throw(TypeError)  # on peut envoyer directement une exception
```

```
On n'a rien vu...
1.0
>>> moy.send(2)
1.5
```

Il est également courant de prévoir une garde ④ pour interrompre la coroutine et renvoyer une valeur. La valeur de retour est alors contenue dans l'exception `StopIteration` :

```
@coroutine
def moyenne():
    total = 0.0
    count = 0
    average = None
    while True:
        try:
            terme = yield
            if terme is None:  # ④
                break
            total += terme
            count += 1
            average = total / count
        except TypeError:
            print("On n'a rien vu...")

    return average

>>> moy = moyenne()
>>> moy.send(1)
>>> moy.send(None)
Traceback (most recent call last):
...
StopIteration: 1.0
```

On peut récupérer la valeur dans une variable à l'aide des gardes d'exception :

```
moy = moyenne()
moy.send(1)
try:
    moy.send(None)
except StopIteration as exc:
    result = exc.value
result  # 1.0
```

Le parallèle entre générateurs, qui produisent des données, et coroutines, qui consomment des données, est également intéressant lors du chaînage de fonctions. Dans le premier exemple, on consomme les données sorties de `range(10)`, pour les faire passer successivement dans `mul_2`, `add_1`, `add_1`, et ainsi de suite, avant de constituer une liste :

```
def add_1(it):
    for elt in it:
        yield elt + 1
```

```
def mul_2(it):
    for elt in it:
        yield 2 * elt
```

```
chaine = functools.reduce(
    lambda x, f: f(x),
    [mul_2, add_1, add_1, mul_2, add_1],  # ③
    range(10)
)
list(chaine)  # [5, 9, 13, 17, 21, 25, 29, 33, 37, 41]
```

Dans le second exemple, la liste de résultats est au plus profond de la pile d'appel : c'est la coroutine `start_elt` qui *nourrira* cette liste, à partir des éléments reçus de `add_1`, qui les reçoit de `mul_2`, de `add_1`, et ainsi de suite. La composition des fonctions est alors faite dans le sens inverse :

```
@coroutine
def add_1(output):
    while True:
        elt = yield
        output.send(elt + 1)

@coroutine
def mul_2(output):
    while True:
        elt = yield
        output.send(elt * 2)
```

```
@coroutine
def ajoute(liste):
    while True:
        elt = yield
        liste.append(elt)

resultat = list()
chaine = functools.reduce(
    lambda x, f: f(x),
    [add_1, mul_2, add_1, add_1, mul_2],  # ④
    ajoute(resultat)
)
```

```
for elt in range(10):
    chaine.send(elt)

resultat  # [5, 9, 13, 17, 21, 25, 29, 33, 37, 41]
```

Attention !

Bien noter que les deux listes de fonctions ③ et ④ sont chaînées dans des sens opposés comme sur la figure 14.2.

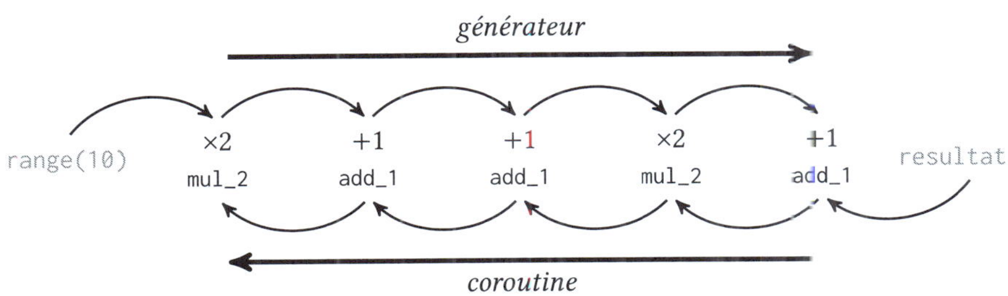

FIGURE 14.2 – Générateurs et coroutines

En quelques mots...

Python propose une syntaxe et un formalisme riches autour du protocole de l'itération. Deux structures fonctionnent de façons opposées : les *générateurs*, qui produisent des données à chaque itération, et les *coroutines*, qui en consomment.

Les générateurs peuvent être produits par les notations en compréhension ou avec des fonctions qui utilisent le mot-clé `yield`. C'est un mécanisme extrêmement puissant qui trouve de nombreuses applications réelles, notamment pour personnaliser des motifs d'itération.

Quand `yield` est situé à droite du signe égal, la fonction devient une coroutine. Les coroutines sont un concept des années 1960 qui ont laissé la place aux processus légers (appelés aussi *threads*, ☞ p. 271, § **18.2**). Néanmoins, la facilité avec laquelle elles permettent d'interrompre une exécution a permis de construire les bases du module `asyncio` en Python (☞ p. 279, § **19**).

15

La programmation orientée objet

La programmation orientée objet est un paradigme de programmation dont les premières idées viennent de la fin des années 1950. Les termes de *classes*, *instances*, *objets*, *attributs*, *propriétés*, *méthodes* ou *prototypes* sont apparus au fur et à mesure que de nouveaux langages de programmation expérimentaient autour de la manière de modéliser des structures de données et les relations qui les lient.

Python est un langage qui est fondamentalement orienté objet : le langage est né au début des années 1990, à une période où la programmation orientée objet était déjà mature. Les *classes* (qu'on a appelées *types*) et les *objets*, ou *instances* (qu'on a appelés *valeurs*), ont largement occupé les pages des chapitres précédents. Les *méthodes*, ces fonctions qui s'appliquent sur des objets à l'aide de la notation pointée, sont présentes depuis le premier chapitre.

Python est pourtant beaucoup plus flexible dans son approche de la modélisation orientée objet que d'autres langages comme C++ ou Java. On peut faire carrière avec Python sans être à l'aise avec les notions de programmation fonctionnelle présentées dans les chapitres précédents, il est également possible d'écrire des bibliothèques Python sans maîtriser les fondamentaux de la programmation orientée objet. Pour autant, l'écriture de programmes Python à la fois lisibles et efficaces passe par la maîtrise des trois grands principes de la programmation orientée objet et de l'approche pragmatique avec laquelle Python les aborde. Ces principes seront approfondis à partir de ce chapitre :

- La notion d'**encapsulation** : les fonctions (les méthodes) et attributs relatifs à une structure de données (une classe) sont tous codés dans la même **unité de conception**. L'objet embarque toutes ses propriétés. Cette approche permet de ne pas saturer l'espace de nommage, en regroupant ces services au sein des variables auxquelles ils s'appliquent.

- La notion d'**interface** : un objet présente et documente des services tout en cachant sa structure interne. C'est une approche où la conception de code part de l'idée du service qui est rendu à l'utilisateur, **de la manière la plus intuitive de proposer ce service**. Le code s'adapte alors à l'interface et manipule des états et des méthodes internes pour répondre à ce service de la manière la plus performante possible.

— La notion de **factorisation** : le code des objets qui ont des comportements similaires est mis en commun. Sur des programmes simples, le code qui pourrait être copié-collé est souvent factorisé à l'aide de fonctions pour éviter les répétitions, qui sont sources d'erreur dans un grand projet. Les concepts d'héritage et de composition, couramment illustrés à l'aide de diagrammes UML, portent le concept de la factorisation des services à l'échelle des classes.

15.1. Nuées d'oiseaux

Boids est un programme informatique de vie artificielle, proposé par Craig W. Reynolds en 1986, pour simuler le comportement d'une nuée d'oiseaux en vol. Cette modélisation qui a fait l'objet d'une publication à la prestigieuse conférence d'infographie SIGGRAPH en 1987 est aujourd'hui encore largement utilisée pour produire des comportements réalistes dans les films d'animation, comme *Le Roi Lion* (Figure 15.1), *Avatar* ou *Le seigneur des anneaux*.

FIGURE 15.1 – Extrait du film *Le Roi Lion*

Reynolds a proposé trois règles simples pour modéliser le comportement des *boids* (la contraction de l'anglais *bird-oid*, « qui ressemble à un oiseau ») :

— la *séparation* : deux boids ne peuvent pas être au même endroit au même moment ;
— la *cohésion* : les boids se rapprochent les uns des autres pour former un groupe ;
— l'*alignement* : pour rester groupés, les boids tendent à voler dans la même direction et à la même vitesse.

Ce programme illustre le concept d'*émergence*, c'est-à-dire un comportement complexe global qui émerge de règles locales simples. Nous utiliserons cet exemple dans ce chapitre pour illustrer les concepts simples de la programmation orientée objet en Python.

15.2. Création d'une classe

Le paramètre entre parenthèses (ici `object`) dans la définition d'une classe décrit une relation d'héritage. En Python, toutes les classes dérivent de `object` : les deux syntaxes suivantes sont alors équivalentes. Le mot-clé `pass` permet ici d'écrire une classe vide, sans comportement particulier. La notation parenthésée permet d'*instancier* une classe, c'est-à-dire de créer un objet de cette classe. Afin de distinguer une fonction d'une classe, l'usage est de nommer les fonctions en lettres minuscules, et d'écrire le premier caractère du nom d'une classe avec une lettre majuscule.

```
class Boid(object):
    pass
```

```
class Boid:
    pass
```

Les attributs peuvent être ajoutés à une instance de manière dynamique et être rappelés plus tard avec la notation pointée. Il convient ici de noter le parallèle entre un dictionnaire et un objet avec attributs.

```
b = Boid()
b.x, b.y, b.v_x, b.v_y = 0, 0, 1, 1
b.x, b.y
```

```
# équivalent avec un dictionnaire
b = {"x": 0, "y": 0, "v_x": 1, "v_y": 1}
```

Attention !

Contrairement à d'autres langages de programmation, il n'existe pas en Python de notion d'attributs publics, privés ou protégés. Ainsi :

— Les méthodes `.get_x()` et `.set_x(value)` ne sont pas pertinentes en Python. (Nous verrons comment les propriétés permettent de coder des comportements plus complexes en donnant l'illusion de manipuler des attributs ☞ p. 220, § **15.3**.)

— L'usage est de marquer comme *pseudo-privés* des attributs en les préfixant par le caractère « _ » : ces attributs restent accessibles mais ce préfixe doit décourager le/les utilisateurs de les appeler directement.

Une méthode est une fonction qui est associée à une classe, rattachée à son espace de nommage. Comparons alors les deux notations :

— la *fonction* `module_vitesse` prend en paramètre un `Boid` ;

— la *méthode* `module_vitesse` est rattachée à la classe `Boid`.

Le premier argument d'une méthode est nommé **par convention** `self` et fait référence à l'instance courante.

```
def module_vitesse(b: Boid) -> float:
    return np.sqrt(b.v_x ** 2 + b.v_y ** 2)


class Boid:
    def module_vitesse(self) -> float:
        return np.sqrt(self.v_x ** 2 + self.v_y ** 2)


b = Boid()
b.v_x, b.v_y = 3, 4
module_vitesse(b), b.module_vitesse()  # (5.0, 5.0)
```

En réalité, sous le capot, les deux notations suivantes sont équivalentes si `b` est une instance de `Boid` :

```
>>> b.module_vitesse(), Boid.module_vitesse(b)
(5.0, 5.0)
```

Nous avons déjà observé ce type de parallèle dans les premiers chapitres :

```
>>> "boid".title()
'Boid'
>>> str.title("boid")
'Boid'
```

Méthodes réservées, ou *dunder methods*. Si des attributs sont systématiquement attendus dans une instance `Boid`, il convient de les définir dans le *constructeur* de la classe. En Python, le constructeur est la méthode nommée `__init__()`, qui est appelée lors de la création d'une instance de la classe. C'est une fonction avec un nom particulier, entouré de deux caractères *underscore* _ de chaque côté d'un nom réservé. On appelle en anglais ces méthodes des *dunder methods*, abréviation de *d(ouble) under(score) methods*.

Attention !

Même pour de très bonnes raisons, il convient de **ne pas** définir de nouvelles méthodes réservées (*dunder methods*).

```
class Boid:
    def __init__(self, position: tuple, vitesse: tuple) -> None:
        self.x, self.y = position
        self.v_x, self.v_y = vitesse

    def module_vitesse(self) -> float:
        return np.sqrt(self.v_x ** 2 + self.v_y ** 2)

    def avance(self) -> None:
        self.x += self.v_x
        self.y += self.v_y
```

Il est maintenant impossible de créer une instance de `Boid` sans donner une position et un vecteur vitesse de départ.

```
>>> b = Boid()
Traceback (most recent call last):
...
TypeError: __init__() missing 2 required positional arguments: 'position'
  and 'vitesse'
```

On ajoute également dans cette classe une méthode `avance()` qui fait avancer le `Boid` dans la direction de son vecteur vitesse. On voit ici une première particularité des objets : les instances ont un état interne qu'il est possible de faire évoluer. C'est probablement la principale différence avec la programmation fonctionnelle, qui décourage les effets de bord.

```
>>> b = Boid((0, 0), (1, 1))
>>> b.avance()
>>> b
<Boid at 0x7fae598d9d30>
```

La représentation par défaut des classes est peu parlante. Il est possible de la personnaliser avec l'une des deux *dunder methods* suivantes :

- `__repr__(self) -> str` définit la représentation d'un objet qui sera renvoyée dans l'interpréteur, ou dans la représentation d'une structure complexe qui intègre cet objet ;
- `__str__(self) -> str` définit le résultat de l'affichage avec la fonction `print()`. Si cette méthode n'est pas définie, `print()` utilise la méthode `__repr__`.

```
class Boid:
    # abrégé

    def __repr__(self) -> str:
        return f"Boid({self.x, self.y}, {self.v_x, self.v_y})"

    def __str__(self) -> str:
        return f"Boid(position={self.x, self.y}, vitesse={self.v_x, self.v_y})"
```

```
>>> b = Boid((0, 0), (1, 1))
>>> b.avance()
>>> b
Boid((0, 0), (1, 1))
>>> print(b)
Boid(position=(1, 1), vitesse=(1, 1))
```

Dans l'exemple suivant, on appelle la méthode `__str__` sur le type `list`, laquelle fait appel aux méthodes `__repr__` pour chacun des éléments qui la constituent :

```
>>> print([b, b])
[Boid((1, 1), (1, 1)), Boid((1, 1), (1, 1))]
```

Le résultat de ces deux méthodes peut aussi être obtenu à l'aide des fonctions *built-ins* `repr` et `str` :

```
>>> repr(b)
'Boid((1, 1), (1, 1))'
>>> str(b)
'Boid(position=(1, 1), vitesse=(1, 1))'
```

✧ Bonnes pratiques

Il est courant, dans la mesure du possible, de définir une représentation d'objet qui permette de recréer une copie de la même instance en évaluant cette représentation dans l'interpréteur Python :

```
>>> Boid(position=(1, 1), vitesse=(1, 1))  # ou Boid((1, 1), (1, 1))
Boid((1, 1), (1, 1))
>>> b == b, b == Boid((1, 1), (1, 1))
(True, False)
```

Attention !

Le test d'égalité est faux parce que nous n'avons pas défini les règles d'égalité entre deux boids et les instances ne sont pas les mêmes. Le résultat de l'opérateur == est le résultat de la méthode `__eq__(self, other)` :

```
class Boid:
    # abrégé
```

```
    def __eq__(self, other) -> bool:
        # On ignore le test d'égalité sur la vitesse pour cet exemple...
        return self.x == other.x and self.y == other.y

>>> b = Boid((0, 0), (1, 1))
>>> b == Boid((0, 0), (1, 1))
True
```

En revanche, il n'est pas possible de redéfinir le test d'identité :

```
>>> b is b, b is Boid((0, 0), (1, 1))
(True, False)
```

Il est également possible de redéfinir tous les opérateurs courants :

	dunder method	opérateur ou *built-in function*
opérateurs unaires	`__neg__(self)`	`-x`
	`__pos__(self)`	`+x`
	`__abs__(self)`	`abs(x)`
opérateurs de comparaison	`__lt__(self, x2)`	`x1 < x2`
	`__le__(self, x2)`	`x1 <= x2`
	`__eq__(self, x2)`	`x1 == x2`
	`__ne__(self, x2)`	`x1 != x2`
	`__gt__(self, x2)`	`x1 > x2`
	`__ge__(self, x2)`	`x1 >= x2`
opérateurs arithmétiques	`__add__(self, x2)`	`x1 + x2`
	`__sub__(self, x2)`	`x1 - x2`
	`__mul__(self, x2)`	`x1 * x2`
	`__truediv__(self, x2)`	`x1 / x2`
	`__floordiv__(self, x2)`	`x1 // x2`
	`__mod__(self, x2)`	`x1 % x2`
	`__divmod__(self, x2)`	`divmod(x1, x2)`
	`__pow__(self, x2)`	`x1 ** x2` ou `pow(x1, x2)`
	`__round__(self, x2)`	`round(x1, x2)`
opérateurs bit à bit	`__invert__(self)`	`~x`
	`__lshift__(self, x2)`	`x1 << x2`
	`__rshift__(self, x2)`	`x1 >> x2`
	`__and__(self, x2)`	`x1 & x2`
	`__or__(self, x2)`	`x1 | x2`
	`__xor__(self, x2)`	`x1 ^ x2`

Remarques :

- les méthodes `__radd__`, `__rsub__`, etc. sont des opérateurs inversés qui permettent de définir une opération avec l'instance de la classe courante à droite de l'opérateur. Cette fonctionnalité est particulièrement pertinente quand le terme à gauche de l'opérateur est un objet qui ne connaît pas la classe `Boid` ;
- les méthodes `__iadd__`, `__isub__` définissent les opérateurs augmentés `+=`, `-=`, etc.

Chaînage d'opérations. Avant d'ajouter plus de méthodes à notre classe, portons notre attention sur les nuances suivantes :

```
class Boid:
    # abrégé

    def avance1(self) -> None:  # option ①
        self.x += self.v_x
        self.y += self.v_y

    def avance2(self) -> "Boid":  # option ②
        self.x += self.v_x
        self.y += self.v_y
        return self

    def avance3(self) -> "Boid":  # option ③
        return Boid((self.x + self.v_x, self.y + self.v_y), (self.v_x, self.v_y))
```

— l'option ① modifie l'état interne de l'instance et ne renvoie rien (renvoie `None`) ;

```
>>> b = Boid((0, 0), (1, 1))
>>> [b, b.avance1()]  # b.avance1().avance1() impossible
[Boid((1, 1), (1, 1)), None]
```

— l'option ② modifie l'état interne de l'instance et renvoie l'instance ;

```
>>> b = Boid((0, 0), (1, 1))
>>> [b, b.avance2(), b.avance2().avance2()]
[Boid((3, 3), (1, 1)), Boid((3, 3), (1, 1)), Boid((3, 3), (1, 1))]
```

— l'option ③ ne modifie pas l'état interne de l'instance et renvoie une nouvelle instance.

```
>>> b = Boid((0, 0), (1, 1))
>>> [b, b.avance3(), b.avance3().avance3()]
[Boid((0, 0), (1, 1)), Boid((1, 1), (1, 1)), Boid((2, 2), (1, 1))]
```

Il n'y pas de règle générale pour choisir une option plutôt qu'une autre. Il convient néanmoins de se poser la question de quelle option choisir quand on code une méthode qui modifie l'état d'une instance sans qu'il soit nécessaire de renvoyer quoi que ce soit :

— les options ② et ③ permettent de chaîner les méthodes (`b.avance().avance()`) ;

— l'option ③ permet de ne pas créer d'effet de bord (☞ p. 165, § 12), c'est l'option préférée de Pandas (☞ p. 119, § 9) et Altair (☞ p. 137, § 10). Elle présente l'avantage d'être source de moins d'erreurs de programmation. **C'est la seule option qui affiche trois instances différentes dans la liste.**

Pour cet exemple bien particulier, l'option ③ est la plus pertinente, mais, d'une manière générale, les options ② et ③ sont de bons choix. L'option ③ peut parfois sembler plus coûteuse en espace mémoire, mais :

— lors du chaînage de code, la mémoire occupée par les objets intermédiaires est libérée aussitôt que la dernière référence vers ceux-ci est détruite ;

— les bibliothèques comme NumPy (☞ p. 69, § 5) ou Pandas (☞ p. 119, § 9) utilisent beaucoup la notion de vue (☞ p. 78, § 5.4) pour limiter les réplications dans les chaînes de méthodes au strict nécessaire.

En revanche, il y a peu d'intérêt à préférer l'option ① à l'option ②.

Arguments par défaut. Pour la suite, nous allons modifier légèrement la modélisation pour faciliter les calculs : plutôt que de manipuler séparément les coordonnées x et y, nous manipulerons un vecteur de positions `x` et un vecteur de vitesses `dx` sous la forme de tableaux NumPy. Nous souhaitons également proposer des arguments par défaut pour les positions qui nous permettent de créer de nouveaux boids à une position aléatoire sur un tableau.

Comme pour les fonctions classiques, les arguments par défaut sont évalués lors de la création de la méthode. Ici, nous souhaitons appeler une fonction aléatoire qui renvoie un résultat différent lors de la création de chaque `Boid` avec des arguments par défaut. Pour pouvoir éviter cet écueil et reproduire un fonctionnement de fabrique (*factory*, ☞ p. 52, § 4.2), la solution la plus courante est de mettre un argument par défaut à `None` et d'appeler la fonction aléatoire dans le constructeur.

Variables de classe. Certains arguments peuvent être partagés entre toutes les classes. Nous introduisons dans l'exemple suivant deux *variables de classe* : `taille`, qui correspond à la taille de l'univers dans lequel évoluent les boids, et nous permet ici de tirer un `Boid` au hasard dans le domaine autorisé, et un compteur `count`. On accède aux variables de classe non pas avec le mot-clé `self` mais à partir du nom de la classe. Ici, la variable `count` compte le nombre de boids existant. Le compteur est incrémenté dans le constructeur, et décrémenté dans le destructeur de la classe (la méthode `__del__`).

```
class Boid:

    taille = 300
    count = 0

    def __init__(self, position=None, vitesse=None) -> None:
        self.x = (
            position
            if position is not None
            else np.random.uniform(-Boid.taille, Boid.taille, 2)
        )
        self.dx = vitesse if vitesse is not None else np.random.uniform(-5, 5, 2)
        Boid.count += 1

    def __del__(self):
        Boid.count -= 1

    def __repr__(self) -> str:
        # pour faciliter la lecture, on limite le nombre de décimales
        return f"Boid({self.x.round(2)}, {self.dx.round(2)}), parmi {Boid.count}"

    def vitesse(self) -> float:
        return np.linalg.norm(self.dx)
```

```
    def avance(self) -> "Boid":
        # option ②
        # self.x += self.dx
        # return self
        # option ③
        return Boid(self.x + self.dx, self.x)
```

```
>>> b = Boid()
>>> c = b.avance()
>>> b, c
(Boid([-195.74 -183.9 ], [-4.36 -0.71]), parmi 2,
 Boid([-200.1  -184.61], [-195.74 -183.9 ]), parmi 2)
```

Ici nous avons bien deux instances différentes qui persistent parce que nous avons retenu l'option ③ qui renvoie une nouvelle instance à l'appel de `avance`.

Dans l'exemple suivant, on crée un nouveau `Boid` dans la variable `b`. Le compteur est incrémenté par la création, mais décrémenté lorsque le compteur de références qui pointent vers le `Boid` de la variable `b` précédente redescend à zéro.

```
>>> b = Boid()
>>> b, c
(Boid([250.16 161.97], [1.08 4.96]), parmi 2,
 Boid([-92.3  288.74], [-91.07 286.51]), parmi 2)
```

Attention !

On peut détruire une référence vers une variable avec le mot-clé `del`, mais celui-ci n'appelle pas systématiquement le destructeur `__del__` :

```
>>> liste_de_boids = [b := Boid(), b.avance()]
>>> del b
>>> b = Boid()
>>> b
Boid([185.02 189.09], [-3.39  0.63]), parmi 3
```

Nous avons toujours trois instances ici : les deux `Boid` de la liste et le nouveau `Boid` créé pour remplacer la variable `b`. L'instruction `del b` n'a pas détruit l'objet dans la liste mais simplement cassé la référence de la variable `b` vers l'instance de `Boid`.

En revanche, en vidant la liste, il n'y a plus aucune référence vers les deux instances et la méthode `__del__()` est alors appelée par le *garbage collector*.

```
>>> liste_de_boids.clear()
>>> b
Boid([-281.18   62.87], [-3.73 -0.35]), parmi 1
```

Variable de classe ou variable d'instance. Les variables de classe sont partagées entre toutes les instances de la classe. Il est possible d'utiliser une variable de classe pour créer une variable d'instance.

```
class A:
    count = 0

    def __init__(self):
        self.count += 1  # self.count = A.count + 1
        A.count += 1

    def __repr__(self):
        return f"A() {self.count} sur {A.count}"
>>> A(), A()
(A() 1 sur 2, A() 2 sur 2)
```

15.3. Les décorateurs de la programmation orientée objets

Le décorateur `@property` transforme une méthode en une *propriété*. C'est un artifice qui donne l'impression que l'élément en question est un attribut, mais qui est évalué à nouveau à chaque fois qu'on l'appelle.

```
class Boid:

    taille = 300

    def __init__(self, position=None, vitesse=None) -> None:
        self.x = (
            position
            if position is not None
            else np.random.uniform(-Boid.taille, Boid.taille, 2)
        )
        self.dx = vitesse if vitesse is not None else np.random.uniform(-5, 5, 2)

    def __repr__(self) -> str:
        return f"Boid({self.x.round(2)}, {self.dx.round(2)})"

    def avance(self) -> "Boid":
        # option ②
        self.x += self.dx
        return self

    @property
    def vitesse(self) -> float:
        return np.linalg.norm(self.dx)

    @vitesse.setter
    def vitesse(self, value: float) -> None:
        self.dx = self.dx * value / self.vitesse

>>> b = Boid(vitesse=np.array([3, 4]))
>>> b.vitesse
5.0
```

La création de la propriété `vitesse` ajoute un nouveau décorateur particulier, appelé `vitesse.setter` qui doit s'appliquer à une méthode appelée également `vitesse()`. Cette méthode décrit le comportement d'une assignation sur la propriété `vitesse`, c'est-à-dire ce qu'il se passe quand on écrit `b.vitesse = value` (ici, on choisit de procéder à une homothétie du vecteur vitesse `dx` pour que sa norme soit égale à la valeur donnée)

```
>>> b.vitesse = 10
>>> b
Boid([115.08 -61.33], [6. 8.])
```

Le décorateur `@classmethod` précède une méthode de classe. On l'utilise couramment pour définir une nouvelle manière de créer une instance à partir d'arguments différents. Son premier argument, noté par convention `cls`, est la classe courante.

Le décorateur `@staticmethod` précède une méthode statique. Une méthode statique n'a accès à aucune information concernant la classe qui l'appelle. C'est une simple fonction qui est située dans l'espace de nommage de la classe.

On utilise plutôt :

— une méthode de classe `@classmethod` quand le résultat dépend de la classe qui appelle la méthode (qui peut être une sous-classe) ;
— une méthode statique `@staticmethod` quand le résultat est indépendant de la classe.

```
class Boid:

    # abrégé

    @classmethod
    def from_scalar(cls, rayon=None, azimuth=None, vitesse=None, direction=None)
        rayon = rayon if rayon is not None else np.random.randint(Boid.taille)
        azimuth = (
            np.radians(azimuth) if azimuth is not None
            else np.random.randint(2 * np.pi)
        )
        vitesse = vitesse if vitesse is not None else np.random.randint(10)
        direction = (
            np.radians(direction)
            if direction is not None
            else np.random.randint(2 * np.pi)
        )
        return cls(  # ①
            rayon * np.array([np.cos(azimuth), np.sin(azimuth)]),
            vitesse * np.array([np.cos(direction), np.sin(direction)]),
        )

    @staticmethod
    def scene(n: int) -> "list[Boid]":
        return [Boid() for _ in range(n)]
```

```
>>> Boid.from_scalar(rayon=5, vitesse=3, direction=270)
Boid([ 1.42 -4.79], [-0. -3.])
```

> ✧ **Bonnes pratiques**
>
> Dans la méthode de classe ①, on n'utilise pas le nom de la classe `Boid` à cause des possibilités offertes par l'héritage (☞ p. 225, § 15.4) : en effet, si on définit une classe `BoidPlus` qui hérite de `Boid`, `cls.from_scalar` permet de renvoyer une instance de `BoidPlus` au lieu de `Boid`.

Nous avons maintenant tous les éléments pour coder le comportement d'un `Boid`, notamment pour ajuster son vecteur vitesse en fonction de la position des autres éléments de la population.

```
class Boid:

    taille = 300
    max_voisins = 10

    def __init__(self, position=None, vitesse=None) -> None:
        self.x = (
            position
            if position is not None
            else np.random.uniform(-Boid.taille, Boid.taille, 2)
        )
        self.dx = vitesse if vitesse is not None else np.random.uniform(-5, 5, 2)

    def __repr__(self) -> str:
        return f"Boid({self.x.round(2)}, {self.dx.round(2)})"

    @property
    def vitesse(self) -> float:
        return np.linalg.norm(self.dx)

    @vitesse.setter
    def vitesse(self, value: float) -> None:
        self.dx = self.dx * value / self.vitesse

    @property
    def direction(self) -> "radians":
        return np.arctan2(self.dx[1], self.dx[0])

    def distance(self, other: "Boid") -> float:
        "Renvoie la distance entre deux Boid"
        return np.linalg.norm(self.x - other.x)

    def angle_mort(self, other: "Boid") -> bool:
        "Renvoie True si le Boid `other` est dans l'angle mort du Boid courant."
        v1 = self.dx - self.x
        v2 = other.dx - other.x
        cos_angle = np.dot(v1, v2) / (np.linalg.norm(v1) * np.linalg.norm(v2))
        return np.arccos(cos_angle) > 0.75 * np.pi
```

```
def separation(self, population: 'Iterable[Boid]"):
    "La composante de la force qui éloigne les Boids les uns des autres."
    return sum(
        self.x - other.x
        for other in self.voisins(population, 50)[: Boid.max_voisins]
    )

def align(self, population: "Iterable[Boid]"):
    "La composante de la force qui aligne les Boids les uns avec les autres."
    voisins = self.voisins(population, 200)[: Boid.max_voisins]
    vitesses = sum(other.dx for other in voisins)
    return vitesses / len(voisins) - self.dx if len(voisins) else 0

def cohere(self, population):
    "La composante de la force qui rapproche les Boids les uns des autres."
    voisins = self.voisins(population, 200)[: Boid.max_voisins]
    vitesses = sum(other.x for other in voisins)
    return vitesses / len(voisins) - self.x if len(voisins) else 0

def voisins(self, population: "Iterable[Boid]", seuil: float) -> "list[Boid]':
    "Renvoie la liste des voisins visibles, triés par ordre croissant de distance."
    return sorted(
        (
            other
            for other in population
            if self is not other
            and not self.angle_mort(other)
            and self.distance(other) < seuil
        ),
        key=self.distance,
    )

def centripete(self):
    "Une composante de force centripète."
    return -self.x

def interaction(self, population: "Iterable[Boid]") -> "Boid":
    "On déplace le Boid en fonction de toutes les forces qui s'y appliquent."

    self.dx += (  # avec des pondérations respectives
        self.separation(population) / 10
        + self.align(population) / 8
        + self.cohere(population) / 100
        + self.centripete() / 200
    )

    # Les Boids ne peuvent pas aller plus vite que la musique
```

```
        if self.vitesse > 20:
            self.vitesse = 20

        # On avance
        self.x += self.dx

        # On veille à rester dans le cadre par effet rebond
        if (np.abs(self.x) > Boid.taille).any():
            for i, coord in enumerate(self.x):
                if (diff := coord + Boid.taille) < 10:
                    self.x[i] = -Boid.taille + 10 + diff
                    self.dx[i] *= -1

                if (diff := Boid.taille - coord) < 10:
                    self.x[i] = Boid.taille - 10 - diff
                    self.dx[i] *= -1

        return self
```

✧ Bonnes pratiques

Il est possible de définir un affichage amélioré pour les notebooks Jupyter. Si une classe contient la méthode `_repr_html_()` [a] alors le résultat qu'elle renvoie est interprété par le navigateur pour fournir un affichage amélioré.

Dans l'exemple ci-dessous, on propose un code HTML pour un affichage amélioré de la structure `Boid` défini avec un SVG (*Scalable Vector Graphics*, une représentation vectorielle d'un objet graphique) ayant subi une rotation qui dépend du vecteur vitesse du `Boid`. Le schéma de base proposé dans `boid_shape` sous le format de chemin (`Path`) Matplotlib est utilisé dans la suite du chapitre pour produire l'animation avec Matplotlib.

```
from matplotlib import path

boid_shape = path.Path(
    # coordonnées du schéma ci-dessous, orienté vers la droite
    vertices=np.array([[0, 0], [-100, 100], [200, 0], [-100, -100], [0, 0]]),
    codes=np.array([1, 2, 2, 2, 79,], dtype=np.uint8,),
)

class Boid:
    # abrégé

    def _repr_html_(self):
        # correspondance SVG/Matplotlib Path
        # 1, M: moveto ; 2, L: lineto; 79: Z: close polygon

        codes = {1: "M", 2: "L", 79: "Z"}
        cos, sin = np.cos(self.direction), np.sin(self.direction)
```

```
        points = " ".join(
            f"{codes[code]}{(vertex[0] + 200)/10},{(vertex[1] + 200)/10}"
            for code, vertex in zip(
                boid_shape.codes,
                boid_shape.vertices @ (np.array([[cos, -sin], [sin, cos],])),
            )
        )

        return f"""<h4>Boid</h4>
        <svg width="40" height="40" style="float: left; margin: 0.5em">
            <path fill="#b45118" stroke="#b45118" d="{points}" />
        </svg>
        <table style="float: left; margin-top: -2.4em">
        <thead><tr><th/><td>abscisse</td><td>ordonnée</td></tr></thead>
        <tbody>
            <tr>
                <th>position</th>
                <td>{"</td><td>".join(str(f) for f in self.x.round(2))}</td>
            </tr>
            <tr>
                <th>vitesse</th>
                <td>{"</td><td>".join(str(f) for f in self.dx.round(2))}</td>
            </tr>
        </tbody>
        </table>
        """
```

```
Boid(np.array([0, 1]), np.array([-3, 4]))
```

[2]: Boid

	abcisse	ordonnée
position	0	1
vitesse	-3	4

a. La méthode `_repr_html_()` n'utilise qu'un seul *underscore*, ce n'est pas une *dunder method* avec un nom réservé : l'environnement Jupyter est une bibliothèque tierce au langage.

15.4. Héritage et composition

Une fois les notions d'héritage maîtrisées, il est aisé d'en abuser. Le livre *Design Patterns : Elements of Reusable Object-Oriented Software* (Addison-Wesley, 1994) par le *Gang of Four* (Erich Gamma, Richard Helm, Ralph Johnson et John Vlissides) recommande dans son introduction de préférer la composition à l'héritage.

Il y a beaucoup de situations où il est facile de prendre une relation de **composition**, où une instance de la classe `A` est formée d'un composant (attribut) de la classe `B`, pour une relation d'**héritage**, où une instance de la classe `A` peut avant tout être vue comme une instance de classe `B`.

L'**héritage** permet d'accéder directement aux fonctionnalités de la classe mère de manière transparente, mais c'est une relation souvent trop forte pour la plupart des relations entre classes. La **composition** donne également accès aux fonctionnalités de la deuxième classe en utilisant l'attribut de la classe en question comme intermédiaire.

> **✧ Bonnes pratiques**
>
> Avant d'écrire `class B(A)`, on peut se poser la question de savoir si le fait d'avoir un élément `B` dans une collection d'éléments `A` pourrait poser problème. Si la réponse est oui, alors la relation d'héritage n'est pas appropriée.

L'héritage ne convient pas pour la généralisation. On souhaite proposer une *généralisation* de la simulation des boids à tous les genres d'animaux. Les règles de mouvement sont différentes, mais il pourrait être pertinent de factoriser les méthodes `.avance()`, `.distance()` et `.voisins()`.

Un animal n'est pas un cas particulier de `Boid`. Le meilleur moyen de modéliser ce lien serait ici de créer une classe `Animal` qui factorise les attributs, ici `x` et `dx`, et des méthodes, comme `.avance()`, etc., communs à tout le règne animal, et de définir la classe `Boid` qui hériterait d'`Animal` (et non le contraire).

Pour reprendre notre principe général, une simulation de boids qui manipulerait une population `[Boid(), Boid(), Boid(), Animal(genre="Tortue"), Boid()]` pourrait poser question par rapport au résultat de notre simulation telle que nous l'avons définie. En revanche, des `Boid` dans une liste d'animaux ne poseraient pas de problèmes de conception.

À l'inverse, une *extension* de notre simulation avec des `BoidCouleur(Boid)`, qui changeraient de couleur dans certaines situations tout en suivant les mêmes règles élémentaires que la classe de base, ne remettrait pas en cause le fonctionnement de notre simulation : l'héritage serait alors recommandé.

Éviter la duplication inutile. On souhaite *généraliser* la simulation des boids à des coordonnées à trois dimensions tout en réutilisant toute la logique qui a déjà été codée dans `Boid`. Il peut alors être tentant de définir une classe `Boid3D` qui hérite de `Boid` :

```
class Boid3D(Boid):
    pass
```

Les arguments `position` et `vitesse` sont pourtant des tableaux NumPy qui ne sont pas limités à deux dimensions. On peut donc utiliser la classe `Boid` sans modification. *In fine*, la création d'une classe héritée sans attributs ni méthodes (re)définis peut être pertinente si on souhaite clarifier les types manipulés, mais dans ce cas, une simple assignation suffirait :

```
>>> Boid3D = Boid
>>> Boid3D(np.array([1, 1, 1]), np.array([0, 0, 1]))
Boid([1 1 1], [0 0 1])
```

Le lien entre deux classes peut se faire par une abstraction commune. Partant de deux formes géométriques simples, le triangle et le quadrilatère, on souhaite généraliser l'interface des deux classes. Le calcul de l'aire d'un quadrilatère (non dégénéré) peut se définir par la somme des aires des deux triangles qui forment le quadrilatère.

Il serait malvenu de définir un quadrilatère comme une classe qui hérite des triangles : un quadrilatère **n'est pas** un triangle, et des méthodes qui agissent sur des relations entre triangles peuvent ne plus fonctionner si l'un des arguments passés est un quadrilatère alors qu'un triangle serait attendu. Néanmoins, les deux formes géométriques dérivent d'une abstraction commune : on peut dire que les triangles et les quadrilatères sont tous des polygones.

Il persiste dans notre implémentation une relation de composition entre le quadrilatère et le triangle, qui reflète la réutilisation du calcul de l'aire du triangle dans le calcul de celle du quadrilatère.

```python
class Polygone:
    def aire(self) -> float:
        raise NotImplementedError

    def __repr__(self) -> str:
        return f"Polygone d'aire {self.aire():.2f}"

class Triangle(Polygone):
    def __init__(self, p1: complex, p2: complex, p3: complex):
        self.v1 = p2 - p1
        self.v2 = p3 - p1

    def aire(self) -> float:
        # l'aire est la moitié de la valeur absolue du produit vectoriel
        # z1.conjugate() * z2 = dot(z1, z2) + cross(z1, z2) * j
        return abs((self.v1.conjugate() * self.v2).imag) / 2.0

class Quadrilatere(Polygone):
    def __init__(self, p1: complex, p2: complex, p3: complex, p4: complex):
        self.t1 = Triangle(p1, p2, p3)
        self.t2 = Triangle(p3, p4, p1)

    def aire(self) -> float:
        return self.t1.aire() + self.t2.aire()

polygones: "List[Polygone]" = \
    [Triangle(0, 4, 3j), Quadrilatere(0, 2, 2 + 2.5j, 2.5j)]
```

L'annotation `List[Polygone]` a ici du sens, mais les questions que poserait une annotation `List[Triangle]` sur la même liste seraient révélatrices de problèmes de conception à venir, par exemple le jour où on crée un maillage triangulaire de l'espace et que la relation d'héritage autoriserait d'y utiliser des quadrilatères.

Préférer la composition à l'héritage. Les tableaux Pandas (☞ p. 119, § 9) sont omniprésents dans le monde Python et, avec notre enthousiasme à vouloir explorer les tours du monde, on souhaite apporter une nouvelle sémantique aux `pd.DataFrame`. Il peut alors être tentant d'ajouter une méthode comme suit :

```python
import pandas as pd

data = {
```

```
    "nom": ["Tour Eiffel", "Torre de Belém", "London Tower"],
    "ville": ["Paris", "Lisboa", "London"],
    "latitude": [48.85826, 38.6916, 51.508056],
    "longitude": [2.2945, -9.216, -0.076111],
    "hauteur": [324, 30, 27],
}

class Tours(pd.DataFrame):
    def tres_haut(self):
        return self.query("hauteur > 100")

tours = Tours.from_dict(data)
tours.tres_haut()
```

	nom	ville	latitude	longitude	hauteur
0	Tour Eiffel	Paris	48.85826	2.2945	324

Cette approche peut paraître inoffensive sur cet exemple simple mais elle est pourtant dangereuse d'une manière générale, et ce pour plusieurs raisons :

- des problèmes liés à des choix internes de conception par les développeurs de la bibliothèque tierce (ici Pandas), ou de potentielles collisions avec des méthodes existantes. Même un expert Pandas qui maîtriserait toutes les subtilités de la bibliothèque pourrait se retrouver en défaut après une mise à jour Pandas qui remettrait en question des choix internes ;
- des problèmes de *prolifération de classes*. Lundi, notre voisin de bureau écrit une classe `Villes` qui hérite de `pd.DataFrame` et définit `tres_haut` comme « ayant une latitude supérieure à 50 degrés » ; mardi, le nouveau stagiaire écrit une classe `BigBrother` qui hérite de `pd.DataFrame` et enregistre toutes les opérations appelées sur un tableau dans une base de données. La combinaison d'extensions produirait alors toujours plus de nouvelles classes `ToursBigBrother`, `VillesBigBrother`, etc. C'est cette prolifération que le *Gang of Four* recommande d'éviter dans leur ouvrage.

On préférera alors une approche par composition :

```
class Tours:

    def __init__(self, data: pd.DataFrame):
        self.data = data

    def _repr_html_(self):
        return self.data._repr_html_()

    def tres_haut(self):
        return Tours(self.data.query("hauteur > 100"))
```

Héritage multiple. Tout langage de programmation comme Python qui permet l'héritage multiple doit résoudre la question de la résolution des noms en cas de conflit, notamment si deux classes dans la hiérarchie d'héritage contiennent le même nom de méthode.

```
class Langage:
    def parle(self):
```

```
        print("Ah!")

class Francais(Langage):
    def parle(self):
        print("Bonjour!")

class Neerlandais(Langage):
    def parle(self):
        print("Goedemiddag!")

class Belge(Francais, Neerlandais):
    pass
```

```
>>> Belge().parle()
Bonjour!
```

Dans l'exemple ci-dessus, un `Belge` parle à la fois français et néerlandais. Lors de l'appel à la méthode `.parle()`, Python fait le choix du français pour résoudre le conflit du nom de méthode. Ce choix se retrouve dans l'attribut de classe `__mro__` (*Method Resolution Order*, « ordre de résolution des méthodes ») :

```
>>> Belge.__mro__
(Belge, Francais, Neerlandais, Langage, object)
```

Lors de l'appel à la méthode, Python recherche d'abord la fonction dans l'espace de nommage de la classe `Belge`, puis dans celui de la classe `Francais`, puis `Neerlandais`, puis `Langage`. La première méthode rencontrée dans cet ordre est celle qui est choisie pour l'exécution.

Il est possible d'enrichir l'appel d'une méthode avec l'appel à la fonction suivante dans l'ordre des classes de l'attribut `__mro__`. Cet appel se fait avec la fonction `super()` dont la sémantique est différente du sens classique de `super` dans la plupart des langages orientés objet : `super()` ne remonte pas la hiérarchie des classes mais passe l'appel de la méthode à la classe suivante dans le `__mro__` . Ainsi, dans l'appel décrit ici ①, l'appel à `super()` de la classe `Francais` ② ne remonte pas à `Langage` mais appelle la méthode `.parle()` suivante dans l'ordre du `__mro__`, c'est-à-dire celle de `Neerlandais` ③.

```
class Langage:
    def parle(self):
        print("Ah!")

class Francais(Langage):
    def parle(self):
        super().parle()  # ②
        print("Bonjour!")

class Neerlandais(Langage):
    def parle(self):  # ③
        super().parle()
        print("Goedemiddag!")

class Belge(Francais, Neerlandais):
    def parle(self):
        super().parle()
```

```
>>> Belge().parle()  # ①
Ah!
Goedemiddag
Bonjour
```

Les mixins. Les mixins permettent de composer des classes à l'aide de briques élémentaires. Ces classes ne permettent pas de répondre à la question « est-ce que ma classe `A` est avant tout une instance de `Mixin` ? ». Il est d'usage de suffixer les classes mixins pour les reconnaître.

On pourrait par exemple imaginer comment composer un affichage amélioré (la méthode `_repr_html_`) pour une classe quelconque à partir de briques élémentaires :

- la classe `TitleViewMixin` affiche le nom de la classe ;
- la classe `TableViewMixin` affiche la liste des attributs de la classe (disponible *via* la fonction *built-in* `vars()`) sous forme de tableau à deux colonnes.

```
class HTMLMixin:
    def _repr_html_(self):
        return ""

class TitleViewMixin(HTMLMixin):
    def _repr_html_(self) -> str:
        # Le nom de la classe est ici porté par self
        title = f"<h4>{self.__class__.__name__}</h4>"
        return title + super()._repr_html_()

class TableViewMixin(HTMLMixin):
    def _repr_html_(self) -> str:
        ligne = lambda key, value: f"<tr><th>{key}</th><td>{value}</td></tr>"
        table_view = f"""<table style="float: left;"><tbody>
            {"".join(ligne(key, value) for key, value in vars(self).items())}
        </tbody></table>"""
        return table_view + super()._repr_html_()

class Boid_(TitleViewMixin, TableViewMixin):
    taille = 300
    max_voisins = 10

    def __init__(self, position=None, vitesse=None) -> None:
        # abrégé
```

```
Boid_()
```

[6]: Boid_

x	[247.71015919 220.03677226]
dx	[1.09795786 -1.41955875]

Il est alors possible de réutiliser les mêmes éléments pour une classe entièrement différente.

```
class Tour(TitleViewMixin, TableViewMixin):
    def __init__(self, nom, ville, latitude, longitude):
        self.nom = nom
        self.ville = ville
        self.latitude = latitude
        self.longitude = longitude
```

```
Tour("Tour Eiffel", "Paris", 48.8583, 2.2945)
```

[7]: Tour

nom	Tour Eiffel
ville	Paris
latitude	48.8583
longitude	2.2945

15.5. Le lien avec les paradigmes précédents

Les dataclasses (☞ p. 50, § 4.2) sont des facilités qui permettent de générer de manière automatique une grande part de l'ingénierie couramment écrite autour des constructeurs, des représentations, ou des propriétés particulières qui permettent de garder des attributs non mutables. On aurait alors pu écrire le code de la manière suivante :

```
from dataclasses import dataclass, field
from typing import ClassVar

@dataclass
class Boid_:
    taille: ClassVar[int] = 300  # variable de classe
    x: np.ndarray = field(
        default_factory=lambda: np.random.uniform(-Boid.taille, Boid.taille, 2)
    )
    dx: float = field(default_factory=lambda: np.random.uniform(-5, 5, 2))

    def avance(self) -> "Boid_":
        self.x += self.dx
        return self
```

```
>>> Boid_().avance()
Boid_(x=array([-224.63,  121.07]), dx=array([1.2 , 0.81]))
```

Monkey-patching. De la même manière qu'il est possible d'ajouter ou de remplacer un attribut à une instance pendant l'exécution d'un problème, il est possible d'ajouter des méthodes à des classes ou à des instances à l'exécution. Cette pratique de modification du code sans toucher au code source d'un programme s'appelle le *monkey-patching*.

Cette pratique est notamment pertinente pour étendre les fonctionnalités proposées par des classes dans des bibliothèques tierces sans avoir à maintenir une nouvelle version (un *fork*) du projet. On utilise aussi le *monkey-patching* couramment à des fins de résolution d'erreurs (*debug*).

Le *monkey-patch* de la méthode `_repr_html_` suivante permet d'intégrer les animations Matplotlib sous forme de vidéo HTML5, intégrées dans les notebooks Jupyter.

```
%matplotlib inline
import matplotlib.pyplot as plt
from matplotlib import animation, markers, path

def anim_to_html(anim):
    plt.close(anim._fig)
    return anim.to_html5_video()

animation.Animation._repr_html_ = anim_to_html
```

Les coroutines (☞ p. 205, § 14.5) sont également un moyen de maintenir un état interne au programme. L'exemple du chapitre précédent pourrait s'écrire plus naturellement à l'aide de la programmation orientée objet.

```
from itertools import count

@coroutine
def Moyenne():
    total = 0.0
    average = None
    for compteur in count(1):
        terme = yield average
        total += terme
        average = total / compteur
```

```
class Moyenne:
    def __init__(self):
        self.total = 0.0
        self.compteur = 0

    def send(self, terme):
        self.total += terme
        self.compteur += 1
        return self.total / self.compteur
```

```
>>> moy = Moyenne()
>>> sequence = [2, 3, 7, 6, 4, 5, 8, 9, 1]
>>> ", ".join(f"{elt} -> {moy.send(elt)}" for elt in sequence)
'2 -> 2.0, 3 -> 2.5, 7 -> 4.0, 6 -> 4.5, 4 -> 4.4, 5 -> 4.5, 8 -> 5.0,
 9 -> 5.5, 1 -> 5.0'
```

Variables globales. Les attributs de classe permettent d'éviter de saturer l'espace de nommage avec des variables globales qui compliquent la lecture du code. Pour créer des animations, Matplotlib attend une fonction qui est appelée à chaque itération. Pour nous, cette fonction modifie à la fois l'état des boids et les marques placées dans le système d'axes.

L'exemple ci-contre pourrait s'écrire sans utiliser de classes :

- le contenu du constructeur `__init__` serait alors exécuté hors d'une fonction ;
- les attributs `boids` et `artists` seraient alors des variables globales qu'il faudrait rappeler et modifier dans la fonction `iteration`, et donc préfixer dans le code du mot-clé `global`.

La programmation orientée objet permet de respecter cette unité de conception : tous les attributs et méthodes qui sont relatifs à la simulation et la production de l'animation sont regroupés dans la classe `Simulation`.

```
def rotate_marker(p: path.Path, angle: "radians") -> path.Path:
    cos, sin = np.cos(angle), np.sin(angle)
    newpath = p.vertices @ (np.array([[cos, sin], [-sin, cos]]))
```

FIGURE 15.2 – Aperçu d'une simulation de nuée de Boids

```
    return path.Path(newpath, p.codes)

class Simulation:
    def __init__(self, n: int, ax, seed: int = 2042) -> None:
        np.random.seed(seed)
        self.boids = list(Boid() for _ in range(n))
        self.artists = list()
        self.plot(ax)

    def plot(self, ax) -> None:

        for boid in self.boids:
            p, *_ = ax.plot(
                *boid.x,
                color=".1",
                markersize=15,
                marker=rotate_marker(boid_shape, boid.direction)
            )
            self.artists.append(p)

        ax.set_xlim((-Boid.taille, Boid.taille))
        ax.set_ylim((-Boid.taille, Boid.taille))
        ax.set_aspect(1)

        ax.xaxis.set_visible(False)
        ax.yaxis.set_visible(False)

    def iteration(self, _i: int):
```

```
        self.boids = list(boid.interaction(self.boids) for boid in self.boids)

        for p, boid in zip(self.artists, self.boids):
            p.set_data(*boid.x)
            p.set_marker(rotate_marker(boid_shape, boid.direction))

        return self.artists

fig, ax = plt.subplots(figsize=(7, 7))
simulation = Simulation(n=100, ax=ax)

animation.FuncAnimation(
    fig, simulation.iteration, frames=range(0, 200),
    interval=150, blit=True, repeat=True,
)  # affiche une animation dans l'environnement Jupyter
```

En quelques mots...

La programmation fonctionnelle et la programmation orientée objet sont deux paradigmes *a priori* très différents. La programmation fonctionnelle recommande d'éviter les états internes mutables et manipule toutes les instances comme des fonctions d'ordre supérieur ; la programmation orientée objet voit au contraire les variables, les fonctions et les types comme des objets qui proposent des services et qu'il est possible de factoriser.

Quelques réflexions issues de la programmation fonctionnelle sont néanmoins bénéfiques pour écrire des services Python de manière élégante, efficace et fiable :

- limiter les états mutables au strict nécessaire pour réduire les sources d'erreur, faciliter les tests et la documentation du programme ;
- renvoyer `self` permet de proposer du chaînage d'opérations comme le font Pandas (☞ p. 119, § 9) et Altair (☞ p. 137, § 10).

Le langage Python a une approche de l'interface beaucoup plus souple que la plupart des langages de programmation : elle s'exprime sous la forme de protocoles (☞ p. 235, § 16).

16

Interfaces et protocoles

Les interfaces sont l'un des piliers de la programmation orientée objet : il s'agit de la manière de présenter des services à l'utilisateur. Cette réflexion qui consiste à poser en amont de l'écriture du code la manière « idéale » pour un utilisateur potentiel d'appeler une fonction, une méthode ou un attribut se formalise en programmation orientée objet par l'énumération des méthodes et des services qui sont exposés à l'utilisateur.

En Python, la notion d'interface est beaucoup plus souple que dans la plupart des langages : Python ne s'intéresse pas tant aux objets qu'à leur comportement. Si deux objets présentent la même interface, alors on peut appeler les mêmes fonctions dessus. Le contrôle est alors assuré par les exceptions. C'est ce que Python appelle le *typage canard* (*duck typing*) : « S'il marche comme un canard et cancane comme un canard, alors c'est un canard ! » Par exemple, la fonction intégrée `sorted` prend en paramètre une « séquence » d'éléments que l'on peut comparer :

```
>>> sorted([1, 7, 4])  # sur les entiers
[1, 4, 7]
>>> sorted("hello")  # une chaîne de caractères est aussi itérable
['e', 'h', 'l', 'l', 'o']
>>> sorted([1, 7, 4, 3.14])  # On peut comparer les entiers et flottants
[1, 3.14, 4, 7]
```

Si deux éléments de la structure ne peuvent plus être comparés, le contrôle est assuré par les exceptions :

```
>>> sorted([1, 7, 3.14, 1-2j])
Traceback (most recent call last):
...
TypeError: '<' not supported between instances of 'complex' and 'float'
```

Le message d'erreur est clair : il n'existe pas de relation d'ordre entre les complexes et les flottants. En revanche, puisque ces éléments peuvent être ajoutés, la fonction intégrée `sum` s'applique :

```
>>> sum([1, 7, 3.14, 1 - 2j])
(12.14-2j)
```

Les fonctions intégrées Python sont codées en supposant que les données d'entrée respectent des propriétés, par exemple :

built-in function	propriétés de la variable d'entrée
`any()`, `all()`	« séquence » d'éléments interprétables comme des booléens
`hash()`	objet hashable
`iter()`	« séquence » d'éléments quelconques
`min()`, `max()`	« séquence » d'éléments comparables les uns avec les autres
`next()`	itérateur d'éléments quelconques
`sorted()`	« séquence » d'éléments comparables les uns avec les autres
`sum()`	« séquence » d'éléments valides vis-à-vis de l'addition

Ces propriétés sont des interfaces informelles qui sont définies en Python sous le nom de *protocoles*. Dans le tableau ci-dessus, le nom « séquence » est entre guillemets parce que nous allons voir dans la section suivante que le *protocole* `Sequence` répond à des spécifications bien plus fortes. Afin de pouvoir utiliser les fonctions intégrées avec des structures de données personnalisées, il suffit alors que celles-ci proposent les services réclamés.

Sur l'exemple des polygones (triangles et quadrilatères) du chapitre précédent (☞ p. 227, § 15.4), la fonction `sorted` ne fonctionne pas immédiatement parce que les instances de type `Polygone` ne sont pas comparables :

```
class Polygone:
    def aire(self) -> float:
        raise NotImplementedError

    def __repr__(self) -> str:
        return f"{self.__class__.__name__} d'aire {self.aire():.2f}"

class Triangle(Polygone):
    def __init__(self, p1: complex, p2: complex, p3: complex):
        self.v1 = p2 - p1
        self.v2 = p3 - p1

    def aire(self) -> float:
        # l'aire est la moitié de la valeur absolue du produit vectoriel
        # z1.conjugate() * z2 = dot(z1, z2) + cross(z1, z2) * j
        return abs((self.v1.conjugate() * self.v2).imag) / 2.0

class Quadrilatere(Polygone):
    def __init__(self, p1: complex, p2: complex, p3: complex, p4: complex):
        self.t1 = Triangle(p1, p2, p3)
        self.t2 = Triangle(p3, p4, p1)

    def aire(self) -> float:
        return self.t1.aire() + self.t2.aire()

>>> polygones = [Triangle(0, 4, 3j), Quadrilatere(0, 2, 2 + 2.5j, 2.5j)]

>>> sorted(polygones)
```

```
Traceback (most recent call last):
...
TypeError: '<' not supported between instances of 'Quadrilatere' and 'Triangle'
```

Deux possibilités s'offrent alors à nous :

- la première repose sur la responsabilité de l'utilisateur, qui doit spécifier le critère (le paramètre `key`) sur lequel appliquer la comparaison, c'est-à-dire la fonction à appliquer à chaque élément avant de procéder à la comparaison :

```
>>> sorted(polygones, key=lambda f: f.aire())
[Quadrilatere d'aire 5.00, Triangle d'aire 6.00]
```

- la seconde option propose au développeur de coder une méthode de comparaison par défaut. L'opération à proposer est l'opérateur <, c'est-à-dire la méthode protégée (*dunder method*) `__lt__` :

```
class Polygone:

    # abrégé

    def __lt__(self, other) -> bool:
        return self.aire() < other.aire()

>>> sorted(polygones)
[Quadrilatere d'aire 5.00, Triangle d'aire 6.00]
```

En fournissant un service de comparaison, les fonctions `min()` et `max()` deviennent également accessibles. En revanche, il faudrait définir une sémantique pour l'addition avant de pouvoir utiliser la fonction `sum()`.

```
>>> max(polygones)
Triangle d'aire 6.00
>>> sum(polygones)
Traceback (most recent call last):
...
TypeError: unsupported operand type(s) for +: 'int' and 'Triangle'
```

16.1. Structures séquentielles

Les protocoles sont des interfaces informelles à la base du fonctionnement du polymorphisme. L'exemple omniprésent en Python est celui de « séquence », une structure itérable qui propose des services particuliers.

Le protocole `Iterable`. La plupart des classes Python qui sont itérables n'héritent pas d'une interface `Iterable` comme ce serait le cas dans la plupart des langages orientés objet, mais si l'interpréteur trouve parmi les méthodes de la classe un moyen d'itérer sur une instance, alors il reconnaît la classe comme suivant le *protocole* `Iterable`.

```
import itertools
from dataclasses import dataclass
```

```
@dataclass
class Carte:
    valeur: str
    couleur: str

    def __repr__(self):
        return f"{self.valeur}{self.couleur}"

class Jeu32Cartes:
    couleurs = ["♠", "♥", "♦", "♣"]
    valeurs = ["A", "R", "D", "V", "10", "9", "8", "7"]

    def __init__(self):
        self._ensemble = list(
            Carte(valeur, couleur)
            for (valeur, couleur) in itertools.product(self.valeurs, self.couleurs)
        )
```

```
>>> list(Jeu32Cartes())
Traceback (most recent call last):
...
TypeError: 'Jeu32Cartes' object is not iterable
>>> from collections import abc
>>> isinstance(Jeu32Cartes(), abc.Iterable)
False
```

Ainsi, en ajoutant une méthode `__iter__(self)` à notre classe, nous offrons à Python la possibilité d'itérer dessus.

```
class Jeu32Cartes:

    # abrégé

    def __iter__(self):
        yield from self._ensemble
```

```
>>> list(Jeu32Cartes())[:10]
[A♠, A♥, A♦, A♣, R♠, R♥, R♦, R♣, D♠, D♥]
>>> isinstance(Jeu32Cartes(), abc.Iterable)
True
```

Les protocoles `Sized`, `Container` et `Collection`. Une structure itérable n'est pas forcément finie : la fonction `len()` n'est alors pas systématiquement disponible.

```
>>> len(Jeu32Cartes())
Traceback (most recent call last):
...
TypeError: object of type 'Jeu32Cartes' has no len()
```

La fonction codée `sum(1 for _ in iterable)` est la manière par défaut de coder la longueur d'une structure itérable finie. Si la longueur peut être inférée de manière plus directe, il est préférable de procéder autrement.

```
class Jeu32Cartes:

    # abrégé

    def __len__(self):
        return len(self._ensemble)

>>> len(Jeu32Cartes())
32
>>> isinstance(Jeu32Cartes(), abc.Sized)
True
```

L'opérateur `in` attend également une structure `Container` : la méthode `__contains__(self, value)` permet de coder ce comportement.

```
class Jeu32Cartes:

    # abrégé

    def __contains__(self, value):
        return Carte(value[:-1], value[-1]) in iter(self)

>>> "10♠" in Jeu32Cartes()  # aussi: ("10", "♠") in Jeu32Cartes()
True
>>> isinstance(Jeu32Cartes(), abc.Container)
True
```

Notre jeu de cartes suit alors désormais le protocole `Collection` (qui est un alias pour l'union des trois protocoles précédents).

```
>>> isinstance(Jeu32Cartes(), abc.Collection)
True
```

Le protocole `Sequence`. Afin de mélanger notre jeu de cartes, on pourrait vouloir faire appel à la fonction `shuffle` du module `random` :

```
>>> import random
>>> random.shuffle(Jeu32Cartes())
Traceback (most recent call last):
...
TypeError: 'Jeu32Cartes' object is not subscriptable
```

Le message d'erreur est ici clair : le fonctionnement des opérateurs d'indexation « `[ ]` » n'a pas été fourni. Il est possible de s'assurer qu'aucune méthode du protocole n'a été oubliée en héritant de la *classe abstraite de base* (*abstract base class*, ou ABC) correspondante. Notons bien que cet héritage est facultatif, que l'objet sera bien reconnu comme respectant le protocole en question même si on n'hérite pas de l'ABC en question : en revanche, l'utilisation explicite de l'ABC permet de lever une exception au moment de la création de l'objet.

```
from collections import abc

class Jeu32Cartes(abc.Sequence):

    # abrégé
```

```
>>> Jeu32Cartes()
Traceback (most recent call last):
...
TypeError: Can't instantiate abstract class Jeu32Cartes with abstract methods
 __getitem__
```

Une fois la méthode spéciale `__getitem__(self, key)` codée, l'exception disparaît.

```
class Jeu32Cartes(abc.Sequence):
    couleurs = ["♠", "♥", "♦", "♣"]
    valeurs = ["A", "R", "D", "V", "10", "9", "8", "7"]

    def __init__(self):
        self._ensemble = list(
            Carte(valeur, couleur)
            for (valeur, couleur) in itertools.product(self.valeurs, self.couleurs)
        )

    def __iter__(self):
        yield from self._ensemble

    def __len__(self):
        return len(self._ensemble)

    def __contains__(self, value):
        return Carte(value[:-1], value[-1]) in iter(self)

    def __getitem__(self, index):
        return self._ensemble[index]
```

```
>>> Jeu32Cartes()
<Jeu32Cartes at 0x7fa493b30670>
>>> random.shuffle(Jeu32Cartes())
Traceback (most recent call last):
...
TypeError: 'Jeu32Cartes' object does not support item assignment
```

En revanche, une nouvelle exception apparaît avec un message différent. Nous avons codé le protocole `Sequence` avec les méthodes nécessaires, mais des méthodes supplémentaires (en l'occurrence `__setitem__(self, index, value)`) sont aussi nécessaires pour pouvoir appliquer la fonction `shuffle()`.

Il existe un protocole qui permet de prendre en compte cette particularité, le protocole `Sequence` étant par défaut *immutable*, c'est-à-dire qu'il ne garantit pas qu'on puisse modifier la séquence en question. Le protocole `MutableSequence` permet quant à lui les modifications et nécessite encore des méthodes supplémentaires indiquées par l'exception `TypeError` suivante.

```
class Jeu32Cartes(abc.MutableSequence):
    # abrégé

>>> Jeu32Cartes()
Traceback (most recent call last):
...
TypeError: Can't instantiate abstract class Jeu32Cartes with abstract methods
 __delitem__, __setitem__, insert
```

Nous aborderons dans le chapitre suivant (☞ p. 251, § 17) le mécanisme interne aux ABC et expliquerons comment écrire de nouvelles classes ABC.

Tour de France 2020. Les mécanismes codés dans les méthodes d'itération ne sont pas forcément aussi directs que ceux proposés dans l'exemple précédent.

Les événements sportifs comme le Tour de France font appel à des hélicoptères pour filmer la course au fur et à mesure que les cyclistes parcourent les routes de France. Ces hélicoptères volent à basse altitude, et d'autres avions évoluent alors à plus haute altitude pour relayer les signaux TV des images prises par les hélicoptères et les partager en direct avec les chaînes de télévision. Le DataFrame Pandas suivant contient toutes les trajectoires d'un avion qui a été recruté pour couvrir l'édition 2020 du Tour de France. Ces données sont issues du réseau OpenSky Network `https://opensky-network.org`.

```
df = pd.read_csv("tour_de_france.csv.gz", parse_dates=["timestamp"])
```

	timestamp	altitude	callsign	groundspeed	icao24	latitude	longitude	track	vertical_rate
0	2020-08-29 07:27:30+00:00	23225.0	ASR182B	159.0	3924a4	43.678801	7.231097	284.211192	896.0
1	2020-08-29 07:27:35+00:00	23275.0	ASR182B	165.0	3924a4	43.679825	7.228088	295.164075	960.0
2	2020-08-29 07:27:40+00:00	23325.0	ASR182B	167.0	3924a4	43.681870	7.223319	299.488908	896.0
3	2020-08-29 07:27:45+00:00	23400.0	ASR182B	175.0	3924a4	43.685318	7.217167	308.506475	448.0
4	2020-08-29 07:27:50+00:00	23425.0	ASR182B	178.0	3924a4	43.687087	7.214748	312.273689	512.0
...	...	...	...	...	...	...	...	...	...
73799	2020-09-19 16:22:10+00:00	21975.0	ASR182B	218.0	3924a4	47.812180	6.750687	286.774666	-192.0
73800	2020-09-19 16:22:15+00:00	22000.0	ASR182B	222.0	3924a4	47.813803	6.742788	287.045737	-128.0
73801	2020-09-19 16:22:20+00:00	21975.0	ASR182B	225.0	3924a4	47.815338	6.735443	287.065269	-128.0
73802	2020-09-19 16:22:25+00:00	21975.0	ASR182B	227.0	3924a4	47.816940	6.727753	287.158374	-128.0
73803	2020-09-19 16:22:30+00:00	21975.0	ASR182B	227.0	3924a4	47.818451	6.720406	286.917006	-64.0

Les altitudes sont exprimées en pieds, la vitesse sol (`groundspeed`) est exprimée en nœuds, la vitesse verticale `vertical_rate` en pieds par minute et l'angle `track`, en degrés, représente le cap (l'angle de route) suivi par l'avion. La colonne `icao24` est un identifiant unique par avion, qui peut être assimilé à son immatriculation et la colonne `callsign` représente une mission ou un numéro de vol.

Dans le tableau fourni, un seul avion est représenté mais on trouve plusieurs trajectoires dans le jeu de données.

```
>>> df.icao24.unique(), df.callsign.unique()
(array(['3924a4'], dtype=object), array(['ASR182B'], dtype=object))

import altair as alt

alt.Chart(df.sample(1000)).encode(
    alt.X("timestamp", title=None, axis=alt.Axis(format="%d %b"))
).mark_point()
```

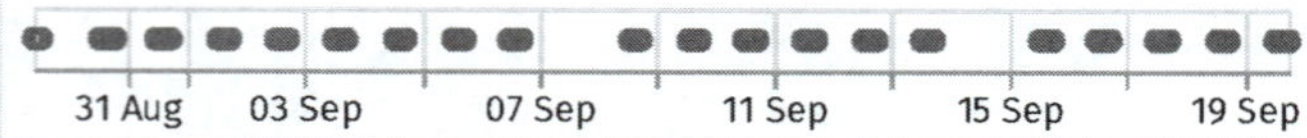

L'objectif avant de procéder à des opérations sur chacune des trajectoires est de pouvoir les séparer. On peut alors utiliser les intervalles de temps sans avoir reçu de données pour séparer chaque trajectoire. On peut alors tracer la distribution des longueurs d'intervalles sans données de la manière suivante :

```
alt.Chart(
    df.assign(
        timestamp_diff=lambda df: df.timestamp.diff().dt.total_seconds()
    ).query("timestamp_diff > 3600")
).encode(
    alt.X(
        "timestamp_diff", bin=alt.Bin(maxbins=30),
        title="Intervalle (en heures) sans données",
    ),
    alt.Y("count()", title=None),
).mark_bar()
```

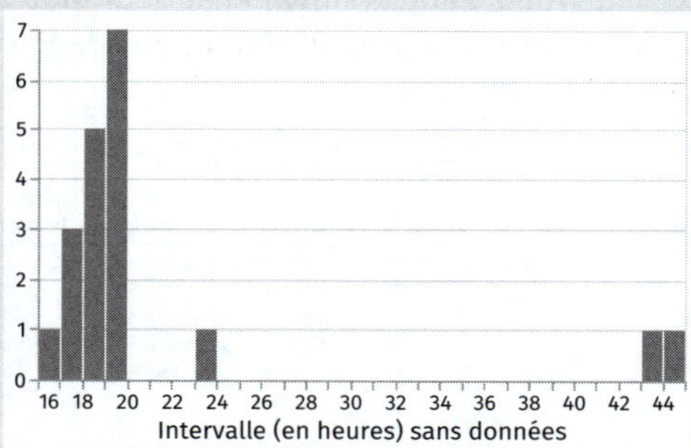

On peut alors coder une fonction qui :

① identifie le premier instant de la trajectoire suivante (celui qui est espacé du point précédent de plus d'une heure) ;
② produit (*yields*) la trajectoire qui précède cet instant ;
③ répète le processus sur la suite des données.

```
from typing import Iterator

def itere_trajectoires(data: pd.DataFrame) -> Iterator[pd.DataFrame]:
    df = data.sort_values("timestamp").assign(
        timestamp_diff=lambda df: df.timestamp.diff().dt.total_seconds()
    )
    seuil = df.query("timestamp_diff > 3600")  # ①

    if seuil.shape[0] == 0:
        return df
    else:
        yield df.query("timestamp < @seuil.timestamp.min()")  # ②
```

```
        yield from itere_trajectoires(  # ③
            df.query("timestamp >= @seuil.timestamp.min()")
        )

>>> sum(1 for _ in itere_trajectoires(df))
19
```

Il convient alors de fournir ces services au sein de classes qui codent le protocole `Iterator` ④. On peut alors imaginer une classe `Collection` et une classe `Trajectoire` qui ont toutes les deux un attribut `data: pd.DataFrame`. Dans l'exemple ci-dessous, les classes sont utilisées pour reconstruire une carte de France avec le parcours du Tour de France 2020 (limité aux journées qui ont été couvertes par l'avion en question).

```
from cartopy.crs import PlateCarree

class Trajectoire:

    def __init__(self, data: pd.DataFrame):
        self.data = data

    @property
    def start(self) -> pd.Timestamp:
        return self.data.timestamp.min()

    @property
    def stop(self) -> pd.Timestamp:
        return self.data.timestamp.max()

    @property
    def duree(self) -> pd.Timedelta:
        return self.stop - self.start

    def plot(self, ax, **kwargs):
        return self.data.plot(
            ax=ax, x="longitude", y="latitude",
            legend=False, transform=PlateCarree(), **kwargs
        )

class Collection:

    def __init__(self, data: pd.DataFrame):
        self.data = data

    def __iter__(self) -> Iterator[Trajectoire]:  # ④
        df = self.data.sort_values("timestamp").assign(
            timestamp_diff=lambda df: df.timestamp.diff().dt.total_seconds()
        )
```

```
        seuil = df.query("timestamp_diff > 3600")

        if seuil.shape[0] == 0:
            return Trajectoire(self.data)
        else:
            yield Trajectoire(df.query("timestamp < @seuil.timestamp.min()"))
            yield from Collection(
                df.query("timestamp >= @seuil.timestamp.min()")
            )

    def __len__(self):
        return sum(1 for _ in self)

pd.DataFrame.from_records(
    {"start": traj.start, "stop": traj.stop, "durée": traj.duree}
    for traj in Collection(df)
)
```

	start	stop	durée
0	2020-08-29 07:27:30+00:00	2020-08-29 10:37:25+00:00	03:09:55
1	2020-08-30 10:27:30+00:00	2020-08-30 16:42:30+00:00	06:15:00
2	2020-08-31 09:37:30+00:00	2020-08-31 15:42:30+00:00	06:05:00
3	2020-09-01 10:52:35+00:00	2020-09-01 15:57:25+00:00	05:04:50
4	2020-09-02 10:27:30+00:00	2020-09-02 15:22:30+00:00	04:55:00
...	...	...	...
18	2020-09-18 10:52:35+00:00	2020-09-18 15:27:25+00:00	04:34:50

```
import matplotlib.pyplot as plt
from cartes.crs import Lambert93

fig, ax = plt.subplots(
    figsize=(7, 7),
    subplot_kw=dict(projection=Lambert93())
)

ax.coastlines("50m")

for trajectoire in Collection(df):
    trajectoire.plot(ax=ax, color="#b45118")
```

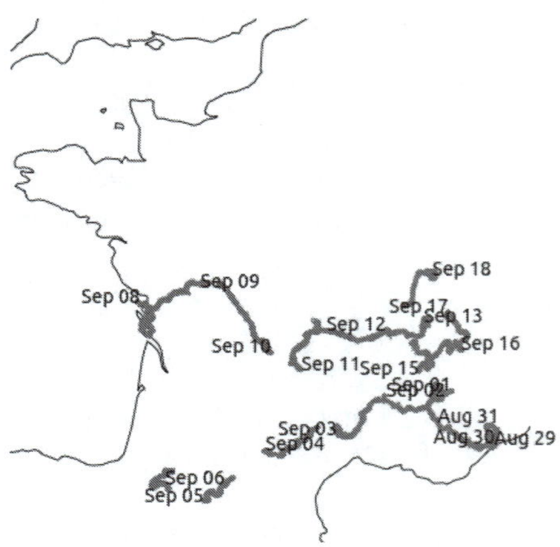

FIGURE 16.1 – Couverture du Tour de France 2020 par les avions de relais télévisés
http://www.aero-sotravia.com/nos-activites/relais-televises/

16.2. Interfaces fonctionnelles

Le protocole `Callable` est couramment utilisé en Python. Il permet à un objet de se comporter comme une fonction et d'être *appelé* avec des arguments. On peut ainsi reprendre le code du moyenneur, traité d'abord avec une coroutine (☞ p. 205, § 14.5), puis avec une classe, où on avait maladroitement nommé notre méthode `.send(self, terme)`.

Quand une classe n'a qu'une seule méthode, il peut être pertinent de l'appliquer à l'objet considéré comme une fonction ; il suffit alors de coder la méthode spéciale `__call__` :

```
class Moyenne:
    def __init__(self):
        self.total = 0.0
        self.compteur = 0

    def __call__(self, terme: float) -> float:
        "Renvoie la moyenne de tous les arguments déjà passés."
        self.total += terme
        self.compteur += 1
        return self.total / self.compteur
```

```
>>> moyenne = Moyenne()
>>> sequence = [2, 3, 7, 6, 4, 5]
>>> ", ".join(f"{elt} -> {moyenne(elt)}" for elt in sequence)
'2 -> 2.0, 3 -> 2.5, 7 -> 4.0, 6 -> 4.5, 4 -> 4.4, 5 -> 4.5'
```

Le protocole `Callable` fait également partie des ABC du langage :

```
>>> isinstance(moyenne, abc.Callable)
True
```

Cette abstraction est également intéressante pour éviter d'accumuler des fonctions imbriquées. On peut ainsi recoder le décorateur du chronomètre paramétré (☞ p. 194, § 13.4) à l'aide d'une classe. Les variables libres des fonctions fermetures (☞ p. 185, § 13.2) peuvent alors être remplacées par de simples attributs de fonction.

```
class chronometre_fmt:
    DEFAULT_FMT = "[{elapsed:0.8f}s] {name}({args}) -> {result}"

    def __init__(self, fmt: str = None):
        self.fmt = fmt if fmt is not None else self.DEFAULT_FMT

    def __call__(self, func):
        def chrono_fonction(*_args):
            t0 = time.time()
            result = func(*_args)
            elapsed = time.time() - t0
            name = func.__name__
            args = ", ".join(repr(arg) for arg in _args)
            print(self.fmt.format(**locals()))
            return result
        return chrono_fonction
```

```
@chronometre_fmt()
def pause(seconds):
    time.sleep(seconds)

>>> for i in range(3):
...     pause(0.123)
[0.12600279s] pause(0.123) -> None
[0.12366486s] pause(0.123) -> None
[0.12555003s] pause(0.123) -> None
```

16.3. Gestionnaires de contexte

Les gestionnaires de contexte sont les blocs de code délimités par l'instruction `with`. La première occurrence de cette notation que l'on rencontre tourne souvent autour de la gestion des fichiers (☞ p. 37, § 3) :

```
from pathlib import Path

with Path("tour_de_france.csv.gz").open("rb") as fh:
    print(fh.read(3))
# b'\x1f\x8b\x08'
# 1f 8b (gzip declaration) 08 (compression: gzip)
```

Ici, c'est le bloc `with` (un gestionnaire de contexte) qui se charge de refermer le fichier une fois les traitements terminés :

```
>>> fh.read(3)
Traceback (most recent call last):
...
ValueError: read of closed file
```

L'utilisation de ces blocs est préférable à l'appel à l'instruction explicite `fh.close()` ajoutée manuellement après le code de lecture/écriture du fichier : en effet, avec un gestionnaire de contexte, l'instruction `fh.close()` est appelée même si une exception interrompt le code executé dans le bloc.

Rappelons à ce titre la syntaxe générale des exceptions (☞ p. 19, § 1.9) :

1. la garde `try` protège un code d'exceptions potentielles ;
2. l'instruction `except` traite des exceptions particulières ;
3. le bloc `else` (optionnel) est executé si aucune exception n'est levée ;
4. le bloc `finally` (optionnel) est executé dans tous les cas.

```
def dangereux(x):
    try:
        y = 1 / x
    except ZeroDivisionError:
        print("NE PAS diviser par zéro !!")
    else:
        print("OK")
    finally:
        print("On remballe")
```

```
>>> dangereux(2)
OK
On remballe
>>> dangereux(0)
NE PAS diviser par zéro !!
On remballe
```

Les gestionnaires de contexte sont alors une abstraction autour des blocs `try/finally`. Si les méthodes spéciales sont fournies, alors l'instance peut être utilisée comme un gestionnaire de contexte :

- la méthode `__enter__(self)` est exécutée à l'entrée dans le bloc ;
- la méthode `__exit__(self, exc_type, exc_value, traceback)` est exécutée à la sortie du bloc. Si la sortie du bloc se fait par une exception, le type, le message et la pile d'appel sont alors passés en paramètres. L'exception remontera alors dans la pile d'appel sauf si la méthode renvoie `True`.

```
class Dangereux:
    def __enter__(self):
        pass

    def __exit__(self, exc_type, exc_value, traceback):
        handled = False

        if exc_type is ZeroDivisionError:  # except ZeroDivisionError:
            print("NE PAS diviser par zéro !!")
            handled = True

        if exc_type is None:  # else:
            print("OK")
            handled = True

        print(f"On remballe")  # finally:

        # si on renvoie True, Python considère que l'exception est rattrapée
        return handled
```

```
>>> with Dangereux():  # cas nominal
...     y = 1 / 2
OK
On remballe
>>> with Dangereux():  # exception gérée
...     y = 1 / 0
NE PAS diviser par zéro !!
On remballe
>>> with Dangereux():  # exception non gérée
...     a = b
On remballe
Traceback (most recent call last):
...
NameError: name 'b' is not defined
```

Le bloc `__enter__` est en général utilisé pour modifier un état que l'on ne souhaite pas voir perdurer en dehors du bloc. Dans la gestion des styles Matplotlib (☞ p. 83, § 6), on souhaite voir les paramètres des feuilles de style appliqués uniquement dans le bloc `with plt.style.context("ggplot")`, et la feuille de style par défaut rétablie après le bloc.

Dans l'exemple suivant, on change la couleur du terminal en gras et en rouge ① à l'entrée dans le bloc. L'instruction de remise à zéro est alors dans le bloc `__exit__` ②, prête à être exécutée même après une exception. On notera ici que la variable fournie après le mot-clé `as` est la valeur de retour de la fonction `__enter__` ③.

```
class Dangereux:
    def __enter__(self) -> str:
        print("\033[1;31m", end="")  # ①
        return "ROUGE!"  # ③

    def __exit__(self, exc_type, exc_value, traceback):
        handled = False

        if exc_type is ZeroDivisionError:
            print("NE PAS diviser par zéro !!")
            handled = True

        print("\033[0m", end="")  # ②

        print("On remballe")
        return handled
```

```
>>> with Dangereux():
...     print(1 / 2)
...
0.5
On remballe
>>> with Dangereux() as color:  # ③
...     print(color)
...     print(1 / 0)
...
ROUGE!
NE PAS diviser par zéro !!
On remballe
>>>
```

Le même protocole est également disponible en Python sous la forme d'un décorateur appliqué à une fonction génératrice. Le mot-clé `yield` sépare les instructions exécutées à l'entrée du bloc de celles exécutées à la fin du bloc.

```
import contextlib

@contextlib.contextmanager
def dangereux():
    print("\033[1;31m", end="")
    yield "ROUGE!"
    print("\033[0m", end="")
```

```
>>> with dangereux() as color:
...     print(color)
...     print(1 / 0)
...
ROUGE!
Traceback (most recent call last):
  File "<stdin>", line 3, in <module>
ZeroDivisionError: division by zero
>>>
>>>
```

Pour prendre en charge une gestion des exceptions, il convient alors de garder l'instruction `yield` par un bloc `try/except/else/finally` :

```
import contextlib

@contextlib.contextmanager
def dangereux():
    print("\033[1;31m", end="")
    try:
        yield "ROUGE!"
    except ZeroDivisionError:
        print("NE PAS diviser par zéro !!")
    else:
        print("\033[1;34mOK")
    finally:
        print("\033[0m", end="")
```

```
>>> with dangereux():
...     print(1 / 2)
...
0.5
OK
>>> with dangereux():
...     print(1 / 0)
...
NE PAS diviser par zéro !!
>>> with dangereux() as color:
...     print(color)
...     b = a
...
ROUGE!
Traceback (most recent call last):
  File "<stdin>", line 3, in <module>
NameError: name 'a' is not defined
>>>
```

Les gestionnaires de contexte multiples Depuis la création d'un nouveau parser pour le langage Python, il est désormais possible de créer plusieurs gestionnaires de contextes en un seul bloc. Il est aussi désormais possible de créer des gestionnaires de contextes simple en les parenthésant :

```
with (
    Path("tour_de_france.csv.gz").open("rb") as fh,
    Dangereux()
):
    ...  # suite des traitements
```

En quelques mots...

Les protocoles sont des interfaces informelles auxquelles les objets Python peuvent répondre. Ils sont la base du *duck typing* et permettent notamment d'étendre la syntaxe Python à de nouvelles classes écrites par l'utilisateur ou dans des librairies tierces.

Au même titre que la surcharge d'opérateurs, ils permettent de décrire le comportement de nouvelles structures de données par rapport :

- à la plupart des éléments de syntaxe : boucles `for`, appels de fonction avec la notation parenthésée, gestionnaires de contexte `with` ;
- aux fonctions intégrées au langage : p. ex. `sum()`, `sorted()` ou `max()` ;
- à la bibliothèque standard : p. ex. `shuffle()` ou `sample()` du module `random`, ou `bisect()` du module `bisect`.

Plutôt que d'utiliser des moyens détournés pour recoder des services similaires, l'utilisateur bénéficie ainsi, après avoir codé les protocoles classiques présentés dans ce chapitre, de l'état de l'art de l'algorithmique avancée intégrée au langage et qui permet de proposer à des utilisateurs débutants l'utilisation de concepts avancés et performants à moindre coût, en leur proposant de continuer d'écrire avec une syntaxe simple et lisible.

17

L'ABC de la métaprogrammation

Les langages de programmation se construisent en enchaînant les abstractions sur des entités et des structures de plus en plus générales et en assurant leur composabilité. Les premiers chapitres de cette partie ont montré comment la programmation fonctionnelle manipule les fonctions comme des variables et les compose pour générer de nouvelles fonctions. La programmation orientée objet ajoute un niveau d'abstraction différent autour des types abstraits (une structure de données et l'ensemble des opérations que l'on peut y appliquer) en organisant les structures autour des principes d'encapsulation, d'héritage et d'interface.

La métaprogrammation porte l'abstraction au niveau des programmes. Ils sont alors conçus pour pouvoir lire, générer, analyser et transformer d'autres programmes. C'est une technique de programmation avancée où un programme peut être vérifié, modifié ou généré au chargement ou à l'exécution.

17.1. Les attributs dynamiques

Une classe est formée d'attributs et de méthodes auxquels on peut accéder par la notation pointée. La fonction intégrée `getattr` permet d'enrichir des objets en y attribuant des instances (sous la forme d'attributs) et des fonctions (sous la forme de méthodes).

```
class Exemple:
    x = 0
    def zero(self):
        return 0

>>> getattr(Exemple, "x")
0
>>> Exemple.x is getattr(Exemple, "x")  # on accède au même élement
True
```

On peut accéder à la méthode intégrée dans la classe `Exemple` (qui est alors une simple fonction), ou à la méthode rattachée (*bound method*) à une instance de la classe `Exemple`.

```
>>> getattr(Exemple, "zero")
<function Exemple.zero(self)>
>>> ex = Exemple()
>>> getattr(ex, "zero")
<bound method Exemple.zero of <Exemple object at 0x7f9a0f5a76d0>>
```

Tous les attributs de la classe `Exemple` sont visibles dans le dictionnaire `__dict__` de la classe, auquel on accède *via* la fonction `vars` :

```
>>> vars(Exemple)
mappingproxy({'__module__': '__main__',
              'x': 0,
              'zero': <function Exemple.zero(self)>,
              '__dict__': <attribute '__dict__' of 'Exemple' objects>,
              '__weakref__': <attribute '__weakref__' of 'Exemple' objects>,
              '__doc__': None})
```

Une exception est levée si on accède à un élément qui n'est pas présent dans ce dictionnaire. On peut alors ajouter une valeur par défaut à la fonction `getattr`, de la même manière qu'avec `dict.get()` ou `next()`.

```
>>> getattr(Exemple, "null")
Traceback (most recent call last):
...
AttributeError: type object 'Exemple' has no attribute 'null'
>>> getattr(Exemple, "null", None)  # renvoie None
```

La fonction `setattr` modélise quant à elle l'assignation dans une notation pointée :

```
>>> setattr(Exemple, "x", 1)  # équivalent à Exemple.x = 1
>>> Exemple.x
1
```

Il est possible de personnaliser le fonctionnement de la notation pointée dans des classes à l'aide des méthodes spéciales `__getattr__` et `__setattr__`. On peut alors comparer les méthodes `__getattr__` (pour la notation pointée) à `__getitem__` (pour la notation entre crochets), et `__setattr__` (ou `__delattr__`) à `__setitem__` (ou `__delitem__`).

Les méthodes `__getattr__` permettent notamment d'exposer un grand nombre d'*attributs dynamiques* tout en gardant une architecture simple. Cette fonctionnalité est déjà présente dans Pandas (☞ p. 119, § 9) où la notation pointée permet de remplacer la notation entre crochets si le nom de la colonne en question n'est pas un mot-clé du langage.

Dans l'exemple des trajectoires (☞ p. 241, § 16.1), on peut transposer ce comportement au niveau de la classe `Trajectoire` qui porte le tableau Pandas. La méthode `__getattr__()` n'est appelée que si l'argument n'est pas dans le dictionnaire renvoyé par `vars()` : on intercepte alors l'argument passé en notation pointée ① pour vérifier si celui-ci fait partie des colonnes du tableau Pandas et renvoyer la série correspondante. Cet artefact permet ici de modifier le code des propriétés `start` et `stop` pour enlever l'appel à `data` ②. Si l'argument ne correspond pas à un nom de colonne, on lève une exception `AttributeError` ③.

```
class Trajectoire:

    def __init__(self, data: pd.DataFrame):
        self.data = data

    @property
    def start(self) -> pd.Timestamp:
        return self.timestamp.min()  # ②

    @property
    def stop(self) -> pd.Timestamp:
        return self.timestamp.max()  # ②

    def __repr__(self):
        return f"Trajectoire ({self.start}, {self.stop})"

    def __getattr__(self, name: str):
        if name in self.data.columns:  # ①
            return self.data[name]

        msg = f"Nom de colonne inconnu: {name}"
        raise AttributeError(msg)  # ③
```

On pourrait aussi envisager d'accéder à des grandeurs caractéristiques de chaque série *via* cet attribut. Par exemple, il est possible de coder de manière dynamique l'attribut `altitude_max` pour chaque trajectoire : si `altitude_max` n'est pas le nom d'une colonne, on peut chercher à appliquer `self.data.altitude.max()`.

On peut alors chercher la colonne `altitude` par la notation entre crochets comme dans l'exemple précédent. Pour recherche la méthode `max`, la méthode `getattr` renvoie la *bound method* qu'il convient alors d'*appeler* avec les parenthèses. ④

```
class Trajectoire:

    # abrégé

    def __getattr__(self, name: str):
        if name in self.data.columns:  # ①
            return self.data[name]

        msg = f"Nom de colonne inconnu: {name}"
        if "_" in name:
            *name_split, agg = name.split("_")
            feature = "_".join(name_split)
            if feature not in self.data.columns:
                raise AttributeError(msg)

            return getattr(self.data[feature], agg)()  # ④

        raise AttributeError(msg)  # ③
```

```
>>> sample.altitude_max
27025.0
>>> sample.groundspeed_mean
178.4567526555387
```

> ✧ **Bonnes pratiques**
>
> Depuis Python 3.7 (PEP 562), il est possible d'ajouter une fonction `__getattr__` dans un module pour définir un comportement particulier à l'import d'un symbole inconnu. Ce symbole inconnu peut, par exemple, être un nom de fonction présent dans une ancienne version (on ajoutera alors un *warning* dans la fonction `__getattr__`), ou le nom d'un symbole présent dans un *plugin* (une extension de programme fournie par des développeurs tiers) découvert de manière dynamique.

17.2. Définir une classe abstraite ABC

Les *abstract base classes* (ABC) sont des facilités intimement liées aux protocoles (☞ p. 235, § 16). Elles permettent de formaliser le fonctionnement d'un protocole.

Le chapitre précédent développe un exemple qui illustre l'utilisation de méthodes spéciales, comme `__iter__` pour coder un protocole d'itération au sein de structures qui représentent des collections. L'ABC est capable de reconnaître les classes qui fournissent les méthodes nécessaires, mais l'héritage explicite (facultatif) permet de lever une exception au moment de la création d'une instance de cette classe.

Le module `collections.abc` propose un certain nombre d'ABC [1] avec méthodes abstraites et méthodes fournies (mixins). Parmi elles :

- `Iterable`, `Container` et `Sized` concernent les structures séquentielles (les collections) ; ces protocoles sont rendus accessibles *via* les méthodes spéciales `__iter__` (pour l'itération), `__contains__` (pour l'opérateur `in`) et `__len__` (pour la fonction `len()`).
- `Iterator` propose la méthode spéciale `__next__`.
- `Sequence`, `Mapping` et `Set` sont des structures immutables, complétées par leur équivalent `MutableSequence`, `MutableMapping` et `MutableSet`.
- `Callable` et `Hashable` ont peu à voir avec les collections mais sont proposés ici pour des raisons historiques.

Le module `numbers` fournit également une hiérarchie d'ABC relative aux nombres, du plus générique au plus spécifique : `Number`, `Complex` $\mathbb{C}$, `Real` $\mathbb{R}$, `Rational` $\mathbb{Q}$ et `Integral` $\mathbb{Z}$. Ainsi, `isinstance(variable, Real)` renverra vrai pour les booléens (type `bool`), les entiers (type `int`), les flottants (type `float` ou `np.float64`), etc.

Le fonctionnement de la fonction `isinstance(elt, cls)` est décrit dans la méthode spéciale `__subclasshook__`, qui est une méthode de classe. La méthode `isinstance` ne vérifie pas que la classe hérite de `Iterator`, mais renvoie le résultat de cette méthode ①, qui vérifie ici simplement la présence des méthodes spéciales `__iter__` et `__next__` dans la hiérarchie de la classe `C` (les classes listées dans `C.__mro__`).

1. https://docs.python.org/3/library/collections.abc.html

```
# https://github.com/python/cpython/blob/master/Lib/_collections_abc.py
class Iterator(Iterable):

    __slots__ = ()

    @abstractmethod
    def __next__(self):
        'Return the next item from the iterator. When exhausted, raise StopIteration'
        raise StopIteration

    def __iter__(self):
        return self

    @classmethod
    def __subclasshook__(cls, C):  # ①
        if cls is Iterator:
            return _check_methods(C, '__iter__', '__next__')
        return NotImplemented
```

Si une collection hérite explicitement de `Iterator`, alors le décorateur `@abc.abstractmethod` se chargera de renvoyer une exception si aucune méthode ne surcharge la méthode décorée (en l'occurrence `__next__`). Pour coder sa propre classe abstraite, il peut être dangereux de chercher des noms de méthodes dans l'espace de nommage de la classe : ce fonctionnement n'est pertinent qu'avec les *dunder methods*, dont la notation est réservée aux définitions proposées par le langage. En revanche, on utilisera le décorateur `abstractmethod` pour marquer le nom des méthodes attendues, dans une classe qui hérite de `ABC`.

```
from abc import abstractmethod, ABC

class PingPong(ABC):
    @abstractmethod
    def ping(self, name="ping"):
        return NotImplemented

    def pong(self):
        return self.ping(name="pong")
```

```
>>> class Ping(PingPong):
...     pass
>>> ping = Ping()
Traceback (most recent call last):
...
TypeError: Can't instantiate abstract class Ping with abstract methods ping
>>> class Ping(PingPong):
...     def ping(self, name="ping"):
...         print(name)
>>> ping = Ping()
>>> ping.ping()
ping
>>> ping.pong()
pong
```

17.3. Le constructeur __new__

La construction d'un objet Python passe par plusieurs étapes avant d'arriver dans la méthode `__init__(self)` qui n'est pas un constructeur à proprement parler : la méthode prend en paramètre l'instance courante `self` pour *initialiser* l'instance et renvoie `None`.

On parle de constructeur par analogie avec les autres langages de programmation orienté objet, mais la construction de l'objet a lieu dans une autre méthode spéciale, dont le comportement par défaut hérité de la classe `object` suffit la plupart du temps : il s'agit de la méthode `__new__(cls)`, qui est une méthode de classe, bien qu'elle ne nécessite pas de décorateur `@classmethod`.

Le déroulement de la création d'un objet `A(*args)` est le suivant :

- la construction d'une instance : `a = A.__new__(*args)`;
- si `a` est une instance de `A`, alors on initialise l'instance `A.__init__(a, *args)`;
- on renvoie `a`.

Il y a des situations particulières où l'on pourrait appeler le constructeur d'une classe avec des arguments particuliers qui renverraient une instance d'un autre type : ce fonctionnement est à coder dans la méthode `__new__`.

Reprenons l'exemple de nos classes construites autour des tableaux Pandas . Certaines méthodes Pandas peuvent renvoyer un tableau vide : nous souhaitons que la création d'une structure autour d'un tableau vide renvoie `None` plutôt qu'une instance de notre classe. Ce fonctionnement ne peut pas être codé dans la méthode `__init__`, qui manipule une instance existante. En revanche, on peut recoder la méthode `__new__` : si le tableau n'est pas vide, on rappelle le fonctionnement habituel de `__new__`, sinon on renvoie `None` ②.

```
tours = {
    "nom": ["Tour Eiffel", "Torre de Belém", "London Tower"],
    "ville": ["Paris", "Lisboa", "London"],
    "latitude": [48.85826, 38.6916, 51.508056],
    "longitude": [2.2945, -9.216, -0.076111],
    "hauteur": [324, 30, 27],
}

class DataFrameWrapper:
    def __new__(cls, data: pd.DataFrame):
        if data.shape[0] > 0:  # ②
            return super().__new__(cls)
        return None

    def __init__(self, data: pd.DataFrame) -> None:
        self.data = data

    def __repr__(self):
        return f"Tableau à {self.data.shape[0]} lignes"

    def query(self, *args, **kwargs):
        return type(self)(self.data.query(*args, **kwargs))
```

```
>>> w = DataFrameWrapper(pd.DataFrame.from_dict(tours))
>>> w.query("hauteur > 300")
Tableau à une lignes
>>> w.query("hauteur > 1000")  # renvoie None
```

17.4. Le protocole Descriptor

Un *descripteur* est une classe qui propose les méthodes `__set__` ou `__get__`. On utilise des descripteurs pour factoriser des comportements sur des attributs de classe. Dans les exemples les plus simples, leur comportement est très proche du décorateur `@property`. En réalité les propriétés utilisent ce mécanisme de descripteur pour être codées dans le langage.

L'exemple le plus simple de descripteur renvoie une constante, mais il peut aussi renvoyer le résultat d'une exécution, pour un comportement dynamique.

```
class Un:
    def __get__(self, obj, objtype=None):
        return 1

class Nombre:
    un = Un()

>>> Nombre().un
1

import pandas as pd

class Age:
    def __get__(self, obj, objtype=None):
        # Renvoie la durée depuis l'attribut time
        return pd.Timestamp('now') - obj.time

class Individu:

    age = Age()  # Renvoie la durée depuis la création de l'instance

    def __init__(self):
        # L'attribut time est créé lors de la création de l'instance
        self.time = pd.Timestamp('now')

>>> import time
>>> i = Individu()
>>> i.age
0 days 00:00:00.017695
>>> time.sleep(1)
>>> i.age
0 days 00:00:01.038146
```

On peut alors se servir des descripteurs pour spécifier des comportements particuliers. On pourrait par exemple utiliser un *logger* et noter tous les accès en écriture à un attribut.

Comme le nom de l'attribut est maintenant associé au descripteur, on peut utiliser la méthode `__set_name__()` pour stocker le contenu de la variable réelle dans un attribut donné de l'objet.

Dans l'exemple ci-dessous, on utilise l'attribut `public_name` pour le nom effectif de l'attribut dans la classe `Individu`, et `private_name` qui est le même nom préfixé par le caractère _ pour le contenu effectif de l'attribut.

```
import logging

class LoggedAccess:

    def __set_name__(self, obj, name):
        self.public_name = name
        # on va créer les attributs _nom et _age
        self.private_name = "_" + name

    def __get__(self, obj, objtype=None):
        return getattr(obj, self.private_name)

    def __set__(self, obj, value):
        logging.warning(f"Mise à jour de l'attribut {self.public_name}={value}")
        setattr(obj, self.private_name, value)

class Individu:

    nom = LoggedAccess()
    age = LoggedAccess()

    def __init__(self, nom, age):
        self.nom = nom
        self.age = age

    def __repr__(self):
        return repr(vars(self))
```

```
>>> nico = Individu("Nicolas", 39)
WARNING:root:Mise à jour de l'attribut nom=Nicolas
WARNING:root:Mise à jour de l'attribut age=39
>>> nico.age = 40
WARNING:root:Mise à jour de l'attribut age=40
>>> nico
{'_nom': 'Nicolas', '_age': 40}
```

L'intérêt de ce genre de classe est alors de pouvoir factoriser ces comportements entre les attributs et entre les classes. On peut également imaginer de valider certains traits pour les attributs que l'on veut donner à une classe. On propose à cet effet l'ABC `Validator` qui cherche à *valider* la valeur attribuée à chaque attribut avec la fonction à propos.

```
from abc import ABC, abstractmethod

class Validator(ABC):
    def __set_name__(self, owner, name):
        self.public_name = name
        self.private_name = "_" + name

    def __get__(self, obj, objtype=None):
        return getattr(obj, self.private_name)

    def __set__(self, obj, value):
        self.validate(value)
        setattr(obj, self.private_name, value)

    @abstractmethod
    def validate(self, value):
        pass
```

On propose ensuite différents types de validations :

— Le descripteur `String` prend en paramètre le nom de méthodes qui renvoient un booléen pour les tester sur la valeur passée. Par exemple, `String(islower=True)` vérifiera que la chaîne de caractères passée est en minuscules.

```
class String(Validator):
    def __init__(self, **kwargs):
        self.kwargs = kwargs

    def validate(self, value):
        for key, vrai_faux in self.kwargs.items():
            # getattr() récupère la méthode (bound method)
            # Les parenthèses suivantes () appellent la méthode cf. __call__()
            if not getattr(value, key)() is vrai_faux:
                msg = f"Le critère str.{key} n'est pas respecté pour {value}"
                raise ValueError(msg)
```

— Le descripteur `OneOf(option1, option2, ...)` vérifie que la valeur passée est l'une des options passées au descripteur.

```
class OneOf(Validator):
    def __init__(self, *options):
        self.options = set(options)

    def validate(self, value):
        if value not in self.options:
            msg = f"La valeur {value} doit être comprise dans {self.options}"
            raise ValueError(msg)
```

— Le descripteur `AgeMin(value)` vérifie que la valeur de date anniversaire est bien compatible avec un âge minimal.

```
from datetime import datetime

class AgeMin(Validator):
    def __init__(self, value=None):
        self.age_min = pd.Timedelta(value)

    def validate(self, value):
        msg = "{date} doit être antérieur à {reference:%Y}"
        reference = pd.Timestamp("now") - self.age_min
        if pd.Timestamp(value) > reference:
            raise ValueError(msg.format(date=value, reference=reference))
```

On peut alors appliquer les validateurs à chacun de nos attributs, sur une classe simple :

```
class PersonneMajeure:

    nom = String(istitle=True)
    genre = OneOf("M", "F")
    date_naissance = AgeMin("18y")

    def __init__(self, nom, genre, date_naissance):
        self.nom = nom
        self.genre = genre
        self.date_naissance = date_naissance

    def __repr__(self):
        return repr(vars(self))
```

```
>>> PersonneMajeure("Nicolas", "M", "1980-11-11")
{'_nom': 'Nicolas', '_genre': 'M', '_date_naissance': '1980-11-11'}

>>> PersonneMajeure("nicolas", "M", "1980-11-11")
Traceback (most recent call last):
...
ValueError: Le critère str.istitle n'est pas respecté pour 'nicolas'

>>> PersonneMajeure("Nicolas", "U", "1980-11-11")
Traceback (most recent call last):
...
ValueError: La valeur 'U' doit être comprise dans {'M', 'F'}

>>> PersonneMajeure("Nicolas", "M", "2020-11-11")
Traceback (most recent call last):
...
ValueError: 2020-11-11 doit être antérieur à 2003
```

Au-delà de cet exemple illustratif, on peut imaginer enrichir notre exemple précédent sur les trajectoires (☞ p. 241, § **16.1**), où la colonne `timestamp` était nécessaire pour pouvoir utiliser la méthode d'itération. On peut alors coder un validateur qui vérifie la présence d'une colonne donnée dans le `pd.DataFrame` :

```
class PandasHasColumn(Validator):
    def __init__(self, *columns):
        self.columns = columns

    def validate(self, data):
        msg = "Le pandas DataFrame doit avoir une colonne '{col}'."
        for col in self.columns:
            if col not in data.columns:
                raise ValueError(msg.format(col=col))


class DataFrameWrapper:
    # abrégé


class Collection(DataFrameWrapper):
    data = PandasHasColumn("timestamp")
    # abrégé

>>> Collection(pd.DataFrame.from_dict(tours))  # Les tours des villes d'Europe
Traceback (most recent call last):
...
ValueError: Le pandas DataFrame doit avoir une colonne 'timestamp'.

>>> tour_de_france = Collection.from_csv(
...     "tour_de_france.csv.gz", parse_dates=["timestamp"]
... )  # pas d'erreur à l'exécution
>>> Collection(tour_de_france.data.rename(columns=dict(timestamp="time")))
Traceback (most recent call last):
...
ValueError: Le pandas DataFrame doit avoir une colonne 'timestamp'.
```

Attention !

- Les propriétés sont des descripteurs particuliers dont la méthode __get__ correspond au corps de la méthode décorée.
- Les méthodes sont également des descripteurs particuliers, des *bound methods*, dont la méthode __get__ renvoie la fonction correspondante

17.5. La classe type

En Python, le mot-clé type a deux signatures.

```
>>> help(type)
class type(object)
 |  type(object_or_name, bases, dict)
 |  type(object) -> the object's type
 |  type(name, bases, dict) -> a new type
```

À la lecture du résultat de la fonction `help(type)`, la première ligne est la réunion des deux suivantes. La première utilisation sur la deuxième ligne, `type(object)`, est la plus répandue : elle permet de connaître le type d'une instance.

```
>>> type(2)
int
>>> type(tour_de_france)
Collection
```

La deuxième utilisation renvoie « un nouveau type » : elle permet de construire de nouvelles classes. Le mot-clé se comporte alors comme une fonction qui prend en argument :

- le nom d'une classe ;
- la hiérarchie de classes dont on hérite ;
- un dictionnaire qui contient tous les attributs et méthodes de la fonction.

Les deux notations sont alors équivalentes.

```
class Exemple:
    a = 0

    def main():
        print("main()")
```

```
def main():
    print("main()")

Exemple = type("Exemple", (), dict(a=0, main=main))
```

En réalité, `type` est une classe. C'est la classe du type `object`. Les deux mots-clés ont une relation très particulière :

- `object` est une instance de `type`, ce qui signifie que toutes les classes Python sont instanciées par le constructeur de la classe `type` ;
- `type` est une sous-classe (*hérite*) de `object`. En effet, toutes les classes héritent de `object`.

Ce sont les seuls objets qui sont définis de manière récursive, et c'est une relation qui ne peut pas être exprimée en Python.

```
>>> type(Exemple())
Exemple
>>> type(Exemple)
type
>>> type(object)
type
>>> type(type)
type
>>> type.__mro__
(type, object)
```

Il devient alors possible de générer des classes de manière dynamique à l'aide de fonctions. Supposons qu'on lise un fichier qui contient des grandeurs physiques.

On souhaite lister toutes ces grandeurs, en utilisant une classe par grandeur physique en unité du système international, et créer pour chaque unité différente (inconnue *a priori*) une classe qui hérite de la classe de base, avec une méthode qui convertit la valeur en unité du système international.

```
distances = [
    {"value": 2, "unit": "m"},
    {"value": 6, "unit": "ft", "conversion": 0.3048},
    {"value": 3, "unit": "km", "conversion": 1000},
    {"value": 1, "unit": "nm", "conversion": 1852},
]

class Distance:
    "La classe de base dont hériteront toutes les unités."

    unit = "m"

    def __init__(self, value: float):
        self.value = value

    def __repr__(self) -> str:
        return f"{type(self).__name__}({self.value}) = {self.convert_si():.2f}m"

    def __lt__(self, other):
        return self.convert_si() < other.convert_si()

    def convert_si(self) -> float:
        return self.value

classes = {"m": Distance}
instances = list()

for elt in distances:
    unit = elt["unit"]
    cls = classes.get(unit, None)

    if cls is None:  # si la classe n'existe pas encore, on la génère
        def convert_si(elt):
            return lambda self: self.value * elt["conversion"]

        # Création de deux attributs supplémentaires
        attr_dict = dict(unit=unit, convert_si=convert_si(elt))
        # Création de la classe avec le mot-clé type
        cls = classes[unit] = type(f"Distance_{unit}", (Distance,), attr_dict)

    # Instantiation de la classe
    instances.append(cls(elt["value"]))
>>> sorted(instances)
[Distance_ft(6) = 1.83m, Distance(2) = 2.00m,
 Distance_nm(1) = 1852.00m, Distance_km(3) = 3000.00m]
>>> classes
{'m': Distance, 'ft': Distance_ft, 'km': Distance_km, 'nm': Distance_nm}
```

L'exemple est ici un petit peu artificiel dans le sens où nous comptons sur les valeurs dans le dictionnaire pour fournir les informations de conversion, mais il reste néanmoins parlant : seules les classes nécessaires sont générées de manière parcimonieuse dès l'instant où elles sont nécessaires.

17.6. Les décorateurs de classe

Un décorateur de classe fonctionne de la même manière qu'un décorateur de fonction (☞ p. 181, § 13) : il prend une classe en paramètre et renvoie une classe.

Nous avons vu dès le début de l'ouvrage que les annotations de type n'ont aucun impact sur le code, au même titre que les commentaires. Nous parlerons plus loin d'analyse statique de code (☞ p. 367, § 27) mais il est aussi possible d'utiliser ces annotations pour vérifier de manière dynamique que les types des attributs passés vérifient bien le type de l'annotation.

L'exemple suivant propose alors un décorateur qui utilise les annotations des variables, le dictionnaire `__annotations__` de la classe, pour remplacer ces simples déclarations par des descripteurs (☞ p. 257, § 17.4) qui cherchent à valider le type de la valeur passée.

Le décorateur génère alors une nouvelle classe ① :

- l'appel à `type(cls)` renvoie le type de la classe passée en paramètre : il s'agit de `type` la plupart du temps, sauf si un autre constructeur de classe a été utilisé pour générer la classe (☞ p. 265, § 17.7);
- les arguments suivants sont le nom de classe `__name__`, la liste des classes (un tuple) dont cette classe hérite `__mro__` et le dictionnaire dans lequel on aura remplacé tous les éléments annotés.

```
class VariableVerifier(Validator):
    def __init__(self, annotation):
        self.annotation = annotation

    def validate(self, value):
        if not isinstance(value, self.annotation):
            raise TypeError(f"{self.public_name} doit être de type: {self.annotation}")

def validate_annotations(cls):
    attr_dict = dict(vars(cls))
    for key, value in cls.__annotations__.items():
        # value est ici le type passé dans l'annotation
        attr_dict[key] = VariableVerifier(value)
    return type(cls)(cls.__name__, cls.__mro__, attr_dict)  # ①

@validate_annotations
class Exemple:
    x: int
    def __init__(self, x):
        self.x = x
    def __repr__(self):
        return f"{type(self).__name__}({self.x})"
```

```
>>> Exemple(2)
Exemple(2)
```

```
>>> Exemple(2.0)
Traceback (most recent call last):
...
TypeError: x doit être de type: <class 'int'>
```

17.7. Les métaclasses

Reprenons maintenant cet exemple pour écrire une nouvelle classe qui hérite de notre classe `Exemple`. Comme le décorateur `@validate_annotations` a été appliqué à `Exemple` et non à `Exemple_xy`, la variable `y` n'a pas pu être réécrite avec le vérificateur.

```
class Exemple_xy(Exemple):
    y: str

    def __init__(self, x, y):
        super().__init__(x)
        self.y = y

    def __repr__(self):
        return f"{type(self).__name__}({self.x}, {self.y})"
```

```
>>> Exemple_xy(3, 2)  # y doit être un str, on attend l'exception!
Exemple_xy(3, 2)
```

Il est néanmoins possible d'écrire une classe `Exemple` qui propage ces modifications pour toutes les classes dont hérite `Exemple`. L'idée est alors de réécrire la fonction `type` pour la remplacer par le contenu de la fonction `validate_annotations`.

Ceci se fait en écrivant une *métaclasse*, une classe qui hérite de `type`, qui décrit comment construire de nouvelles classes. Dans cette classe héritée, on peut surcharger les méthodes `__new__` ou `__self__`. Au lieu de prendre une classe (qui n'existe pas encore) en paramètre comme dans l'exemple précédent, en utilisant un décorateur de classe (☞ p. 264, § 17.6), ces méthodes prennent en argument les mêmes arguments que `type` ② :

- un nom de classe (l'argument `name`) ;
- la liste (un tuple) des classes dont la classe hérite (l'argument `bases`) ;
- et le dictionnaire qui reflète le code de la classe (attributs et méthodes, l'argument `attr_dict`).

Dans notre cas, on retrouve l'argument `__annotations__` dans le dictionnaire `attr_dict` : on remplit alors l'argument `attr_dict` pour l'enrichir avec les instances du descripteur `VariableVerifier` ③, puis on rappelle le constructeur de la classe mère ④, de la même manière qu'on appelait `type(cls)` à la ligne ① dans l'exemple qui utilise le décorateur. On précise ensuite que la classe, et les classes qui en dérivent, doivent être créées à l'aide de la métaclasse `ValidateAnnotationsMeta` ⑤ ; par défaut, c'est la métaclasse `type` qui s'en charge.

```
class ValidateAnnotationsMeta(type):

    def __new__(cls, name, bases, attr_dict):  # ②
        if annotations := attr_dict.get("__annotations__"):
            for key, value in annotations.items():
                # value est ici le type passé dans l'annotation
```

```
                attr_dict[key] = VariableVerifier(value)  # ③
        return super().__new__(cls, name, bases, attr_dict)  # ④

class Exemple(metaclass=ValidateAnnotationsMeta): # ⑤
    x: int

    def __init__(self, x):
        self.x = x

    def __repr__(self):
        return f"{type(self).__name__}({self.x})"

class Exemple_xy(Exemple):
    # Comme Exemple_xy hérite de Exemple, la classe sera créée à l'aide de la
    # méthode __new__ de la métaclasse ValidateAnnotationsMeta.
    # Le descripteur associé à x sera réalisé à la création de la classe Exemple;
    # celui associé à y sera réalisé lors d'un autre appel à la création de Exemple_xy.

    y: str

    def __init__(self, x, y):
        super().__init__(x)
        self.y = y

    def __repr__(self):
        return f"{type(self).__name__}({self.x}, {self.y})"

>>> Exemple_xy(3, 2)
Traceback (most recent call last):
...
TypeError: y doit être de type: <class 'str'>
>>> Exemple_xy(3, "2")
Exemple_xy(3, 2)
```

Remarque : La définition de la classe `Exemple` avec le mot-clé `metaclass` est équivalente à la suivante :

```
Exemple = ValidateAnnotationsMeta(  # et non `type`
    "Exemple", (), {"__annotations__": {"x": int}, "__init__": ..., "__repr__": ...}
)
```

L'information sur les métaclasses n'est pas disponible dans le dictionnaire `__mro__` de la classe (ici `Exemple_xy` qui hérite de `Exemple`, qui hérite elle-même de `object`), mais on la retrouve dans le `__mro__` de la métaclasse :

```
>>> Exemple_xy.__mro__
(Exemple_xy, Exemple, object)
>>> type(Exemple_xy).__mro__
(ValidateAnnotationsMeta, type, object)
```

17.8. La méthode __init_subclass__

Coder une métaclasse est la solution la plus abstraite à laquelle recourir. Dans l'exemple précédent qui implique de générer dynamiquement une classe différente, c'est la seule possible. Le plus souvent, la méthode __init_subclass__ suffit quand on souhaite vérifier un certain nombre de propriétés pour les sous-classes.

On peut par exemple y interdire l'héritage :

```
class HeritageInterdit:
    @classmethod
    def __init_subclass__(cls):
        super().__init_subclass__()
        raise TypeError(f"Il est interdit d'hériter de HeritageInterdit")

>>> class AnarchoLibertaire(HeritageInterdit):
...     pass
Traceback (most recent call last):
...
TypeError: Il est interdit d'hériter de HeritageInterdit
```

On peut également proposer une classe qui ait connaissance de toutes les classes qui en dérivent. Par exemple, pour notre classe d'unités physiques :

```
class Distance:
    unit = "m"
    unites_derivees = dict()

    # abrégé

    @classmethod
    def __init_subclass__(cls):
        super().__init_subclass__()
        Distance.unites_derivees[cls.unit] = cls

class Distance_ft(Distance):
    unit = "ft"

    def convert_si(self) -> float:
        return self.value * 0.3048

class Distance_nm(Distance):
    unit = "nm"

    def convert_si(self) -> float:
        return self.value * 1852

>>> Distance.unites_derivees
{'ft': Distance_ft, 'nm': Distance_nm}
```

En quelques mots...

La métaprogrammation est la discipline qui consiste à écrire des programmes de manière dynamique. Dans ce chapitre, nous nous sommes penchés sur différentes façons d'inspecter ou de modifier le contenu de classes après leur définition mais avant leur création.

Les attributs dynamiques permettent d'étendre les attributs accessibles dans une instance en manipulant le nom de l'attribut de manière dynamique. C'est une généralisation des propriétés, ces décorateurs qui génèrent un triplet de méthodes associées à l'accès, l'édition et la suppression d'un attribut donné. Les comportements des propriétés sont réutilisables au sein de classes qui répondent au protocole `Descriptor`, associé à une variable de classe.

Enfin, nous avons mis en évidence que les classes étaient des objets Python comme les autres : une fonction Python peut alors prendre une ou plusieurs classes en paramètres et renvoyer une classe. Il est alors possible de décorer des classes pour adapter leur comportement. En Python, le type d'une classe, et par extension le type de `object`, est toujours une instance `type` qui hérite pourtant de `object`.

L'abstraction la plus poussée que nous abordons dans cet ouvrage est la notion de métaclasse, une classe qui hérite de `type`. Les métaclasses permettent de personnaliser le processus de création des classes, pour modifier ou adapter leur contenu, et pour définir comment générer des classes à partir de leur définition.

La méthode de classe `__init_subclass__(cls)` suffit néanmoins dans la plupart des cas d'application des métaclasses.

18

La programmation concurrente

La concurrence permet à un ordinateur de faire plusieurs choses en même temps (du moins en apparence). Par exemple, le système d'exploitation de l'ordinateur se charge d'alterner l'utilisation de ses ressources pour tous les programmes en cours d'exécution, donnant ainsi l'illusion d'un fonctionnement simultané.

La concurrence se distingue du parallélisme, qui exécute en parallèle plusieurs instructions sur plusieurs cœurs du processeur, ou sur plusieurs machines connectées. La principale différence est le gain de temps que l'on peut attendre de ces deux approches : la concurrence permet de générer des chemin d'exécutions différents, la séquence d'exécution n'aura jamais lieu dans le même ordre entre plusieurs exécutions du programme mais le temps d'exécution total restera le même. Le parallélisme au contraire permet de diviser par deux le temps d'exécution total de deux processus exécutés en même temps plutôt qu'à la suite l'un de l'autre.

Il existe plusieurs formalismes de programmation qui prennent en charge la concurrence mais tous ne donnent pas accès au même niveau de parallélisme. Nous abordons dans ce chapitre l'exécution de différents processus depuis Python : les processus systèmes externes, les processus légers (*threads*), le multiprocessing et les sous-interpréteurs.

18.1. La gestion des processus externes

Les programmes externes utilisés dans cette section sont courants dans les environnements Linux et MacOS. Ils ne sont pas fournis par défaut sous Windows, qui possède néanmoins des équivalents : `type` *au lieu de* `cat`, `timeout` *au lieu de* `sleep`, *etc.*

Le module `subprocess` outille le lancement et la gestion d'exécutables présents sur l'environnement de travail. La fonction `run()` permet de lancer un appel **bloquant** vers un outil extérieur, c'est-à-dire que la fonction `run()` renverra un résultat aussitôt que l'exécutable a terminé.

```
>>> import subprocess
>>> result = subprocess.run(["whoami"], capture_output=True, encoding="utf-8")
>>> result.check_returncode()  # lève une exception en cas d'erreur
>>> result
CompletedProcess(args=['whoami'], returncode=0, stdout='xo\n', stderr='')
```

La fonction Popen quant à elle lance l'appel dans un processus fils, indépendant de Python. On peut alors interroger le processus pour voir s'il a terminé avec la méthode .poll() qui renvoie None tant que le processus tourne (et le code de retour du programme sinon).

```
>>> import time
>>> proc = subprocess.Popen(["sleep", "1"])
>>> while proc.poll() is None:
...     print("Je dors.")
...     time.sleep(0.3)
Je dors.
Je dors.
Je dors.
Je dors.
>>> proc.poll()
0
```

Comme l'appel à Popen est non bloquant, toutes les exécutions ont lieu en parallèle. Ainsi, si on lance 10 fois la commande sleep, le temps global d'exécution restera proche d'une seconde, plutôt que 10 secondes en cas d'appel séquentiel. L'appel à communicate() permet de reprendre la main sur chacun des processus (la fonction retourne quand le processus est terminé, ou après un *timeout* à spécifier en paramètre).

```
%%time

procs = []
for _ in range(10):
    procs.append(subprocess.Popen(["sleep", "1"]))

for proc in procs:
    proc.communicate()

# CPU times: user 15.6 ms, sys: 27 ms, total: 42.5 ms
# Wall time: 1.09 s
```

Pour ce genre d'opérations qui n'utilise pas les ressources du processeur, l'appel concurrentiel a lieu en parallèle et permet une accélération du temps global d'exécution.

✧ Bonnes pratiques

Il est possible de manipuler l'entrée standard stdin, la sortie standard stdout et la sortie d'erreur stderr depuis la fonction Popen. L'argument PIPE permet de se raccorder aux attributs correspondants, rattachés à l'instance du processus.

```
>>> cat_proc = subprocess.Popen(
...     ["cat", "-"], stdin=subprocess.PIPE,
...     stdout=subprocess.PIPE, encoding="utf-8"
```

```
... )
>>> cat_proc.stdin.write("coucou\n")
>>> cat_proc.stdin.flush()  # on s'assure que le contenu a bien été envoyé
>>> cat_proc.stdout.readline()  # lecture de la sortie
'coucou\n'
>>> cat_proc.communicate()  # on termine le processus
('', None)
```

On peut également se servir de ces arguments pour « programmer » un pipe Unix (le caractère |), par exemple, pour la commande :

```
$ cat - | wc -l
un
deux
trois
cat
# <Ctrl-D> pour quitter
       4

cat_proc = subprocess.Popen(
    ["cat", "-"], stdin=subprocess.PIPE, stdout=subprocess.PIPE, encoding="utf-8"
)
wc_proc = subprocess.Popen(
    ["wc", "-l"], stdout=subprocess.PIPE, encoding="utf-8",
    stdin=cat_proc.stdout,  # on redirige la sortie du cat vers l'entrée du sed
)

cat_proc.stdin.write("un\ndeux\ntrois\n")
cat_proc.stdin.write("cat\n")
cat_proc.stdin.flush()
cat_proc.stdout.close()

cat_proc.communicate()
wc_proc.communicate()
# ('       4\n', None)
```

18.2. Les threads

L'utilisation des *threads* peut être contre-intuitive en Python. La gestion des interfaces graphiques (☞ p. 329, § 22.4) où l'on souhaite garder la main sur l'interface même si un gros calcul est en cours d'exécution est un cas d'application évident de la programmation multithreadée. Mais contrairement à de nombreux langages de programmation (comme C/C++ ou Java), l'intérêt d'une approche multithreadée est difficile à appréhender, parce que les gains attendus en termes de temps d'exécution ne sont pas toujours au rendez-vous.

Il est facile d'illustrer ce propos à l'aide d'un calcul coûteux classique que l'on souhaiterait exécuter de manière multithreadée. La fonction suivante vérifie qu'un entier passe en paramètre est un nombre premier :

```
import math

grands_nombres_premiers = [
    112272535095293, 112582705942171, 112272535095293, 115280095190773,
    115797848077099, 1099726899285419,
]

def nombre_premier(n: int) -> bool:
    for i in range(2, int(math.sqrt(n)) + 1):
        if n % i == 0:
            return False
    return True
```

Une exécution séquentielle renvoie le résultat en plusieurs secondes.

```
%%timeit
list(nombre_premier(i) for i in grands_nombres_premiers)
# 7.87 s ± 701 ms per loop (mean ± std. dev. of 7 runs, 1 loop each)
```

Un *thread* se programme en Python en héritant de la classe `Thread`, et en codant les méthodes adéquates, à commencer par `run()`.

```
from threading import Thread

class Premiers(Thread):
    def __init__(self, number):
        super().__init__()
        self.number = number

    def run(self):
        self.premier = nombre_premier(self.number)
```

```
%%timeit

threads = []
for number in grands_nombres_premiers:
    thread = Premiers(number)
    thread.start()
    threads.append(thread)

for thread in threads:
    thread.join()  # pour attendre la fin de l'exécution de chaque thread

list(t.premier for t in threads)
# 7.65 s ± 444 ms per loop (mean ± std. dev. of 7 runs, 1 loop each)
```

Le temps total d'exécution est comparable (voire parfois supérieur) à celui d'une exécution séquentielle. La mécanique de mise en place des *threads* rajoute en effet un coût initial non négligeable.

Pourtant, les choses sont différentes dans l'exemple suivant basé sur les drapeaux étudié plus tôt (☞ p. 45, § 3.6). On retiendra ici que la commande `httpx.get`, introduite en détail plus loin (☞ p. 309, § 21.1), télécharge des contenus sur Internet.

```
import httpx

r = httpx.get("https://flagcdn.com/fr/codes.json")
codes = r.json()

%%time
for c in codes.keys():
    r = httpx.get(f'https://flagcdn.com/256x192/{c}.png')
# CPU times: user 10.6 s, sys: 380 ms, total: 11 s
# Wall time: 48 s
```

Il nous faut une minute pour télécharger l'ensemble des drapeaux sur le site. Mais en exécutant ces requêtes de manière multithreadée, on observe une accélération du temps d'exécution par un facteur proche de 20.

```
class Drapeau(Thread):
    def __init__(self, code):
        super().__init__()
        self.code = code

    def run(self):
        url = f"https://flagcdn.com/256x192/{self.code}.png"
        self.r = httpx.get(url)

%%time

threads = []
for c in codes.keys():
    thread = Drapeau(c)
    thread.start()
    threads.append(thread)

for thread in threads:
    thread.join()

# CPU times: user 5.5 s, sys: 432 ms, total: 5.93 s
# Wall time: 3.2 s
```

18.3. Le Global Interpreter Lock (GIL)

Le GIL simplifie considérablement l'écriture de code, notamment pour les extensions ou bibliothèques écrites dans d'autres langages (chapitre 28), qui peuvent utiliser cette garantie pour gérer plus facilement les accès aux ressources partagées sans avoir à se soucier de la synchronisation complexe des threads.

Un des effets secondaires du GIL est qu'il **empêche l'exécution parallèle de *threads* Python** : ceci signifie que les opérations qui sont coûteuses en terme de temps de calcul ne peuvent pas être exécutées en parallèle. En revanche, **les appels systèmes d'entrée et sortie ne sont pas affectés par le GIL** : quand Python passe la main au système pour lire et écrire des fichiers, procéder à des appels réseaux (l'exemple des drapeaux), interagir avec le matériel, il relâche le GIL et permet alors des exécutions en parallèle.

Ces appels systèmes d'entrée et sortie étant sujets à des problèmes de latence, il est dommage de paralyser du temps du processeur (CPU) pour attendre une réponse d'un serveur web par exemple, alors qu'on pourrait l'utiliser pour d'autres opérations.

> **Attention !**
>
> Les *threads* sont une bonne solution pour des programmes qui font de nombreux appels systèmes, mais restent à éviter si on souhaite paralléliser des exécutions lourdes sur le CPU. Ils n'apportent alors aucun gain de performance tout en ayant un coût de mise en place non négligeable.

Pour aller plus loin. Le GIL est toujours vu comme un handicap de l'interpréteur CPython et reste le sujet de nombreuses présentations dans les conférences PyCon.

— Larry Hastings - *Removing Python's GIL : The Gilectomy* (PyCon 2016)
`https://www.youtube.com/watch?v=P3AyI_u66Bw`

— Eric Snow - *to GIL or not to GIL : the Future of Multi-Core (C)Python* (PyCon 2019)
`https://www.youtube.com/watch?v=7RlqbHCCVyc`

18.4. Le module `concurrent.futures`

Pour gérer des exécutions asynchrones de manière efficace, le module `concurrent.futures` de la bibliothèque standard utilise le motif `Future`. Un object `Future` est une abstraction qui permet de manipuler des appels asynchrones à des fonctions. La plupart du temps, il n'est pas nécessaire de les manipuler directement, mais ils sont les fondations sur lesquelles sont construits les modules `concurrent.futures` et `asyncio` (☞ p. 279, § 19). En particulier, il est possible de suivre l'état d'exécution d'un `Future` et d'exécuter une fonction *callback* lorsque l'exécution est terminée.

Les deux principales fonctionnalités intégrées au module sont `ThreadPoolExecutor` ainsi que `ProcessPoolExecutor` : ces deux classes proposent de prendre en charge la gestion d'un *pool* de tâches à exécuter grâce à une interface de haut niveau.

```
from concurrent.futures import Future, ThreadPoolExecutor, as_completed
from typing import Dict

with ThreadPoolExecutor() as executor:  # ①
    futures: Dict[Future, str] = dict() # ②

    for code in codes:  # ③
        futures[executor.submit(
            httpx.get, f"https://flagcdn.com/256x192/{code}.png"
        )] = code

    for future in as_completed(futures):  # ④
        data = future.result()

# CPU times: user 6.73 s, sys: 378 ms, total: 7.11 s
# Wall time: 6 s
```

① La création d'un *executor* se fait sous la forme d'un gestionnaire de contextes (☞ p. 246, § 16.3).
② On stocke l'ensemble des appels asynchrones (*futures*) à préparer.
③ C'est la commande `executor.submit` qui permet de construire les *futures* à déployer : le premier argument est le nom de la fonction, les suivants sont les arguments à passer à la fonction.
④ La fonction `as_completed` surveille l'exécution des *futures* et les renvoie au fur et à mesure : le dictionnaire en ② permet de retrouver à quels arguments est associée la *future* renvoyée. Un appel à la méthode `.result()` permet de récupérer le résultat.

Le `ThreadPoolExecutor` prend un argument `max_workers` en paramètre qu'il est préférable de renseigner. Pour obtenir le même temps de calcul qu'avec l'exemple précédent à base de *threads* créés manuellement, on peut préciser un nombre maximal de *threads* égal au nombre de requêtes à envoyer.

```
with ThreadPoolExecutor(max_workers=len(codes)) as executor:
    futures: Dict[Future, str] = dict()

    for code in codes:
        futures[executor.submit(
            httpx.get, f"https://flagcdn.com/256x192/{code}.png"
        )] = code

    for future in as_completed(futures):
            data = future.result()

# CPU times: user 5.41 s, sys: 381 ms, total: 5.79 s
# Wall time: 2.93 s
```

18.5. Le multiprocessing

Pour pallier les problèmes de GIL en Python et permettre l'utilisation de tous les cœurs du CPU, il est possible d'utiliser une autre approche qui procède à du vrai parallélisme dans l'exécution. Le module correspondant en Python se nomme `multiprocessing`, mais il reste préférable de l'utiliser *via* le module `concurrent.futures`. Le multiprocessing consiste à exécuter des processus Python différents sur plusieurs cœurs, à y reproduire l'environnement courant puis à y exécuter une partie des traitements en attente.

Il y a néanmoins quelques outils pratiques dans le module `multiprocessing`, notamment une fonction pour détecter le nombre de cœurs CPU disponibles sur l'architecture en question.

```
>>> from multiprocessing import cpu_count
>>> cpu_count()
4
```

Pour l'exécution en parallèle, l'utilisation du `ProcessPoolExecutor` est très similaire à l'utilisation du `ThreadPoolExecutor` : pour le paramètre `max_workers`, on prendra garde à ne pas dépasser le nombre de CPU disponibles sur l'architecture courante. On peut alors profiter du parallélisme sur le code des nombres premiers pour une petite accélération sur cet exemple.

```
from concurrent.futures import ProcessPoolExecutor, as_completed
```

```
with ProcessPoolExecutor(max_workers=4) as executor:
    futures: Dict[Future, int] = dict()
    results: Dict[int, bool] = dict()

    for prime in grands_nombres_premiers:
        futures[executor.submit(nombre_premier, prime)] = prime

    for future in as_completed(futures):
            results[futures[future]] = future.result()

# 4.6 s ± 229 ms per loop (mean ± std. dev. of 7 runs, 1 loop each)
```

Attention !

Même si le `ProcessPoolExecutor` n'apporte rien de plus que le `ThreadPoolExecutor` dans l'exemple du téléchargement des drapeaux, il pourrait être tentant de n'utiliser plus que le `ProcessPoolExecutor`.

On retiendra néanmoins que :

- tous les *threads* partagent le même espace mémoire sans coût supplémentaire. Il faut prendre garde à ajouter des verrous `thread.Lock` pour accéder à certaines variables de manière concurrente ;
- le module `multiprocessing`, pour s'affranchir des contraintes du GIL, lance un nouvel exécutable Python indépendant vers lequel il transmet tous les `import`, définitions de fonctions, et arguments à passer avec chaque `Future` puis récupère les résultats. Le passage se fait par sérialisation *via* le module `pickle` [a] (☞ p. 42, § 3.4) et cette sérialisation a un coût non négligeable, surtout pour les structures volumineuses. Le choix du meilleur argument `max_workers` ne dépendra pas seulement du nombre de cœurs CPU disponibles, mais également de la mémoire RAM disponible sur l'ordinateur qui ne permet pas forcément de contenir autant de duplications des structures manipulées que nécessaire.

a. Les structures non sérialisables comme les fonctions anonymes `lambda` (☞ p. 169, § 12.2) ne peuvent pas être passées en argument de `submit`.

18.6. Les sous-interpréteurs

Depuis la version 3.12, Python propose une nouvelle fonctionnalité expérimentale : les sous-interpréteurs. Désormais, le GIL n'est plus global à l'ensemble du processus Python, mais est isolé dans chaque sous-interpréteur. Cela permet de lancer plusieurs sous-interpréteurs dans un même processus Python, chacun avec son propre GIL. Contrairement à l'approche de la bibliothèque multiprocessing, cette méthode réduit l'overhead lié à la création de nouveaux processus. Bien que chaque sous-interpréteur ait ses propres données isolées, ils partagent l'espace mémoire du processus parent.

À terme, dans les prochaines versions de Python, l'objectif est d'intégrer une nouvelle classe `InterpreterPoolExecutor` dans le module `concurrent.futures`. Pour l'instant, il est nécessaire d'utiliser des solutions temporaires comme le module `_xxsubinterpreters` (disponible en version 3.12) ou `_interpreters` (prévu pour la version 3.13).

18.7. Python sans le GIL

De nombreux efforts sont en cours pour permettre à Python de se débarrasser du GIL et de rendre possibles des calculs réellement multithreadés. Avec Python 3.13, une option de compilation permet de désactiver le GIL, et une grande partie du travail pour adapter les mécanismes d'allocation de mémoire et le garbage collector a été réalisée dans cette version.

Cependant, plusieurs défis subsistent. Par exemple, certaines performances diminuent sur certains benchmarks, le module `datetime` n'est pas thread-safe, Cython n'est pas encore pris en charge, et de nombreux projets échouent tout simplement à compiler. Le principal obstacle à la suppression du GIL reste que de nombreuses bibliothèques tierces font des hypothèses sur l'existence du GIL pour fonctionner correctement : elles devront donc s'adapter à l'avenir et ce processus pourrait prendre plusieurs années.

On exécute un script, disponible sur la page web du livre, qui énumère les nombres premiers jusqu'à un million, avec différentes approches :

- la première exécution est séquentielle dans l'interpréteur Python ;
- la seconde utilise le multithreading avec 4 threads ;
- la troisième utilise 4 sous-interpréteurs ;
- la dernière utilise le multiprocessing avec 4 processus.

On parallélise alors la fonction `compte_premiers` définie ainsi :

```
def est_premier(n: int) -> bool:
    for i in range(2, int(math.sqrt(n)) + 1):
        if n % i == 0:
            return False
    return True

def compte_premiers(start, end) -> int:
    count = 0
    for i in range(start, end):
        if est_premier(i):
            count += 1
    return count

def premiers_threads(N: int) -> None:
    num_threads = 4
    step = N // num_threads
    with ThreadPoolExecutor(max_workers=num_threads) as executor:
        futures: dict[Future, int] = dict()
        results: dict[int, bool] = dict()
        for i in range(num_threads):
            s = i * step
            end = (i + 1) * step if i != num_threads - 1 else N
            futures[executor.submit(compte_premiers, s, end)] = s
        for future in as_completed(futures):
            results[futures[future]] = future.result()

# et ainsi de suite avec le multiprocessing et les subinterpreters
```

Les tests sont réalisés sur les versions suivantes de Python : la 3.12.6, la 3.13.0rc2 (la version finale 3.13.0 n'est pas encore disponible au moment de ces tests) et la même version 3.13.0rc2, compilée avec les options `--disable-gil --enable-optimizations`

```
$ uv run --python 3.12 python premiers_benchmark.py
séquentiel           0:00:02.631204
multi-thread         0:00:02.558669  1.028x (speed-up)
multi-interpréteurs 0:00:01.009131  2.607x (speed-up)
multi-processus      0:00:01.129655  2.329x (speed-up)

$ uv run --python 3.13 python premiers_benchmark.py
séquentiel           0:00:02.582798
multi-thread         0:00:02.661552  0.970x (speed-up)
multi-interpréteurs 0:00:01.135046  2.276x (speed-up)
multi-processus      0:00:01.078890  2.394x (speed-up)

$ uv run --python ~/.cache/python/cpython-3.13.0rc2+nogil/bin/python3 \
    python premiers_benchmark.py
séquentiel           0:00:02.755761
multi-thread         0:00:01.128581  2.442x (speed-up)
multi-interpréteurs 0:00:01.240335  2.222x (speed-up)
multi-processus      0:00:01.309903  2.104x (speed-up)
```

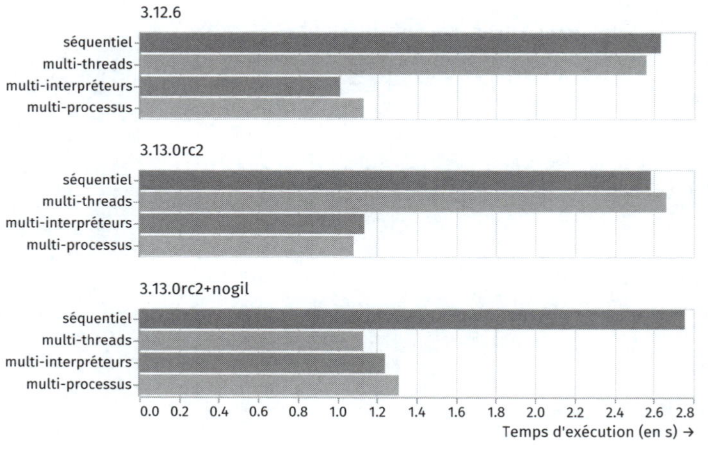

On peut alors faire les observations suivantes :

- pour les version 3.12 et 3.13, le multithreading n'apporte aucune amélioration notable ;
- les sous-interpréteurs sont les plus rapides, surtout avec la version 3.12 (accélération de 2,6x pour 4 sous-interpréteurs). Ils offrent des performances proches du multiprocessing, mais avec un overhead moindre ;
- le multithreading devient beaucoup plus performant lorsque le GIL est désactivé ;
- sur la version 3.13.0rc2+nogil, le multiprocessing est plus lent que sur les versions 3.12 et 3.13, suggérant que les optimisations apportées par le multithreading sans GIL pourraient avoir un impact négatif sur les performances du multiprocessing. Toutefois, cette observation doit être prise avec précaution car les tests ont été effectués sur une version non finale, compilée manuellement.

19

La programmation asynchrone

Le modèle de programmation asynchrone en Python permet de gérer un ensemble de tâches comportant des opérations potentiellement bloquantes (comme des accès disque, des interactions avec des périphériques ou des ressources réseau) de manière concurrente, tout en maintenant l'exécution dans un seul et unique thread.

Le module asyncio, introduit dans la version 3.4 de Python, repose sur une boucle d'événements (*event loop*) qui orchestre l'exécution non bloquante des tâches dans un unique processus. Ce modèle multitâche est similaire aux threads en ce qui concerne la concurrence des tâches, mais sans les complications liées à la gestion des ressources partagées. De plus, démarrer une fonction coroutine est bien plus léger qu'initialiser un environnement multithreadé, car cela se fait simplement *via* l'appel d'une fonction.

Voici quelques éléments de syntaxe essentiels :

— async permet de définir une fonction coroutine ;

— await est utilisé pour appeler une fonction coroutine de manière asynchrone.

Ainsi, toute fonction contenant le mot-clé await devient une coroutine et doit être déclarée avec le mot-clé async.

19.1. Un exemple de code asynchrone

L'interpréteur Python par défaut ne permet pas d'exécuter du code asynchrone en dehors d'une boucle d'événements. Par souci de clarté, dans cette section nous allons exécuter les exemples au sein de l'interpréteur asynchrone de Python, qu'il conviendra de lancer de la manière suivante :

```
python -m asyncio
```

L'interpréteur s'ouvre alors avec un premier import déjà exécuté. L'invite de commandes mentionne explicitement d'utiliser le mot-clé await plutôt que asyncio.run. Nous reviendrons sur cette subtilité plus tard.

```
asyncio REPL 3.12.6 (main, Sep  6 2024, 19:03:47) [Clang 15.0.0 (clang-1500.3.9.4)] on darwin
Use "await" directly instead of "asyncio.run()".
Type "help", "copyright", "credits" or "license" for more information.
```

```
>>> import asyncio
>>>
```

La programmation asynchrone introduit le concept de fonctions coroutines. L'appel à une telle fonction ne renvoie pas immédiatement un résultat, mais un objet coroutine, qui représente une « promesse » que le code sera exécuté ultérieurement. Pour réellement déclencher l'exécution et obtenir le résultat, il faut préfixer l'appel à la fonction le mot-clé `await`.

```
>>> asyncio.sleep(1)  # immédiatement
<coroutine object sleep at 0x104ad4540>
>>> await asyncio.sleep(1)  # 1 seconde plus tard
>>>
```

Pour créer une fonction coroutine, on utilise le mot-clé `async` devant sa définition. Toute fonction contenant une instruction `await` doit être déclarée avec `async`. Il est également possible de déclarer une fonction `async` même si elle ne contient pas d'instruction `await`.

Dans l'exemple suivant, on crée la fonction `compte`, qui est asynchrone à cause de l'utilisation de la fonction `await asyncio.sleep(1)`.

```
>>> async def compte():
...     print("un")
...     await asyncio.sleep(1)
...     print("deux")
...
>>> await compte()
un
deux
```

Attention !

Une erreur fréquente consiste à oublier le mot-clé `await` lorsqu'on appelle une fonction asynchrone dans le corps d'une autre fonction. Cela n'exécute pas la fonction mais crée simplement un objet coroutine, qui sera détruit lorsque son compteur de référence retombera à zéro.

On peut aussi exécuter plusieurs fois la même fonction de manière séquentielle à l'aide d'une boucle. L'intérêt principal de la programmation asynchrone est qu'elle permet de basculer entre différentes tâches pendant qu'une opération est en attente (grâce au mot-clé `await`). Ce comportement est particulièrement utile dans les environnements où des opérations bloquantes sont fréquentes. Pour gérer l'exécution concurrente de plusieurs coroutines, on utilise la fonction `asyncio.gather()`, qui permet d'exécuter plusieurs coroutines simultanément et d'attendre qu'elles se terminent toutes.

```
>>> [await compte() for _ in range(3)]  # 3 secondes plus tard
un
deux
un
deux
un
deux
```

```
[None, None, None]
>>> await asyncio.gather(compte(), compte(), compte())  # 1 seconde plus tard
un
un
un
deux
deux
deux
[None, None, None]
>>>
```

Dans un terminal classique, il n'est pas possible d'appeler directement une fonction asynchrone avec `await`. Pour des exécutions simples, il est possible de faire appel à la boucle directement *via* la fonction `asyncio.run()` :

```
# dans un fichier fichier .py
asyncio.run(compte())
```

```
# dans le terminal asyncio (ou jupyter)
await compte()
```

> ✧ **Bonnes pratiques**
>
> Avant l'introduction des mots-clés `async` et `await` par le PEP 492, la syntaxe de la première fonction était comme suit. Cette syntaxe fonctionne encore en Python 3.9, avec néanmoins un `DeprecationWarning` qui encourage à l'utilisation de `async def`.
>
> ```
> @asyncio.coroutine
> def count():
>     res = yield from asyncio.sleep(1)
> ```
>
> La tournure `res = await fonction()` est venue remplacer `a = yield from fonction()` utilisée précédemment, et qui marque un lien plus fort avec les coroutines abordées plus tôt (☞ p. 205, § 14.5).

19.2. La boucle d'exécution

Le module `asyncio` fonctionne autour d'une boucle d'exécution sur laquelle il est possible de planifier des opérations. Dans l'exemple ci-dessous, on peut planifier deux appels à la fonction `print_now()` ① qui seront exécutés dès que la boucle est lancée, jusqu'à ce que la fonction `asyncio.sleep()` renvoie un résultat ②.

```
loop = asyncio.get_event_loop()
t0 = time.time()

def print_now():
    print(f"{time.time() - t0:.5f}s")

loop.call_soon(print_now)  # ①
loop.call_soon(print_now)
loop.run_until_complete(asyncio.sleep(3))  # ②

print(f"fini: {time.time() - t0:.5f}s")
```

```
# 0.00011s
# 0.00014s
# fini: 3.00180s
```

Dans l'exemple suivant, la fonction `print_trampoline` se reprogramme à nouveau sur la boucle d'exécution (une seconde plus tard ③). On programme également une date de fin d'exécution de la boucle d'exécution ④ qui va interrompre les traitements en cours.

```
loop = asyncio.get_event_loop()
t0 = time.time()

def print_trampoline():
    print(f"{time.time()-t0:.5f}s")
    loop.call_later(1, print_trampoline)  # ③

loop.call_later(3, loop.stop)  # ④
loop.call_soon(print_trampoline)
loop.run_forever()

# 0.00034s
# 1.00184s
# 2.00349s
```

On n'utilise que rarement la programmation directement sur cette boucle d'exécution : l'appel de fonctions asynchrones se base néanmoins sur l'utilisation de cette boucle et les exemples précédents illustrent le fonctionnement du séquencement de ces opérations.

19.3. L'itération asynchrone

Quand une fonction génératrice (avec le mot-clé `yield` dans le corps de la fonction) est asynchrone, la syntaxe qui permet d'itérer sur ces résultats utilise le mot-clé `async for`, qui remplace le simple `for` :

```
>>> async def tick():
...     for _ in range(5):
...         yield await asyncio.sleep(1)
...
>>> for _ in tick():  # appel incorrect
...     print("tick")
...
Traceback (most recent call last):
...
TypeError: 'async_generator' object is not iterable
>>> async for _ in tick():  # appel correct
...     print("tick")  # affiche tick toutes les secondes
tick
tick
tick
```

```
tick
tick
```

Les deux syntaxes suivantes sont valides en Python, mais ont une sémantique, une signification différente :

1. Dans le premier cas, on a affaire à une fonction génératrice asynchrone ou un objet sur lequel il est possible d'itérer de manière asynchrone. Chaque itération fait potentiellement appel à un appel bloquant pendant lequel la boucle d'événement pourrait choisir d'exécuter une autre tâche.

   ```
   async for elt in generateur_asynchrone():
       ...
   ```

2. Dans le second cas, il n'y a qu'un seul appel asynchrone qui renvoie une structure sur laquelle il est également possible d'itérer, mais de manière classique (synchrone).

   ```
   for elt in await fonction_asynchrone():
       ...
   ```

> ✧ **Bonnes pratiques**
>
> Un objet propose les méthodes spéciales `__iter__` et `__next__` (☞ p. 237, § 16.1) pour configurer le processus d'itération. Pour l'itération asynchrone, on utilisera alors les méthodes `__aiter__` et `__anext__`.

19.4. Les gestionnaires de contexte asynchrone

Les gestionnaires de contexte (☞ p. 246, § 16.3) peuvent également contenir des éléments asynchrones, et nécessiter l'utilisation de la syntaxe `async with` à la place de `async`. D'une manière générale, les bibliothèques qui gèrent les accès à des bases de données distantes (☞ p. 316, § 21.3) utilisent dans leur code un bloc de code similaire à ce qui suit

```
transaction = connection.transaction()
await transaction.start()  # on démarre la transaction (connexion à la base)
try:
    # envoi de la requête
    await connection.execute("SELECT * FROM ma_table")
except:
    # si échec de la requête, on applique une opération pour revenir en arrière
    await transaction.rollback()
    raise
else:
    # sinon on exécute la requête
    await transaction.commit()
```

Ces bibliothèques proposent en général de faciliter l'exécution de ces opérations en utilisant un gestionnaire de contexte, qui doit être asynchrone à cause de l'utilisation du mot-clé `await` dans leur implémentation :

```
async with connection.transaction():
    await connection.execute("SELECT * FROM ma_table")
```

> ### ✧ Bonnes pratiques
>
> Un objet propose les méthodes spéciales `__enter__` et `__exit__` (☞ p. 246, § 16.3) pour les gestionnaires de contexte. Pour l'itération asynchrone, on utilisera alors les méthodes `__enter__` et `__aexit__`.

19.5. Le téléchargement asynchrone de contenu

On reprend dans cette section l'exemple du téléchargement des drapeaux avec la bibliothèque `httpx` (☞ p. 272, § 18.2) qui sera introduite plus loin (☞ p. 309, § 21.1). La bibliothèque `httpx` propose une interface asynchrone que nous détaillerons plus loin. Pour un simple téléchargement, le code synchrone était :

```
import httpx

with httpx.Client() as client:
    r = client.get("https://flagcdn.com/fr/codes.json")
    codes = r.json()
```

Avec l'interface asynchrone de la bibliothèque, il devient alors :

```
async with httpx.AsyncClient() as client:
    r = await client.get("https://flagcdn.com/fr/codes.json")
    codes = r.json()
```

À partir de la liste des codes à télécharger, on peut alors créer une liste de promesses, qu'on exécute avec la fonction `asyncio.gather` :

```
promises = [client.get(f"https://flagcdn.com/256x192/{code}.png") for code in codes]
async with httpx.AsyncClient() as client:
    r = await asyncio.gather(*promises)
```

Ici, l'exécution dure 1.5 seconde au lieu d'une minute lorsque le téléchargement est effectué de manière séquentielle. Néanmoins, ce code ne respecte pas les bonnes pratiques en matière de comportement sur le web. En effet, plus de 200 requêtes sont envoyées simultanément au serveur web. Bien que ce comportement, appelé *throttling*, puisse être toléré par certains sites web, il peut être perçu comme une attaque par déni de service. Il est donc conseillé de limiter le nombre d'appels concurrents.

Pour cela, on peut utiliser un objet `Semaphore`, appelé *via* un gestionnaire de contexte, qui ne permet qu'un nombre fixe d'entrées simultanées dans un contexte, défini lors de la création du sémaphore. Le code peut alors être réécrit de la manière suivante. Le téléchargement sera plus lent, car les ressources seront limitées, mais le comportement sera plus respectueux.

```
semaphore = asyncio.Semaphore(5)  # 5 connexions simultanées

async def download_one(client, code, semaphore):
    async with semaphore:
        return await client.get(f'https://flagcdn.com/256x192/{code}.png")

async with httpx.AsyncClient() as client:
    promises = [download_one(client, code, semaphore) for code in codes]
    r = await asyncio.gather(*promises)
```

En quelques mots...

La programmation asynchrone, telle qu'implémentée avec le module `asyncio`, offre une manière élégante de gérer la concurrence des tâches potentiellement bloquantes, comme les accès réseau ou disque. Ce modèle permet d'exécuter plusieurs tâches de manière concurrente, tout en restant dans un seul et unique thread, grâce à la boucle d'événements.

Il est important de souligner que, bien que les tâches asynchrones puissent s'exécuter en parallèle, elles ne doivent pas être confondues avec le multithreading. Contrairement à la programmation multithreadée, où plusieurs threads peuvent s'exécuter simultanément sur plusieurs cœurs de processeur, la programmation asynchrone repose sur un modèle non bloquant dans un seul thread. Cela évite la gestion complexe des ressources partagées et le risque d'atteintes aux données dû à la concurrence.

Pour aller plus loin

— *Python Concurrency with asyncio*, Matthew Fowler, 2022
Manning, ISBN 978-1617298660

Interlude
La démodulation de signaux FM

Le code qui produit les figures de ce chapitre est disponible sur la page web du livre.

Les premières transmissions de la voix sans fil datent du début du XXe siècle : rapidement l'idée de la radiodiffusion fleurit, et c'est dès 1914 que, sous l'impulsion du roi des Belges Albert Ier, un programme radiophonique est diffusé depuis le palais de Laeken. Malheureusement, l'antenne est détruite peu après lors de l'invasion de la Belgique.

Au sortir de la Grande Guerre, les premières stations de radiodiffusion s'installent : PCGG émet des programmes radiophoniques dès 1919 depuis La Haye. En France, Radio Tour Eiffel diffuse sa première émission radiophonique le 24 décembre 1921, captée par un nombre restreint d'amateurs avertis capables de se construire un récepteur. Au Royaume-Uni, la BBC est créée en 1922.

Le principe de la radiodiffusion repose sur la transmission de signaux sonores, à basse fréquence, superposés à des ondes électromagnétiques à haute fréquence. Les premières émissions radios procèdent par modulation d'amplitude (AM) : il suffit de peu de matériel pour pouvoir les écouter, la démodulation reposant sur l'utilisation d'un simple filtre passe-bas.

On attribue à Edwin Armstrong l'invention de la modulation de fréquence (FM) dans les années 1930. Si l'intérêt de cette technologie paraît limité au début à cause d'une portée plus courte et de l'utilisation de hautes fréquences, cette approche permet de gérer le compromis entre robustesse et bande passante occupée. Elle s'impose alors dès les années 1950.

Décoder des données radio

L'auteur remercie particulièrement Damien Roque pour sa relecture technique de cette section.

Les récepteurs de radio logicielle (*software-defined radio*, SDR en anglais) permettent de recevoir et de traiter des ondes radio principalement par voie logicielle, en exploitant du matériel générique. Les réalisations les plus simples sont constituées d'une antenne et d'un convertisseur de fréquence qui génère un signal facilement numérisable.

Une fois positionnée sur une fréquence f donnée, la radio logicielle va transformer un signal radio d'amplitude $A(t)$ et de phase $\phi(t)$ telles que :

$$A(t)\sin(2\pi ft + \phi(t)) = A(t)\sin(2\pi ft)\cos\phi(t) + A(t)\cos(2\pi ft)\sin\phi(t)$$

en échantillons $A(t)\cos\phi(t) + j \cdot A(t)\sin\phi(t)$ exprimés sous forme de nombres complexes. La partie réelle des échantillons est dite « en phase » (***I**n phase*) et la partie imaginaire « en **Q**uadrature », d'où l'appellation *I/Q samples* en anglais.

Dans le cadre de la démodulation FM, il s'agit alors de retrouver $\phi(t)$ [1] pour le convertir en signal audio. Un échantillon est fourni sur la page web du livre ; il se télécharge sous la forme d'un fichier binaire, à convertir en tableau NumPy.

```
from pathlib import Path
import numpy as np

buffer = Path("samples.rtl").read_bytes()

iqdata = np.frombuffer(buffer, dtype=np.uint8)
iqdata = (iqdata - 127.5) / 128.0
samples = iqdata.view(complex)
```

Deux informations sont nécessaires pour exploiter ces données :

- la fréquence de référence $f = 103.3$ MHz positionnée lors de l'enregistrement, notée `freq_center` ;
- la fréquence d'échantillonage (*sampling rate* en anglais) `freq_sr` ; elle correspond au nombre d'échantillons produits par seconde, caractérisant la bande passante capturée autour de f.

```
freq_center = 103.3e6
freq_sr = 1102500
```

Ici, l'enregistrement correspond à une séquence d'environ 25 secondes.

```
>>> samples.size / freq_sr
25.67941224489796
```

Les échantillons apparaissent comme un tableau de valeurs complexes. On appelle *diagramme de constellation* le nuage de points avec la partie réelle du signal en abscisse et la partie imaginaire en ordonnée.

```
fig, ax = plt.subplots()
ax.scatter(
    np.real(samples[:5000]),
    np.imag(samples[:5000]),
    color="0.1", alpha=0.05
)
```

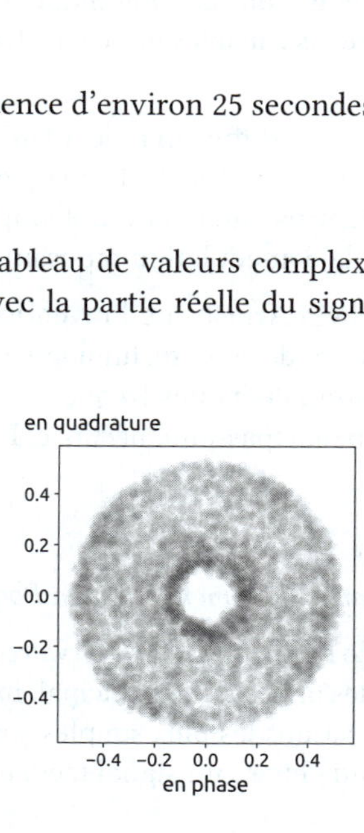

1. Nous verrons que $\phi(t)$ est en réalité l'intégrale du signal à décoder.

L'essentiel du traitement du signal effectué sur ces échantillons est basé sur de l'analyse fréquentielle. La transformée de Fourier rapide, intégrée au module SciPy, permet d'analyser les signaux reçus dans l'espace des fréquences.

Matplotlib fournit un certain nombre d'outils pour analyser nos données, notamment :

- un périodogramme de Fourier, qui estime la densité spectrale de puissance (PSD en anglais) et montre dans quelles fréquences se situe le plus d'information. Cette densité est exprimée en échelle logarithmique ;
- un spectogramme, qui ajoute une dimension temporelle à cette visualisation.

Les arguments passés en paramètres (la fréquence d'échantillonnage) permettent de calibrer les échelles sur le graphe.

```
fig, ax = plt.subplots(1, 2, figsize=(14, 4))

ax[0].psd(samples, Fs=freq_sr, color="0.1")
ax[1].specgram(samples, NFFT=2048, Fs=freq_sr)

def format_func(value, tick_number):
    return f"{value/1000:.0f} kHz"

ax[0].xaxis.set_major_formatter(plt.FuncFormatter(format_func))
ax[1].yaxis.set_major_formatter(plt.FuncFormatter(format_func))
```

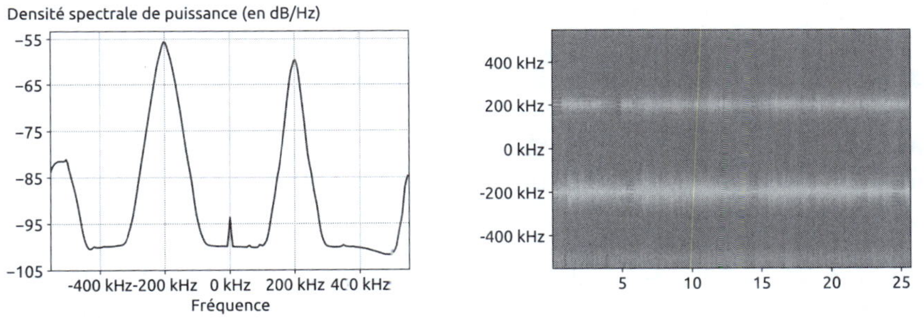

Ce diagramme montre la présence d'un signal de part et d'autre de la fréquence de référence. Nos échantillons font apparaître nettement deux canaux de radiodiffusion : un émis autour de 103.1 MHz et l'autre émis autour de 103.5 MHz.

Il est alors nécessaire de recentrer notre signal sur l'une de ces deux fréquences pour pouvoir la décoder. L'introduction d'un tel décalage (*offset*) entre la fréquence de référence et la fréquence qui contient l'information attendue est une pratique courante afin d'éviter certaines imperfections des équipements hyperfréquence, visibles à la fréquence 0 Hz (on parle alors de *DC offset*). Le recentrage fréquentiel se fait facilement en multipliant notre signal par $e^{-j \cdot 2\pi\,\delta\,t}$, où δ correspond au décalage et où le vecteur t se génère à partir du nombre d'échantillons et de la fréquence d'échantillonage.

```
def offset(x: "np.ndarray[complex]", freq_offset: float) -> "np.ndarray[complex]":
    t = np.arange(x.size) / freq_sr
    return x * np.exp(-1.0j * 2.0 * np.pi * freq_offset * t)

ax.psd(offset(samples, 200_000), Fs=freq_sr, color="0.1")
```

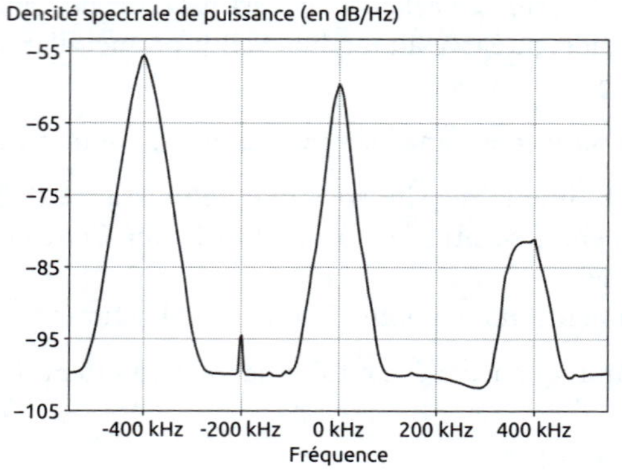

Une troisième fréquence apparaît avec un décallage de 400 kHz mais celle-ci étant partiellement en dehors de la bande passante choisie (liée au paramètre `freq_sr`), son spectre apparaît plus faible et le résultat de la démodulation sera par conséquent de piètre qualité.

La prochaine étape consiste à ne sélectionner que les informations relatives à la fréquence sur laquelle on est désormais centré. La fonction `scipy.signal.decimate` combine deux étapes : un filtre passe-bas (nous allons conserver ici une bande passante autour de 200 kHz pour éliminer les signaux des fréquences voisines) puis un rééchantillonnage (le terme *décimation* signifie à l'origine « prendre un échantillon sur 10 »).

```
from scipy.signal import decimate

fm_bandwidth = 220_500  # permet d'avoir un facteur entier

def downsample(x: "np.ndarray[complex]") -> "np.ndarray[complex]":
    facteur = int(freq_sr / fm_bandwidth)
    return decimate(x, facteur)
```

Le diagramme de constellation résultant est caractéristique d'un signal de radiodiffusion FM : les échantillons I/Q se distribuent autour d'un cercle. En effet, la modulation du signal autour de la fréquence sélectionnée ne modifie pas l'amplitude du signal (le module des échantillons complexe est quasi constant), seule varie la phase en fonction du signal audio.

```
fm_samples = downsample(offset(samples, 200_000))

fig, ax = plt.subplots()
ax.scatter(
    np.real(fm_samples[:5000]),
    np.imag(fm_samples[:5000]),
    color="0.1", alpha=0.05/
)
```

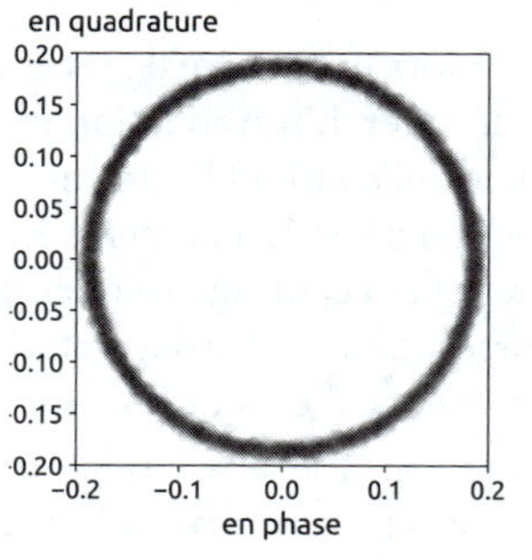

La modulation de fréquence se fait sur chaque échantillon en décalant la phase par rapport à celle de l'échantillon précédent. Pour extraire $\phi_i - \phi_{i-1}$, on peut utiliser la formule suivante :

$$e^{j\cdot(\phi_i-\phi_{i-1})} = e^{j\cdot\phi_i}\cdot e^{-j\cdot\phi_{i-1}} = e^{j\cdot\phi_i}\cdot\overline{e^{j\cdot\phi_{i-1}}}$$

```
def extraction(x: "np.ndarray[complex]") -> "np.ndarray[float]':
    return np.angle(x[1:] * np.conj(x[:-1]))
```

Une analyse de la densité spectrale de puissance du signal obtenu montre un découpage représentatif des signaux FM :

- le signal mono occupe les 15 premiers kHz ;
- le signal pour la stéréo (gauche « moins » droite) occupe la bande entre 23 et 53 kHz, le signal pilote à 19 kHz participe à sa démodulation ;
- des informations numériques (nom de la station, informations sur l'émission en cours, fréquences sur lesquelles la même radio est émise par des émetteurs voisins) sur le canal RDS (*Radio Data System*) centré sur 57 kHz.

```
fig, ax = plt.subplots()

ax.psd(extraction(fm_samples), NFFT=2048, Fs=fm_bandwidth, color="0.1")

ax.axvspan(30, 15_000, color="0.1", alpha=0.2)
ax.axvspan(23_000, 53_000, color="0.1", alpha=0.1)
ax.set(xlim=(0, 65_000))

ax.xaxis.set_major_locator(plt.MultipleLocator(19_000))
ax.xaxis.set_major_formatter(plt.FuncFormatter(format_func))
ax.yaxis.set_major_locator(plt.MultipleLocator(20))
```

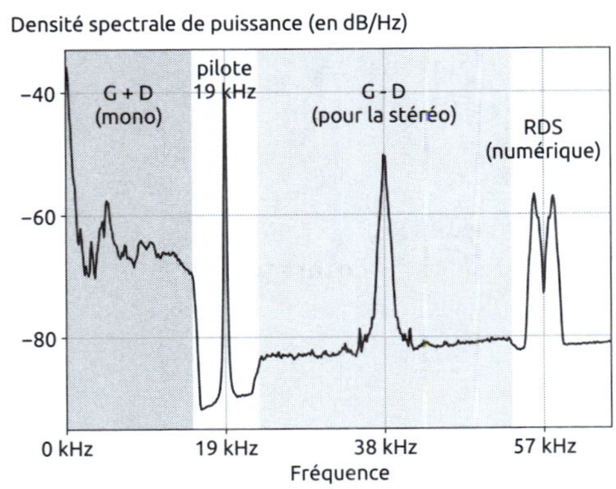

Dans cet interlude, nous nous contenterons d'extraire le signal mono par un simple filtre passe-bas, conçu pour garder les 15 premiers kHz d'informations. La fonction `lfilter` permet de construire un filtre à réponse impulsionnelle finie : le processus d'optimisation de Remez permet de concevoir ici un filtre passe-bas en fonction des fréquences seuils voulues pour la bande passante (jusqu'à 15 kHz), la bande de transition (ici 4 kHz) et la bande d'arrêt Les coefficients reconstruisent une approximation de la fonction sinus cardinal (le filtre passe-bas idéal) sur un intervalle borné (la réponse impulsionnelle de notre filtre numérique) ; la fonction `freqz` permet quant à elle de confirmer sa réponse fréquentielle.

```
from scipy.signal import remez, lfilter, freqz

mono_signal: "Hz" = 15_000
coefficients = remez(
    256,  # le nombre de coefficients
    [0, mono_signal, mono_signal + 4000, fm_bandwidth / 2],
    [1, 0], Hz=fm_bandwidth
)
w, h = freqz(coefficients)

fig, ax = plt.subplots(1, 2))
ax[0].plot(np.linspace(-128/freq_sr, 128/freq_sr, 256), coefficients, color="0.1")
ax[1].plot((w / np.pi) * freq / 2, np.absolute(h), linewidth=2, color="0.1")
```

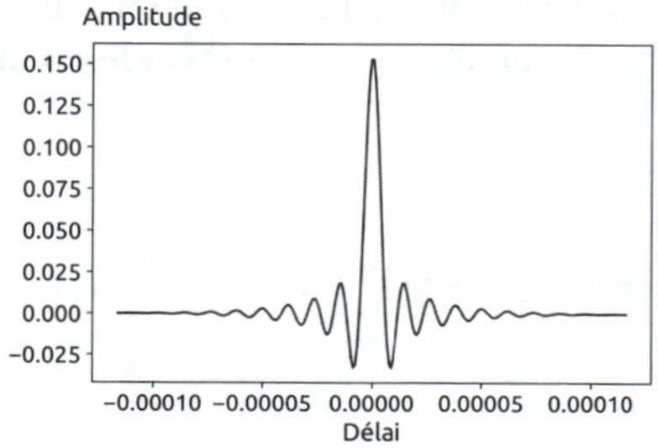

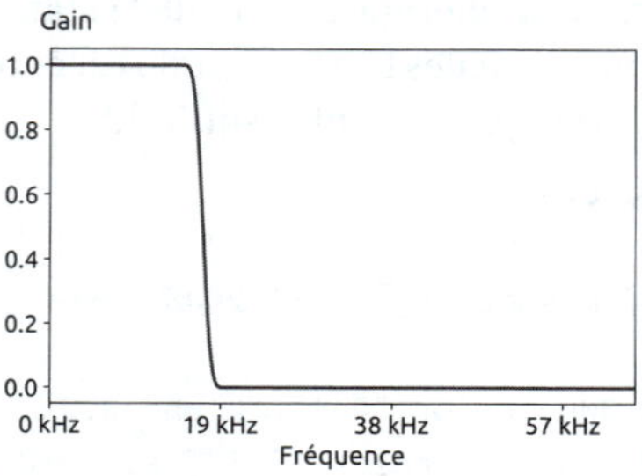

On peut alors comparer les densités spectrales de puissance sur les signaux avant et après avoir appliqué le filtre passe-bas.

```
fig, ax = plt.subplots()

ax.psd(
    extraction(fm_samples),
    NFFT=2048, Fs=fm_bandwidth, label="signal d'origine",
    color="0.1", linestyle="--", linewidth=0.6,
)
ax.psd(
    lfilter(coefficients, 1.0, extraction(fm_samples)),
    NFFT=2048, Fs=fm_bandwidth, label="signal filtré", color="0.1",
)
```

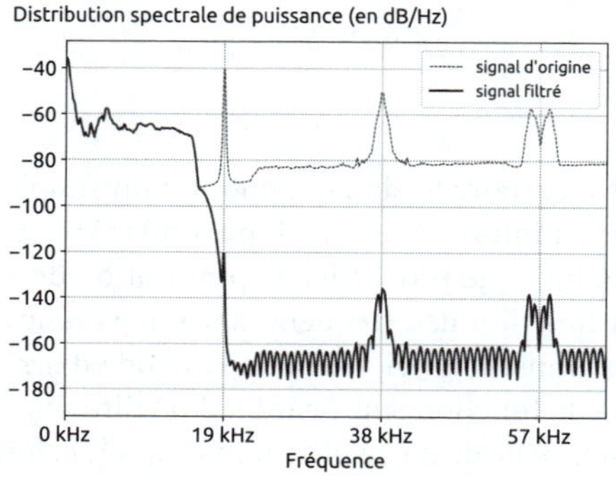

Une dernière étape doit venir se glisser avant de rééchantillonner notre signal audio vers une fréquence compatible avec les logiciels de lecture (44 100 Hz est une valeur courante). En effet, l'algorithme de démodulation de fréquence pénalise le rapport signal sur bruit des hautes fréquences sonores.

Pour pallier ce problème, les émetteurs FM préaccentuent les hautes fréquences avant de moduler le signal sonore sur la porteuse. Il conviendra donc de compenser cet effet avec le mécanisme inverse de désaccentuation à la réception.

```
import sounddevice as sd

def deemphasis(x: "np.ndarray[float]") -> "np.ndarray[float]":
    # Ce filtre est spécifié à partir d'un temps caractéristique
    # (50 µs en Europe, 75 µs aux États-Unis) où le filtre atténue 3dB.
    d = fm_bandwidth * 50e-6
    decay = np.exp(-1 / d)
    b = [1 - decay]
    a = [1, -decay]
    return lfilter(b, a, x)

y = decimate(
    deemphasis(
        lfilter(
            coefficients,
            1.0,
            extraction(downsample(offset(samples, 200_000))),
        )
    ),
    int(freq / 44100),
)

y *= 10000 / np.max(np.abs(y))  # ajustement du volume
sd.play(y.astype(np.int16), freq / int(freq / 44100))
```

Les échantillons audio sont disponibles sur la page web du livre. On peut décoder deux fréquences radio correctement : sur FIP (103.5 MHz) on diffusait *Moon River* par Melody Gardot (de l'album *Sunset in the blue*) pendant que sur Radio Classique (101.1 MHz), on diffusait la *Gnossienne n° 1* de Satie interprétée par Anne Queffélec.

Écoute d'un flux audio

La solution présentée ci-après convient pour expliquer le principe de la démodulation FM sur des échantillons de faible durée. Le cadre de la programmation concurrente convient pour mettre en place une solution pour décoder et écouter un gros fichier ou directement depuis une antenne par radio logicielle.

Le code sur la page web du livre est fourni avec un fichier contenant une quinzaine de minutes de radio enregistrée sous forme d'échantillons I/Q, et fonctionne également avec des dongles de radio logicielle grâce à la bibliothèque `pyrtlsdr` `https://pyrtlsdr.readthedocs.io/`. Ce type d'équipement est accessible en ligne pour une quarantaine d'euros.

Notre code va alors se décomposer en plusieurs étapes :

- la lecture des échantillons I/Q depuis un fichier ou depuis une antenne ;
- le traitement des données (démodulation FM) ;
- l'envoi des données démodulées à la carte son (avec la bibliothèque sounddevice).

Le traitement des données est exposé dans la première section de manière séquentielle, impérative. Une architecture orientée objet facilite néanmoins la maintenance du code et l'extension de notre travail à un futur décodage des pistes stéréo et RDS par exemple. Le décodage dans la méthode `audio_mono()` peut ainsi s'écrire comme une chaîne de traitement.

```
class Sample:
    """
    Cette classe embarque les opérations à appliquer sur un tableau NumPy
    d'échantillons I/Q.
    """

    array: np.ndarray
    mono_signal: Hertz = 15_000
    fm_bandwidth: Hertz = 220_500

    def __init__(self, array: np.ndarray):
        self.array = array

    def extraction(self) -> "Sample":
        return Sample(np.angle(self.array[1:] * np.conj(self.array[:-1])))

    # abrégé

    def audio_mono(self, sampling_rate, offset) -> np.ndarray:
        "Décodage de la piste audio mono."
        return (
            self.offset(offset, sampling_rate)
            .downsample(int(sampling_rate // Sample.fm_bandwidth))
            .extraction()
            .lowpass()
            .deemphasis()
            .downsample(int(Sample.fm_bandwidth // 44100))
            .array
        )
```

La lecture des données depuis l'antenne avec pyrtlsdr propose une interface native avec un itérateur asynchrone : on compte sur la boucle d'exécution du module `asyncio` pour bien ordonner les phases de lecture sur l'antenne et les phases d'écriture sur la carte son. Il est alors possible de décoder les échantillons en simulant du temps réel. Une seconde interface est proposée sur la page web du livre, avec une lecture asynchrone d'un gros fichier local, ou sur un serveur distant.

```
import asyncio

async def sdr_streaming(
    audioqueue: asyncio.Queue[np.ndarray],
    center_frequency: Hertz,
    blocksize: int,
    offset: Hertz = 200_000,
    sampling_rate: Hertz = 1_102_500,
    gain: Union[int, Literal["auto"]] = "auto",
):
    "Décodage en temps réel depuis une antenne."
    from rtlsdr import RtlSdr

    sdr = RtlSdr()
    sdr.sample_rate = sampling_rate
    sdr.center_freq = center_frequency - offset
    sdr.gain = gain

    async for samples in sdr.stream(blocksize):
        await audioqueue.put(Sample(samples).audio_mono(sampling_rate, offset))

    await sdr.stop()
    sdr.close()
```

La bibliothèque sounddevice ne propose pas de version asynchrone de son interface mais il est néanmoins possible de s'y adapter en vidant la file (avec une méthode non bloquante) depuis la fonction `callback`.

```
async def read_and_play(
    input_path: Path,
    *,
    blocksize: int,
    offset: Hertz,
):
    "Lecture des données pour écoute."

    audioqueue: asyncio.Queue[np.ndarray] = asyncio.Queue()

    def callback(outdata, frames, time, status):
        try:
            data = audioqueue.get_nowait()
            outdata[:, 0] = data
        except asyncio.QueueEmpty:  # Rien n'est encore arrivé
            outdata.fill(0)
        except ValueError:
            # Probablement la fin d'un fichier: on tombe rarement juste!
            outdata.fill(0)
            outdata[: data.size, 0] = data
```

```
with sd.OutputStream(
    samplerate=44100,
    blocksize=int(blocksize / 25),
    channels=1,
    dtype="int16",
    callback=callback,
):
    await file_streaming(
        audioqueue,
        file=input_path,
        blocksize=blocksize,
        offset=offset,
    )
```

En quelques mots...

L'utilisation d'un dispositif de réception de radio logicielle rentre dans le cadre d'utilisation de la programmation concurrente avec le module `asyncio` : une boucle bloquante qui ne ferait que recevoir les signaux ne laisserait pas la place au processeur pour les décoder en temps réel.

Les instructions pour utiliser le script de démodulation des signaux FM à partir d'un fichier local, distant ou d'un dispositif de réception de radio logicielle sont disponibles sur la page web du livre : `https://www.xoolive.org/python/`.

IV

Python, couteau suisse du quotidien

20

Comment manipuler des formats de fichiers courants ?

Python est reconnu comme un langage de script efficace pour accomplir de nombreuses tâches de la vie quotidienne. Les parties précédentes se sont concentrées sur les structures propres au langage, sur les bibliothèques répandues dans le monde scientifique, et sur des concepts avancés d'informatique. Cette partie traite quant à elle des interactions entre Python et le reste de nos activités sur un ordinateur, à commencer par la manipulation des fichiers les plus courants.

Avertissement. Il existe de nombreuses alternatives à la plupart des bibliothèques proposées dans ce chapitre : les présenter toutes serait une gageure. Nous nous concentrons ici sur certains outils parmi les plus populaires *à l'heure où nous écrivons ces lignes* (2021). D'autres outils pourraient mieux convenir pour d'autres applications ; le paysage de ce genre de bibliothèques peut parfois évoluer très vite.

20.1. Le traitement d'images avec OpenCV

De nombreuses bibliothèques dans l'écosystème Python sont capables de lire et écrire des fichiers d'images, et de manipuler les structures de données correspondantes (des tableaux NumPy ☞ p. 69, § 5). On notera notamment les bibliothèques scikit-image ou Pillow. Ce sont deux bibliothèques de qualité mais, à ce jour, la Rolls-Royce du traitement d'images reste la bibliothèque OpenCV `https://docs.opencv.org/` développée à l'origine en C++ par Intel, rendue accessible par des fonctions Python.

Lecture et écriture. Une image se lit, s'écrit, s'affiche ou se transforme en contenu binaire à l'aide des fonctions suivantes :

```
# Lecture d'un fichier
img: np.ndarray = cv2.imread("amsterdam.jpg", cv2.IMREAD_COLOR)
# Écriture dans un fichier
cv2.imwrite("resized.jpg", img_resized)
# Affichage dans une fenêtre à part
```

```
cv2.imshow("image", img)  # le nom a peu d'importance
# Transformation en binaire
bool_, arr = cv2.imencode(".jpg", img)
# Affichage dans un environnement Jupyter (taille bornée)
from ipywidgets import Image, Layout
Image(value=arr.tobytes(), layout=Layout(max_width="500px"))
```

Redimensionnement, rotation d'images. L'attribut shape de NumPy donne accès à la taille de l'image, il est alors possible de redimensionner l'image. Les rotations se font avec la fonction cv2.rotate() pour les multiples de 90°, à l'aide d'une transformation affine (matrice de rotation) sinon.

```
h, w, c = img.shape  # (3024, 3024, 3), pour 3 composantes (rouge, vert, bleu)
img_resized = cv2.resize(img, (504, 378), interpolation=cv2.INTER_NEAREST)
img_rotated = cv2.rotate(img, cv2.ROTATE_90_COUNTERCLOCKWISE)
m = cv2.getRotationMatrix2D((h/2, w/2), 45, 1.0)  # centre, angle, échelle
img_rotated45 = cv2.warpAffine(img, m, (h, w))
```

Contraste et luminosité. La luminosité peut s'ajuster simplement ; on utilise habituellement un paramètre gamma qui est supérieur à 1 pour une image plus claire, et inférieur à 1 pour une image plus sombre. Il convient de garder des composantes de couleurs (par défaut, RGB, pour rouge, vert et bleu) comprises entre 0 et 255.

Des algorithmes plus sophistiqués sont aussi intégrés à la bibliothèque. Un exemple de traitement non trivial est l'algorithme CLAHE [1] qui fait une égalisation du contraste de manière adaptative en fonction des zones de l'image.

```
# Luminosité (paramètre gamma)
gamma = 0.75
img_luminosite = ((img / 255) ** (1 / gamma) * 255).astype(int)
# Contraste adaptatif (CLAHE)
lab = cv2.cvtColor(img, cv2.COLOR_BGR2LAB)  # conversion RGB vers LAB
l, a, b = cv2.split(lab)
clahe = cv2.createCLAHE(clipLimit=3.0, tileGridSize=(8, 8))
# Fusion du canal L (corrigé) avec les autres canaux A et B (tels quels)
merged = cv2.merge((clahe.apply(l), a, b))
img_clahe = cv2.cvtColor(merged, cv2.COLOR_LAB2BGR)  # conversion LAB vers RGB
```

Détection de contours. Plusieurs algorithmes sont proposés pour détecter les contours, notamment le filtre de Canny [2].

```
# noir et blanc inversés par souci de lisibilité à l'impression
img_edges = 255 - cv2.Canny(img, 100, 100, True)
```

De nombreuses autres fonctionnalités très avancées sont proposées dans la bibliothèque : détection de visage, lecture de code-barres, extraction de fond, segmentation, interaction avec la webcam, etc.

1. https://en.wikipedia.org/wiki/Adaptive_histogram_equalization
2. http://en.wikipedia.org/wiki/Canny_edge_detector

Ci-contre, l'image originale

Ci-dessous, les résultats `img_resized`, `img_rotated`, `img_rotated45`

En bas, les résultats `img_luminosite`, `img_clahe`, `img_edges`

FIGURE 20.1 – Traitements appliqués par OpenCV à une photo

La lecture des métadonnées attachées à une photo, qui contiennent des informations à propos de l'appareil photo, des réglages techniques (ouverture focale, etc.) ou des coordonnées GPS, n'est pas proposée par OpenCV qui se concentre sur le traitement des images.
La bibliothèque `exifread` https://github.com/ianare/exif-py est capable d'extraire ces informations sous la forme d'un dictionnaire Python.

20.2. Le traitement du son et les métadonnées associées

La bibliothèque librosa https://librosa.org/doc/ permet de lire des fichiers audio sous forme d'un tableau NumPy et d'une fréquence d'échantillonnage (*sample rate*). Elle propose également de nombreuses fonctionnalités d'extraction de caractéristiques d'un morceau : spectrogrammes, détection de rythmes et de pulsations, segmentation temporelle, et coefficients MFCC, un ensemble de 39 caractéristiques couramment utilisées dans les systèmes d'apprentissage automatique.

La bibliothèque sounddevice `https://python-sounddevice.readthedocs.io/` permet d'accéder à la carte son, en entrée (microphone) comme en sortie (haut-parleurs). Le code de l'interlude (☞ p. 287, § **19.5**) utilise cette bibliothèque. **soundfile** lit et écrit les sons dans des fichiers. `https://pysoundfile.readthedocs.io/`

Gestion des métadonnées. Les fichiers audio courants (MP3, OGG, FLAC, etc.) proposent d'embarquer des informations sur les métadonnées associées : titre, nom de l'artiste ou genre. La bibliothèque mutagen `https://github.com/quodlibet/mutagen`, elle-même utilisée dans des outils comme beets `https://github.com/beetbox/beets` permet de manipuler ces informations. La bibliothèque tinytag `https://github.com/devsnd/tinytag` permet également d'accéder à ces métadonnées (en lecture seule uniquement) pour un grand nombre de formats : elle mérite un coup d'œil à son code, qui est très accessible, pour comprendre la structuration de ce type d'information dans les fichiers audio.

20.3. Les formats d'échange XML et HTML

Nous avons traité précédemment de différents formats de fichiers d'échange, notamment avec le format JSON (☞ p. 42, § **3.4**, ☞ p. 132, § **9.5**). Un autre format classique pour l'échange de données est le format XML (eXtensible Markup Language). Ce format organise les données dans une hiérarchie balisée par des mots-clés, encadrés par des chevrons < > :

```
<agent type="007">  <!-- type est ici un attribut du nœud agent -->
  <prenom>James</prenom>
  <nom>Bond</nom>
</agent>
```

Ce format permet également de spécifier une grammaire pour valider les données échangées (le format XSD, pour *XML Schema Definition*) et des feuilles de style (le format XSLT, pour *eXtensible Stylesheet Language Transformations*), qui permet de produire un rendu pour les données dans un autre format (HTML, ou PDF par exemple). Python propose une bibliothèque intégrée pour parcourir une arborescence XML, mais la bibliothèque tierce `lxml` est plus robuste et offre de meilleures performances `https://lxml.de/`.

```
from xml.etree import ElementTree as etree  # avec la bibliothèque intégrée
from lxml import etree  # **ou** avec lxml à installer: pip install lxml

>>> agent = etree.XML(
...     "<agent type="secret"><prenom>James</prenom><nom>Bond</nom></agent>"
... )
>>> agent.attrib
{'type': 'secret'}
>>> dict((e.tag, e.text) for e in agent.iterchildren())
{'nom': 'Bond', 'prenom': 'James'}
>>> matricule = etree.SubElement(agent, "matricule")
>>> matricule.text = "007"
>>> etree.indent(agent)
>>> print(etree.tostring(agent, pretty_print=True).decode())
<agent type="secret">
  <nom>Bond</nom>
  <prenom>James</prenom>
```

```
  <matricule>007</matricule>
</agent>
```

Dans des cas d'usage plus avancés, la bibliothèque permet également d'explorer et d'exploiter le contenu d'un fichier XML en utilisant des espaces de nommage, de rechercher des éléments avec la syntaxe XPath, de construire un nouveau document à l'aide de classes *fabriques*, mais ceci sort du cadre de cet ouvrage.

Le format HTML est un cas particulier du format XML : il est utilisé pour écrire des pages web en hiérarchisant leur contenu. La bibliothèque `beautifulsoup4` permet d'explorer des pages HTML de manière intelligente.

```
pip install beautifulsoup4  # https://beautiful-soup-4.readthedocs.io/
```

Dans l'exemple ci-dessous, on explore la page d'accueil du journal *Le Monde* (Fichier > Enregistrer sous... depuis un navigateur web). Les titres de section (International, Économie, Sciences, etc.) sont tous étiquetés par une balise `<h4>`, dans une balise `<div>` de classe `area--section` : on peut alors afficher l'ensemble des titres de section. Les méthodes `find` et `find_all` permettent d'identifier des balises qui remplissent certaines conditions.

```
from pathlib import Path

page_web = Path("le_monde.html").read_text()
contenu = bs4.BeautifulSoup(page_web, "lxml")

for x in contenu.find_all(attrs={"class": "area--section"})
    header = x.find("h4")
    if header is not None:
        print(header.text.strip())

[...]
Elections américaines 2020
Planète
Les décodeurs
International
[...]
```

On peut alors afficher l'ensemble des titres de la section « International » :

```
import re
# L'expression régulière permet de s'affranchir des espaces
intl = contenu.find("h4", text=re.compile("International"))
# On recherche un nœud parmi les parents (celui qui englobe le titre)
section = intl.find_parent(attrs={"class": "area--section"})
title_attrs = {"class": "article__title"}
# Trouver les titres de chaque article de la section
# On tronque les titres après 65 caractères
for i, art in enumerate(section.find_all( attrs=title_attrs), 1):
    print(f"{i}. {art.text[:65].strip()}{'...' if len(art.text) > 65 else ''}")
```

```
1. Donald Trump évite Joe Biden avant de quitter la Maison Blanche
2. En Italie, victoire sans éclat pour Giuseppe Conte après un vote...
```

```
3. Le Brexit, une longue et difficile séparation
4. Mexique : la relation entre « AMLO » et Biden s'annonce plus comp...
5. L'ombre de Damas sur l'explosion du port de Beyrouth
6. Investi président, Joe Biden appelle les Etats-Unis à s'unir
7. « La démocratie l'a emporté » : le discours de Joe Biden résumé e...
```

20.4. Les documents bureautiques

Les formats Office Open XML (Microsoft Office) et OpenDocument (Open Office) sont deux formats de documents destinés à embarquer des données pour les applications bureautiques : traitements de texte, tableurs, présentations. La structure générale de ces deux formats est la même : ces fichiers sont des archives ZIP qui contiennent une arborescence et des fichiers XML qui décrivent le contenu des fichiers.

```python
from operator import attrgetter
from zipfile import ZipFile

with ZipFile("document.docx") as zf:
    for file in sorted(zf.infolist(), key=attrgetter("filename")):
        print(f"{file.file_size:>9_} {file.filename}")
```

```
    2_118 [Content_Types].xml
      590 _rels/.rels
      998 docProps/app.xml
      649 docProps/core.xml
    2_033 word/_rels/document.xml.rels
      290 word/_rels/footer1.xml.rels
  182_261 word/document.xml
    1_717 word/endnotes.xml
    2_389 word/fontTable.xml
    2_803 word/footer1.xml
    1_723 word/footnotes.xml
    2_721 word/header1.xml
   19_572 word/media/image1.jpeg
      923 word/media/image2.png
   18_061 word/numbering.xml
    3_038 word/settings.xml
   32_686 word/styles.xml
   23_155 word/theme/theme1.xml
      525 word/webSettings.xml
```

Les documents Word. Pour une simple extraction du contenu d'un fichier Word (texte et images) ou pour générer un tel fichier à partir d'un contenu exprimé dans un autre langage à balises (Markdown, ReST, etc.), l'outil `pandoc` `https://pandoc.org/` conviendra mieux qu'une bibliothèque Python. Pour manipuler ou composer de tels fichiers de manière programmatique dans l'écosystème Python, la bibliothèque python-docx `https://python-docx.readthedocs.io` fait référence.

Les tableurs Excel. La bibliothèque Pandas (☞ p. 119, § 9) permet de lire et écrire des documents au format Excel. Les dépendances optionnelles `xlrd` (pour les fichiers `.xls`) et `openpyxl` (pour les fichiers `.xlsx`) doivent néanmoins être installées :

```
$ pip install openpyxl xlrd
```

Les présentations PowerPoint. À l'instar de python-docx, la bibliothèque python-pptx permet de composer des fichiers PowerPoint à partir du langage Python :
`https://python-pptx.readthedocs.io`

20.5. Manipuler un fichier PDF

Un fichier PDF respecte un formalisme particulier, alternant éléments ASCII et représentations binaires. De manière extrêmement simpliste, un fichier PDF contiennent une séquence d'objets, qui peuvent être entre autres du texte, des images ou des polices de caractères embarquées.

Sélection, rotation, concaténation et compression. La plupart des tâches simples autour de la manipulation des fichiers PDF se réalise de manière efficace à l'aide d'outils tiers qui ne font pas partie de l'écosystème Python. Pour extraire une sélection de pages d'un ou plusieurs fichiers, pour procéder à une rotation de pages, pour concaténer des fichiers, écrire plusieurs pages par feuille, etc., la suite `pdftk` fait un travail formidable.

L'extraction de texte depuis des fichiers PDF peut se faire en lisant les objets du fichier dans l'ordre. Il n'y a cependant aucune garantie que le texte soit extrait dans l'ordre naturel de la lecture. La bibliothèque pdfminer `https://pdfminersix.readthedocs.io/` permet d'itérer sur les pages d'un fichier PDF, puis sur les éléments du fichier.

```
pip install pdfminer.six
```

Pour l'exemple ci-dessous, on utilise un PDF du plan du métro parisien (depuis le site de la RATP), également mis à disposition sur la page web du livre :

```
from pdfminer.high_level import extract_pages

for page_layout in extract_pages("Plan-Metro.1607863858.pdf"):
    for element in page_layout:
        print(element)
```

```
<LTTextBoxHorizontal(0) 160.914,1057.984,188.410,1064.984 'Legende\n'>
<LTTextBoxHorizontal(1) 160.615,1024.071,263.791,1051.671 '
RER: au delà de cette limite,\nen direction de la banlieue,\nla tarification
dépend de la distance. \nLes tickets t+ ne sont pas valables.\n'>
[...]
```

Dans l'exemple ci-dessous, on prend soin d'écrire une fonction qui va :

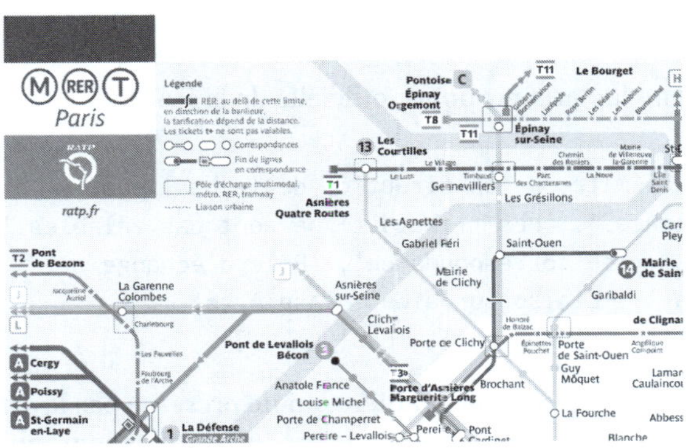

FIGURE 20.2 – Extrait du fichier PDF du plan du métro parisien `https://www.ratp.fr/plans/`

① parcourir le fichier de manière récursive (les objets `LTFigure` peuvent contenir à leur tour des objets PDF) ;
② extraire tous les éléments de texte dans `texte_extrait` ;
③ extraire la liste des polices utilisées (la police de caractères est attachée à un caractère : on construit alors un ensemble des polices utilisées)

```
from pdfminer.layout import LTChar, LTCurve, LTFigure, LTTextContainer

texte_extrait: list[str] = list()
fonts: set[str] = set()
curve_colors: set[tuple[float, ...]] = set()

def process(element) -> None:
    if isinstance(element, LTFigure):  # ①
        for part in element:
            process(part)  # récursion
    elif isinstance(element, LTTextContainer):
        for text_line in element:
            texte_extrait.append(text_line.get_text().strip())  # ②
            for char in text_line:
                if isinstance(char, LTChar):
                    fonts.add(char.fontname)  # ③
    elif isinstance(element , LTCurve):
        curve_colors.add(element.stroking_color)  # ④

for page_layout in extract_pages("Plan-Metro.1607863858.pdf"):
    for i, element in enumerate(page_layout):
        process(element)
```

```
>>> fonts
{'AWIIOS+ParisineOffice-BoldItalic',
 'DEKLEM+ParisinePtfSo-Regular',
 'FTXRGI+ParisinePtf-Italic',
 'GZTTUG+ParisinePtfSo-Italic',
 'JFOAKA+ParisinePtf-Bold',
 'UNGYIE+ParisinePtf-Regular',
 'WUSQKA+ParisinePtf-BoldItalic'}
```

On retrouve alors dans le fichier PDF la Parisine, police officielle de la RATP[3].

```
>>> texte_extrait
['Légende', 'RER: au delà de cette limite,', 'en direction de la banlieue,',
 'la tarification dépend de la distance.', 'Les tickets t+ ne sont pas valables.',
 'Correspondances', 'Fin de lignes', 'en correspondance', 'Pôle d'échange
 multimodal,', 'métro, RER, tramway', 'Liaison urbaine', 'Asnières',
 'Quatre Routes', 'Pontoise', 'Épinay', 'Orgemont', 'Les', [...]
```

Les éléments de texte sont souvent découpés d'une manière qui ne préserve pas la sémantique de l'ensemble : noms de station ou phrases coupés, ou encore ligatures typographiques

3. `https://fr.wikipedia.org/wiki/Parisine`

(p. ex. le « fi » dans `tarification`). On peut également analyser les couleurs utilisées ④ pour dessiner les lignes de métro, encodées ici au format CMYK (pour *Cyan, Magenta, Yellow/jaune, blacK/noir*).

```
>>> curve_colors  # (sortie abrégée et commentée)
{(0, 0, 0, 0),
 ..., (0, 0.19, 1, 0),  # Bouton d'or (ligne 1)
 ..., (0, 0.53, 0.78, 0),  # Orange (ligne 5)
 ..., (0.26, 0.85, 0, 0),  # Parme (ligne 4)
 ..., (0.44, 0, 0.12, 0),  # Pervenche (lignes 3bis et 13)
 (0.46, 0.33, 1, 0),  # Olive (ligne 3)
 ..., (1, 0.54, 0, 0),  # Azur (ligne 2)
 (1, 0.84, 0, 0)}  # Bleu RATP
```

✧ Bonnes pratiques

Un cas d'usage courant est l'**extraction de tables** depuis un fichier PDF. Il n'y a pas de méthode directe pour cela mais la bibliothèque Camelot [a], construite au-dessus de `pdfminer`, réussit le tour de force d'extraire des tables de la plupart des fichiers PDF et de les proposer au format Pandas (☞ p. 119, § 9). Il peut rester un peu de travail pour nettoyer le contenu des tableaux Pandas résultants.

```
conda install -c conda-forge camelot-py
```

a. https://camelot-py.readthedocs.io/

En quelques mots...

De nombreuses bibliothèques sont développées par la communauté pour lire, écrire et analyser un grand nombre de formats de fichiers. Les fonctionnalités proposées par une bibliothèque ou une autre dépendent du profil d'utilisateur (p. ex. académique, *data scientist*, journaliste). Ce chapitre a tenté de proposer un aperçu du paysage des bibliothèques qui permettent de lire ou écrire la plupart des fichiers courants.

On trouve sur le web des *awesome lists* qui recensent un grand nombre de bibliothèques utiles pour ce genre de tâches courantes, notamment :
https://github.com/vinta/awesome-python

21

Comment interroger et construire des services web ?

La plupart des services web suivent le modèle REST (*Representational State Transfer*) : ils proposent d'exécuter des requêtes *via* des méthodes HTML (`GET`, `POST`, `DELETE`, etc.) pour lire, créer, mettre à jour ou supprimer des données. Les requêtes sont effectuées sur l'URI d'une ressource et produisent une réponse dont le corps est formaté dans un format standard, le plus souvent HTML, XML ou JSON.

Nous verrons dans ce chapitre comment accéder à ces services en Python avec la bibliothèque httpx, comment construire ce genre de services avec la bibliothèque fastapi, puis comment accéder à des bases de données relationnelles avec DuckDB et SQLAlchemy ou suivant un modèle NoSQL, comme MongoDB.

21.1. Émettre des requêtes et accéder à des ressources web

Historiquement, Python est livré avec la bibliothèque `urllib3` pour les requêtes web, mais celle-ci est difficile d'utilisation. La bibliothèque `requests` a été développé pour faciliter ces appels. Celle-ci était présentée dans la première version de ce livre. Suite à l'essor de la programmation asynchrone dans les dernières versions de Python, d'autres bibliothèques ont été développées pour permettre des appels web asynchrones. La bibliothèque `httpx` présente une interface très similaire à celle de `requests`, avec des fonctionnalités asynchrones en plus.

La bibliothèque httpx offre une interface simple pour accéder à des services web, qui prend en compte les réglages réseau de chaque réseau (notamment pour les réglages de proxy d'entreprise). Le cas habituel d'utilisation fait appel à l'interface fonctionnelle de la bibliothèque :

```
import httpx
# Un service web qui renvoie les morceaux récemment passés sur la radio FIP
response = httpx.get("https://api.radiofrance.fr/livemeta/pull/7")
```

Chaque requête renvoie un code de retour : le code 200 signifie que tout est correct. D'autres codes sont associés à différentes situations : la ressource n'existe pas (404), la ressource existe mais a été déplacée (301), trop de requêtes viennent du même client (429). L'objet renvoyé contient également des en-têtes à propos des données renvoyées. Si l'en-tête confirme que les données sont au format JSON, une méthode permet la conversion automatique en dictionnaire Python.

```
>>> response.status_code
200
>>> response.headers['content-type']
'application/json; charset=utf-8'
>>> response.content[:70]  # abrégé pour le livre
b'{"steps":{"062725df-fd81-42a7-8feb-b6d6efefe8b3_7":{"uuid":"bd35e192-2'
>>> response.json()
{'steps': {'062725df-fd81-42a7-8feb-b6d6efefe8b3_7':
 {'uuid': 'bd35e192-20ec-443a-bc54-bd8607757b89',
  'stepId': '062725df-fd81-42a7-8feb-b6d6efefe8b3_7',
  'title': 'Beautiful stranger',
  ...
  'authors': 'Madonna',
  ...
```

Attention !

Bien qu'il soit possible de prévoir des comportements particuliers pour chaque code d'erreur, il conviendra néanmoins d'utiliser la méthode `.raise_for_status()` dans le cas général afin de lever une exception explicite en cas d'erreur lors de la requête.

```
>>> response.raise_for_status()
Traceback (most recent call last):
  ...
httpx.HTTPStatusError: Client error '404 Not Found'
```

Les contenus binaires peuvent être lus, puis manipulés ou écrits dans un fichier :

```
from io import BytesIO
from pathlib import Path

import cv2
import matplotlib.pyplot as plt
from ipywidgets import Image

response = httpx.get("https://www.radiofrance.fr/dist/favicons/fip/favicon.png ")
response.raise_for_status()

# Écriture dans un fichier
Path("logo_fip.png").write_bytes(response.content)

# Manipulation par OpenCV
img_stream = BytesIO(response.content)
array = np.frombuffer(img_stream.read(), np.uint8)
```

```
img = cv2.imdecode(array, cv2.IMREAD_COLOR)
# OpenCV manipule les couleurs en BGR, Matplotlib en RGB
plt.imshow(cv2.cvtColor(img, cv2.COLOR_BGR2RGB))

# Aperçu dans Jupyter
Image(value=r.content)
```

Cette méthode pour effectuer des requêtes est simple et rapide, mais elle n'est pas optimale en termes de performance lorsqu'il faut exécuter plusieurs requêtes. Il est préférable de créer un `Client` avant d'envoyer les requêtes. Sans cela, un nouveau client est créé à chaque requête, ce qui peut entraîner une baisse de performance. Utiliser un client unique permet de réutiliser les connexions sous-jacentes, améliorant ainsi l'efficacité et la rapidité des appels. L'option `follow_redirects=True` permet de suivre les redirections proposées par les serveurs si un contenu a été déplacé par exemple. Cette option est souvent activée par défaut dans les bibliothèques web, mais elle ne l'est pas sous `httpx`.

```
client = httpx.Client(follow_redirects=True)
response = client.get(url)
```

La création d'un client est également nécessaire pour l'utilisation de la bibliothèque en mode asynchrone. Il est préférable de créer ce client avec un gestionnaire de contexte asynchrone, pour éviter de gérer manuellement l'appel à `await client.close()` :

```
async with httpx.AsyncClient() as client:
    response = await client.get(url)
```

Streaming. Quand un contenu est volumineux (exemple du téléchargement de la distribution Anaconda ci-dessous) ou infini (exemple d'une webradio), il peut être intéressant de télécharger les données par morceaux, pour éventuellement suivre le téléchargement avec une barre de progression proposée par le module `tqdm` (https://tqdm.github.io/)

Dans le cas général, la fonction `tqdm` renvoie l'itérateur en entrée pour créer une barre de progression autour. Ici, il faut néanmoins adapter la représentation pour faire avance la barre par blocs de 4 kilo-octets.

```
from io import BytesIO
from tqdm.asyncio import tqdm

async with httpx.AsyncClient() as client:
    async with client.stream("GET", url) as stream:
        size = int(stream.headers["Content-Length"])
        b = BytesIO()
        with tqdm(total=size, unit='B", unit_scale=True, unit_divisor=1024) as pbar:
            async for chunk in stream.aiter_bytes(4096):
                pbar.update(len(chunk))
                b.write(chunk)

  9%|X         | 547M/5.78G [00:29<05:21, 17.5MB/s]
```

Authentification. La bibliothèque propose différents modèles d'authentification à des services web, notamment :

- par nom d'utilisateur et mot de passe ;
- par le protocole OAuth2, à base de clé, secret et jeton.

Les détails sont disponibles dans la documentation. Quoi qu'il en soit, il est préférable de manipuler la bibliothèque avec des sessions, pour procéder à l'authentification, puis d'accéder aux ressources voulues une fois la session authentifiée. Certaines bibliothèques (la plupart construites sur requests) facilitent l'utilisation de l'API de plusieurs services en ligne pour accéder et modifier des données personnelles en ligne.
On citera par exemple `https://github.com/plamere/spotipy/` pour manipuler ses données Spotify ou `https://github.com/hozn/stravalib/` pour accéder à ses données Strava.

21.2. Construire un service web

À la rédaction de la première édition, les deux frameworks Python les plus populaires pour la création de site web étaient `Flask` (utilisé par Netflix) et `Django` (utilisé par Instagram). FastAPI est un outil plus récent qui utilise `Starlette` pour la gestion des requêtes HTTP asynchrones et `Pydantic` pour la validation des données basées sur les annotations. Il offre également une documentation interactive, basée sur les annotations. Nous reprenons donc ici l'exemple de la première édition, mais avec FastAPI.

Tout d'abord, FastAPI n'est pas capable de lancer de lui-même un site web, il faut donc installer un autre utilitaire, `uvicorn`, qui est un serveur ASGI (Asynchronous Server Gateway Interface) léger et rapide, conçu pour gérer les requêtes asynchrones. `uvicorn` est utilisé pour exécuter les applications FastAPI, car il prend en charge les fonctionnalités asynchrones nécessaires pour optimiser les performances des applications web modernes.

On lancera alors le programme de la façon suivante :

```
uvicorn fip_fastapi:app --host 0.0.0.0 --port 7812 --reload
#       ^^^^^^^^^^^^^^^ fait référence à l'objet app dans fip_fastapi.py
```

L'option `--reload` permet d'activer le rechargement automatique du serveur à chaque fois qu'une modification est apportée au code, ce qui est très pratique en phase de développement.

Le cas d'utilisation le plus simple est celui d'un service web élémentaire GET. Les services sont définis par des fonctions décorées par la fonction `@app.route()`. Dans l'exemple ci-dessous, un appel GET sur le point d'accès `/time` renvoie un JSON avec l'heure courante. Tous les exemples de cette section sont disponibles sur la page web du livre.

```
from fastapi import FastAPI

app = FastAPI()

@app.get("/time")
async def now():
    now = pd.Timestamp("now", unit="s", tz="utc")
    return {"time": f"{now}"}
```

On peut alors appeler le service par un appel de la librairie httpx ou avec un outil classique en ligne de commande comme curl :

```
>>> httpx.get("http://localhost:7812/time").json()
{'time': '2020-12-31 23:59:59.472322+00:00'}
```

```
$ curl -X GET http://localhost:7812/time
{'time': '2020-12-31 23:59:59.472322+00:00'}
```

Il est aussi possible de passer des arguments en les ajoutant à la fonction :

```
from fastapi import FastAPI

app = FastAPI()

@app.get("/time")
async def now(tz: None | str = None):
    now = pd.Timestamp("now", unit="s", tz="utc")
    if tz:
        now = now.tz_convert(tz)
    return {"time": f"{now}"}
```

```
$ curl -X GET http://localhost:7812/time?tz=Europe/Paris
{'time': '2020-12-31 23:59:59.472322+02:00'}
```

C'est alors ici le type dans la signature qui détermine le type de l'argument récupéré. Celui sert également à créer la documentation qui va être disponible sur le lien `http://localhost:7812/docs`.

Si un argument invalide est passé, par exemple avec une requête du type `http://localhost:7812/time?tz=12`, une exception va être levée dans le code Python du côté du serveur, à la ligne du `tz_convert`, avec une `pytz.exceptions.UnknownTimeZoneError` : cette exception va renvoyer un code d'erreur 500 (Erreur Interne), qu'on peut rattraper du côté du client avec `r.raise_for_status()`. En fonction de l'exception levée, on peut vouloir donner des détails à l'utilisateur : pour le moment, il ne verra que `Internal Server Error` et n'aura aucune idée de la raison de l'erreur.

Il est possible de définir une manière de renvoyer des détails sur ces exceptions à l'utilisateur à l'aide d'un gestionnaire d'exception qui fonctionne également à base de décorateur. On décide ici le type de base `Exception`, mais il serait sans doute préférable de raffiner cette gestion d'erreur en fonction du type d'exception rencontrée.

```
@app.exception_handler(Exception)
async def basic_exception(request: Request, exc: Exception):
    return JSONResponse(
        status_code=500, content={"error": f"{exc.__class__.__name__}: {exc}"}
    )
```

Ici, la requête précédente `http://localhost:7812/time?tz=12` renverra le même code de retour 500, avec un message au format JSON : `{"error": "UnknownTimeZoneError: '12'"}`.

Enfin, FastAPI permet de formater ces résultats dans des modèles de pages HTML (*templates* en anglais). L'exemple suivant manipule plusieurs fichiers dans une arborescence donnée.

La page `index.html` explique comment formater les résultats passés en paramètres : le nom des arguments de la fonction `render_template` sera un nom de variable dans le modèle HTML. Dans notre cas, on distingue deux manières d'afficher cette page :

① dans le cas d'un appel `GET`, on affiche les résultats de la radio par défaut (`"FIP"`); dans le cas d'un appel `POST` qui embarque l'option sélectionnée dans le menu déroulant, on affiche les résultats pour la radio demandée ;
② on envoie une requête sur l'API ouverte correspondante ;
③ le fichier `index.html` indique la structure générale donnée à la page. La classe `TemplateResponse` se charge de la compléter avec les arguments passés en paramètres : le nom de la radio courante, la liste des morceaux, et la liste des radios supportées.

```
from fastapi import FastAPI, Form, Request
from fastapi.responses import HTMLResponse, JSONResponse
from fastapi.staticfiles import StaticFiles
from fastapi.templating import Jinja2Templates

api_points = {
    "FIP": "https://api.radiofrance.fr/livemeta/pull/7",
    "FIP Rock": "https://api.radiofrance.fr/livemeta/pull/64",
    "FIP Jazz": "https://api.radiofrance.fr/livemeta/pull/65",
    "FIP Groove": "https://api.radiofrance.fr/livemeta/pull/66",
    "FIP Monde": "https://api.radiofrance.fr/livemeta/pull/69",
    # etc.
}

# On initialise un client httpx asynchrone
async_client = httpx.AsyncClient()

app = FastAPI()
app.mount("/static", StaticFiles(directory="static"), name="static")
templates = Jinja2Templates(directory="templates")

@app.exception_handler(Exception)
async def basic_exception(request: Request, exc: Exception):
    return JSONResponse(
        status_code=500, content={"error": f"{exc.__class__.__name__}: {exc}"}
    )

@app.get("/", response_class=HTMLResponse)
async def get_index(request: Request):
    await list_radio(request, "FIP")  # ①

@app.post("/", response_class=HTMLResponse)
async def post_index(request: Request, radio: str = Form("FIP")):
    await list_radio(request, radio)  # ①

async def list_radio(request: Request, radio: str):  # ②
    response = await async_client.get(api_points[radio])
    response.raise_for_status()
    results = list(response.json()["steps"].values())
```

```
    return templates.TemplateResponse(  # ③
        "index.html",
        {
            "request": request,
            "radio": radio,
            "results": results,
            "api_points": api_points.keys(),
        },
    )
```

La partie d'affichage est gérée par un modèle HTML, où des marqueurs (*placeholders*) entre accolades indiquent du code à exécuter. La partie qui nous intéresse se déroule comme suit :

④ on suit le modèle général de page HTML (commun à tout le site), situé dans le fichier `layout.html` (défini par ailleurs);

⑤ on remplace `{{radio}}` par le contenu de la variable passée à `render_template` en ③;

⑥ la spécification du menu déroulant est décrite dans le fichier `select.html`;

⑦ les instructions encadrées par des `{% %}` permettent d'écrire ces instructions particulières, notamment des boucles, ici pour afficher une image pour les trois dernières entrées, ou pour écrire une ligne de tableau pour toutes les entrées dans la liste `result`;

```
{% extends "layout.html" %}  <!-- ④ -->
{% block body %}
<h1>La playlist {{radio}}</h1> <!-- ⑤ -->
<hr />
{% include 'select.html' %}  <!-- ⑥ -->
<div class="containeri d-flex justify-content-center" style="margin: 10px">
  {% for res in results[-3:] %}  <!-- ⑦ -->
  <img class="img-thumbnail rounded float-left d-block"
    style="max-width: 200px" src="{{res['visual']}}" />
  {% endfor %}
</div>
<table class="table table-bordered table-hover table-condensed smaller">
  <thead>
    <tr>
      <th>Début</th> <th>Fin</th> <th>Titre</th> <th>Auteur</th>
      <th>Album</th> <th>Année</th> <th>Label</th>
    </tr>
  </thead>
  {% for res in results[::-1] %} <!-- ⑦ -->
  <tr>
    <td>{{readtime(res['start'])}}</td>  <!-- ⑧ -->
    <td>{{readtime(res['end'])}}</td>
    <td>{{res['title']}}</td> <td>{{res['authors']}}</td>
    <td>{{res['titreAlbum']}}</td> <td>{{res['anneeEditionMusique']}}</td>
    <td>{{res.get('label', '').title() }}</td>
  </tr>
  {% endfor %}
</table>
{% endblock %}
```

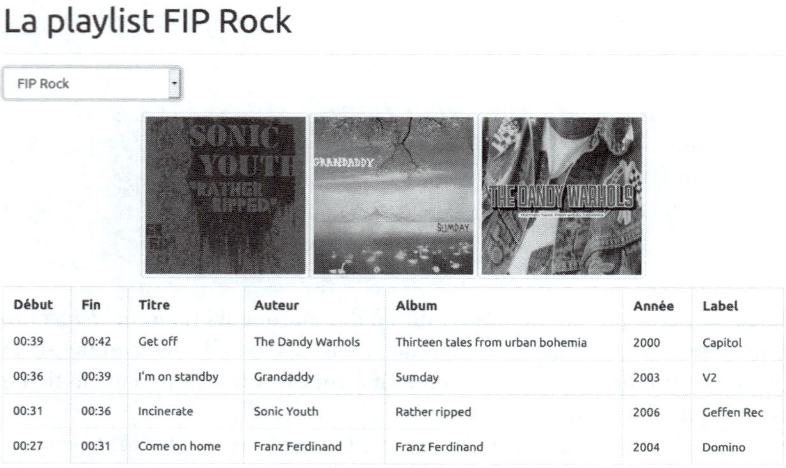

Début	Fin	Titre	Auteur	Album	Année	Label
00:39	00:42	Get off	The Dandy Warhols	Thirteen tales from urban bohemia	2000	Capitol
00:36	00:39	I'm on standby	Grandaddy	Sumday	2003	V2
00:31	00:36	Incinerate	Sonic Youth	Rather ripped	2006	Geffen Rec
00:27	00:31	Come on home	Franz Ferdinand	Franz Ferdinand	2004	Domino

FIGURE 21.1 – Aperçu du site produit par notre application Flask minimale

⑧ il est possible d'utiliser des fonctions Python personnalisées si elles sont enregistrées comme telles ⑨. Ici la fonction `readtime` convertit un *timestamp* Unix en une heure (ici celle du fuseau horaire du système sur lequel tourne le serveur).

```
def readtime(ts: int) -> str:
    """Convert unix timestamp to human-readable time"""
    tz = time.tzname[0]
    return f"{pd.Timestamp(ts, unit='s', tz='utc').tz_convert(tz):%H:%M}"

templates.env.globals["readtime"] = readtime  # ⑨
```

21.3. Accéder à une base de données

L'accès aux bases de données, qu'elles soient relationnelles (SQL) ou non relationnelles (NoSQL), est très bien pris en charge en Python, notamment pour la manipulation des résultats produits. De manière simple, on peut diviser les systèmes de bases de données en deux grandes catégories :

- les bases SQL (Structured Query Language), comme MySQL ou PostgreSQL, qui utilisent des requêtes dans un langage dédié ;
- les bases NoSQL, comme MongoDB, qui reposent sur des documents et utilisent un modèle différent, souvent sans schéma fixe.

La bibliothèque SQLAlchemy offre une interface conviviale pour exécuter des requêtes, qu'elles soient synchrones ou asynchrones. Elle propose également un ORM (Object-Relational Mapping), qui permet de définir la structure des données dans la base en utilisant des classes Python. Cela permet d'exprimer des requêtes de manière fonctionnelle, sans avoir à écrire directement en SQL.

21.3.1. DuckDB

DuckDB est un système de gestion de bases de données relationnelles en colonnes, conçu pour l'analyse de données. Il a été pensé pour être utilisé sans avoir besoin de configurer un serveur de base de données séparé, sur un simple ordinateur personnel. Il permet notamment d'exécuter des requêtes SQL sur des données en mémoire RAM, sur disque (au format CSV, JSON, Arrow/Parquet par exemple), ou aussi sur des serveurs distants. DuckDB est souvent décrit comme un « SQLite pour les workloads analytiques » en raison de sa légèreté et de sa facilité d'intégration, tout en offrant des capacités avancées d'analyse de données.

Il existe des API pour DuckDB dans de nombreux langages, y compris le langage Python. Il est possible d'exécuter n'importe quel code DuckDB, mais surtout, il est possible d'interagir avec des structures Python, Pandas ou Polars.

```
# villes est le dataframe du chapitre Pandas (chargé dans l'interpréteur)
>>> result = duckdb.sql("SELECT nom, altitude_min, population FROM villes "
      " WHERE altitude_min > 1000 AND population > 2000")
>>> result
-------------------------------------------
|     nom       | altitude_min | population |
|   varchar     |    double    |   int64    |
-------------------------------------------
| Barcelonnette |       1115.0 |       2700 |
| Briançon      |       1167.0 |      11600 |
| Modane        |       1054.0 |       3800 |
| Tignes        |       1440.0 |       2200 |
| Megève        |       1027.0 |       3900 |
-------------------------------------------
>>> result.df()  # renvoie un DataFrame Pandas
>>> result.pl()  # renvoie un DataFrame Polars
>>> result.fetchall()  # renvoie une liste de tuple Python
[('Barcelonnette', 1115.0, 2700), ('Briançon', 1167.0, 11600),
 ('Modane', 1054.0, 3800), ('Tignes', 1440.0, 2200), ('Megève', 1027.0, 3900)]
```

Les ressources en ligne contiennent un fichier `villes.sql` qui propose une réécriture d'une partie des examples Pandas (☞ p. 119, § 9) avec DuckDB.

21.3.2. Accéder à une base de données relationnelle *via* SQLAlchemy

Avec SQLAlchemy, il est possible d'accéder à différents types de bases de données comme MySQL, PostgreSQL, ou Trino. Cependant, pour des raisons de simplicité, nous utilisons ici DuckDB, une solution facile à installer sur un ordinateur personnel. Nous créons une base de données en mémoire vive (RAM) pour y charger un DataFrame Pandas (celui des villes utilisé dans le chapitre 9).

Avant toute chose, il faut définir le schéma de la base de données. Cela se fait en héritant d'une classe Base et en spécifiant un nom de table *via* l'attribut `__tablename__`. Chaque colonne est décrite à l'aide d'un descripteur (☞ p. 257, § 17.4) en précisant son type et des informations supplémentaires, comme la définition d'une clé primaire.

```
from sqlalchemy.orm import declarative_base

Base = declarative_base()

class VilleModel(Base):
    __tablename__ = "villes"

    nom = Column(String)
    code_postal = Column(String, primary_key=True)
    population = Column(Integer)
    latitude = Column(Double)
    longitude = Column(Double)
    altitude_min = Column(Double)
    altitude_max = Column(Double)
```

Nous créons ensuite un moteur connecté à notre base de données DuckDB en mémoire ① et chargeons un DataFrame Pandas dans la base avec la commande register ②.

```
from sqlalchemy import Column, Integer, Double, String, create_engine, select, text

engine = create_engine("duckdb:///:memory:")  # ①
conn = engine.connect()
conn.execute(text("register(:name, :df)"), {"name": "villes", "df": villes})  # ②
```

Grâce à SQLAlchemy, il est possible de construire des requêtes SQL de manière programmatique et de bénéficier d'une vérification statique (avec des outils d'analyse comme MyPy ☞ p. 367, § 27) et dynamique (à l'exécution, au moyen d'exceptions) du code. Cela évite d'écrire des requêtes sous forme de texte, un mode de fonctionnement qui peut poser des risques de sécurité, notamment à cause des injections SQL.

```
conn.execute(
    select(VilleModel)
    .with_only_columns(VilleModel.nom, VilleModel.altitude_min, VilleModel.population)
    .where(VilleModel.altitude_min > 1000)
    .where(VilleModel.population > 2000)
).fetchall()
```

```
[('Barcelonnette', 1115.0, 2700), ('Briançon', 1167.0, 11600),
 ('Modane', 1054.0, 3800), ('Tignes', 1440.0, 2200), ('Megève', 1027.0, 3900)]
```

La bibliothèque SQLAlchemy propose de nombreuses autres fonctionnalités, comme la possibilité de récupérer un schéma de base de données existant ou d'étendre ses capacités au mode asynchrone. Ce bref aperçu démontre déjà l'efficacité de cet outil pour la manipulation des bases de données.

21.3.3. MongoDB

Les bases de données comme MongoDB fonctionnent de manière différente, sans faire appel au langage SQL. Il est possible d'envoyer des requêtes sous la forme de dictionnaires Python qui décrivent le format des données attendues. La bibliothèque pymongo offre toutes les interfaces nécessaires à la manipulation de données MongoDB.

L'exemple ci-dessous montre comment accéder à toutes les entrees de la table test_table de la base test_db, qui ont une profession égale à "agent secret" et un nom qui commence par bo (avec ou sans majuscule).

```
import pymongo

connector = pymongo.MongoClient()  # par défaut, le serveur qui tourne en local

df = pd.DataFrame.from_records(
  connector.test_db.test_table.find(
    {'profession': 'agent secret'},
    {'nom': {'$regex': '^[Bb]o'}}  # expression régulière
  )
)
```

La bibliothèque Motor https://motor.readthedocs.io est basée sur pymongo et permet également une utilisation asynchrone

En quelques mots...

Les applications web (*frontend* et *backend*) constituent un des principaux domaines d'application de Python, qui mériteraient un ouvrage à part entière. Le cas exemple présenté ici n'est qu'un petit aperçu des possibilités les plus basiques de la bibliothèque FastAPI.

La bibliothèque httpx présentée dans ce chapitre pour l'accès aux données sur le web devient d'autant plus puissante quand elle est couplée aux bibliothèques présentées dans les chapitres précédents, notamment Pandas (☞ p. 119, § 9), OpenCV (☞ p. 299, § 20.1), lxml ou BeautifulSoup (☞ p. 302, § 20.3).

22

Comment écrire un outil graphique ou en ligne de commande ?

L'interface en ligne de commande (*Command Line Interface*, CLI) offre un accès à des programmes par des commandes textuelles, par opposition aux interfaces graphiques (*Graphical User Interface*, GUI) orientées vers les interactions basées sur les mouvements de la souris.

Les outils CLI conviennent en général aux utilisateurs à l'aise sur l'outil informatique : ils présentent des interfaces légères, directes et puissantes. Ces interfaces font le lien entre le monde des bibliothèques Python et celui du système d'exploitation, des outils de planification (comme `crontab`), et des outils shells classiques basés sur le principe « une fonctionnalité, un outil » et sur le chaînage d'outils (comme `grep`, `sort`, `uniq` ou `wc`).

- Si vous écrivez une bibliothèque Python et que certaines fonctionnalités pourraient être appelées par un utilisateur qui ne connaît pas le langage, il faudra sans doute considérer l'idée de proposer un outil CLI qui donne accès à ces fonctionnalités.
- À l'inverse, si l'objectif de votre projet est de fournir un outil en ligne de commande, il est préférable de penser son architecture pour un utilisateur Python dans un premier temps, avec des cas d'utilisation en Python. Une fois l'interface stabilisée, on peut proposer des points d'entrée par un outil CLI.

Ce chapitre présente dans un premier temps la bibliothèque Rich qui propose d'afficher du texte enrichi dans le terminal, puis la bibliothèque Click pour la gestion des arguments et paramètres passés à un outil CLI. Ensuite, on propose d'écrire un outil CLI interactif simple, en plein écran, avec la bibliothèque textual, elle-même basée sur Rich et adaptée à la programmation asynchrone. Enfin la même application est portée dans une interface graphique simple dans l'environnement graphique Qt.

22.1. Formater du texte pour le terminal avec Rich

Rich est une bibliothèque Python qui améliore l'apparence des interfaces en ligne de commande en ajoutant des éléments graphiques comme des couleurs, des tableaux, des barres de progression, et même des graphiques ou du texte formaté en Markdown. Elle sert principalement à rendre les sorties textuelles dans les terminaux plus faciles à lire et visuellement plus attrayantes.

Bien que Rich ne soit pas toujours directement utilisée par les développeurs, elle est souvent employée comme une dépendance par d'autres bibliothèques telles que `tqdm` (qui gère les barres de progression ☞ p. 311, § 21.1), `structlog` (pour la gestion de logs, ☞ p. 359, § 26.1) ou `textual` (pour créer des interfaces utilisateur en ligne de commande, ☞ p. 325, § 22.3)

Rich permet de formater le texte à l'aide de balises :

```
from rich import print
print("[bold red]Texte en gras et rouge[/bold red]")
```

Il propose également de faciliter l'affichage sous forme de tableau :

```
from rich.table import Table
from rich.console import Console

table = Table(title="Exemple de tableau")

table.add_column("Nom", justify="left", style="cyan", no_wrap=True)
table.add_column("Âge", justify="center", style="magenta")
table.add_column("Ville", justify="right", style="green")

table.add_row("Alice", "30", "Paris")
table.add_row("Bob", "25", "Lyon")
table.add_row("Charlie", "35", "Marseille")

console = Console()
console.print(table)
```

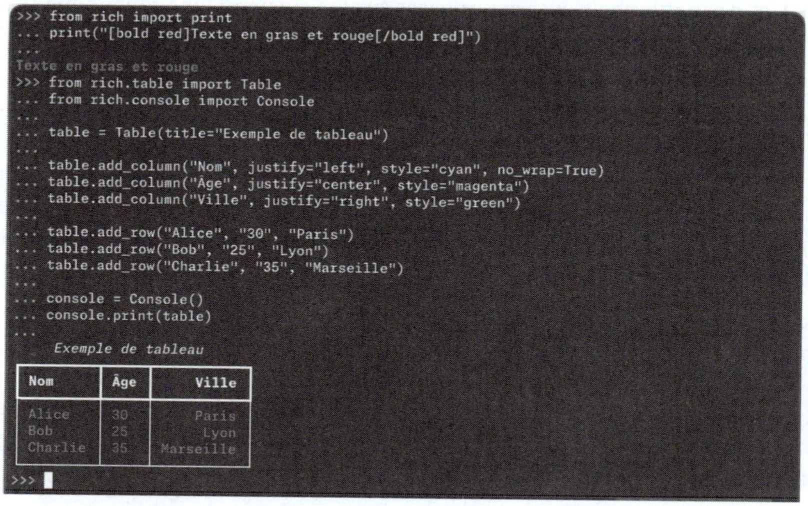

Plus généralement, Rich permet de rendre l'affichage dans le terminal plus attrayant également pour les retours de variables Python. On peut initialiser cet affichage avec les lignes suivantes (qu'on peut également placer dans le fichier `$HOME/.pythonstartup` pour un chargement automatique) :

```
>>> from rich import pretty, traceback
>>> pretty.install()
>>> {'taille': 2, 'structure': [{'latitude': 48.8583, 'longitude': 2.2945}, {'latitude': 38.6\
916, 'longitude': -9.216}]}
{
    'taille': 2,
    'structure': [
        {'latitude': 48.8583, 'longitude': 2.2945},
        {'latitude': 38.6916, 'longitude': -9.216}
    ]
}
>>> traceback.install()
<built-in function excepthook>
>>> 1/0
──────────────── Traceback ────────────────
 in <module>:1

ZeroDivisionError: division by zero
>>>
```

22.2. La gestion des arguments avec Click

Historiquement, la gestion des arguments des outils CLI s'est faite avec la bibliothèque intégrée `optparse` puis avec `argparse` qui permettait de programmer des options de manière conviviale. Aujourd'hui, c'est plutôt la bibliothèque Click `https://github.com/pallets/click` qui a le vent en poupe : elle permet de configurer entièrement les options d'un outil en ligne de commande à l'aide de décorateurs placés sur la fonction qui marque le point d'entrée dans le programme. Le point d'entrée peut être défini dans les `setuptools` (☞ p. 349, § 25.1), ou plus classiquement par le test suivant, en général en fin de fichier :

```python
if __name__ == "__main__":
    main()  # ou n'importe quel autre nom
```

La philosophie derrière Click est de définir un point d'entrée sous forme de fonction avec autant d'arguments que nécessaire, tous spécifiés par des décorateurs (☞ p. 181, § 13). Un exemple est proposé sur la page web du livre `https://www.xoolive.org/python/`, avec un outil qui affiche les mêmes informations que la page web (☞ p. 312, § 21.2) construite à partir du service web de la radio FIP.

La fonction va afficher dans le terminal un ou plusieurs titres de morceaux en fonction des options suivantes (à enrichir à l'envi) :
— le nom de la radio ;
— l'affichage du morceau à venir dans la playlist ;
— l'affichage du morceau précédent dans la playlist ;
— l'affichage de l'ensemble des morceaux communiqués.

```python
import click

@click.command()
def main(radio: str, next_: bool, previous: bool, all_: bool):
    response = httpx.get(api_points[radio])
    response.raise_for_status()
    # gestion de l'affichage

if __name__ == "__main__":
    main()
```

L'appel à la fonction `main()` dans le point d'entrée peut se faire alors sans argument grâce au décorateur `@click.command()`.

On va alors ajouter des décorateurs supplémentaires :
① pour les **arguments**, des options positionnelles (déterminées par l'ordre dans lequel elles apparaissent), optionnelles ou non ;
② pour des paramètres optionnels, avec des **options** nommées, sur le modèle `-a` (tiret simple, lettre unique) ou `--all` (double tiret) ;
③ quand le nom du paramètre est un nom réservé du langage (`all`, `next`), on peut préciser un nom différent (`all_`) pour l'interface CLI et pour l'argument de la fonction Python.

```
@click.command(help="Les titres diffusés sur FIP")
@click.argument("radio", type=str, default="FIP")  # ①
@click.option(  # ②
    "-a", "--all", "all_",  # ③
    default=False, is_flag=True, help="Afficher tous les morceaux",
)
@click.option("--next", "next_", is_flag=True, default=False)
@click.option("--previous", is_flag=True, default=False)
def main(radio: str, next_: bool, previous: bool, all_: bool):
    ...
```

Au lancement du programme avec l'option `--help`, un message d'aide est construit à partir des arguments passés dans les décorateurs. Sinon, les autres arguments sont interprétés et passés à la fonction Python :

```
$ python fip_click.py --help
Usage: fip_click.py [OPTIONS] [RADIO]

  Les titres diffusés sur FIP

Options:
  -a, --all    Afficher tous les morceaux
  --next
  --previous
  --help       Show this message and exit.

$ python fip_click.py
[*] 14:39 -> 14:43 Twins par Tord Gustavsen (The ground)

$ python fip_click.py "FIP Rock"
[*] 14:40 -> 14:44 It's all about you par Edwyn Collins (Badbea)

$ python fip_click.py --previous --next
    14:43 -> 14:47 The kid is back! par Ceramic Dog (Your turn)
[*] 14:39 -> 14:43 Twins par Tord Gustavsen (The ground)
    14:34 -> 14:39 Out of nowhere par Morgana King (Everything must change)
```

> ✧ **Bonnes pratiques**
>
> D'autres options permettent de définir des incompatibilités entre arguments, des paramètres par défaut, des types pour convertir l'argument passé en chaîne de caractères sous forme d'objet Python. La documentation en ligne présente de nombreux cas avancés, notamment la vérification des arguments passés.

22.3. Créer des applications pour le terminal avec Textual

Dans la version précédente de cet ouvrage, un exemple d'application terminal était présenté en utilisant une solution historique : la bibliothèque `ncurses`, sur laquelle de nombreux outils pour le terminal sont basés. `ncurses` est une bibliothèque très bas-niveau : elle fournit des fonctions de base pour positionner le curseur et afficher des caractères à n'importe quelle position, tout en tirant parti des capacités du terminal. Cependant, c'est au développeur de gérer des détails comme la taille du terminal, la longueur des lignes à ne pas dépasser, etc.

Le créateur de la bibliothèque Rich (☞ p. 321, § 22.1) a tiré parti de son expérience et des nouvelles possibilités offertes par la programmation asynchrone pour proposer un nouvel outil plus intuitif : `textual`, qui facilite la création d'interfaces textuelles. La structure d'un programme `textual` repose sur un objet de type `App` (abréviation d'« application »), dont les méthodes peuvent être redéfinies pour construire l'affichage à l'aide de composants et gérer divers événements (comme un minuteur, une touche pressée sur le clavier, un redimensionnement de fenêtre ou un défilement de souris).

Ces méthodes peuvent être définies de manière synchrone ou asynchrone. L'asynchronisme permet, entre autres, de ne pas bloquer l'affichage pendant l'exécution de tâches complexes en arrière-plan (comme des appels web coûteux en temps), tout en conservant des fonctionnalités interactives telles que le défilement ou le redimensionnement de la fenêtre.

Le site de la documentation est plein d'exemples très illustrés. Dans ce chapitre, on construit l'exemple de la playlist de la radio FIP, où l'on construit une application interactive qui affiche et met à jour automatiquement les derniers morceaux joués à l'antenne.

Une application Textual est centrée autour d'une classe `App`, dans laquelle on redéfinit certaines méthodes pour composer des widgets (éléments d'interface) et définir les comportements en réponse aux événements.

```python
from textual.app import App, ComposeResult
from textual.widgets import Footer, Header

class FipTextual(App):
    BINDINGS = [
        ("q,escape", "quit", "Quitter"),
    ]

    def compose(self) -> ComposeResult:
        yield Header()
        yield Footer()
```

```
def main() -> None:
    app = FipTextual()
    app.run()

if __name__ == "__main__":
    main()
```

L'attribut `BINDINGS` permet de définir les actions associées à des touches du clavier. Dans cet exemple, on lie les touches `q` et `Échap` à l'action `quit`, qui correspond à la méthode asynchrone `action_quit()` (définie par défaut). De plus, le texte « Quitter » s'affiche dans la barre des tâches pour rappeler ces raccourcis à l'utilisateur.

Pour récupérer les morceaux diffusés, on souhaite appeler une API de manière asynchrone en utilisant la bibliothèque `httpx` (☞ p. 309, § **21.1**). Chaque morceau sera ensuite représenté par un bouton interactif dans l'interface.

Ainsi, dans la méthode de construction de la fenêtre `compose()`, on ajoute un élément défilant `VerticalScroll`. C'est dans cet espace que l'on insérera dynamiquement un bouton pour chaque chanson récupérée depuis l'API.

```
# class FipTextual(App):  # (suite)
    def compose(self) -> ComposeResult:
        yield Header()
        yield Footer()
        yield VerticalScroll(id="entries")
```

On rajouter également une action `retrieve` (dans les `BINDINGS`, liée à la touche `R` pour « Rafraîchir », avant de définir une méthode `action_retrieve()`. Puisque la méthode contiendra un appel asynchrone, on définit cette méthode `async`. L'idée ici est de compléter la liste au fur et à mesure que des nouveaux morceaux apparaissent : on souhaite alors n'ajouter que les nouveaux éléments : on vérifie alors (de manière assez naïve) que le titre n'est pas déjà présent dans la liste avant de l'ajouter.

On ajoute également une action retrieve dans les `BINDINGS`, associée à la touche `R` (pour Rafraîchir). Cette action est liée à une méthode asynchrone `action_retrieve()` ; elle devra effectuer un appel réseau asynchrone pour récupérer les données à jour. L'objectif est alors de compléter dynamiquement la liste des morceaux au fur et à mesure que de nouveaux titres apparaissent. Pour éviter les doublons, on implémente un mécanisme naïf qui vérifie si le titre d'un morceau est déjà présent dans la liste avant de l'ajouter.

```
# class FipTextual(App):  # (suite)
    BINDINGS = [
        ("q,escape", "quit", "Quitter"),
        ("r", "retrieve", "Rafraîchir"),
    ]
    CSS_PATH = "fip.tcss"

    async def action_retrieve(self):
        url = "https://api.radiofrance.fr/livemeta/pull/66"
        r = await self.async_client.get(url)
        r.raise_for_status()
```

```
        # On recherche l'élément VerticalScroll dans le DOM
        vertical_scroll = self.query_one(VerticalScroll)

        for elt in r.json()["steps"].values():
            # puis on crée un widget Entry pour chaque nouvelle entrée
            if elt["title"] not in [e.elt["title"] for e in vertical_scroll.children]:
                child = Entry(elt)
                # on ajoute le bouton dans le menu déroulant
                vertical_scroll.mount(child)
                # on ajoute la classe `youtube` dans le DOM si un lien est présent
                if "lienYoutube" in elt.keys():
                    child.add_class('youtube")
                child.focus()  # on place le focus sur le dernier widget créé
```

Le widget `Entry` est créé à partir d'un élément JSON en héritant de la classe `Button`, suivant le même principe que pour l'application principale. Si le JSON contient un lien YouTube, on configure le widget pour que la touche `Entrée` ouvre automatiquement le navigateur à la page YouTube correspondante.

```
class Entry(Button):
    BINDINGS = [("enter", "enter", "Ouvrir dans YouTube")]

    def __init__(self, elt: EntryContent, id = None):
        self.elt = elt
        super().__init__(id=id)

    async def action_enter(self) -> None:
        if "lienYoutube" in self.elt.keys():
            webbrowser.open(self.elt["lienYoutube"])

    def compose(self) -> ComposeResult:
        yield Horizontal(
            Vertical(
                TextDisplay(readtime(self.elt["start"]), id="start"),
                TextDisplay(readtime(self.elt["end"]), id="end"), id="heures",
            ),
            Vertical(
                Horizontal(
                    TextDisplay(self.elt["title"], id="titre"),
                    TextDisplay(" | ", id="separator"),
                    TextDisplay(self.elt.get("titreAlbum", ""), id="album"),
                    TextDisplay(str(self.elt.get("anneeEditionMusique", "")), id="annee"),
                    id="titre_album",
                ),
                Horizontal(
                    TextDisplay(self.elt.get("authors", "") id="authors"),
                    TextDisplay(self.elt.get("label", ""), id="label"), id="auteurs",
                ),
            ),
        )
```

On souhaite que l'action de récupération des données soit exécutée automatiquement au démarrage de l'application, puis répétée toutes les minutes. Pour cela, on surcharge la méthode `on_mount()`, qui définit le comportement de l'application une fois que les widgets ont été construits et placés dans l'interface :

```
async def on_mount(self) -> None:
    await self.action_retrieve()
    self.timer = self.set_interval(60, self.action_retrieve)
```

Textual utilise des feuilles de style au format `.css` ou `.tcss` (Textual CSS), un format très proche du CSS standard utilisé pour le web. Le fichier complet est disponible sur le site du projet, mais voici quelques éléments-clés. Par exemple, on peut définir un style différent lorsque la souris passe sur un bouton (`Entry:hover`) ou lorsque le bouton a le focus (`Entry:focus`). On peut également choisir des couleurs de texte différentes en fonction du type d'information et une couleur de fond spéciale si un lien YouTube est présent.

```
Entry {
    /* sur la page du livre */
}
Entry:hover {
    border: solid #4c78ae;
}
Entry:focus {
    border: tall #f58518;
    text-style: bold;
}
#titre {
    dock: left;
    color: #f58518;
    max-width: 50%
}
#album {
    color: steelblue;
}
#annee, #label {
    dock: right;
    text-align: right;
    max-width: 25;
}
.youtube {
    background: red 30% !important;
}
```

Le rendu de l'application (Figure xx) peut varier selon l'émulateur de terminal utilisé. Par exemple, l'application par défaut sur MacOS est connue pour ses capacités limitées de rendu des couleurs. Il est donc recommandé d'utiliser un autre émulateur, comme iTerm2 ou Ghostty, pour un rendu optimal.

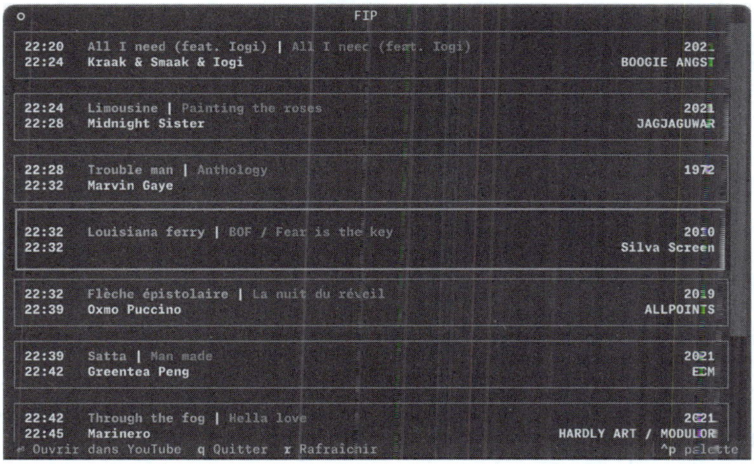

22.4. Les environnements graphiques avec Qt

Le principe de fonctionnement des applications graphiques basées sur Qt est en partie similaire à celui des widgets interactifs Jupyter (☞ p. 110, § 8.3) :

- une application principale tourne en boucle infinie ;
- des éléments (fenêtres et widgets) sont créés et positionnés ;
- l'interactivité est codée sous forme de fonctions *callbacks* attachées à un événement sur un widget (clic, mise à jour du texte, etc.).

Le site `https://www.learnpyqt.com/` (en anglais) offre un tutoriel complet et progressif pour construire des applications Qt. Cette section illustre le principe général de Qt sur notre application FIP, également disponible sur la page web du livre.

Une application Qt est construite autour du modèle suivant : une application est créée dans la fonction principale, puis on crée une fenêtre à partir de la classe `QMainWindow` (toutes les classes Qt commencent par la lettre `Q`). Pour pouvoir enrichir une application, on crée une nouvelle classe qui hérite de `QMainWindow`.

```
from PyQt5 import QtWidgets


class MainScreen(QtWidgets.QMainWindow):
    def __init__(self, *args, **kwargs) -> None:
        super().__init__(*args, **kwargs)


def main():
    app = QtWidgets.QApplication(sys.argv)
    main = MainScreen()
    main.show()
    return app.exec_()
```

La deuxième étape consiste à positionner des widgets dans la fenêtre principale. On distingue les *widgets*, des éléments graphiques auquel on attache un contenu et un comportement, des structures *layout* qui décrivent comment positionner les éléments. Les interfaces peuvent être décrites à la main en Python, mais des logiciels comme *Qt Designer* peuvent aider à générer le code qui correspond au design voulu.

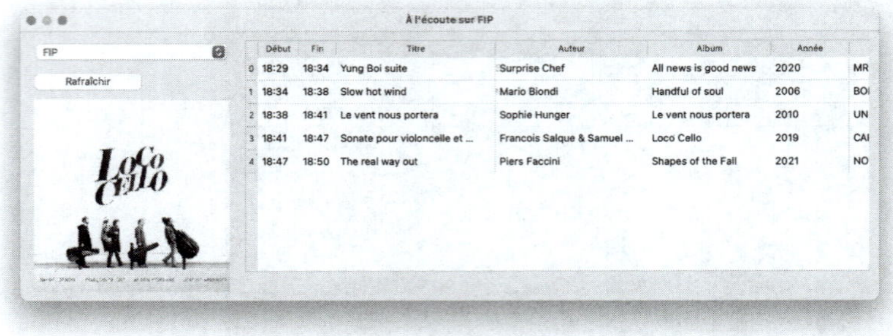

FIGURE 22.1 – Aperçu d'une application Qt pour interagir avec la playlist FIP

Pour parvenir au design de la figure 22.1, on peut démarrer de la manière suivante, par énumération des éléments à afficher :

```
class MainScreen(QtWidgets.QMainWindow):

    def __init__(self, *args, **kwargs) -> None:
        super().__init__(*args, **kwargs)
        self.setWindowTitle("À l'écoute sur FIP")
        self.setGeometry(10, 10, 900, 300)
        self.set_widgets()

    def set_widgets(self):
        # Découpage en blocs de gauche à droite
        mainLayout = QtWidgets.QHBoxLayout()

        # Découpage en blocs de haut en bas pour la partie à gauche
        gauche = QtWidgets.QVBoxLayout()
        mainLayout.addLayout(gauche)

        self.menu_radios = QtWidgets.QComboBox()
        gauche.addWidget(self.menu_radios)
        for radio_name in api_points.keys():  # la liste des radios disponibles
            self.menu_radios.addItem(radio_name)

        self.rafraichir = QtWidgets.QPushButton("Rafraîchir")
        gauche.addWidget(self.rafraichir)

        self.pixmap = QtGui.QPixmap()
        self.visual = QtWidgets.QLabel()
        gauche.addWidget(self.visual)

        #  Partie à droite
        self.music_widget = QtWidgets.QWidget()
        self.music_view = QtWidgets.QTableView(self.music_widget)  # ①
        mainLayout.addWidget(self.music_widget)
```

```
        # Définition du widget principal associé à la fenêtre
        mainWidget = QtWidgets.QWidget()
        mainWidget.setLayout(mainLayout)
        self.setCentralWidget(mainWidget)
```

Pour ce qui concerne le contenu dynamique, qui peut être modifié au cours de l'exécution, il conviendra d'ajouter des méthodes à notre classe, en vue de les initialiser au lancement du programme, et de les programmer à nouveau pour s'exécuter quand on interagit avec un ou plusieurs widgets. Ici, nous construisons deux méthodes : une qui accède au JSON produit par l'API de Radio France, et une qui télécharge l'image de la couverture de l'album en vue de l'afficher dans l'application.

```
    def get_content(self, *args, **kwargs):
        # Lecture du contenu du menu déroulant pour le nom de la radio
        url = self.menu_radios.currentText()
        response = requests.get(api_points[url])
        response.raise_for_status()
        # Construction du pd.DataFrame
        self.results = pd.DataFrame.from_records(
            list(response.json()["steps"].values())
        )
        self.music_model = PandasTableModel(self.results)  # ②
        self.music_view.setModel(self.music_model)
        self.get_image()

    def get_image(self, idx: int = -2, *args, **kwargs):
        img_response = requests.get(self.results.iloc[idx].visual)
        img_response.raise_for_status()
        # Lecture de la représentation binaire de l'image
        self.pixmap.loadFromData(img_response.content)
        self.visual.setPixmap(self.pixmap.scaledToHeight(250))
```

La partie qui concerne l'affichage sous forme de tableau reflète le motif d'architecture *modèle, vue, contrôleur* :

① la *vue* `QTableView` est associée à un widget (`self.music_widget`) : elle exprime la présentation des données dans l'interface graphique ;

② le *modèle* `PandasTableModel` s'exprime autour d'un `pd.DataFrame` (☞ p. 119, § 9) : il contient les données à afficher, dans un formalisme compatible avec la vue ;

— le *contrôleur* (le widget !) met à jour le modèle et déclenche une mise à jour de la vue.

La partie contrôleur va s'exprimer sous forme de fonctions *callbacks* :

```
    def set_callbacks(self):
        # un clic sur le bouton Rafraîchir met à jour le contenu de la playlist
        self.rafraichir.clicked.connect(self.get_content)
        # la sélection d'une nouvelle radio met aussi à jour le contenu
        self.menu_radios.activated.connect(self.get_content)
```

En quelques mots...

La création d'une application graphique ou en ligne de commande est la dernière étape du processus de création logicielle. Une application de qualité est souvent une simple interface entre une bibliothèque, qui propose des fonctionnalités, et le monde extérieur au langage de programmation.

Pour une application réussie, le plus grand soin doit être apporté en amont, au niveau de l'interface de la bibliothèque, la partie du code qui répond à un besoin fort. Une fois cette interface pensée, une fois les réponses apportées à la question « comment appeler ces fonctionnalités depuis le langage de programmation ? » [a], il est alors possible de :

- procéder à l'écriture des fonctionnalités de la bibliothèque (la partie souvent appelée *backend* en anglais), pour répondre aux besoins de l'interface. La priorité devient alors l'efficacité, la robustesse et la performance ;
- concevoir des interfaces utilisateurs plus haut niveau, la partie visible depuis le monde extérieur au langage (le *frontend* en anglais). La priorité est alors la clarté de l'interface et de la documentation.

Les trois types d'interfaces présentés dans ce chapitre ne sont pas toujours tous les trois nécessaires, mais la question doit néanmoins se poser :

- les outils en ligne de commande présentent généralement une interface efficace, simple, à penser en termes d'interface avec les autres outils en ligne de commande (les mots-clés `stdin`, `stdout`, `stderr`, *pipe*, etc.) ;
- les outils en environnement terminal plein écran présentent généralement l'avantage d'être légers au lancement. L'interface curses a beau être très bas niveau, elle permet de parvenir rapidement à des affichages fort convenables ;
- les outils graphiques sont les plus complets, mais aussi les plus coûteux à développer. Distribuer une application graphique là où il n'est pas possible de faire d'hypothèses sur la présence d'un environnement Python installé (Windows) est une tâche ardue. L'environnement PyInstaller `https://www.pyinstaller.org/` tente de répondre à ce besoin.

Pour aller plus loin

- *The Hitchhiker's Guide to CLIs in Python*, Vinayak Mehta
  `https://vinayak.io/2020/05/04/the-hitchhikers-guide-to-clis-in-python/`
- *15 minute (small) desktop apps built with PyQt*
  `https://github.com/learnpyqt/15-minute-apps`

a. On peut partir de l'écriture d'appels fictifs à notre bibliothèque, écrits sur un tableau blanc, à l'image du fonctionnement idéal qu'on attendrait.

23

Comment exécuter du code Python dans un navigateur web ?

PyScript est une technologie qui permet d'exécuter du code Python directement dans le navigateur web *via* WebAssembly WASM. WebAssembly se décline au format binaire WASM et au format texte WAT ; il propose un jeu d'instructions compris par les navigateurs web, permettant d'exécuter du code de manière efficace et proche des performances natives. Il permet aux langages tels que C, C++, Rust, et maintenant Python d'être exécutés dans le navigateur, complétant ainsi les capacités de JavaScript.

PyScript repose sur Pyodide, une distribution de Python compilée pour la plateforme WASM, permettant ainsi d'exécuter du code Python directement dans le navigateur. L'un des principaux avantages est que, comme pour JavaScript, le code Python est exécuté côté client, sans avoir besoin d'un serveur pour traiter les requêtes Python. Pyodide inclut une large sélection de bibliothèques Python populaires comme NumPy, Pandas, et Matplotlib, dont les dépendances C ont été spécialement recompilées pour WASM, permettant de tirer parti de toute la puissance de l'écosystème Python directement dans un environnement web.

Ces possibilités sont particulièrement pertinentes pour publier une documentation de bibliothèques Python, permettant aux utilisateurs de la tester directement dans le navigateur sans avoir à installer quoi que ce soit. Ainsi, le site web de la bibliothèque NumPy, accessible à l'adresse `https://numpy.org`, dans sa version actuelle, propose un terminal sur sa page d'accueil qui permet d'exécuter des instructions NumPy simples.

23.1. La structure d'un mini-projet PyScript

La structure classique d'un projet PyScript, tel qu'on peut en trouver disponibles en ligne ou sur `https://pyscript.com` sont constitués d'un dossier avec les fichiers suivants :

- `index.html` un squelette de page d'accueil HTML ;
- `pyscript.toml` décrit les propriétés et dépendances du projet ;
- `main.py` contient le code Python à exécuter, tous deux référencés depuis le premier fichier `index.html`

Pour observer les résultats, on peut lancer un mini-serveur HTTP avec Python :

```
python3 -m http.server
```

Puis, on peut ouvrir la page `http://localhost:8000` depuis son navigateur.

On pourra commencer à remplir le fichier `index.html` avec le squelette suivant :

```
<!DOCTYPE html>

<head>
  <title>Un exemple PyScript</title>
  <meta charset="UTF-8" />
  <meta name="viewport" content="width=device-width,initial-scale=1" />

  <link rel="stylesheet" href="https://pyscript.net/releases/2024.8.2/core.css" />
  <script type="module" src="https://pyscript.net/releases/2024.8.2/core.js" ></script>

</head>
<body>

<!-- Les exemples ci-dessous seront à insérer ici -->

</body>
```

Le code Python est alors inscrit dans des balises `<script type="py">`.

23.2. L'affichage d'un message simple

Dans de nombreux langages de programmation, le point de départ consiste à afficher le message « Hello world! ». Avec PyScript, cette simple tâche présente toutefois une première difficulté à surmonter. En Python, la fonction `print` écrit un message dans l'interpréteur. Dans un environnement Jupyter, ce message est capturé puis affiché dans une zone sous la cellule courante, un processus transparent pour l'utilisateur.

Dans le contexte d'un navigateur web, sur une page HTML, où doit apparaître le résultat de la fonction `print` ? Quelque part dans la page web ? Dans la console développeur, comme en JavaScript avec la commande `console.log` ?

PyScript propose les solutions suivantes :

- **afficher dans une balise HTML prédéfinie** avec `pyscript.display` ; cette option permet de contrôler l'emplacement d'affichage dans le DOM.

```
<div id="output"></div>

<script type="py">
from pyscript import display
display("Hello world!", target="output")
</script>
```

- **afficher dans la console développeur** avec console.log, disponible dans le module js, plutôt pour les messages de debug destinés aux développeurs.

```
<script type="py">
import js
js.console.log("Hello world!")
</script>
```

- **afficher dans une sortie terminal** avec print.

```
<script type="py" terminal></script>
<script type="py">
print("Hello world!")  # Affiche dans l'espace de sortie PyScript par défaut
</script>
```

- **le type <py-editor>** propose une cellule à exécuter, avec un affichage HTML pour la sortie, à la manière des environnements Jupyter.

```
<script type="py-editor">
print(0.1 + 0.2)
</script>
```

Il est bien sûr alors possible d'afficher du code de manière dynamique :

```
<div class="output" id="date"></div>
<script type="py">
from datetime import datetime
now = datetime.now()
display(now.strftime("%m/%d/%Y, %H:%M:%S"), target="date")
</script>
```

Les importations des bibliothèques standards de Python se font de manière classique avec PyScript. Cependant, certains comportements diffèrent par rapport à une exécution dans un terminal Python classique. En effet, l'environnement d'exécution est le navigateur web, ce qui implique certaines particularités : l'accès direct au système de fichiers est interdit, et le navigateur fournit des fonctionnalités natives pour télécharger des ressources en ligne.

Ainsi, lorsque l'on liste le contenu du répertoire courant avec PyScript, on n'affiche pas le contenu du répertoire du projet, mais un répertoire virtuel contenant uniquement les fichiers nécessaires à PyScript, y compris la bibliothèque pyscript. Ce fonctionnement particulier permet d'importer pyscript sans avoir besoin de l'installer localement.

```
<script type="py">
from pathlib import Path
print(list(Path(".").glob("**"))[:5])  # les 5 premiers éléments uniquement
</script>
```

```
[PosixPath('pyscript'), PosixPath('pyscript/__init__.py'),
 PosixPath('pyscript/display.py'), PosixPath('pyscript/event_handling.py'),
 PosixPath('pyscript/fetch.py')]
```

De la même manière, l'accès à une ressource web pourra se faire avec la fonction `open_url` du paquet `pyodide.http`. C'est le navigateur qui va alors télécharger la ressource et la rendre disponible pour le reste du programme.

Les autres bibliothèques Python doivent être déclarées dans le fichier pyscript.toml avant de pouvoir être importées dans un script PyScript. Pour qu'une bibliothèque soit accessible dans l'interpréteur Pyodide (la version WebAssembly de Python utilisée par PyScript), elle doit répondre à l'une des conditions suivantes :

- être une bibliothèque Python pure, c'est-à-dire sans dépendances compilées depuis un autre langage comme C, C++ ou Rust ;
- avoir été spécifiquement compilée en WebAssembly (WASM) pour être compatible avec Pyodide.

En outre, toutes les dépendances de la bibliothèque doivent également être disponibles sous Pyodide.

Actuellement, la plupart des bibliothèques Python les plus populaires, telles que NumPy et Pandas, sont disponibles pour Pyodide. La liste complète des bibliothèques compatibles est mise à jour et accessible sur la page suivante : https://pyodide.org/en/stable/usage/packages-in-pyodide.html

Dans l'exemple suivant, nous utilisons la fonction `open_url` pour télécharger un fichier contenant les données des aéroports du monde entier. Nous employons ensuite Pandas pour pré-traiter ces données en filtrant les aéroports situés en France (ceux dont l'identifiant commence par LF) et en ajoutant des colonnes pour les coordonnées latitude et longitude. Enfin, nous utilisons Altair pour visualiser ces coordonnées.

Dans le fichier HTML, nous définissons les balises où les résultats seront affichés, nous référençons le fichier `pyscript.toml` pour spécifier les bibliothèques nécessaires, et le code Python est déplacé dans un fichier séparé nommé `main.py`.

```
<div id="altair-output"></div>
<div id="airport-codes"></div>

<script type="py" terminal></script>  <!-- pour l'affichage de print -->
<script type="py" config="pyscript.toml" src="main.py"></script>
```

Le fichier `pyscript.toml` déclare les bibliothèques Pandas et Altair :

```
description = "Une démonstration de l'utilisation de Pandas et Altair"
packages = ["altair", "pandas"]
```

Puis le code est disponible dans `main.py` :

```
from pyodide.http import open_url
from pyscript import display

import pandas as pd
import altair as alt
```

```
url = "https://<abrégé>/master/data/airport-codes.csv"

df = (
    pd.read_csv(open_url(url))
    .eval("""
latitude = coordinates.str.split(",").str[0].astype("float")
longitude = coordinates.str.split(",").str[1].astype("float")
""")
    .query("ident.str.startswith('LF') and longitude > -5 and longitude < 15")
)

display(df, target="airport-codes")  # affichage dans la balise <div>
print(df.query("ident.str.startswith('LF')").head())  # affichage dans le terminal

chart = (
    alt.Chart(df)
    .mark_point()
    .encode(latitude="latitude", longitude="longitude")
    .project("conicConformal", rotate=[-3, -46.5], parallels=[49, 44])
)

display(chart, target="altair-output")  # affichage dans la balise <div>
```

Le rendu de cette page est disponible sur la page web du livre.

23.3. L'interactivité dans le navigateur

L'intégration de Python dans une page web prend tout son sens lorsque des événements survenant sur la page peuvent déclencher des fonctions Python, qui peuvent à leur tour modifier le DOM (Document Object Model) de la page. Jusqu'à présent, nous avons seulement abordé la fonction `display`, qui permet de modifier une balise prédéfinie.

Pour faciliter l'interaction entre le navigateur et Python, plusieurs passerelles sont disponibles :

- le DOM est accessible en Python *via* `pyscript.document` ou le module `pydom`, ce qui permet de manipuler directement les éléments HTML ;
- l'objet `globalThis`, qui représente l'espace global du navigateur, est accessible *via* la variable `pyscript.window` ;
- tous les objets et fonctions Javascript, y compris `console.log` , sont accessibles depuis le module `js` ;
- les fonctions Python peuvent être intégrées à des fonctions Javascript *via* la fonction `pyscript.ffi.create_proxy` et les structures natives Python peuvent être converties *via* la fonction `pyscript.ffi.to_js`. Dans les exemples de ce livre, ces fonctions ne sont pas appelées explicitement (mais sont utilisées en interne).

L'interactivité peut être définie de deux manières différentes :

- soit du point de vue du DOM, on déclarera la fonction Python à appeler lors d'un événement à l'aide d'attributs qui correspondent au nom des événements :

```
<button py-click="demarrer" id="bouton_demarrer">Démarrer</button>
```

```
def demarrer(event):
    console.log(event)  # observer l'événement dans la console développeur
```

— soit à l'aide d'un décorateur dans le code Python (l'attribut `py-click` est alors superflu) :

```
from pyscript import when

@when("click", "#bouton_demarrer")
def demarrer(event):
    console.log(event)
```

Illustrons maintenant un projet un peu plus complexe. Dans le chapitre 12, nous avons expliqué comment développer des L-systèmes. Ici, nous allons créer une page web avec un menu déroulant permettant de sélectionner un L-système, qui sera ensuite tracé à l'aide d'une tortue graphique. Le code responsable du mouvement de la tortue, qui génère le dessin dans un élément SVG, est déjà fourni et sera exécuté par PyScript.

Pour que les imports fonctionnent, on déclare les fichiers dans le fichier `pyscript.toml` :

```
description = "Dessiner des fractales dans le navigateur"

[[fetch]]
from = "/"
files = ["svg.py", "tortle.py"]
```

Le squelette de la page HTML contient le menu déroulant ainsi qu'un champ où définir l'ordre de la fractale.

```
<select id="fractale" py-mouseup="tracer">  <!-- le nom de la fonction Python -->
  <option value="koch">Courbe de Koch</option>
  <option value="sierpinsky">Fractale de Sierpinsky</option>
  <option value="hilbert">Courbe de Hilbert</option>
  <option value="crystal">Cristal</option>
  <option value="snow_flake">Flocon de neige</option>
</select>

<input id="ordre" class="number-input" type="number" min="3" max="5" value="4"/>

<div id="dessin"></div>  <!-- où afficher le SVG -->

<script type="py" src="./main.py" config="./pyscript.toml"></script>
```

Le code Python des L-systèmes du chapitre 12 est modifié dans le champ `draw`. Les instructions de dessin sont légèrement différentes puisque la tortue graphique présentée ici propose déjà des fonctions `forward`, `left` et `right` :

```
import tortle
from js import document

sierpinsky = LSystem(
    axiom="F+G+G",
    rules=dict(F="F+G-F-G+F", G="GG"),
    order=5,
    draw={
        "F": lambda tortue: tortue.forward(10),
        "G": lambda tortue: tortue.forward(10),
        "+": lambda tortue: tortue.left(120),  # en degrés
        "-": lambda tortue: tortue.right(120),
    },
)

def lsystem(definition: LSystem, ma_tortue: tortle.Turtle, ordre: int) -> None:
    actions = reduce(
        rewrite_rules(definition.rules),
        range(ordre),
        definition.axiom,
    )
    # On lit les actions une par une pour appliquer la bonne méthode à la tortue
    for action in actions:
        definition.draw.get(action, lambda _: ())(ma_tortue)

# Chaque identifiant du menu déroulant "select" est relié à une instance de L-système
FRACTALES = {
    "koch": courbe_de_koch,
    "sierpinsky": sierpinsky,
    "hilbert": hilbert,
    "crystal": crystal,
    "snow_flake": snow_flake,
}

def tracer(event):
    # on récupère la valeur de l'ordre dans le champ correspondant
    ordre = int(document.querySelector("#ordre").value)

    tortle.Screen().restart()  # réinitialisation
    ma_tortue = tortle.Turtle()  # création de la tortue
    ma_tortue.speed(10)  # réglage de sa vitesse
    lsystem(FRACTALES[event.target.value], ma_tortue, ordre)  # tracé graphique
    tortle.done(target=document.querySelector("#dessin"))  # rendu du SVG dans le DOM
```

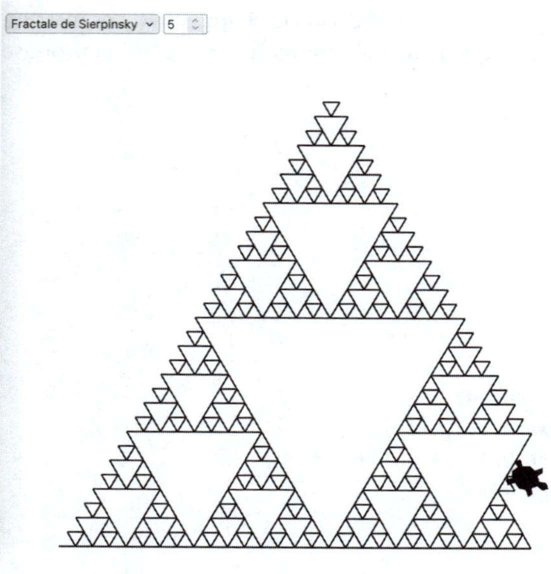

Figure 23.1 – Capture d'écran du rendu de la fractale de Sierpinsky. Le rendu graphique dynamique est disponible sur la page web du livre.

En quelques mots...

Le projet PyScript est encore très jeune à l'heure où ces pages sont écrites. Ce chapitre propose un simple aperçu de ces possibilités qui vont aller grandissant au fur et à mesure que de nouvelles bibliothèques seront compilées pour Pyodide.

La documentation en ligne est mise à jour très régulièrement et de nombreux autres exemples sont régulièrement rendus disponibles en ligne.

V

Développer un projet en Python

24

Manipuler des environnements Python

Un des défis principaux dans le développement logiciel, quel que soit le langage utilisé, est celui de la gestion des erreurs et des évolutions. Quand un utilisateur rapporte qu'une fonctionnalité est défaillante, il est important de pouvoir reproduire cette erreur. Il est important de pouvoir se placer dans le même environnement pour reproduire une exécution.

Plus largement, le développeur va chercher à définir des contraintes sur les versions des dépendances sur lesquelles il repose pour son projet. Cela inclut le type de système d exploitation utilisé, les versions des dépendances systèmes (avec notamment la libc sous Linux), la version Python utilisée (p. ex. 3.12.2), les versions des bibliothèques utilisées.

Ce chapitre présente les différents utilitaires offerts par l'environnement Python pour gérer des environnements de travail Python faciles à reproduire sur différentes plateformes.

24.1. Les modules et l'instruction `import`

Un module est une unité de nommage en Python qui correspond généralement à un fichier à l'extension `.py`. Cette unité de service peut contenir des constantes, des types, des classes, des fonctions, des exceptions.

L'instruction `import` permet de procéder à l'interprétation de code Python situé dans un fichier `.py`, de bytecode situé dans un fichier `.pyc` ou au chargement d'une bibliothèque statique ou dynamique (extensions `.so` sous Linux ou MacOS, `.dll` sous Windows).

Lors de l'exécution d'une instruction `import`, l'interpréteur recherche le module dans un fichier du même nom situé, par ordre de priorité :

- dans le dossier courant ;
- dans les dossiers situés dans la variable d'environnement `PYTHONPATH` ;
- dans les dossiers systèmes.

> **Attention !**
>
> Chaque module n'est importé qu'une seule fois par session. Si le contenu du module a changé et qu'on souhaite utiliser la nouvelle version, il faut redémarrer l'interpréteur.

24.2. Le gestionnaire de paquets pip

Le gestionnaire de paquets pip est un outil très efficace qui facilite l'installation de nouvelles bibliothèques. Il se charge :

- de placer tous les fichiers nécessaires au bon fonctionnement d'une bibliothèque dans les répertoires systèmes et/ou utilisateurs ;
- de gérer les dépendances et versions entre bibliothèques.

Pour la bibliothèque NumPy (☞ p. 69, § 5), la commande suivante installe la bibliothèque et ses dépendances afin que les exemples du chapitre suivant s'exécutent avec succès.

```
# Installation dans les répertoires systèmes
$ pip install numpy
# Mise à jour d'une version obsolète
$ pip install --upgrade numpy
```

> **Attention !**
>
> L'outil pip n'installe que des bibliothèques Python, qui peuvent être écrites en Python (et exécutables sur n'importe quelle architecture) ou compilées (pour une architecture particulière). Les bibliothèques externes à l'écosystème Python (par exemple des bibliothèques scientifiques C ou Fortran) doivent être installées séparément.

24.3. Les environnements virtuels

virtualenv est un outil utilisé pour créer des environnements virtuels isolés pour les projets Python. Chaque environnement virtuel est un espace indépendant qui contient sa propre installation de Python ainsi que ses bibliothèques. Cela permet de gérer les dépendances des projets sans qu'elles n'interfèrent les unes avec les autres.

L'outil facilite la gestion des projets, en évitant des conflits de versions et en isolant toutes les dépendances. La version de Python choisie doit être installée sur le système, mais le reste des dépendances pourra être installé avec pip.

```
$ virtualenv mon_environnement
```

Dans le répertoire d'un projet, il est courant d'utiliser le nom venv ou .venv pour créer un environnement virtuel.

Cette commande n'est exécutée qu'une seule fois, à la création de l'environnement virtuel. En revanche, par la suite, il conviendra d'utiliser l'une des deux commandes ci-dessus à chaque ouverture d'un nouveau terminal, avant de lancer l'exécutable Python :

```
$ source mon_environnement/bin/activate  # Linux/MacOS
# .\mon_environnement\Scripts\activate sous Windows
```

```
# puis
$ pip install numpy
$ python
Python 3.12.5 (main, Aug  6 2024, 19 08:49) [Clang 15.0.0 (clang-1500.3.9.4)] on darwin
Type "help", "copyright", "credits" or "license" for more information.
>>> import numpy as np
>>> np.__file__    # on peut vérifier où la bibliothèque a été installée
'[...]/mon_environnement/lib/python3.12/site-packages/numpy/__init__.py'
```

24.4. L'outil uv

uv est un outil qui se définit comme une suite logicielle, alternative ultra-performante (codée non pas en Python mais en Rust) à une série d'outils Python utilisés couramment pour la gestion des environnements et des projets Python. uv se définit comme un outil capable de remplir le rôle équivalent de cargo en Rust ou npm en Javascript.

C'est un outil encore jeune, en cours d'amélioration permanente. Il conviendra alors de se référer à la documentation en ligne (https://docs.astral.sh/uv/) pour suivre l'évolution des fonctionnalités à l'heure de la lecture de cet ouvrage.

Les principales fonctionnalités de uv comprennent :

— la **gestion des versions de Python** avec uv python

```
$ uv python install 3.10 3.11 3.12
```

Si la version de Python est déjà installée sur le système, il l'utilise directement, sinon il en télécharge une version. La liste des versions de Python déjà installée est disponible avec la commande uv python list.

— la **gestion des scripts Python** avec uv run : il est possible de lancer des scripts ou l'interpréteur Python *via* la commande uv run. Une version de Python par défaut est choisie, mais il est possible d'en spécifier une autre qui sera téléchargée si besoin

```
$ uv run python  # utilise la version par défaut
Python 3.12.5 (main, Aug  6 2024, 19:08:49) [Clang 15.0.0 (clang-1500.3.9.4)] on darwin
Type "help", "copyright", "credits" or "license" for more information.
>>>
$ uv run --python 3.13 python  # télécharge la version 3.13 si non disponilbe
Python 3.13.0rc2 (main, Sep  9 2024, 22:09:15) [Clang 18.1.8 ] on darwin
Type "help", "copyright", "credits" or "license" for more information.
>>>
```

On peut également passer des scripts Python en argument, voire même en utilisant l'entrée standard :

```
$ uv run salut_toi.py
Salut xo!
$ echo 'print("Salut '$USER'!")' | uv run -
Salut xo!
```

Si une dépendance est nécessaire, on peut utiliser l'option --with

```
$ echo 'import numpy; print(numpy.__file__)' | uv run -
$ echo 'import numpy; print(numpy.__file__)' | uv run --with numpy -
```

— la **gestion des environnements virtuels** avec uv venv et uv pip : uv venv est une solution de remplacement de virtualenv, et uv pip une solution de remplacement de pip. Les deux outils sont beaucoup plus rapides que leur contrepartie historique, grâce à une série d'optimisations astucieuses.

```
$ uv venv  # par défaut, avec l'argument .venv
Creating virtualenv at: .venv
Activate with: source .venv/bin/activate
$ source .venv/bin/activate
$ uv pip install numpy
Resolved 1 package in 58ms
Installed 1 package in 29ms
 + numpy==2.1.0
```

La création de l'environnement est beaucoup plus rapide qu'avec virtualenv. Une fois l'environnement chargé, on peut installé des dépendances avec uv pip.

— la **gestion des outils Python** avec uv tool et uvx : un certain nombre d'outils codés en Python nécessite d'avoir un interpréteur disponible, avec une liste de dépendances installées. Historiquement, l'outil pipx permet de créer des environnements virtuels dédiés à chaque outil pour installer l'outil dedans.

  L'outil uv tool propose la même fonctionnalité (en plus efficace et rapide). L'outil uvx[1] permet de tester un outil dans un environnement éphémère, sans avoir à l'installer. Par exemple, si on souhaite tester l'outil posting (https://github.com/darrenburns/posting), un client HTTP en ligne de commande avec interface textuelle, on peut utiliser les commandes suivantes.

```
$ uvx posting  # crée un environnement éphémère à chaque utilisation
$ uv tool install posting  # installer l'outil une fois pour toutes
$ posting  # puis exécuter l'outil
```

24.5. La distribution Anaconda

La distribution Anaconda est apparue afin de pallier les faiblesses de pip pour les bibliothèques Python qui nécessitent des dépendances tierces, développées hors de l'écosystème Python. Cela est d'autant plus pertinent que l'installation de telles dépendances sous Windows peut être compliquée.

La distribution Anaconda propose alors :

— un environnement Python complet, équipé des principales bibliothèques tierces utilisées par de nombreux utilisateurs ;
— le gestionnaire de paquets conda qui gère les dépendances Python (comme le fait pip) au même titre que les dépendances systèmes.

☞ Télécharger et exécuter l'application d'installation de la suite Anaconda sur la page web correspondante : https://www.anaconda.org/download. Les principales bibliothèques scientifiques (dont NumPy, Scipy et Pandas) sont alors déjà installées. Une alternative est d'installer l'outil minimaliste Miniconda qui ne contient qu'un interpréteur Python et l'outil conda.

1. uvx a été pensé comme l'équivalent de npx par rapport à npm run dans le monde JavaScript.

Pour installer une bibliothèque ou un outil, utiliser dans un terminal[2] la commande conda :

```
# Installation de l'environnement Jupyter Lab (Python)
$ conda install jupyterlab
# Installation de l'outil git (hors Python)
$ conda install git
```

Certains outils sont disponibles dans d'autres canaux, c'est-à-dire qu'ils ne sont pas préparés par l'équipe Anaconda mais dans le cadre d'autres initiatives. Le canal tiers conda-forge est à ce titre très complet https://conda-forge.org/ :

```
$ conda install -c conda-forge numpy
```

En dernier recours, si l'outil voulu n'est pas disponible à l'installation avec conda (c'est de moins en moins le cas), il est toujours possible d'utiliser l'outil pip.

24.6. Environnements de développement

Lors du développement d'un projet logiciel, quel que soit le langage, il est courant de trouver sur les dépôts Git des projets des fichiers verrous (*lock files*) avec l'extension .lock : ces fichiers, souvent au format TOML ou JSON, contiennent une entrée par dépendance logicielle avec un numéro de version et une empreinte de type SHASUM. Ils permettent, à l'aide d'un outil approprié, de reproduire l'environnement de travail du développeur, encapsulé dans un environnement virtuel.

Historiquement, les projets étaient fournis avec un fichier requirements.txt : on reproduit alors l'environnement avec la commande pip install -r requirements.txt. Ce fichier contient une ligne par dépendance, avec un nom de paquet et un numéro de version, suivant le format pandas >=2.2,3.0. L'inconvénient de cette approche est double : les versions sont définies sous la forme d'intervalles, mais les versions exactes de ces dépendances ne sont pas définies ni figées.

Dans les projets plus modernes, on utilise un fichier pyproject.toml (☞ p. 349, § 25) (avec des définitions par intervalles) et un fichier .lock à ajouter au dépôt de gestion de version (Git) pour permettre à un développeur tiers de reproduire l'environnement. Nous verrons dans le chapitre 25 comment uv procède pour créer un fichier uv.lock.

Le **projet Poetry** https://python-poetry.org/ (2018) fonctionne sur la base d'un fichier pyproject.toml et d'un fichier poetry.lock pour figer les numéros de version. On reproduira alors un environnement de développement en créant un environnement virtuel pour y installer le projet et ses dépendances avec la commande poetry install. L'environnement est créé dans un dossier *ad-hoc* qui dépend du système d'exploitation. On pourra lancer Python ou tout autre commande proposée par le projet en préfixant les commandes par poetry run (comme avec uv run) :

```
$ poetry run python
Python 3.12.2 (main, Feb 25 2024, 04:38:01) [Clang 17.0.6 ] on linux
Type "help", "copyright", "credits" or "license" for more information.
>>>
```

2. Sous Windows, ne pas ouvrir l'invite de commande classique, mais plutôt choisir l'outil « Anaconda Prompt » depuis le menu Démarrer.

Enfin, si l'objectif n'est pas de fournir un environnement de développement pour une bibliothèque, mais simplement de figer des versions pour une étude donnée, p. ex., sous forme de fichier Jupyter notebook, ou sous la forme d'un projet qui n'a pas vocation à être empaqueté, l'**outil Pixi** `https://pixi.sh/` (2023), également codé en Rust, est une option pertinente. Cet outil est entièrement basé sur Anaconda, et se base sur un fichier de définition `pixi.toml` et un fichier verrou `pixi.lock`. Par exemple, si on souhaite fournir un fichier au format Jupyter notebook, on pourra, dans le même dossier, appliquer les commandes suivantes :

```
$ pixi init
Initialized project in /home/xo/project/
$ pixi add jupyterlab ipyleaflet  # voire plus de dépendances si nécessaire
✓ Added jupyterlab
✓ Added ipyleaflet
$ pixi run jupyter lab  # on lance alors le serveur Jupyter dans un environnement dédié
$ pixi run python  # pour lancer le python de l'environnement pixi
Python 3.12.5 | packaged by conda-forge | (main, Aug  8 2024, 18:32:50) [Clang 16.0.6 ]
Type "help", "copyright", "credits" or "license" for more information.
>>>
```

On partagera alors, en même temps que le fichier notebook, les deux fichiers `pixi.toml` et `pixi.lock`. L'environnement, basé sur Anaconda, est créé dans un sous-dossier `.pixi/` : il suffit de supprimer ce dossier pour effacer toute trace de cet environnement.

En quelques mots...

Il est conseillé d'utiliser un environnement virtuel chaque fois que vous codez en Python ou utilisez un outil basé sur Python. Cela permet d'isoler les bibliothèques et dépendances utilisées dans chaque projet, évitant ainsi les conflits entre versions de bibliothèques. De plus, il existe de plus en plus d'outils qui simplifient la création et la gestion de ces environnements virtuels.

Les éditeurs de code comme Visual Studio Code offrent des fonctionnalités qui facilitent la gestion des environnements virtuels. Ils sont capables de les détecter automatiquement et permettent d'exécuter des scripts Python directement dans l'environnement virtuel sélectionné, garantissant ainsi que le bon contexte de travail est utilisé.

25

Publier une bibliothèque Python

Quels que soient la motivation et le public visé par un code informatique, l'objectif est généralement de reproduire les mêmes comportements et résultats sur des environnements de travail variés, pour des utilisateurs aux habitudes différentes.

Après avoir factorisé du code puis rendu les fonctionnalités aussi génériques que possible, il conviendra de donner suffisamment d'informations aux systèmes de packages afin que quiconque puisse recréer un environnement dans lequel exécuter les outils destinés à être partagés, en respectant notamment les particularités des systèmes d'exploitation et les dépendances logicielles nécessaires à la bonne marche du programme.

Ce chapitre présente alors dans l'ordre :

1. comment préparer et partager un paquet Python à installer sur des environnements de travail différents ;
2. comment isoler des informations spécifiques (répertoires vers des données privées, mots de passe) et les déplacer dans des fichiers de configuration ;
3. comment mettre en place des conventions pour partager le code source ;
4. comment publier un paquet sur les plateformes PyPI et conda-forge.

25.1. Le packaging Python selon le PEP 517

Historiquement, les spécifications d'un package Python étaient réunies dans un fichier nommé `setup.py`, qui reposait alors sur la bibliothèque intégrée `distutils`, aujourd'hui obsolète, puis sur la bibliothèque tierce `setuptools`, maintenue par la PyPA (Python Packaging Authority). `setuptools` est un package inclus par défaut dans de nombreux environnements.

Au fil du temps, de nouvelles bibliothèques de packaging ont été proposées, comme `poetry`, `hatchling` ou `uv`. Le PEP 517 propose alors une manière générique de définir des spécifications qui seront suivies par les outils de packaging, y compris `pip` (☞ p. 346, § 24.2).

Dans la plupart des projets open-source, on trouvera une arborescence qui comprend *a minima* les fichiers suivants :

- le fichier `pyproject.toml` est le fichier pivot défini par le PEP 517 qui contient la description des métadonnées du projet ;
- le fichier `README` ou `README.md` ou `README.rst` contient une description du projet, des exemples simples d'utilisation, des liens vers la documentation, la license d'utilisation. Il apparaît en général sur la page GitHub ou sur la page PyPI d'un projet ;
- le ficher `LICENSE` ou `LICENSE.txt` ou `LICENSE.md` contient le texte de la license d'utilisation du programme.

Attention !

Il est très maladroit de faire l'impasse sur la définition de la licence d'utilisation, notamment si le code est publié sur un dépôt public. Par défaut, l'absence de licence interdit toute réutilisation du code. Les outils en ligne comme GitHub accompagnent le développeur dans le choix de la licence d'utilisation.

On trouve encore parfois des fichiers qui sont devenus quasiment obsolètes aujourd'hui (mais qui fonctionnent toujours) :

- le fichier `setup.py` est le fichier historique, présent la plupart des bibliothèques les plus anciennes. Il décrit le processus de construction d'un paquet mais peut être quasiment considéré comme obsolète aujourd'hui ;
- le fichier `setup.cfg` fonctionne avec `setup.py` (souvent obsolète aussi) contient les spécifications du paquet, des métadonnées, et le chemin vers des fichiers à intégrer.

Dans le doute, l'installation d'un projet qui contient un fichier `pyproject.toml` ou `setup.py` dans un environnement courant fonctionnera avec la commande :

```
$ pip install .
```

25.2. Le packaging avec l'outil uv

L'outil uv déjà présenté dans le chapitre précédent propose également une fonctionnalité de gestionnaire de projet et de dépendances. Dans cette section, on cherche à empaqueter un projet `fip_textual` à partir de l'exemple de la partie 22.3. On peut créer notamment un projet (dont le résultat est disponible sur la page web du livre) par la commande :

```
$ uv init fip_textual
Adding `fip-textual` as member of workspace `/Users/xo`
Initialized project `fip-textual` at `/Users/xo/fip_textual`
$ cd fip_textual
$ ls
hello.py  pyproject.toml  README.md
$ uv add textual httpx pandas  # ajout des dépendances
[...]
```

Le fichier `pyproject.toml` contient quant à lui la description des métadonnées du projet :

```
[project]
name = "fip-textual"
version = "0.1.0"
license = "MIT"
description = "Affichage de l'historique des morceaux diffusés sur la radio FIP"
readme = "README.md"
requires-python = ">=3.13"
dependencies = [
  "httpx>=0.27.2",
  "pandas>=2.2.3",
  "textual>=0.83.0",
]
```

On peut alors remplacer le fichier `hello.py` par une architecture de projet. Une bonne pratique est de créer un dossier `src/` qui contient lui-même un dossier du nom du projet `fip_textual/`.

Dans un mode de développement, un utilisateur pourra tester la bibliothèque dans un environnement Python qui sera créé à la première exécution de la ligne suivante :

```
$ uv run python
Built fip-textual @ file:///Users/xo/fip_textual
Uninstalled 1 package in 1ms
Installed 1 package in 3ms
Python 3.13.0 (main, Oct  7 2024, 05:02:14) [Clang 16.0.0 (clang-1600.0.26.3)] on darwin
Type "help", "copyright", "credits" or "license" for more information.
>>> import fip_textual
```

Pour un exécutable destiné à être lancé sans faire référence à un interpréteur Python, on peut définir un *point d'entrée*. Si un point d'entrée est défini, l'outil construit des scripts exécutables et les place dans un dossier compatible avec la variable d'environnement `PATH`. Si on utilise des environnements virtuels, l'exécutable pour ce point d'entrée sera dans le dossier où sont situés également les exécutables tels que `python` et `jupyter`.

```
[project.scripts]
fip_textual = 'fip_textual:main'
```

```
$ uv run fip_textual
```

Une fois le développement terminé, on pourra alors installer le paquet :

— dans un environnement dédié :

```
$ pip install .  # ou uv pip install .
```

— dans l'espace global :

```
$ uv tool install .
```

On peut également préparer une archive à partager sur une autre machine. Les archives des paquets Python peuvent être :

— des archives sources au format `.tar.gz` ;

— des archives construites pour lesquelles on préfère souvent le format `.whl` (pour *wheel*).

Suivant les cas, l'archive `wheel` sera universelle, dans le cas d'un code intégralement en Python, mais elle peut également être spécifique à une architecture, si elle contient du code compilé (☞ p. 381, § 28).

```
# Construction des paquets (avec le module hatchling)
uvx hatchling build
# Installation du paquet
pip install dist/fip_textual-0.1.0-py3-none-any.whl  # ou uv pip ...
```

> ✧ **Bonnes pratiques**
>
> S'il y a un risque :
> - de conflit de nom entre un point d'entrée et un outil déjà installé,
> - de conflit d'installation ou d'exécution entre plusieurs environnements virtuels [a],
>
> il est alors possible de lancer l'application avec l'option `-m` de Python, qui utilise le fichier `__main__.py` parfois présent dans les projets :
>
> ```
> # pour s'assurer que le paquet est bien installé pour la version courante
> $ python -m pip install httpx
> # pour s'assurer que Jupyter est lancé avec la bonne version de Python
> $ python -m jupyter lab
> ```
>
> *a.* En théorie, cela ne devrait pas se produire ; mais on n'est jamais assez préparé face à la pratique !

25.3. La gestion des fichiers de configuration

Il y a des paramètres qui n'ont pas leur place dans un code source publié ou en production, par exemple les mots de passe, les certificats pour se connecter à des services en ligne, des fichiers volumineux de données ou des paramètres de configuration personnalisés : une période de rafraîchissement, une couleur de fond, un choix de police de caractères, etc.

Il existe plusieurs manières de procéder pour permettre à un utilisateur de configurer son environnement de travail dans une bibliothèque tierce :

- les paramètres passés en argument d'un outil en ligne de commande (☞ p. 323, § 22.2, sauf pour les mots de passe) ;
- les variables d'environnement : la bibliothèque `requests` par exemple lit les variables d'environnement, dont `http_proxy` pour ajuster de manière transparente les paramètres de connexion ;

  ```
  >>> os.environ['http_proxy']
  "http://proxy.corporate.com:3128"
  ```

- l'utilisation de fichiers de configuration : le format de ces fichiers est libre (XML, JSON, yaml, etc.) mais Python utilise couramment un format plus simple, à décoder avec la bibliothèque `configparser`.

Prenons par exemple le fichier `exemple.cfg` suivant :

```
[global]
refresh = 12 minutes
proxy = http://proxy.corporate.com:3128

[github]
user = xoolive
password = azerty123
```

Avec la bibliothèque intégrée configparser :

```
>>> import configparser
>>> config = configparser.ConfigParser()
>>> _ = config.read("exemple.cfg")
>>> config.sections()
['global', 'github']
>>> config['github']['password']  # ce mot de passe est un troll, évidemment...
'azerty123'
>>> pd.Timedelta(config['global'].get('refresh', "10 minutes"))
Timedelta('0 days 00:12:00')
```

Cet outil laisse néanmoins ouverte la question de l'emplacement où stocker le fichier de configuration. Les conventions autour des emplacements où stocker des fichiers de configuration dépendent du système d'exploitation. La bibliothèque appdirs[1] permet de définir les dossiers de manière générique :

```
>>> import appdirs
>>> appdirs.user_config_dir("fip_textual")
# Sous Linux
'/home/xo/.config/fip_textual'
# Sous MacOS
'/Users/xo/Library/Preferences/fip_textual'
# Sous Windows
'C:\\Users\\xo\\AppData\\Roaming\\fip_textual'
```

✧ Bonnes pratiques

Si le fichier de configuration attendu n'existe pas, il peut être apprécié de générer à l'emplacement attendu un fichier de configuration documenté avec des valeurs vides.

```
config_template = Path("config_template.cfg").read_text()
config_file = Path(appdirs.user_config_dir("fip_textual")) / "exemple.cfg"
if not config_file.exists():
    if not config_file.parent.is_dir():
        msg = f"Le chemin {config_file.parent} devrait être un dossier"
        raise RuntimeError(msg)
    config_file.write_text(config_template)
config.read(config_file)
```

25.4. Publier du code source

Les plateformes en ligne comme GitHub ou GitLab contribuent à démocratiser tous les jours un peu plus les pratiques de développement du logiciel open source, à encourager les interactions entre utilisateurs et développeurs, pour relire du code, signaler des erreurs, les corriger voire proposer des améliorations.

Le problème des conventions de codage peut se poser assez vite, surtout quand le développement logiciel est collaboratif. Les grandes entreprises ont longtemps publié des manuels

1. https://github.com/ActiveState/appdirs

à usage interne pour prescrire des conventions de nommage, d'indentation, de nombre de caractères par lignes, etc.

Dans le monde Python, le PEP 8 propose dès 2001 des recommandations de style pour le code Python, en recommandant notamment l'usage de quatre espaces au lieu de tabulations. Afin de faire respecter ces recommandations, différents outils ont été développés :

- des *linters* pour analyser le code et signaler des écarts par rapport aux conventions ;
- des *formatters* pour réécrire le code en suivant des règles prédéfinies.

Il est possible de paramétrer des options pour ces outils dans le fichier `pyproject.toml`. On peut exécuter ces outils en ligne de commande, ou les intégrer dans les éditeurs de code modernes, qui savent trouver les fichiers de configuration et intégrer les messages d'erreurs produits dans leur environnement.

Ruff est un outil moderne (construit en Rust) conçu pour analyser et corriger rapidement du code source. Il détecte une variété de problèmes courants tels que des erreurs de syntaxe, des variables inutilisées, ou des imports incorrects. Contrairement à d'autres linters comme `flake8` ou `pylint`, Ruff est conçu pour être extrêmement performant, capable d'analyser de grandes bases de code en un temps très réduit. En plus de sa fonction de linter, Ruff inclut également des fonctionnalités de formatage de code, similaires à des outils comme `black` ou `isort`.

L'ajout de `ruff` dans un projet se fait dans la section des dépendances optionnelles de `uv` : ces dépendances sont présentes dans l'environnement de développement (ajoutés après lancement de `uv run` ou de `uv sync`), mais pas dans les métadonnées du projet publié :

```
$ uv add --dev ruff
```

```
[tool.uv]
dev-dependencies = ["ruff==0.5.0"]
```

Il est préférable de spécifier de manière explicite le type de règles que l'on veut appliquer sur un jeu de code : le jeu suivant est plutôt standard. On peut également fixer la longueur maximale de ligne, ainsi que la version de Python que l'on souhaite viser. Il convient de garder une version cible plutôt basse par souci de compatibilité, sauf si certains des nouveaux éléments de syntaxe sont indispensables au projet.

Il est recommandé de définir explicitement les règles que l'on souhaite appliquer lors de l'analyse du code (la section suivante a sa place dans un fichier `pyproject.toml`), en choisissant un ensemble de règles standards adaptées à vos besoins. Il est également recommandé de spécifier une longueur maximale de ligne pour respecter des conventions de style et de définir la version de Python que vous ciblez. On choisit généralement une version de Python relativement ancienne pour maximiser la compatibilité avec d'autres environnements.

```
[tool.ruff]
lint.select = [
  "E",   # erreurs
  "W",   # pycodestyle
  "F",   # pyflakes
  "I",   # tri des imports
  "RUF", # règles spécifiques Ruff
]
line-length = 80
target-version = "py39"
```

Ruff propose alors deux commandes :

```
$ ruff check  # avec éventuellement l'option --fix, pour le linting
$ ruff format  # avec éventuellement l'option --check, pour le formatage
```

25.5. Publier des paquets Python

L'outil pip fonctionne en recherchant des paquets sur le site https://pypi.org/. Deux situations peuvent se produire d'une manière générale :

— Pour les bibliothèques universelles, codées intégralement en Python, l'outil pip accède au repository PyPI, installe les dépendances Python, puis télécharge et installe le *.whl* correspondant à la dernière version, s'il est présent ; sinon, il télécharge le *.tar.gz* source et l'installe. ☞ voir https://pypi.org/project/requests/#files

— Pour les bibliothèques compilées, un fichier *.whl* par version de Python et par système d'exploitation est disponible. L'outil pip installe les dépendances, puis télécharge la version du *.whl* correspondant à la bonne architecture si elle est présente ; sinon, il télécharge le *.tar.gz* source, le compile (à condition que les dépendances systèmes soient présentes) et l'installe. ☞ voir https://pypi.org/project/numpy/#files

Pour publier un paquet sur PyPI, on peut utiliser l'outil `twine` dédié à cet effet.

```
$ uvx twine upload dist/*
```

L'outil conda gère également les dépendances, y compris celles qui sortent de l'écosystème Python. Il est possible de publier un paquet conda sur la plateforme `conda-forge`, mais le processus sort du cadre de cet ouvrage. Mentionnons néanmoins deux conditions nécessaires à la publication sur `conda-forge` : toutes les dépendances doivent être accessibles sur `conda-forge` et l'outil doit être accessible sur pip. Une fois le paquet publié, la mise à jour à partir des nouvelles versions publiées sur pip est quasi automatique.

En quelques mots...

On considère comme bonne pratique d'automatiser tout le processus de publication d'un paquet. Une fois le code source référencé sur une plateforme comme GitHub, il est possible de mettre en place des actions à faire exécuter en fonction de différents événements.

À titre personnel, j'ai l'habitude :

— de lancer une vérification du style (avec les outils `ruff`) ainsi qu'une analyse statique (☞ p. 367, § 27) au moment du `git commit`. Ce processus est automatisable avec des outils comme `pre-commit` ;

— d'exécuter les tests unitaires (☞ p. 360, § 26.2) sur GitHub Actions après chaque commande `git push`, et à chaque demande de *pull request*. Il est possible de lancer des tests sur différentes plateformes et versions de Python ;

— de programmer une mise à jour de la documentation (☞ p. 364, § 26.3) après chaque `git push`. Suivant la maturité du projet et de la documentation, il peut être pertinent de programmer une mise à jour à chaque incrément de version ;

— d'automatiser la construction et la publication des paquets sur PyPI à chaque incrément de version.

26

Mettre en place un environnement de tests

Beware of bugs in the above code ; I have only proved it correct, not tried it, « Attention aux erreurs dans le code ci-dessus ; je n'ai fait que prouver qu'il était correct, je ne l'ai pas testé » est un extrait de la correspondance de Donald Knuth qui rappelle que, même avec toutes les précautions du monde prises lors de l'écriture de code informatique, le test reste un outil incontournable pour vérifier son bon fonctionnement.

Le test unitaire est le moyen le plus direct de vérifier qu'un programme se comporte comme il a été spécifié. Même un code prouvé de manière formelle, vérifié par analyse statique (☞ p. 367, § 27), mérite d'être testé de manière systématique pour s'assurer que toutes les branches fonctionnent comme elles ont été spécifiées.

Il existe plusieurs types de tests : nous allons nous concentrer dans ce chapitre sur les *tests unitaires*, dont l'objet est de vérifier le fonctionnement de petites unités de code. Les scénarios plus complexes sont le sujet d'autres types de tests (les tests d'intégration par exemple).

Ce chapitre est consacré à trois pratiques logicielles qui tournent autour du test unitaire : la journalisation existe en dehors des environnements de tests, mais elle est d'une grande aide pour identifier les causes d'un comportement défectueux. La deuxième partie est consacrée à la bibliothèque Pytest, qui intègre un environnement de tests à un projet Python : elle est basée sur des fonctions particulières et des assertions à vérifier.

La bibliothèque Pytest s'intègre bien au module `doctest` (☞ p. 32, § 2.5) utilisé pour intégrer des cas d'utilisation dans une documentation, sous une forme compatible avec des tests unitaires. La dernière section donnera alors des pistes pour publier une documentation associée à un projet Python.

26.1. La journalisation avec le module `logging`

La journalisation est un mécanisme qui permet de suivre le fonctionnement d'un programme, de vérifier les branches empruntées par une exécution et de diagnostiquer des erreurs. C'est la version « sérieuse » du `print("coucou")` dans un programme.

Les messages `print()` sont souvent mal positionnés par le programmeur débutant, qui peut parfois confondre la fonction `print` et l'instruction `return`. Les messages `print()` peuvent être d'une grande aide pour identifier un problème dans un code si l'utilisation d'un *debugger* n'est pas d'actualité, mais l'étape qui suit la résolution des problèmes est souvent la suppression des messages d'erreurs, parce que leur affichage obère la performance du programme.

On utilise la journalisation, *via* le module `logging`, dans tous les cas où un message `print` aurait du sens. On dispose de plusieurs niveaux de criticité d'un message, et d'un niveau seuil à partir duquel on affiche les messages, dans le terminal, ou dans un fichier de journalisation (on utilise souvent l'extension `.log`).

Les cinq niveaux de criticité du module `logging` sont :

— `DEBUG`, pour un diagnostic très poussé et détaillé ;
— `INFO`, pour suivre la trace d'exécution du programme ;
— `WARNING`, pour signaler des cas pour lesquels le programme peut s'exécuter, mais sous des conditions dégradées (espace disque faible, régression linéaire à partir de deux points, utilisation de données potentiellement incohérentes, etc.) ;
— `ERROR`, pour une action qui ne peut pas s'exécuter ;
— `CRITICAL`, pour les problèmes les plus graves.

Les messages de journalisation peuvent être dispatchés dans le code :

```
import logging
import requests

def titres_du_monde():
    logging.info("Connexion au site du Monde")
    content = requests.get("https://www.lemonde.fr/")
    try:
        content.raise_for_status()
    except Exception:
        logging.exception("Erreur de connexion")
    if "<a>" not in content.text:
        msg = "Le contenu du site ne semble pas contenir de lien hypertexte"
        logging.warning(msg)
    return extraire_titres(content.text)
```

Lors de l'exécution du code, le seuil par défaut est `WARNING` : tous les messages au moins aussi critiques sont affichés :

```
>>> titres_du_monde()
WARNING:root:Le contenu du site ne semble pas contenir de lien hypertexte
```

En changeant le niveau de seuil des messages de journalisation, on accède également aux messages posés par les bibliothèques tierces auxquelles on fait appel. Ici, c'est la bibliothèque standard `urllib3`, au-dessus de laquelle est construite `requests`, qui affiche des messages.

```
>>> logging.basicConfig(level=logging.DEBUG)
>>> titres_du_monde()
INFO:root:Connexion au site du Monde
DEBUG:urllib3.connectionpool:Starting new HTTPS connection (1): www.lemonde.fr:443
DEBUG:urllib3.connectionpool:https://www.lemonde.fr:443 "GET / HTTP/1.1" 200 None
```

Il est également possible de rediriger systématiquement les messages d'erreur vers un fichier de journalisation, en spécifiant le format d'affichage des messages avec des balises. On précise alors souvent :

— le nom du programme name ;
— le niveau de journalisation levelname ;
— l'horodatage asctime ;
— le message en lui-même message.

```
logging.basicConfig(
    filename='app.log', filemode='w', format='%(name)s - %(levelname)s - %(message)s'
)
```

✧ Bonnes pratiques

Lors de la création d'un outil en ligne de commande (☞ p. 321, § 22), on utilise souvent l'option -v/--verbose pour afficher des messages de journalisation. Une pratique courante est de déplacer le seuil en fonction du nombre de -v passés en paramètres : -v pour le niveau INFO, -vv pour le niveau DEBUG, etc.

L'outil click (☞ p. 323, § 22.2) propose cette option avec le paramètre count=True :

```
@click.option("-v", "--verbose", count=True, help="Niveau de verbosité")

# puis dans la fonction main()
if verbose == 1:
    logging.basicConfig(logging.INFO)
elif verbose > 1:
    logging.basicConfig(logging.DEBUG)
```

La documentation officielle [1] du module logging décrit des modes de fonctionnement plus avancés quant à la redirection de différents niveaux de journalisation vers différentes sorties (terminal, fichiers, *sockets*, etc.).

La bibliothèque structlog https://www.structlog.org/ est une bibliothèque Python conçue pour simplifier et améliorer la gestion des logs dans le code, y compris dans les architectures asynchrones. Contrairement aux bibliothèques de logging traditionnelles, structlog permet de structurer les logs sous forme de données plutôt que de simples chaînes de texte, comme le montre ce premier exemple de la documentation.

```
>>> import structlog
>>> log = structlog.get_logger()
>>> log.info("hello, %s", "world", key="value", more=[1, 2, 3])
2022-10-07 10:41:29 [info     ] hello, world   key=value more=[1, 2, 3]
```

Cela rend les logs plus faciles à analyser et à interpréter, surtout lorsqu'ils sont envoyés à des systèmes de gestion de logs ou des bases de données. En combinant une grande flexibilité avec une simplicité d'utilisation, structlog permet d'enrichir les logs avec des informations

1. https://docs.python.org/fr/3/howto/logging.html

contextuelles pertinentes, d'appliquer des transformations, et de formater les données (par exemple au format JSON) et leur rendu dans le terminal (si la bibliothèque Rich est installée).

Les possibilités de configuration de `structlog` sont extrêmement riches, mais on peut par exemple configurer `structlog` pour un rendu JSON, avec des horaires au format UTC :

```
>>> structlog.configure(
...     processors=[
...         structlog.processors.add_log_level,
...         structlog.processors.CallsiteParameterAdder(
...             { structlog.processors.CallsiteParameter.LINENO }
...         ),
...         structlog.processors.TimeStamper(fmt="%H:%M:%S %Z"),
...         structlog.processors.JSONRenderer(),
...     ]
... )
>>> log = structlog.get_logger()
>>> log.info("Un message JSON")
{"event": "Un message JSON", "level": "info", "lineno": 1, "timestamp": "21:42:36 UTC"}
```

26.2. Les tests unitaires avec Pytest

Pytest est à la fois une bibliothèque et un outil en ligne de commande. L'outil recherche dans l'arborescence courante des fichiers Python sur le modèle `test_*.py` pour exécuter toutes les fonctions dont le nom contient le mot-clé `test_`.

On peut par exemple ajouter à notre projet `fip_online` du chapitre précédent un dossier `tests` qui contiendra un certain nombre de tests unitaires. Une possibilité est d'écrire un fichier par module testé. On peut alors tester deux fonctions utilitaires que nous avions écrites :

```
from ..core.utils import readtime, wrap

def test_readtime() -> None:
    ts = readtime(1609459200, tz="UTC")
    assert ts == "00:00"
    ts = readtime(1609459200, tz="CET")
    assert ts == "01:00"
def test_wrap() -> None:
    # On teste toutes les branches de la fonction:
    assert wrap("tester", 7) == "tester"  # cas len(text) > size
    assert wrap("tester", 6) == "tester"  # cas limite len(text) == size
    assert wrap("tester", 5) == "te..."   # cas len(text) < size
```

On peut ensuite utiliser la commande `pytest` depuis la racine du projet :

```
$ pytest
=========================== test session starts ==============================
collected 2 items

fip_online/tests/test_coreutils.py ..                                   [100%]
============================== 2 passed in 0.61s ===============================
```

L'exécutable parcourt l'arborescence, ouvre le fichier Python qui contient les tests et affiche un caractère `.` si le test est réussi, et un `F` si le test échoue. Par exemple, avec une erreur sur le cas limite dans la fonction `wrap` :

```
fip_online/tests/test_coreutils.py .F                                    [100%]

=================================== FAILURES ===================================
__________________________________ test_wrap ___________________________________

    def test_wrap() -> None:
        assert wrap("tester", 7) == 'tester"
>       assert wrap("tester", 6) == 'tester"
E       AssertionError: assert 'tes...' == 'tester'
E         - tester
E         + tes...

fip_online/tests/test_coreutils.py:13: AssertionError
=========================== short test summary info ============================
FAILED fip_online/tests/test_coreutils.py::test_wrap - AssertionError: assert...
========================= 1 failed, 1 passed in 2.07s ==========================
```

Par souci d'efficacité, lors d'une nouvelle exécution des tests unitaires, Pytest commencera par exécuter les fonctions qui ont causé une erreur avant celles qui fonctionnaient déjà.

Attention !

Dans sa version d'origine (☞ p. 316, § 21.2), la fonction `readtime` prenait en compte le fuseau horaire du système sur lequel la fonction est lancée.

Dans un contexte de test unitaire, où aucune hypothèse ne peut être faite sur le fuseau horaire de la machine qui va exécuter les tests, il est préférable d'ajouter un argument par défaut et de le spécifier au moment du test unitaire.

Intégration avec les tests `doctest`. Si le code des fonctions contient déjà des tests unitaires dans la documentation intégrée (☞ p. 32, § 2.5), il est possible de passer à `pytest` l'option `--doctest-modules`.

```
$ pytest --doctest-modules
[...]

fip_online/core/utils.py .                                               [ 33%]
fip_online/tests/test_coreutils.py ..                                    [100%]
```

On peut passer cet argument par défaut dans le fichier `setup.cfg` :

```
[tool:pytest]
addopts = --doctest-modules
doctest_optionflags = NORMALIZE_WHITESPACE ELLIPSIS
```

Gestion des exceptions. Il est possible de tester le bon fonctionnement d'exceptions à l'aide du gestionnaire de contexte `pytest.raises`. Celui-ci signale une erreur à Pytest si l'exception donnée n'est pas levée.

```
    def test_division_par_zero():
        with pytest.raises(ZeroDivisionError):
            _ = 1 / 0
        with pytest.raises(ZeroDivisionError):
>           _ = 1 / 1
E           Failed: DID NOT RAISE <class 'ZeroDivisionError'>
```

✧ Bonnes pratiques

Dans les doctests, on utilise une syntaxe elliptique (voir le mot-clé `ELLIPSIS` dans le fichier de configuration ci-dessus) qui est utilisée dans tous les exemples le long de cet ouvrage : les trois points ... sont valides vis-à-vis de n'importe quelle chaîne de caractères passée en entrée.

```
>>> 1 / 0
Traceback (most recent call last):
...
ZeroDivisionError: division by zero
```

On peut également utiliser ces ellipses dans des contextes où la sortie produite est trop longue à écrire ou impossible à prédire (représentations par défaut) :

```
>>> dict((i, str(i)) for i in range(100))
{0: '0', 1: '1', 2: '2', ... 99: '99'}
>>> class C:
...     pass
>>> C()
<__main__.C object at 0x...>
```

Tests paramétrés. Une bonne couverture de tests passe souvent par la génération de cas exemples pour lesquels on souhaite vérifier des invariants. On peut alors paramétrer des tests en décrivant comment générer des arguments. Dans l'exemple ci-dessous, les deux arguments `x` et `sign` sont tirés parmi les éléments fournis par l'itérable `zip` suivant (☞ p. 195, § 14) :

```
@pytest.mark.parametrize("x, sign", zip(range(10), itertools.cycle([1, -1])))
def test_parametres(x, sign):
    assert (-1) ** x == sign
```

Configuration, préconditions et postconditions. Le schéma général d'exécution de tests unitaires reproductibles suit les quatre étapes suivantes :

- l'initialisation, qui consiste à préparer l'environnement de tests ;
- l'exercice, soit l'exécution des tests ;
- la vérification, faite en Pytest avec l'instruction `assert` ;
- la désactivation, pour retrouver l'état initial du système.

L'initialisation et la désactivation peuvent se faire dans un fichier nommé `conftest.py`, où l'on définit ces comportements et paramètres communs à l'ensemble des tests. Il est possible de factoriser ces réglages par sous-arborescence : on aura souvent un fichier `conftest.py` à la racine du projet, mais il est possible de préciser les réglages dans d'autres fichiers `conftest.py` plus bas dans l'arborescence des fichiers de tests.

Un fichier `conftest.py` contient différents types de fonctions et paramètres, notamment des fonctions *hooks*, pour personnaliser les processus de configuration et de désactivation, et des fonctions *fixtures* dont certaines sont utilisées pour programmer des comportements « bouchons » intelligents appelés *mocks* en anglais.

Par exemple, on pourra utiliser le fichier `conftest.py` pour paramétrer un dossier de cache particulier, spécifique pour les tests unitaires, dans la fonction *hook* `pytest_configure` :

```
from . import settings

def pytest_configure(config):
    # la variable config.rootdir est positionnée par pytest
    settings.cache_dir = Path(config.rootdir) / "tests" / "cache"
    logging.warning(f"Dossier de cache: {settings.cache_dir}")
```

Fixtures. Les fonctions *fixtures* permettent de partager des configurations particulières entre fonctions de test. Il est courant de définir ces fonctions dans le fichier `conftest.py`, ce qui permet également d'alléger les exemples d'utilisation dans la documentation `doctest`.

Le paramètre `scope` précise que la fonction ne sera exécutée qu'une seule fois (et mise en cache pour les autres appels) par `function`, `class`, `module`, `package` ou `session`.

```
@pytest.fixture(scope="package")
def session():
    return requests.Session()

def test_getdata(session):
    result = session.get("https://www.google.fr/")
    result.raise_for_status()
    assert result.status_code == 200
```

Les objets *mocks* sont des « bouchons » intelligents utilisés pour simuler des situations difficiles à reproduire, notamment des accès à des bases de données, à des services web qui peuvent renvoyer une valeur dont on ne peut pas prédire le contenu. Les objets *mocks* sont alors conçus pour remplacer par *monkey-patch* (☞ p. 231, § **15.5**) le comportement de fonctions au comportement critique : ceci permet d'écrire des tests fiables et reproductibles pour s'assurer du bon fonctionnement général du logiciel, même dans ses parties critiques.

Le cas des services web est l'un des plus courants : pour notre application `fip_online`, pour tester un contenu qui dépend de ce qui est renvoyé par l'API de Radio France, on va remplacer les appels web par des appels à des valeurs fixées pour les tests. Dans l'exemple suivant, l'objet `MockResponse` va remplacer le retour de la fonction `requests.get`

On crée alors un objet `Mock` pour faire du *monkey-patching* (☞ p. 231, § **15.5**) sur la fonction `requests.get` et remplacer les appels réseau par des données qui permettent de reproduire les tests.

```
class MockResponse:
    @staticmethod
    def raise_for_status():
        pass

    @staticmethod
    def json():
        # On a stocké dans le fichier JSON la réponse à un appel à l'API
        txt = Path("fip_sample.json").read_text()
        return json.loads(txt)

@pytest.fixture
def mock_response(monkeypatch):
    """Requests.get() renverra le dictionnaire ci-dessus."""
    def mock_get(*args, **kwargs):
        return MockResponse()
    monkeypatch.setattr(requests, "get", mock_get)

def test_api(mock_response):
    result = requests.get(api_points["FIP"])
    result.raise_for_status()
    json = result.json()
    assert "steps" in json.keys()
    assert len(json["steps"]) > 4  # ou d'autres tests mieux choisis
```

26.3. Publier une documentation avec sphinx

La *lingua franca* des systèmes de documentation pour les bibliothèques Python est le système Sphinx https://www.sphinx-doc.org/. En général, un projet de documentation commence dans un dossier à part, soit indépendant, soit intégré au projet : on choisit alors souvent le nom de dossier docs/ pour démarrer l'infrastructure avec la commande suivante :

```
$ sphinx-quickstart
Welcome to the Sphinx 3.1.2 quickstart utility.
[...]
> Separate source and build directories (y/n) [n]: y

The project name will occur in several places in the built documentation.
> Project name: fip_online
> Author name(s): Xavier Olive
> Project release []: 0.1
[...]
$ ls
build/  make.bat  Makefile  source/
$ ls source
conf.py  index.rst  _static/  _templates/
```

Parmi les fichiers générés, le dossier courant contient un Makefile, et le dossier source contient un fichier de configuration conf.py avec les informations demandées et un démarrage de page d'accueil, au format reSt*(ructuredText)*.

Il est donc possible de démarrer la rédaction de la documentation dans cette page. On peut alors écrire du code, afficher des images (à placer dans le dossier `_static`) et faire des liens avec d'autres pages dans le même document.

L'intérêt de l'infrastructure `sphinx` vient de son système de plugins qui permet de générer du contenu pour la documentation de manière automatique. Le plus célèbre est le module `autodoc` qui génère des pages de documentation à partir des docstrings des fonctions, classes et modules.

On peut générer les pages web avec la commande :

```
$ make html
```

La page d'accueil du site de documentation est alors `build/html/index.html`, à ouvrir avec un navigateur web. Une fois les pages de documentation satisfaisantes, on peut ajouter le dossier `docs/` (à l'exception du sous-dossier `build/`) dans le système de contrôle de version.

Certains sites web proposent des services en ligne pour héberger le résultat des pages web de la documentation produite par des actions programmées : les principaux services sont les GitHub Pages (qui hébergent la page web de ce livre) et https://readthedocs.org/

En quelques mots...

La mise en place d'un framework complet de suivi des versions, des tests unitaires et de la documentation est un travail qui peut paraître fastidieux, mais qui reste une étape nécessaire avant de publier un projet de qualité. La documentation reste la vitrine du projet, le point de chute d'utilisateurs potentiels de la bibliothèque qui décideront de poursuivre l'aventure ou non en fonction du contenu de ces pages.

Les tests unitaires sont également gages du sérieux de votre travail, leur mise en place sur des environnements virtualisés ou des conteneurs (cachés derrière les plateformes en ligne GitHub Actions ou Travis) permet de clarifier la procédure d'installation pour la documentation, et de s'assurer de son bon fonctionnement sur un vaste éventail de configurations.

Les outils d'assistance à la gestion de projets évoluent très vite. Il est recommandé de surveiller les outils mis en place pour accompagner le développement de nos bibliothèques préférées.

27

Annotations et typage statique

Python est un langage fondamentalement dynamique. Toutes les variables manipulées par un programme peuvent, sur le papier, être passées en argument de n'importe quelle fonction ou méthode. Le contrôle est alors assuré pendant l'exécution par les exceptions : c'est le style de programmation EAFP (*Easier to Ask for Forgiveness than Permission*).

Dès les premières lignes de cet ouvrage, nous avons fait le choix de tirer profit du PEP 526 sur les annotations à des fins de documentation, pour clarifier les variables manipulées dans les exemples de code. C'est le premier cas d'utilisation des annotations : **documenter le code**, fournir des indications supplémentaires pour assister à la fois le rédacteur du code et l'utilisateur final. On notera notamment les différentes possibilités fournies pour annoter une même variable :

```python
angle: float = 3.14
angle: "radians" = 3.14
```

```python
radians = float
angle: radians = 3.14
```

L'annotation `float` est « vraie ». Au fond, elle n'apporte pas grand-chose de plus que ce qui est déjà lisible dans le code : une nouvelle variable qui prend la valeur 3.14 est probablement de type flottant. Une annotation peut contenir n'importe quel élément de syntaxe Python valide, notamment une chaîne de caractères. Annoter la variable `angle` avec la chaîne de caractères `"radians"` est plus utile au développeur que l'annotation `float`, et se substitue alors à un commentaire du type « valeur de l'angle en radians ». Écrire `radians = float` permet de combiner les deux approches : le « vrai » (angle est de type `radians`, donc `float`) et la sémantique (on manipule une valeur d'angle en radians).

27.1. L'outil Mypy

Aujourd'hui, les géants du logiciel dépensent des fortunes pour produire des outils capables d'analyser le code, les annotations fournies et de **rechercher les incohérences avant l'exécution du code**. On appelle cette discipline l'*analyse statique* : on analyse le code non pas de manière dynamique à l'exécution, mais de manière statique avant de lancer le code [1].

1. Dans les langages compilés, c'est une étape qui a lieu en général avant la compilation.

À ce jour, les outils les plus répandus sont Mypy `https://mypy.readthedocs.io` (Dropbox) et Pyright `https://github.com/Microsoft/pyright` (Microsoft). Ces deux outils sont facilement intégrables dans les éditeurs de code classiques (VS Code, Vim, Sublime Text, Emacs, etc.)

L'idée est de pouvoir signaler au développeur les incohérences au moment où il écrit le code. L'objectif est de permettre au développeur, à l'image d'un correcteur orthographique, de corriger ces petites erreurs sans avoir à lancer le programme, lequel pourrait ne pas passer par les lignes problématiques.

```
radians = float
angle = 3.14
# plus loin...
angle = "radians"  # <<= l'éditeur devrait soulever une incohérence!
```

L'outil Mypy, en ligne de commande, permet de détecter cette incohérence. Les éditeurs de texte comme VS Code vont lancer Mypy (ou Pyright) en tâche de fond, et surligner les incohérences détectées au fur et à mesure (Figure 27.1).

```
$ mypy typing_01.py
typing_01.py:6: error: Incompatible types in assignment (expression has type "str",
variable has type "float")
Found 1 error in 1 file (checked 1 source file)
[1]    915758 exit 1     mypy typing_01.py
```

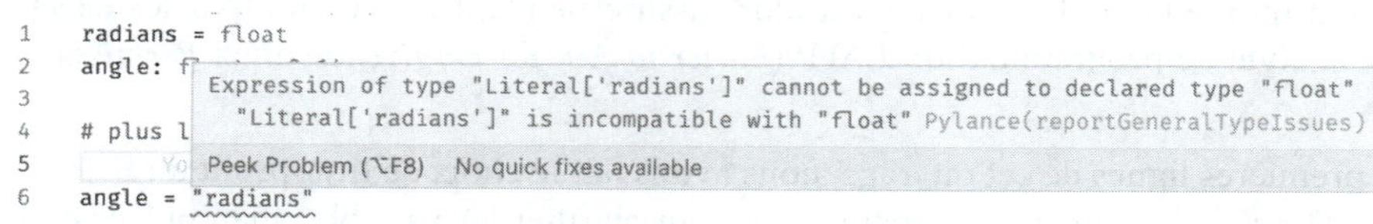

FIGURE 27.1 – L'éditeur VS Code intègre les résultats du programme Mypy dans son interface.

> ✧ **Bonnes pratiques**
>
> Une troisième utilisation des annotations de type est de permettre aux éditeurs de texte de fournir des informations pour la **complétion automatique de code** (Figure 27.2). Sur la capture d'écran, l'éditeur comprend que la variable `m` est de type `Math` : il propose alors dans la liste de complétion l'ensemble des méthodes associées au type `Math`. Comme la méthode `Math.pi()` renvoie un flottant, alors la complétion propose l'ensemble des méthodes associées au type `float`.

27.2. L'annotation des fonctions

Les annotations de type en Python sont par définition facultatives. Par conséquent, les outils comme Mypy ne vont vérifier que les types des fonctions annotées et de leur résultat. Ceci permet d'ajouter des annotations de types à du code existant de manière progressive, en commençant par les modules les plus centraux et en terminant par les fonctionnalités de plus haut niveau. Cette particularité permet notamment de ne pas *typer* (ajouter des annotations de type) des fonctions dont les choix de conception compliquent cette mise en œuvre, sans qu'il soit possible de reprendre ce code dans l'immédiat.

Ainsi, une fonction non annotée ne sera pas vérifiée :

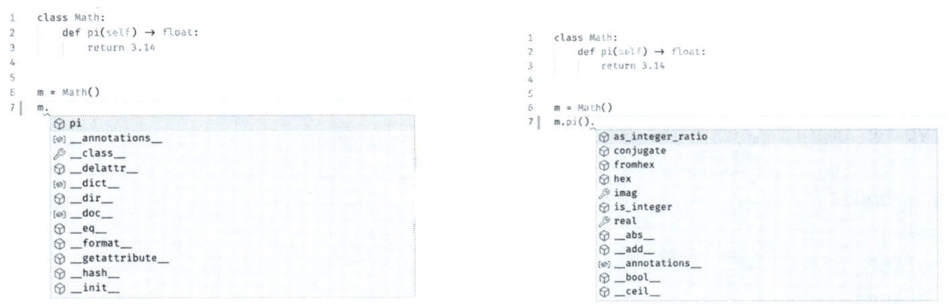

FIGURE 27.2 – L'éditeur VS Code utilise les annotations de type pour proposer une complétion intelligente.

```
def function():
    return 1 + ""  # pas d'erreur détectée

def function() -> None:
    return 1 + ""  # soulève une erreur
```

```
typing_03.py:2: error: Unsupported operand types for + ("int" and "str")
```

> ✧ **Bonnes pratiques**
>
> L'annotation des arguments avec valeurs par défaut se fait sur le modèle suivant :
>
> ```
> def distance(x1: float, y1: float, x2: float = 0, y2: float = 0) -> float:
>     ...
> ```

> ✧ **Bonnes pratiques**
>
> Les arguments de fonction args et kwargs (☞ p. 17, § 1.8) peuvent être annotés. Dans l'exemple ci-dessous, l'instruction reveal_type est comprise par Mypy pour aider le développeur ponctuellement mais devra être enlevée avant d'exécuter le code :
>
> ```
> def fonction(*args: int, **kwargs: float):
>     reveal_type(args[0])
>     reveal_type(kwargs["facteur"])
> ```
>
> ```
> typing_04.py:2: note: Revealed type is 'builtins.int*'
> typing_04.py:3: note: Revealed type is 'builtins.float*'
> ```

27.3. Le module typing

Le module typing propose un certain nombre de types particuliers couramment utilisés.

Certains éléments du module typing sont parfois absents dans des versions antérieures de Python. Si tel est le cas, on peut alors les importer depuis une bibliothèque tierces nommée typing_extensions, qui recode ces fonctionnalités dans d'anciennes versions du langage.

Le type `Any` est un type qui est compatible avec n'importe quel type. Il est possible d'assigner une valeur de n'importe quel type à une variable de type `Any`, et d'appeler n'importe quelle méthode dessus.

```
from typing import Any

a: Any = None
a = 1
a = "hello"
a = a.avance()
```

Le type `Optional` permet de dire que la variable peut valoir `None`. Cette annotation permet de rattraper la plupart des erreurs de programmation détectables par analyse statique :

```
class Maybe:
    def maybe_none(self, x: int) -> int:
        if x > 0:
            return x

def fonction(a: Maybe: x: int = 1) -> int:
    return a.maybe_none(x) + 1
```

Ici, Mypy relève une erreur de typage sur la méthode `Maybe.maybe_none()` : il est facile d'oublier que l'instruction `return` est située dans un bloc `if`. Le cas `else` (omis ici) sous-entend donc que la méthode ne renvoie rien (`return None`).

```
typing_05.py:5: error: Missing return statement
```

Le type `Optional[int]` permet alors de préciser que la méthode renvoie soit `None`, soit un entier. Cette fois, c'est la ligne dans la fonction située plus loin qui cause une erreur. Il est probable que, dans tous les cas déjà rencontrés, `maybe_none()` a toujours renvoyé un entier. Cependant, l'utilisation des annotations par Mypy rappelle qu'il convient de traiter le cas où la valeur renvoyée est `None`.

```
from typing import Optional

class Maybe:
    def maybe_none(self, x: int) -> Optional[int]:
        if x > 0:
            return x
        return None

def fonction(a: Maybe, x: int = 1) -> int:
    return a.maybe_none(x) + 1
```

```
typing_05.py:13: error: Unsupported operand types for + ("None" and "int")
typing_05.py:13: note: Left operand is of type "Optional[int]"
```

On pourra par exemple corriger le code avec une exception :

```
def fonction(a: Maybe, x: int = 1) -> int:
    if res := a.maybe_none(x) is None:
        raise ValueError("maybe_none() a renvoyé None")
    return res + 1
```

Le type `Union` fait référence à une variable qui peut avoir plusieurs formats différents, p. ex. un entier ou un flottant, une liste ou une chaîne de caractères. On énumère alors toutes les possibilités de type que peut prendre la variable.

```
from datetime import datetime
from numbers import Number
from typing import Union

import pandas as pd

def make_timestamp(value: Union[Number, str, datetime, pd.Timestamp]) -> pd.Timestamp:
    """Convertit la valeur en entrée en timestamp Pandas.

    >>> make_timestamp("2020-12-25")
    Timestamp('2020-12-25 00:00:00')
    >>> make_timestamp(1608854400)
    Timestamp('2020-12-25 00:00:00')
    """
    if isinstance(value, str) or isinstance(value, datetime):
        return pd.Timestamp(value)
    if isinstance(value, Number):
        return pd.Timestamp(value, unit="s")
    return value
```

Le type `Union` peut également être utilisé avec l'opérateur `|` :

```
variable: Union[None, str, list[str]] = None
variable = None | str | list[str] = None  # notation équivalente, plus concise
```

27.4. Les types paramétrés

Les types paramétrés font référence à des structures de données qui dépendent d'un autre type. Une liste, ou un ensemble par exemple, est liée au type des éléments qui les composent. Pour un dictionnaire, on précisera le type de la clé en premier et le type des valeurs en second.

```
l: list[int] = [1, 3, 5, 3]
s: set[str] = {"un", "trois", "cinq"}
d: dict[int, str] = {1: "un", 3: "trois", 5: "cinq"}
```

Pour les tuples, on peut préciser un type pour tous les éléments d'un tuple de longueur inconnue, ou un type par valeur du tuple.

```
t1: tuple[int, ...] = (1, 3, 5)  # uniquement des entiers, longueur inconnue
t2: tuple[int, int, str] = (1, 3, 'cinq")  # longueur fixe
```

✧ Bonnes pratiques

Le type `Optional[T]` est équivalent à `Union[None, T]`. Si un type `Union` plus complexe est optionnel, les deux notations `Union[None, int, str]` et `Optional[Union[int, str]]` sont équivalentes.

Bien qu'il n'y ait pas de vrais arguments pour préférer une des annotations à l'autre dans tous les cas, la première peut permettre de limiter le nombre de crochets pour améliorer la lisibilité.

Attention !

Si le type `Union` offre de la souplesse, il peut à l'inverse devenir contraignant pour son ambiguïté, son manque de précision sur la valeur annotée.

```
personne: dict[str, Union[str, int]] = {'prenom': 'Jean', 'age': 18}
majorite: bool = personne['age'] >= 18
```

```
typing_06.py:4: error: Unsupported operand types for >= ("str" and "int")
typing_06.py:4: note: Left operand is of type "Union[str, int]"
```

Dans ce cas particulier, on pourra préférer une autre structure de données, comme le `Namedtuple` ou la `dataclass`, ou encore utiliser le type `TypedDict` :

```
from typing import TypedDict

class Personne(TypedDict):
    prenom: str
    age: int

personne: Personne = {'prenom': 'Jean', 'age': 18}
majorite: bool = personne['age'] >= 18
```

Les types ABC permettent d'être le plus générique possible sur les types des variables d'entrée d'une fonction. La philosophie pour parvenir à typer rapidement et efficacement un programme consiste à être :

- le plus générique possible sur les paramètres d'entrée,
- le plus spécifique possible sur les paramètres de sortie.

Si une variable de sortie est définie de manière générale, il est plus difficile de connaître à l'avance les services qu'elle offre. Inversement, si une variable d'entrée est définie de manière spécifique, il devient difficile de passer une variable qui propose pourtant les mêmes services.

```
from typing import Iterable

def nonzero(seq: list[int]) -> list[int]:
    return list(elt for elt in seq if elt == 0)
```

```
n = nonzero({0, 1, 3, 5})
# error: Argument 1 to "nonzero" has incompatible type "set[int]";
# expected "lIst[int]"
```

Cette première option qui ne manipule que des listes est probablement trop restrictive : il est possible de passer des ensembles en entrée de la fonction sans perte de généralité, pourtant l'analyse statique échoue.

```
def nonzero(seq: Iterable[int]) -> Iterable[int]:
    return list(elt for elt in seq if elt == 0)

n = nonzero({0, 1, 3, 5})  # ok
n.append("sept")
# error: "Iterable[int]" has no attribute "append"
```

Cette deuxième option qui ne manipule que des structures génériques `Iterable` est également trop restrictive : l'analyse statique échoue sur l'appel à `.append()` qui fonctionne bien puisque le type de retour est une liste.

```
def nonzero(seq: Iterable[int]) -> list[int]:
    return list(elt for elt in seq if elt == 0)

n = nonzero({0, 1, 3, 5})
n.append("sept")
# error: Argument 1 to "append" of "list" has incompatible type "str";
# expected "int"

n.append(7)
# Success: no issues found in 1 source file
```

La troisième option est la meilleure : il suffit pour la variable `seq` de pouvoir itérer dessus ; mais la fonction renvoie bien une liste.

Tous les ABC sont ainsi disponibles : `Iterable[T]`, `Iterator[T]`, `Sequence[T]`, `Hashable`, `Mapping[K, V]`, etc. Dans la plupart des cas, une fonction génératrice (avec le mot-clé `yield`) pourra être typée avec `Iterator[YieldType]`. Pour une coroutine, on pourra utiliser le type `Generator[YieldType, SendType, ReturnType]`.

```
def stringify(seq: Iterable[int]) -> Iterator[str]:  # ou Generator[str, None, None]
    for elt in seq:
        yield str(elt)
```

Enfin, les fonctions d'ordre supérieur sont annotées avec l'ABC `Callable`. C'est la manière correcte de typer des fonctions, à préférer à la notation fléchée, courante dans les langages fonctionnels de la famille ML, que nous avons utilisée dans le chapitre 12 mais qui n est pas comprise par Mypy : les types des paramètres sont passés sous forme de liste, et le deuxième argument est le type de retour.

Enfin, on utilise ici les fonctions du module `operator` pour faire appel aux fonctions associées aux opérateurs infixes `+`, `*` et `-`.

```
import operator
```

```
def sort_results(
    a: int, b: int,
    # au chapitre 12, on aurait écrit Iterable[int * int -> int]
    fonctions: Iterable[Callable[[int, int], int]]
) -> list[int]:
    return sorted(f(a, b) for f in fonctions)

sort_results(2, 1, [operator.add, operator.mul, operator.sub])
# [1, 2, 3]
```

Le type `TypeGuard` (PEP 647) permet de spécifier un type plus précisément dans des branches de code particulières. Supposons qu'on utilise un service web qui renvoie des objets JSON qui peuvent être d'un type `Temperature` ou d'un type `Pression`.

On peut définir les deux types, et définir le type JSON comme un type union :

```
from typing import Literal, TypedDict, TypeGuard

class Temperature(TypedDict):
    type: Literal["temperature"]
    valeur: int

class Pression(TypedDict):
    type: Literal["pression"]
    valeur: float

type JSON = Temperature | Pression

def is_temperature(field: JSON) -> TypeGuard[Temperature]:
    return field["type"] == "temperature"

def traitement(field: JSON) -> None:
    if is_temperature(field):
        x = field["valeur"]  # field est de type Temperature, x est de type int
    else:
        ...
```

27.5. Les types variables

Un type variable permet de modéliser « n'importe quel type », mais en lui donnant un nom : il permet ainsi de lier des types entre eux. La fonction `sort_results` par exemple pourrait être utile de manière plus générique, sans se limiter aux entiers. On souhaite ici que les types de `a` et de `b` correspondent aux types en entrée des fonctions.

Pour cela, on peut définir un type variable `T` :

```
from typing import TypeVar

T = TypeVar("T")
```

```
def sort_results(
    a: T, b: T,
    fonctions: Iterable[Callable[[T, T], int]]
) -> list[int]:
    return sorted(f(a, b) for f in fonctions)

sort_results(2, 1, [operator.add, operator.mul, operator.sub])
sort_results("un", "deux", [lambda a, b: len(a + b)])
# Success: no issues found in 1 source file
```

Il est possible de *contraindre* des types variables, c'est-à-dire d'énumérer les types qui peuvent convenir à la variable annotée `T`. À la différence d'un type `Union`, le type contraint fixe le type une fois pour toutes :

```
T = TypeVar("T", int, str)

def ajoute(a: T, b: T) -> T:
    return a + b

ajoute(1, 2)  # ok: int, int -> int
ajoute("un", "deux")  # ok: str, str -> str
ajoute(1, "deux")  # erreur: int, str
```

Depuis la version 3.12, il est possible de simplifier la notation sans avoir à importer `TypeVar` grâce à la syntaxe de paramètres de type (PEP 695).

```
def sort_results[T](
    a: T, b: T, fonctions: Iterable[Callable[[T, T], int]]
) -> list[int]:
    return sorted(f(a, b) for f in fonctions)

def ajoute[T: (str, int)](a: T, b: T) -> T:
    return a + b
```

Le PEP 695 introduit également le mot-clé `type` pour définir des alias de types (et simplifier les notations). On peut ainsi créer un type `Point` de la sorte :

```
type Point = tuple[float, float]
```

27.6. Les types génériques

Il est possible de créer ses propres types génériques, c'est-à-dire des types dépendant d'une variable d'un type encore inconnu au moment de l'analyse statique. La classe générique héritera alors de `Generic[T]`, où `T` est un type générique défini *a priori*. Ainsi, dans l'exemple suivant, on peut typer le décorateur `prefixe` à l'aide du type générique `T` :

```
from typing import Any, Generic

T = TypeVar("T", int, str)
```

```
class prefixe(Generic[T]):  # avec la nouvelle syntaxe: class prefixe[T: (int, str)]
    """Décorateur inutile, mais suffisamment simple pour l'exemple.

    Ce décorateur jouet ajoute systématiquement la valeur en paramètre
    au résultat de la fonction décorée."""

    def __init__(self, elt: T) -> None:
        self.elt: T = elt

    def __call__(self, fun: Callable[..., T]) -> Callable[..., T]:
        def newfun(*args: Any, **kwargs: Any) -> T:
            return self.elt + fun(*args, **kwargs)
        return newfun

@prefixe(">>> ")
def resultat_1() -> str:
    return "un"  # renvoie ">>> un" à cause du décorateur

@prefixe(2)
def resultat_2() -> int:
    return 2  # renvoie 4 à cause du décorateur

@prefixe(">>> ")
def resultat_3() -> int:
    return 3   # ">>> " + 3 n'est pas une opération valide
# error: Argument 1 to "__call__" of "prefixe" has incompatible type
# "Callable[[], int]"; expected "Callable[..., str]"

reveal_type(prefixe(">>>"))
# note: Revealed type is 'typing_14.prefixe[builtins.str*]'

reveal_type(prefixe(2))
# note: Revealed type is 'typing_14.prefixe[builtins.int*]'

@prefixe(2.4)
def resultat_4() -> float:  # float n'est pas dans les arguments de T
    return 4.1
# error: Value of type variable "T" of "prefixe" cannot be "float"
```

Plutôt que d'utiliser un type variable qui nous contraint à ne manipuler qu'un type `int` ou `str`, il est possible d'être un peu plus général pour accepter, entre autres, le type `float` pour `resultat_4`. D'après le code du décorateur, plus précisément de la fonction `newfun`, tout type valide vis-à-vis de l'addition pourrait convenir ici.

On peut alors réécrire l'exemple à l'aide du type paramétré `Protocol`, une simple classe qui ne contient que des définitions de méthodes annotées : le code n'importe pas, on peut se contenter des points de suspension.

```
T = TypeVar("T", bound="Addable")  # ①

class Addable(Protocol[T]):
    def __add__(self: T, other: T) -> T:  # ②
        ...

class prefixe(Generic[T]):
    def __init__(self, elt: T) -> None:
        self.elt: T = elt

    def __call__(self, fun: Callable[..., T]) -> Callable[..., T]:
        def newfun(*args: Any, **kwargs: Any) -> T:
            return self.elt + fun(*args, **kwargs)
        return newfun

@prefixe(">>> ")
def resultat_3() -> int:  # ③
    return 3
# error: Argument 1 to "__call__" of "prefixe" has incompatible type
# "Callable[[], int]"; expected "Callable[..., str]"

@prefixe(2.4)
def resultat_4() -> float:  # ④
    return 4.1

class Exemple:
    def __add__(self, other: "Exemple") -> "Exemple":
        return Exemple()

@prefixe(Exemple())  # ⑤
def resultat_5() -> Exemple:
    return Exemple()
```

① On utilise un type variable *borné* (*bounded* en anglais) : `T` est alors n'importe quel sous-type de `Addable`, n'importe quel type qui propose l'addition.

② `Addable` définit l'opérateur addition : les deux arguments, `self` et `other`, et le type de retour sont les mêmes.

③ Mypy détecte que le type de retour de `resultat_3` n'est pas compatible avec le paramètre passé à `prefixe`.

④ On peut manipuler des flottants qui sont valides vis-à-vis du calcul de l'addition.

⑤ La classe `Exemple` propose aussi la méthode spéciale `__add__(self, other)` dans ses services.

27.7. Le typage des décorateurs

Le type `ParamSpec` (PEP 612) permet de reporter la signature d'une fonction quelle qu'elle soit dans la signature d'une autre fonction. Dans l'exemple ci-dessous, on veut typer correctement un décorateur, et s'assurer que la fonction décorée porte les mêmes annotations de variables.

```
from asyncio import sleep
from typing import Awaitable, Callable, ParamSpec, TypeVar

P = ParamSpec("P")
R = TypeVar("R")

def attendre_un_peu(fun: Callable[P, R]) -> Callable[P, Awaitable[R]]:
    async def fonction_async(*args: P.args, **kwargs: P.kwargs) -> R:
        await sleep(10)
        return fun(*args, **kwargs)

    return fonction_async

@attendre_un_peu  # avec le décorateur, le type de retour est Awaitable[int]
def takes_int_str(x: int, y: str) -> int:
    return x + 7

async def main() -> None:
    await takes_int_str(1, "A")  # correct
    c: int = takes_int_str(1, "A")  # "note: Maybe you forgot to use "await"?"
    await takes_int_str("B", 2)  # incorrect
```

27.8. Variance : covariance et contravariance

La variance est la discipline qui traite des relations de sous-typage. Python est un langage de programmation orienté objet, et des questions se posent quant aux relations d'héritage.

Reprenons notre classe `Polygone` et ajoutons-y deux méthodes :

- `simplify()` spécifie comment simplifier des polygones aux formes complexes pour réduire le nombre de points qui les composent tout en préservant au mieux leurs formes. On peut imaginer par exemple coder l'algorithme de Visvalingam[2] à cette fin ;
- `__lt__()` compare les aires des polygones.

```
class Polygone:

    def simplify(self) -> "Polygone":
        ...  # algorithme de Visvalingam

    def __lt__(self, other: "Polygone") -> bool:
        ...
```

2. https://en.wikipedia.org/wiki/Visvalingam-Whyatt_algorithm

Comment typer la méthode `simplify` *pour la classe* `Triangle` *?*

Le type de retour `Triangle` pourrait convenir.

Comment typer la méthode `simplify` *pour la classe* `Hexagone` *?*

Il n'y a aucun moyen de connaître à l'avance le type de retour ; tout dépend des spécificités de l'hexagone passé en entrée. Le plus sûr sera de spécifier un type de retour `Polygone`.

Une méthode `Triangle.__lt__(self, other: "Triangle") -> bool` *est-elle acceptable ?*

Non. Cette signature est trop restrictive par rapport à l'interface de `Polygone`, qui promet d'accepter n'importe quel type `Polygone`.

```
error: Argument 1 of "__lt__" is incompatible with supertype "Polygone";
supertype defines the argument type as "Polygone"
```

Les réponses à ces questions se formalisent avec trois qualificatifs :

- un *constructeur de type* **covariant** autorise le sous-typage dans le même sens que le type en paramètre. Ainsi, la méthode `simplify()` dans les sous-classes de `Polygone` peut renvoyer aussi bien un `Polygone` qu'un sous-type de celui-ci ;
- un constructeur de type **contravariant** (moins intuitif) autorise le sous-typage dans le sens opposé au type en paramètre. La méthode `__lt__(self, other)` peut accepter en paramètre un type `Polygone`, ou n'importe quel type plus général, par exemple `Union[Polygone, Cercle]`;
- un constructeur de type **invariant** interdit tout sous-typage. C'est la solution la plus sûre d'un point de vue de la vérification des types, mais aussi la moins utilisable.

Le constructeur de type d'une fonction (ou d'une méthode) peut alors être :

- *covariant* par rapport au type de retour ;
- *contravariant* dans les types des paramètres d'entrée.

✧ Bonnes pratiques

Lors du typage d'une fonction, on gagne en utilisabilité en choisissant des types :

- les plus génériques possibles pour les arguments (dans le sens de la contravariance, du plus spécifique au plus générique) ;
- les plus spécifiques possibles pour le type de retour (dans le sens de la covariance).

Dans la fonction suivante :

```
def sorted_non_none(seq: Iterable[T]) -> list[T]:
    return sorted(elt for elt in seq if elt is not None)
```

Un type `list[T]` pour le paramètre d'entrée serait correct mais interdirait *de facto* l'usage d'ensembles ou de fonctions génératrices qui seraient pourtant acceptés par la fonction : il est préférable de typer `Iterable[T]`.

Un type `Iterable[T]` pour le paramètre de sortie serait correct mais interdirait alors d'appliquer une méthode applicable aux listes sur le résultat de la fonction : il est préférable d'afficher l'ensemble des fonctionnalités accessibles sur le type de retour avec le type `list[T]`.

Il est possible de construire des types covariants ou contravariants à l'aide des arguments `covariant` et `contravariant` du constructeur `TypeVar`. Les occasions de manipuler ces arguments en pratique sont plutôt rares. Le lecteur est invité à se référer au PEP 484 le cas échéant.

En quelques mots...

Les annotations de type permettent de détecter un grand nombre d'erreurs, souvent faciles à résoudre, avant d'exécuter le code. Ces annotations sont facultatives, mais il y a toutefois un effet de seuil dans un grand projet à partir duquel on ressent les bénéfices des annotations, et les maladresses ou erreurs commencent à être efficacement repérées. Plus les types d'entrée sont génériques, inclusifs et plus les types de sortie sont précis, prescriptifs, plus grande sera la plus-value apportée par l'analyse statique de code.

Un code mal annoté, ou annoté partiellement, reste exécutable, au même titre qu'un code où les types sont erronés. Une annotation difficile à appréhender peut être enlevée, ou remplacée par `Any`, dans l'attente de trouver une solution plus tard, à court, moyen ou très long terme, voire jamais. Une ligne de code peut aussi être marquée comme à ignorer par l'analyseur statique avec le commentaire `## type: ignore`

Enfin, les annotations permettent de réduire le volume de commentaires et de documentation pour en améliorer la lisibilité. Les informations des types sont alors placées au plus près des variables, là où l'œil recherche l'information. On ajoute souvent l'exécution d'un analyseur statique, comme Mypy, dans les outils de vérification de code, avant l'exécution des tests automatiques, pour surveiller la viabilité du code d'un projet et la qualité des modifications proposées par les développeurs tiers.

Est-ce que tout le monde devrait annoter son code ?

Non. Les utilisateurs du langage Python ont tous un profil différent, et tous ne sont pas sensibles à la logique des types.

Un programmeur débutant aura probablement déjà beaucoup à faire avec d'autres aspects du langage. Les annotations de type n'apporteront probablement guère plus qu'une complexité inutile. Un *data analyst* qui code quelques lignes de Pandas et Matplotlib dans un notebook ne verra aussi aucune plus-value à annoter son code : l'objectif de sa démarche étant d'arriver rapidement à des résultats ou à un prototype qui valide sa faisabilité.

En revanche, un code partagé, destiné à être réutilisé dans d'autres projets, par soi ou par d'autres utilisateurs, qui passent souvent peu de temps dans la documentation, gagne beaucoup à être annoté. Ces annotations pourront, au même titre que la documentation, être exploitées par les éditeurs de code, pour proposer de la complétion de code ou pour surligner des erreurs et mauvaises utilisations de la bibliothèque.

Pour aller plus loin

— Le site suivant propose de nombreux exercices de typage :
`https://github.com/laike9m/Python-Type-Challenges`

28

Optimiser du code Python

Le langage Python brille par son expressivité mais le contrôle de la performance se fait plutôt au niveau de langages plus bas niveau comme le C et le C++. De nombreuses bibliothèques comme NumPy (☞ p. 69, § 5) et Pandas (☞ p. 119, § 9) sont bâties sur des grands codes écrits en C, à l'aide d'un outil particulier nommé Cython. Rust est un autre langage de programmation qui inspire de nouvelles pratiques dans l'écosystème Python, avec des outils performants (Ruff pour le contrôle du style ☞ p. 349, § 25, ou uv pour remplacer pip ☞ p. 345, § 24.4). Du code écrit en Rust est facilement portable vers d'autres langages comme Python (avec la bibliothèque maturin ☞ p. 389, § 28.3) ou Webassembler abordé dans le chapitre sur Python pour le web (☞ p. 333, § 23).

Cython est à la fois un langage hybride, entre le C et le Python, et un compilateur, capable de générer des bibliothèques Python en C, à compiler pour la version courante de Python. Cython répond à deux principaux cas d'utilisation :

- **optimiser un code Python** grâce à des annotations statiques, qui permettent de se rapprocher le plus possible des instructions machines ;
- **écrire une API Python** vers une bibliothèque écrite en C

Des outils plus récents, comme le compilateur Numba, permettent de répondre au premier cas d'utilisation de manière très directe, mais Cython reste l'outil de choix pour le deuxième.

Python dans sa version 3.13 propose une ébauche de compilateur JIT (*just-in-time*) déjà présente dans d'autres langages interprétés. L'idée derrière cette évolution (disponible si Python est compilé avec l'option `--enable-experimental-jit`) est de repérer des boucles pour y remplacer des séquences d'instructions *bytecode* par des motifs d'instructions machine.

En effet, pour exécuter des instructions *bytecode*, l'interpréteur parcourt une boucle pour associer chaque instruction *bytecode* à une instruction machine. Cette recherche peut être optimisée si une séquence revient régulièrement en associant une séquence d'instruction machine à une séquence d'instruction *bytecode*. Les résultats préliminaires de cette optimisation montrent une amélioration de la performance entre 2 et 9% en moyenne, 47% dans le meilleur des cas. Les chiffres ne sont pas très éloquents à ce stade, mais ce compilateur JIT n'est considéré que comme un point de départ à des optimisations plus conséquentes attendues dans les futures versions de Python.

28.1. Optimiser un code avec Numba et Cython

Premature optimisation is the root of all evil, « une optimisation prématurée est la source de tous les maux » est une citation connue parmi les développeurs attribuée à Donald Knuth. Les programmeurs passent beaucoup trop de temps à vouloir optimiser les mauvais endroits dans leur code et au mauvais moment.

La première des choses à mettre en place quand on cherche à optimiser un code est un code stable de référence. Toutes les optimisations que nous ferons seront alors à rapporter aux performances de ce code de référence. Si une optimisation est trop coûteuse à mettre en place par rapport au gain de performance qu'elle apporte, sa légitimité pose alors question.

Nous allons illustrer cette section avec le *jeu de la vie*, un automate cellulaire construit par John H. Conway dans les années 1970. Les règles sont très simples : on part d'une grille de dimension $n \times m$ constituée de cellules vivantes ou mortes. À chaque itération :

- une cellule morte devient vivante si elle est entourée de trois cellules vivantes ;
- une cellule vivante ne reste vivante que si elle est entourée de 2 ou 3 cellules vivantes.

Le code suivant permet de répondre à cette spécification :

```
def update(grid: np.ndarray) -> np.ndarray:
    n, m = grid.shape
    next_grid = np.zeros((n, m), dtype=np.int8)

    for row in range(n):
        for col in range(m):
            live_neighbors = np.sum(grid[row-1:row+2, col-1:col+2]) - grid[row, col]
            if live_neighbors < 2 or live_neighbors > 3:
                next_grid[row, col] = 0
            elif live_neighbors == 3 and grid[row, col] == 0:
                next_grid[row, col] = 1
            else:
                next_grid[row, col] = grid[row, col]

    return next_grid
```

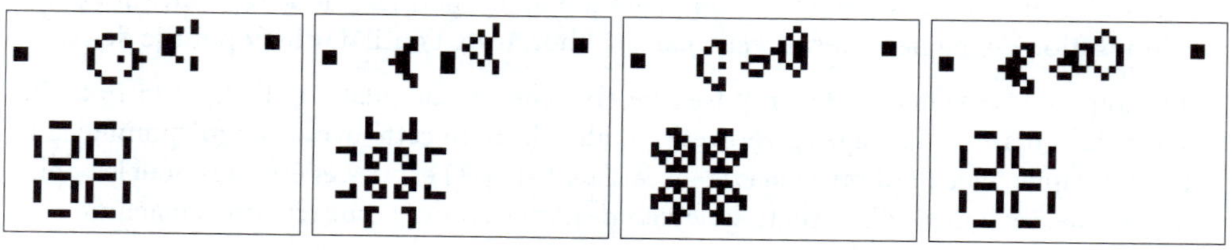

FIGURE 28.1 – Le jeu de la vie de John H. Conway sur un automate donné

La figure 28.1 illustre plusieurs itérations de cet automate. Notre base de comparaison s'effectuera alors sur la fonction `update(grid)` :

```
%timeit update(grid)
11.9 ms ± 1.39 ms per loop (mean ± std. dev. of 7 runs, 100 loops each)
```

Le gros défaut de performance de cette fonction vient des nombreux appels à l'opérateur d'indexation : contrairement au langage C, Python prend énormément de précautions avant d'accéder à un élément et d'effectuer des opérations dessus. Numba est un compilateur JIT (*just in time*) : à la première exécution d'une fonction décorée, Numba analyse le code source, génère un code C efficace correspondant et remplace la fonction en question par le résultat de la compilation correspondante. Son utilisation est extrêmement simple pour des résultats souvent extraordinaires : ici, la même fonction est exécutée 165 fois plus rapidement.

```
import numba

@numba.jit(nopython=True)
def update_numba(grid: np.ndarray) -> np.ndarray:
    n, m = grid.shape
    next_grid = np.zeros((n, m), dtype=np.int8)
    # abrégé...
```

```
%timeit update_numba(grid)
71.9 µs ± 919 ns per loop (mean ± std. dev. of 7 runs, 10000 loops each)
```

Si Numba ne parvient pas à trouver une optimisation en C, il revient sur la fonction Python d'origine : l'option `nopython=True` permet de lever une exception dans ce cas-là. En cas d'erreur à trouver dans le code, il est facile de commenter le décorateur pour revenir dans le monde Python et faire du pas à pas avec un *debugger*. L'optimisation avec Cython est plus complexe, mais elle permet aussi un contrôle plus fin de la performance. Numba a généralement de très bonnes performances dès le premier essai, mais il est difficile de trouver des axes d'amélioration après coup.

Cython est un langage de programmation qui enrichit la syntaxe Python : ceci signifie tout d'abord que tout code Python est syntaxiquement valide en Cython. On peut alors utiliser le compilateur Cython sur un code Python pour des gains marginaux de performance. Ici, nous nous contenterons de l'extension Cython des notebooks Jupyter (☞ p. 107, § 8). L'extension doit être chargée avec la commande `%load_ext Cython` : toute cellule préfixée par la commande `%%cython` sera alors compilée, et les fonctions seront intégrées à l'espace de nommage du noyau Jupyter. Un code Python compilé par Cython présente en général une amélioration de performance de l'ordre de 30 %. C'est aussi le cas pour notre exemple :

```
%timeit update_cython(grid)
8.88 ms ± 578 µs per loop (mean ± std. dev. of 7 runs, 100 loops each)
```

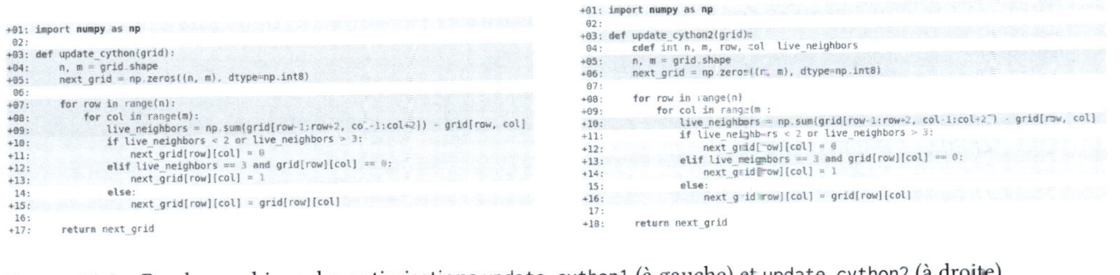

FIGURE 28.2 – Rendu graphique des optimisations `update_cython1` (à gauche) et `update_cython2` (à droite)

Cython propose une option `-a` pour indiquer les points du code qui méritent une optimisation. Sur la figure 28.2, plus une ligne est jaune, plus elle coûte cher en Python à cause des précautions prises par le langage ; plus elle est blanche, plus elle est proche d'un code C optimisé. Le code C généré est lisible en cliquant sur une ligne jaune : on y trouve parfois des pistes d'optimisation.

Les optimisations se font alors au moyen de déclarations de variables associées à un type. Par exemple, dans la fonction `update_cython`, on peut commencer par annoter les variables entières `n`, `m`, `row` et `live_neighbors` à l'aide de l'instruction Cython `cdef` suivie du type de la variable. Ces instructions permettent d'optimiser (« enlever du jaune ») certaines lignes correctement typées pour la machine (à droite sur la figure 28.2).

```
%%cython -a
import numpy as np

def update_cython2(grid):
    cdef int n, m, row, col, live_neighbors
    n, m = grid.shape
    next_grid = np.zeros((n, m), dtype=np.int8)
    # abrégé...
```

Attention !

Les déclarations de variables typées Cython sont de nature très différente des annotations de type Python (☞ p. 367, § 27). Cython utilise les déclarations de variables typées pour écrire du code C au plus proche des instructions machines, alors que les annotations Python sont ignorées par le langage à l'exécution.

La documentation en ligne de Cython `https://docs.cython.org` donne toutes les billes pour comprendre et optimiser le reste du code. Cela passe notamment par :

— l'annotation des types d'entrée et de retour des fonctions. Les tableaux NumPy peuvent être annotés par le type *memoryview* (une facilité Cython), ici `signed char[:, :]` qui correspond à un tableau NumPy à deux dimensions pour des entiers `np.int8` ;

— le calcul du nombre de cellules voisines vivantes sans passer par la fonction `np.sum()` ;

— des annotations particulières sur le corps de la fonction pour éviter les vérifications sur les indices du tableau : `@boundscheck(False)` lève la vérification sur les bornes, `@wraparound(False)` désactive l'utilisation de l'indice `-1` pour le dernier élément du tableau.

Les « lignes jaunes » restantes (Figure 28.3) après ces optimisations sont légitimes : la création du tableau NumPy pour la grille de l'itération suivante ne peut pas être faite plus rapidement.

Le fruit de nos efforts est enfin récompensé :

```
%timeit update_cython3(grid)
8.13 µs ± 241 ns per loop (mean ± std. dev. of 7 runs, 100000 loops each)
```

Cette optimisation est alors 10 fois plus rapide que l'optimisation Numba mais l'effort à fournir pour y parvenir est plus grand. De plus, l'écriture de la somme sans `np.sum()` dans la fonction décorée par Numba permet d'atteindre le même niveau d'optimisation. Néanmoins, ce sont les outils d'analyse de Cython qui ont permis de trouver cette dernière faiblesse du code.

```
import numpy as np
from cython import boundscheck, wraparound

@boundscheck(False)
@wraparound(False)
def update_cython3(signed char[:, :] grid):
    cdef int n, m, row, col, live_neighbors
    cdef signed char[:, :] next_grid

    n = grid.shape[0]
    m = grid.shape[1]
    next_grid = np.zeros((n, m), dtype=np.int8)

    for row in range(n):
        for col in range(m):
            live_neighbors = (
                grid[row-1, col-1] + grid[row-1, col] + grid[row-1, col+1] +
                grid[row, col-1] +                      grid[row, col+1] +
                grid[row+1, col-1] + grid[row+1, col] + grid[row+1, col+1]
            )

            if live_neighbors < 2 or live_neighbors > 3:
                next_grid[row][col] = 0
            elif live_neighbors == 3 and grid[row][col] == 0:
                next_grid[row][col] = 1
            else:
                next_grid[row][col] = grid[row][col]

    return next_grid
```

FIGURE 28.3 – Rendu graphique des optimisations

28.2. Écrire une API Python pour une bibliothèque C

Dans les exemples précédents, nous avons illustré les possibilités du langage Cython intégrés dans l'environnement Jupyter. Il est possible d'intégrer ce mode de fonctionnement dans une bibliothèque à publier :

- le code Cython est écrit dans un fichier à l'extension `.pyx` ;
- l'outil `cython` convertit le code `.pyx` en code `.c` ;
- le fichier `.c` produit est alors compilé sous la forme d'une bibliothèque dynamique ; l'instruction `import` est capable de charger ces fichiers à l'extension `.so` (Linux), `.dydl` (MacOs) ou `.dll` (Windows).

Le processus de compilation est bien intégré dans les `setuptools` : il est bien entendu possible lors de la compilation de faire des liens avec d'autres bibliothèques C, afin de pouvoir faire appel à leurs fonctionnalités depuis le langage Python.

Nous allons illustré cette possibilité avec la bibliothèque FreeType https://www.freetype.org/freetype2/docs/, un moteur de rendu de polices de caractères écrit en langage C. Une police de caractères est un catalogue de *glyphes*, des représentations matricielles ou vectorielles associées à un caractère typographique. Les caractères sont *encodés* sous forme d'entiers (☞ p. 10, § 1.3) : en Python, on peut faire l'association entre le caractère et l'entier avec la fonction intégrée `ord()`.

FreeType est capable d'ouvrir une vaste gamme de formats de police de caractères (TrueType, OpenType, WOFF, etc.) et de procéder au rendu graphique d'un glyphe. L'objectif de cette section est de procéder au rendu de caractères (de glyphes) avec la bibliothèque FreeType pour manipuler le résultat sous forme d'un tableau NumPy. Nous laisserons de côté même les problématiques les plus élémentaires de typographie qui pourraient se poser : alignement des caractères, couleurs, ligatures, etc.

La page de tutoriel de FreeType propose le fichier `example1.c`[1], un exemple d'utilisation très simple de la bibliothèque. Les éléments les plus utiles du fichier sont repris ci-dessous :

```
#include <ft2build.h>
#include FT_FREETYPE_H

void draw_bitmap(FT_Bitmap *bitmap, FT_Int x, FT_Int y) {
    FT_Int x_max = x + bitmap->width;
    FT_Int y_max = y + bitmap->rows;

    /* plus loin dans une boucle */
    image[j][i] |= bitmap->buffer[q * bitmap->width + p];
}

int main(int argc, char **argv) {
    FT_Library library;
    FT_Face face;
    FT_GlyphSlot slot;
    FT_Error error;

    error = FT_Init_FreeType(&library); /* initialize library */
    error = FT_New_Face(library, filename, 0, &face); /* create face object */
    error = FT_Set_Char_Size(face, 50 * 64, 0, 100, 0); /* set character size */

    slot = face->glyph;
    for (n = 0; n < num_chars; n++) {
        /* load glyph image into the slot (erase previous one) */
        FT_Load_Char(face, text[n], FT_LOAD_RENDER);
        /* now, draw to our target surface (convert position) */
        draw_bitmap(&slot->bitmap, /* etc. */);
    }

    FT_Done_Face(face);
    FT_Done_FreeType(library);
    return 0;
}
```

La question à se poser alors concerne l'interface à proposer en Python. Le code illustré initialise la bibliothèque (`FT_Init_FreeType`), ouvre une police de caractères (`FT_New_Face`), positionne une taille de glyphe (`FT_Set_Char_Size`) puis itère sur des caractères pour charger le glyphe correspondant (`FT_Load_Char`) à dessiner sur une grille 2D (`bitmap->buffer`).

Pour une fonctionnalité similaire, on peut alors imaginer partir du code suivant « idéal », c'est-à-dire qui offre l'interface la plus naturelle possible en Python :

```
from freetype import Face

f = Face("LibertinusSerif-Regular.otf", size=48 * 64, resolution=300)
m: np.ndarray = f.load_char("g")
plt.imshow(m, cmap='gray_r')  # affichage
```

1. https://www.freetype.org/freetype2/docs/tutorial/example1.c

À la lecture du code C, une telle interface pose les contraintes suivantes :

- FT_Init_FreeType doit être exécuté au chargement du module ;
- une classe Face possède un attribut de type FT_Face : la fonction load_char y charge le caractère pour renvoyer le glyphe sous forme de tableau NumPy ;
- la fonction FT_Done_Face a toute sa place dans le destructeur de la classe Face.

La première chose à faire dans le fichier .pyx est de déclarer les définitions de fonctions C de FreeType nécessaires à la construction de l'API. Ce travail est probablement le plus laborieux : il faut parcourir les fichiers en-têtes (*headers* à l'extension .h) de la bibliothèque pour extraire les déclarations des types et des fonctions ①.

```
cdef extern from "freetype/freetype.h":  # ①
    # Note: tous les types entiers coercent en int
    cdef int FT_LOAD_RENDER  # ②
    ctypedef int FT_Error  # ③

    # les champs de la structure Library ne nous sont pas nécessaires
    ctypedef struct FT_LibraryRec_  # ④
    ctypedef FT_LibraryRec_* FT_Library  # ③

    ctypedef struct FT_Bitmap:  # ④
        int* buffer
        int width
        int rows
    # etc.
```

② Les variables sont déclarées par l'instruction cdef : dans les fichiers d'en-tête, la variable FT_LOAD_RENDER est un entier, qu'on définit comme tel.

③ L'instruction C typedef devient ctypedef en Cython. Tous les types nommés peuvent alors être déclarés et toutes les variations de type entier (char, uint8, long, etc.) peuvent être déclarées sous la forme générique int.

④ Les structures de données C struct deviennent ctypedef struct en Cython : il n'est pas nécessaire de rappeler tous les champs : on peut se contenter de ceux qu'on utilise dans le fichier Cython courant.

Les définitions de fonction peuvent alors être ajoutées, en utilisant les types définis ci-dessus :

```
FT_Error FT_Init_FreeType(FT_Library*)
FT_Error FT_New_Face(FT_Library, char* filepath, int, FT_Face*)
FT_Error FT_Done_Face(FT_Face face)
FT_Error FT_Set_Char_Size(FT_Face, int w, int h, int hres, int vres)
FT_Error FT_Load_Char(FT_Face, int char_code, int load_flags)
```

Puis le contenu du fichier Cython définit l'interface voulue en Python. Le contenu des fonctions est similaire au travail fait dans la section précédente. On notera simplement une nuance : le mot-clé cdef class en Cython ⑤ ne définit pas formellement une classe Python mais un type étendu (*extension type*), qui se présente côté Python comme une classe, mais qui a accès à des fonctions C.

```
cdef FT_Library library  # variable globale définie à l'import
FT_Init_FreeType(&library)

cdef class Face:  # ⑤

    cdef FT_Face _face  # ⑥

    def __cinit__(self, str path, int size=48*64, int resolution=72):  # ⑦
        FT_New_Face(library, path.encode('utf-8'), 0, &self._face)  # ⑧
        FT_Set_Char_Size(self._face, size, size, resolution, resolution)

    def load_char(self, str c):  # ⑧
        cdef int i, j
        cdef FT_Bitmap bm
        cdef unsigned char[:, :] char_view

        FT_Load_Char(self._face, ord(c), FT_LOAD_RENDER)
        bm = self._face.glyph.bitmap
        result = np.zeros((bm.rows, bm.width), dtype=np.uint8)
        char_view = result

        for i in range(bm.width):
            for j in range(bm.rows):
                char_view[j, i] = bm.buffer[j*bm.width + i]

        return result
```

Toutes les subtilités des types étendus débordent du cadre de cet ouvrage, mais on retiendra simplement que :

⑥ les attributs du type étendu qui sont des variables C sont définis au niveau des variables de classe, avec le mot-clé `cdef` : ils ne seront pas accessibles en Python ;
⑦ la partie C de la construction et de la destruction du type étendu a lieu dans les méthodes spéciales `__cinit__` et `__dealloc__` ;
⑧ pour une utilisation générale, la conversion entre les chaînes de caractères `str` Python et C mérite un détour par la documentation. Le sens Python vers C (ici) est plus facile à maîtriser que C vers Python.

Le code complet est une fois de plus disponible sur la page du livre.

Pour compiler le projet et le tester, il conviendra de suivre le modèle du module historique `setuptools` qui permet de définir des extensions ; la fonction `cythonize` se charge de procéder à la compilation du code et à l'édition de la librairie dynamique du module.

Pour installer les bonnes dépendances, on définira tout d'abord dans le fichier `pyproject.toml` la section suivante :

```
[build-system]
requires = ["setuptools", "wheel", "Cython"]
```

Puis on écrit un fichier `setup.py` avec le contenu suivant :

```
from setuptools import setup, Extension
from Cython.Build import cythonize

setup(
    name="freetype", version="0.1",
    ext_modules=cythonize(
        Extension(
            "freetype", ["freetype.pyx"],
            include_dirs=[...],  # les chemins vers les fichiers d'en-tête .h
            library_dirs=[...],  # les chemins vers les librairies dynamiques
            libraries=["freetype"],
        )
    ),
)
```

On peut alors installer la bibliothèque puis lancer le fichier exemple `sample.py` :

```
$ uv run --with matplotlib python sample.py
```

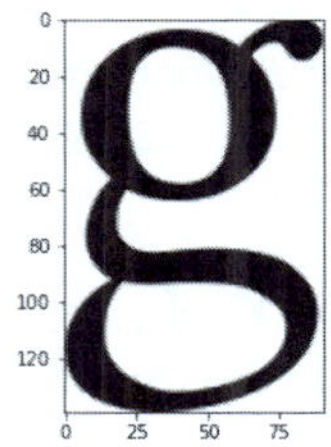

28.3. Écrire un binding Rust avec maturin

Pour explorer les possibilités de la bibliothèque maturin, partons de la bibliothèque Rust `whatlang` `https://github.com/greyblake/whatlang-rs/` qui permet de reconnaître la langue dans laquelle est écrite un texte. Un wrapping Python est déjà proposé sur la page d'accueil, mais il est facile d'en refaire un nouveau, en utilisant des facilités du langage plus récentes. Les documentations en ligne permettent de faire beaucoup plus que ce qui est proposé en ces quelques lignes, qui donnent néanmoins un bon aperçu de la facilité avec laquelle on peut rendre accessible du code Rust depuis Python.

Après avoir installé maturin (`https://www.maturin.rs/installation`, p. ex. avec `uv tool`), un projet se démarre avec la commande `maturin init` où l'option par défaut est probablement la mieux documentée par la suite.

```
$ maturin init pywhatlang
? Which kind of bindings to use?
Documentation: https://maturin.rs/bindings.html >
> pyo3
rust-cpython
cffi
uniffi
bin
$ maturin init pywhatlang
✓ Which kind of bindings to use?
Documentation: https://maturin.rs/bindings.html · pyo3
Done! Initialized project pywhatlang
```

Une fois le projet initialisé, une arborescence par défaut est créée, avec un `Cargo.toml` qui décrit les dépendances Rust, un `pyproject.toml` pour la bibliothèque Python, et également un fichier `CI.yml` dans `.github/workflows` pour l'intégration continue dans GitHub Actions. Le fichier `src/lib.rs` contient déjà un morceau de code qui, une fois compilé, permet d'appeler une fonction simple qui concatène deux chaînes de caractères.

```
use pyo3::prelude::*;

/// Formats the sum of two numbers as string.
#[pyfunction]
fn sum_as_string(a: usize, b: usize) -> PyResult<String> {
  Ok((a + b).to_string())
}

/// A Python module implemented in Rust.
#[pymodule]
fn pywhatlang(_py: Python, m: &PyModule) -> PyResult<()> {
  m.add_function(wrap_pyfunction!(sum_as_string, m)?)?;
  Ok(())
}
```

Pour l'essayer, il suffira d'entrer dans le dossier `pywhatlang` fraîchement construit, puis de créer un environnement virtuel avant de lancer la commande `maturin develop` :

```
$ cd pywhatlang
$ uv venv .venv
Using Python 3.12.2 interpreter at /usr/bin/python3
Creating virtualenv at: .venv
Activate with: source .venv/bin/activate
$ source .venv/bin/activate
$ maturin develop
...
```

On peut alors tester la fonction `sum_as_string` :

```
>>> from pywhatlang import sum_as_string
>>> sum_as_string("a", "b")
'ab'
```

Pour pouvoir fournir les fonctionnalités de `whatlang`, on peut l'ajouter avec `cargo` :

```
cargo add whatlang --features serde
```

On peut désormais se concentrer sur l'intégration de la fonction Rust. Il n'y a qu'une seule fonction, nommée `whatlang::detect` qui renvoie une structure `whatlang::Info`, qui contient une langue, un script (un système d'écriture) et un indice de confiance. La bibliothèque `pyo3` permet de convertir automatiquement certains types Python vers certains types Rust. Une manière simple de contourner la difficulté de passer une structure d'un type qui n'est pas dans cette table est de transformer le résultat à passer à Python en un type de cette table.

Pour des petites structures de données à passer, on peut procéder avec la bibliothèque `serde` (Rust) de sérialisation/désérialisation, et convertir notre résultat en chaîne de caractères JSON, puis recharger le dictionnaire côté Python avec `json.loads()`. Dans `whatlang`, `Info` n'est (bizarrement) pas sérialisable, mais `Lang` et `Script` le sont. On peut alors créer une structure sérialisable, puis renvoyer la chaîne de caractères JSON à Python.

On ajoute alors une nouvelle dépendance au projet :

```
cargo add serde serde_json
```

Puis, dans `src/lib.rs` :

```
use pyo3::{exceptions::PyRuntimeError, prelude::*};
use serde::ser::{Serialize, SerializeStruct};

struct SerializedInfo(whatlang::Info);

impl Serialize for SerializedInfo {
    fn serialize<S>(&self, serializer: S) -> Result<S::Ok, S::Error>
    where
        S: serde::Serializer,
    {
            // Description de la sérialisation
            let mut info = serializer.serialize_struct("info", 3)?;
            info.serialize_field("lang", &self.0.lang())?;
            info.serialize_field("script", &self.0.script())?;
            info.serialize_field("confidence", &self.0.confidence())?;
            info.end()
        }
}

#[pyfunction]
fn detect(input: &str) -> PyResult<String> {
    match whatlang::detect(input) {
        Some(res) => {
            // On sérialise si la fonction renvoie un résultat
            let serialized_info = SerializedInfo(res);
            Ok(serde_json::to_string(&serialized_info).unwrap())
        }
        // On renvoie une exception sinon
        None => Err(PyErr::new::<PyRuntimeError, _>("Language not detected")),
    }
}

#[pymodule]
fn pywhatlang(_py: Python, m: &PyModule) -> PyResult<()> {
    m.add_function(wrap_pyfunction!(detect, m)?)?;
    Ok(())
}
```

En relançant la commande `maturin develop`, on arrive facilement à un premier résultat.

On peut constater que les chaînes de caractères UTF-8 sont bien passées correctement entre les langages ; la bibliothèque fonctionne très bien avec des alphabets non latins.

```
>>> from pywhatlang import detect
>>> detect("J'apprends à programmer en Python et en Rust.")
'{"lang":"fra","script":"Latin","confidence":0.4401946958305268}'
>>> detect("I am learning to program in Python and Rust.")
'{"lang":"eng","script":"Latin","confidence":0.9944095797574993}'
>>> detect("Jag lär mig att programmera i Python och Rust")
'{"lang":"swe","script":"Latin","confidence":1.0}'
```

Pour aller plus loin dans le binding, on pourra écrire une fonction dans `__init__.py` pour charger le JSON :

```
>>> import json
>>> json.loads(_)
{'lang': 'swe', 'script': 'Latin', 'confidence': 1.0}
```

Enfin, si `whatlang` ne parvenait pas à détecter de langue, nous avons capté le cas où la fonction Rust renvoyait `None` pour créer une exception Python de type `RuntimeError` que l'on peut tester facilement :

```
>>> detect("")
Traceback (most recent call last):
File "<stdin>", line 1, in <module>
RuntimeError: Language not detected
```

Une fois le travail terminé, on peut construire et/ou publier le fichier wheel. L'option `--release` permet de s'assurer d'avoir le code Rust compilé avec toutes les optimisations attendues.

```
$ maturin build --release
```

Pour aller plus loin

- *Cython, a guide for Python programmers*, Kurt Smith, 2015
  O'Reilly, ISBN 978-1-4919-0155-7
- La bibliothèque freetype-py[2] de Nicolas P. Rougier explore la bibliothèque FreeType plus en profondeur. Le *binding* est fait différemment, **à l'aide de la bibliothèque `ctypes`**, qui est intégrée au langage et qui fait appel au code d'une bibliothèque dynamique C sans l'étape de compilation. Le processus peut paraître plus simple au début, sans ce nouveau langage à apprivoiser.

  Cython présente néanmoins le principal avantage de pouvoir travailler l'interface en choisissant les parties de code à écrire en C et celles à écrire en Python. Les types C peuvent être manipulés plus librement, laissés inaccessibles dans le Cython, pour n'exposer en Python que des interfaces haut niveau.

2. `https://github.com/rougier/freetype-py/`

Pour aller plus loin

Notre visite du langage Python touche à sa fin, mais le chemin de l'apprentissage est loin d'être terminé. Python est un langage en constante évolution, qui offre une multitude d'opportunités pour améliorer sa pratique, renforcer ses compétences et suivre les avancées du langage. Dans cet ouvrage, nous avons couvert de nombreux concepts, allant des bases aux aspects plus avancés, pour vous aider à mieux comprendre les mécanismes de Python et à écrire un code plus efficace, lisible et maintenable.

Cependant, la maîtrise d'un langage de programmation ne se limite pas à la simple application de ses concepts. Cela nécessite une pratique régulière, une veille technologique constante et l'adoption de bonnes pratiques du développement. Pour poursuivre votre progression, voici quelques conseils à garder à l'esprit.

1. **Adopter une approche centrée sur l'utilisateur lors de la création de bibliothèques :** concevez votre code en pensant d'abord à l'interface utilisateur. Imaginez comment les utilisateurs interagiront avec votre bibliothèque et développez les signatures de fonctions et/ou de méthodes en conséquence. Une fois que l'interface définie, concentrez-vous sur l'implémentation et mettez en œuvre les techniques que vous aurez apprises dans cet ouvrage ou ailleurs.
2. **Utiliser les annotations de type :** les annotations de type (☞ p. 367, § **27**) enrichissent la documentation en rendant le code plus lisible et compréhensible. Elles permettent également aux outils d'analyse statique (comme MyPy ou Pylance) de vérifier la cohérence des types, d'améliorer la complétion automatique et d'aider à détecter les erreurs potentielles avant l'exécution. L'un des avantages de Python, par rapport à d'autres langages plus stricts, est que ces annotations restent optionnelles. Cependant, plus la couverture des types est complète, meilleures seront les garanties de correction et de fiabilité du code.
3. **Travailler avec un éditeur de code performant :** utilisez un éditeur de code moderne et bien configuré (comme VS Code, PyCharm, ou autre), capable de fournir des feedbacks en temps réel tels que la détection d'erreurs, la complétion automatique et des suggestions d'amélioration de code. Les formatteurs et linteurs (☞ p. 349, § **25**) sont également importants pour faciliter votre travail d'écriture de code.

4. **Apprendre et adopter les idiomes spécifiques au langage :** familiarisez-vous avec les bonnes pratiques et idiomes propres au langage Python. Utilisez les structures et approches natives du langage pour rendre votre code plus lisible et idiomatique. Par exemple, privilégiez l'utilisation des compréhensions de listes (☞p. 13, § **1.5**), des idiomes basés sur les fonctions intégrées comme `zip` et `enumerate` (☞p. 26, § **2.1**), ou encore sur les fonctions du module `itertools`, plutôt que des boucles basées sur des indices pour transformer des listes. Évitez également l'utilisation de getters et setters (courante en Java ou en C++) sur les objets (☞p. 211, § **15**), qui ne sont pas pertinents en Python, car il n'existe pas de notion stricte de public/privé sur les attributs.
5. **Exploiter les principes de la programmation fonctionnelle :** la programmation fonctionnelle (☞p. 165, § **12**) encourage des pratiques vertueuses telles que l'immutabilité, l'utilisation de fonctions pures (qui n'ont pas d'effets de bord et ne modifient pas les variables globales) et la composition de fonctions. Ces pratiques facilitent les tests, l'évaluation des performances et la maintenabilité du code. L'évaluation paresseuse, qui exécute le code uniquement lorsque c'est nécessaire, peut également améliorer l'efficacité de votre programme.
6. **Ne pas négliger la programmation asynchrone** : la programmation asynchrone (☞p. 279, § **19**) est devenue incontournable dans le développement moderne, notamment pour les applications web et en temps réel. De plus en plus de bibliothèques offrent des interfaces asynchrones, facilitant l'écriture d'un code simple, efficace et capable de passer à l'échelle. Cette nouvelle édition de l'ouvrage met l'accent sur cet aspect en présentant les fonctionnalités asynchrones de plusieurs bibliothèques, telles que `httpx` (☞p. 309, § **21.1**), FastAPI (☞p. 312, § **21.2**) ou Textual (☞p. 325, § **22.3**).
7. **Éviter les optimisations prématurées :** ne cherchez pas à optimiser votre code dès le début. Concentrez-vous d'abord sur la clarté et la fonctionnalité. N'améliorez les performances que lorsque vous avez identifié des goulots d'étranglement. Utilisez des outils de profilage comme `cProfile` pour identifier les problèmes de temps d'exécution, `memray` pour analyser la consommation mémoire, ou encore des outils pour évaluer le temps d'import des bibliothèques afin de déterminer où les optimisations sont réellement nécessaires. Cet aspect n'est pas abordé dans cet ouvrage par manque de place.
8. **Apprendre un autre langage de programmation** : les autres langages ont parfois fait des choix différents pour aborder certains types de problèmes. C'est souvent en apprenant, en pratiquant et en comparant plusieurs langages qu'on comprend mieux les spécificités des uns et des autres.

Enfin, voici quelques recommandations de lectures afin de continuer à apprendre, à suivre et à anticiper les évolutions du langage :

- **Les *Python Enhancement Proposals* (PEP).** C'est là que se passent les discussions qui déterminent l'avenir du langage. Les PEP passés donnent des éléments pour expliquer le contexte dans lequel certains choix ont été faits ; les PEP actifs peuvent répondre à des questions encore ouvertes.
- **La conférence annuelle Pycon**. Tous les ans au printemps, les vidéos des présentations acceptées à la conférence sont mises en ligne sur une chaîne YouTube dédiée. De nombreux sujets sont abordés : au-delà des présentations plus simples, destinées à un public débutant, d'autres abordent les défis en jeu dans certains grands chantiers en cours ou présentent les possibilités de parties plus confidentielles du langage.
- **Quelques auteurs de bibliothèques et créateur de contenu**. Des auteurs et des *core developers* Python partagent régulièrement des réflexions pertinentes sur le lan-

gage (en général en anglais). Parmi les plus éloquents ces dernières années, on pourra citer Raymond Hettinger (core developper), Łukasz Langa (responsable de la publication des versions 3.8 et 3.9), Pablo Galindo Salgado (pour les versions 3.10 et 3.11), Charlie Marsh (auteur des bibliothèques uv ☞ p. 345, § **24.4** et Ruff ☞ p. 349, § **25**) ou Arjan Egges (qui propose une chaîne YouTube `ArjanCodes` avec de nombreux contenus Python pertinents)

Enfin, quelques ouvrages de qualité en langue anglaise :

- *Fluent Python* 2nd edition, Luciano Ramalho, 2022
  O'Reilly, ISBN 978-1492056355

- *Effective Python* 3rd edition, Brett Slatkin, 2025
  Addison-Wesley, ISBN 978-0138172183

Index

86329 - (I) - OSB 70° - PAF/LUM - BTT
DUPLIPRINT
733, rue Saint-Léonard, 53100 MAYENNE
N° 2995371X
Dépôt légal : janvier 2025
Imprimé en France